Achieving
Your Dreams
The Joseph Factor

by Doug Murren

Fire Wind™

Mansfield, PA

Achieving Your Dreams: The Joseph Factor
formerly *Keeping Your Dreams Alive When They Steal Your Coat*
by Doug Murren

Fire Wind
P.O. Box 486
Mansfield, PA 16933

(800) 597-1123
(570) 662-7515

http://www.kingdompub.com
email = info@kingdompub.com

Dedicated to the memory of
Jamie Buckingham
(1932-1992)
my friend and mentor whom I miss greatly, and to his wife,
Jackie, who continues to encourage so many. Thank you!

CONTENTS

PREFACE

Who needs a book about a dreamer? You do—that is, if you want to leave a mark on this earth and fill a void only you can fill.

You may be a student just beginning to invest in your dream. You will need to know what to do when your coat gets stolen.

Maybe you are a businessperson starting on a new venture, or you have just had a sudden career change at mid-life. You, too, will want to know how to keep your dreams alive.

You may even be a pastor—with or without a church—who doesn't want to dream anymore.

Or you may be a mother who sees great promise as a gifted woman guiding a home—yet you yearn for personal fulfillment for your own unspoken dreams.

Perhaps you are a retired person. Your working days are through, but you've got a lot of dreaming left to do.

This book is for all adventurers who can't see letting an entire life pass by without a dream coming true.

JOSEPH THE DREAMER

Joseph is a fruitful vine,
    a fruitful vine near a spring,
    whose branches climb over a wall.

With bitterness archers attacked him;
    they shot at him with hostility.

But his bow remained steady,
    his strong arms stayed limber,
because of the hand of the Mighty One of Jacob,
    because of the Shepherd, the Rock of Israel,
because of your father's God, who helps you,
    because of the Almighty, who blesses you
with blessings of the heavens above,
    blessings of the deep that lies below,
    blessings of the breast and womb.

Your father's blessings are greater
    than the blessings of the ancient mountains,
    than the bounty of the age-old hills.

Let all these rest on the head of Joseph,
    on the brow of the prince among his brothers.

Genesis 49:22-26

INTRODUCTION

I am not qualified to write a book about dreams, but I have never met anyone else who was, either.

Being an adventurer, I decided to sit down and study Joseph's life with you. This massive section of the book of Genesis (chapters 37-50) sets the stage for understanding how God lays the groundwork for Joseph's dreaming. (It will help your study if you turn to the back of the book and look at the brief overview of Joseph's life contained in Appendix A.)

The great dreamer Joseph fascinates me. I'll confess to you that some of his supernatural experiences set me a little on edge. However, once I read the story through fifty or sixty times, I concluded that it wasn't so bad.

It isn't often in the Bible that you get to look into someone else's life for nearly one hundred years. We are introduced to Joseph at age 17, see a surprising turn at age 30, and follow him through his old age up to 110 years.

Joseph is a paradigm for Christians today. Why? Let's take a look at him and his surroundings. He lived in a time when scarcity faced the world. (Sounds familiar, doesn't it?) He was also a hard-to-handle, spoiled adolescent. (He would fit in perfectly with the culture of American adolescents.) He was skillful in moving through supernatural realms. (With the emergence of the New Age movement, our culture is clearly becoming more and more comfortable with the supernatural. The advent of the Pentecostal and charismatic movements could easily earmark our century as one of the most super-natural in church history.)

He was the victim of a dysfunctional family—a standard in our society, since a dysfunctional family is a family that doesn't work the way it is supposed to. In Joseph's case it was a dysfunctional, blended family. His father happened to be a man named Jacob, but everyone called him Tricky Jake because of the way he stole the birthright from his older brother Esau. Tricky Jake had two wives, two concubines, and a house full of troubled children. (See Appendix B for a helpful chart illustrating this complex family.)

WHAT'S A PARADIGM?

A paradigm is a model or a way of seeing reality. I like to think of it as a pattern you can sketch around. A paradigm does three things:

1. It defines success.
2. It sets the boundaries of behavior.
3. It tells us the rules of the game we are playing.

When my wife used to make clothes for our kids early in our marriage, she would start by buying rolls of fabric and a pattern. While I studied my college textbooks, I would watch out of the corner of my eye, fascinated, as she laid out the pattern and pinned it to the fabric. To me, the pattern looked like a bunch of unrelated shapes of limp paper.

Our lives are shaped by contact with the Bible in the same way. We lay down the fabric of our lives, place the pattern of Biblical figures on top of it, and see how we line up. Then God starts the cutting.

Another word for pattern is template, which Webster defines as a "metal, wooden or paper plate for forming an accurate copy of an object or shape." Many commentators say that Joseph's life was cut from the template of Christ. Joseph reflected how the servant Christ laid down His life to establish a spiritual home for His church.

In Joseph's life we see many things:
• definitions of true success
• the boundaries within which dreamers are called to work
• some rules by which authentic dreamers live

We are invited to identify with the template of Biblical figures whose life stories are told in Scripture. The patriarch Joseph shows us all the twists and turns dreamers must go through. He gives us courage to face the unexpected as he did.

His story gives us hope when we face the confused days, delays, disappointments, and fears that attach themselves to our dreams.

We will grasp, as Joseph did, that God loves the dream-receiver much more than any dream He gives. We will see that all dreams must be tested and cultivated before the fulfillment arrives. Finally, we will learn how we can keep our dreams—even when others steal our coats.

LET'S GET MORE ACQUAINTED WITH A DREAMER

The name Joseph means "God will add." (See Genesis 30:24.)

God chooses names carefully. Joseph was going to add a great deal to God's plan. He was going to be the person who would help move the people of God into a whole new history and fulfilled promise—to return to the land of Canaan and conquer it.

You have a special name, too—a name that is descriptive of God's plan for you. A friend told me that my name, Doug, means "he who dwells in a dark forest." That's not the most inspiring meaning, is it? But another person handed me a plaque that said the name Doug means "seeker of truth." That sounded much better. However, no matter what my present name means, God has a name for me that matches His work in my life. (See Revelation 2:17.) This name is known only to us and to God.

Joseph's name itself implies he would see good things happen wherever he went, but things usually work in reverse with God's heavenly logic. God subtracts to add—just as He loses to gain, dies to live, gives to receive, and serves to rule.

We will see that Joseph's life was filled with complexities. He often changed roles just as he was getting the part down right. You and I have multiple roles, just as Joseph did. In his life Joseph became all of the following:

A brother and a half-brother. Joseph's only full brother was Benjamin, but he also had ten half brothers.

His father's favorite son. He was the firstborn son of Jacob's favorite wife, Rachel.

A regular visitor to the tailor. Jacob kept his favorite son busy with fittings for a richly-ornamented robe.

A hated brother. His brothers knew he was favored—and they hated him for it.

A dreamer of dreams. He dreamed that his father, mother, and brothers were bowing down to him.

A man who evidently had difficulty getting a good night's sleep.

A seventeen-year-old smart-aleck. He shared his dream brashly with his family, who did not receive it too warmly.

An apprentice shepherd. Joseph tended the flocks with his brothers, endearing himself to them by advising their father whenever they did something wrong.

A slave. At first his brothers plotted to kill him, but the oldest finally convinced them to sell Joseph to a Midianite slave-trader.

A consummate manager—faithful, trustworthy, and honest. Joseph became the manager of his Egyptian master's household, and all he did was blessed.

The object of lust. The wife of his master Potiphar found Joseph to be attractive and frequently propositioned him, much to his dismay.

A man imprisoned for sexual harassment. Potiphar's wife falsely accused Joseph of attacking her.

A forgotten friend. Joseph correctly interpreted a dream for one of his fellow inmates, who was released but forgot about Joseph.

A well-kept secret of God in Egypt. While Joseph's life seemed to have gone from bad to worse, God was preparing to use him to save his family—and the whole earth—from starvation.

A prison trustee. The warden of the prison put Joseph in charge of all prison operations.

An ex-convict. Joseph was released from prison after interpreting Pharaoh's dream.

A powerful ruler. Pharaoh put Joseph in charge of the whole land of Egypt to prepare for the famine the dream predicted.

A father. Pharaoh gave Joseph a wife, who bore him two sons.

A global political strategist. He was able to parlay Pharaoh's food supply into international economic power.

An international businessman and economist. In the years of famine, Joseph sold grain to all nations of the earth.

A savior symbolizing the Savior to come. Joseph's redemptive suffering pointed toward the coming Messiah.

Joseph's story demonstrates that dreamers are a motley crew indeed.

As God surveys His people, He must feel like the Duke of Wellington before the Battle of Waterloo. While surveying his troops prepared for battle, the Iron Duke is said to have exclaimed, "I don't know if they'll scare the enemy, but, by God, they frighten me!"

The beauty of God's plan is that He can start with a cocky 17-year-old and end up with a 110-year-old savior.

Even though God's plan for Joseph's life culminated in highest honor, the process by which this happened was not nearly as glorious. Joseph's name meant "God will add," but a lot was subtracted from his life before anything was added. The same is true for us: If we are true dreamers of God, we will lose as much as we will gain.

Exhibit number one is Joseph's coat. Joseph's coat would have been highly embellished and long enough to reach to the wrists and ankles. It was a nobleman's or king's coat, which primarily stood as a sign of his inheritance. It said, "This kid gets it all." It spurred in his brothers the fear that there wasn't enough to go around. Joseph wore it proudly, arrogantly, and stupidly. He didn't realize that he didn't have a dream—a dream was about to have him.

LIFE APPLICATION

Here is a little exercise for you before we begin to follow Joseph's life journey. (A journal may help you to record your conclusions during our study.) After seeing some of the roles Joseph played, look at some of the roles you are playing now. Then compare them to your dream for the future.

Outline some of the titles and positions you have in life.

Do you have a dream? If so, what is it?

Who will you be when you are through dreaming? (This may be a key to enjoying the in-between.)

What name do you think God would call you if you were to get your secret name now?

I found the above exercise quite stretching for me. After all, which of us has ever really gone all the way on our journey without a little fear or hesitancy to take a good look at ourselves? That is what a good dream does. It makes the dreamers look at themselves. Before his dreaming was finished, Joseph did; so will you and I.

Let's move on to learn how a God-given dream owns you as you grow. We will also see that it's not the dream that makes the difference, but the One we are traveling with as the dream unfolds.

1

JOSEPH THE DREAMER

Joseph had a dream (Genesis 37:5).

Do you have a dream?

Let's see what a dream is. The word could describe several kinds of experiences.

- A dramatic scene or event seen in the imagination during sleep
- A plan or vision for your life
- An event or scene generated by God's Spirit, often interpreted by others
- A hopeful expectation about how our future can be better

Rather than keying in on one of these experiences of dreaming, we will journey on the pathway to understanding what it means to be a dreamer. I've concluded that all of the above merge together in the heart of a dreamer.

How we receive our dream is secondary to who we are as dreamers. Whether our dreams come when we are awake or asleep is not important. Though we receive dreams in many different ways, the character and journey of dreamers tend to have many commonalities. Joseph, as we've established, is the ideal template of a dreamer.

CAN I WIN?

You probably want to be a successful dreamer or you wouldn't have picked up this book. Actually, the kind of success we are going to find in Joseph's story may surprise you. We all have our own definitions of success—even if we haven't thought it through and written it down—and our definition of success will shape the quality of our dreams.

When I was in high school, a hot car was the ultimate definition of success. After high school, having the latest Fender, Strat, or Gibson guitar and giant "amps" defined success for me, a musical type. For a while in college, having the best drugs seemed to bring a higher level of status to some people I knew.

Then I was drawn into church, and the rules changed. On top of that, they have changed several times since then. I had finally given up learning how to keep score in the spiritual realm. Then I became a preacher and decided that "success" was measurable—it was Sunday morning attendance. For a businessperson, dollars in the till may define success. A mid-life wife might define success as meaningful work. These are all OK. After all, reaching people for Christ does mean there will be more people to listen to you preach. Conducting a business without profit wouldn't be considered a satisfactory way to go through life, would it? Finally, it can be healthy for a wife to find meaningful work outside the home.

Our definition of success will also shape our real values. Values are what you bring to the dreams that make the dreams work. They fuel it. They drive it. Jesus' message illustrates a value-driven dream. He values us because we are created in His image, and He gave His life to restore us.

Joseph pummels us with a pattern of Biblical success that extracts the best from life. His experience signals all dreamers to stop and define success before dreaming. We are to pause, beware, take note, and, as Christ said, "estimate the cost" before we move on. (See Luke 14:25-33.)

> Values are what you bring to the dreams that make the dreams work.

Joseph shows us that success isn't something you achieve; it is something you already recognize around you. We all have it. Better yet, when we look at life from God's perspective, we see it in the simplicity of being formed in His image.

Before we move on, let's fill out a little questionnaire. Be honest! It will help you later on. Answer one of the following questions.

I would feel good about myself if I could…

1. I could be married to a loving woman
2. HELP ORPHANS
3. PREACH THE GOSPEL WITH POWER
4. BECOME FINANCIALLY SUCCESSFULL

At my funeral I want my four best friends to say…

1. HE WAS A MAN OF GOD
2. HE LOVED HIS FAMILY
3. HE LIVED A HOLY LIFE
4. HE HELPED THE ORPHANS

I guess my parents will call me a success when…

1. I OWN MY OWN HOME
2. I HAVE FINANCIAL STABILITY
3. WHEN IM HAPPILY MARRIED
4. IM IN GOOD HEALTH

I think what is really important to God in my life right now is…

1. THAT I LIVE HOLY
2. I GET CLOSE TO HIM
3. I LIVE TO PROCLAIM HIS GLORY
4. PREACH THE GOSPEL WITH POWER.

6/9/04

Were you honest? I hope so. Your answers could help you begin to discover what your dream is and how you will define success.

ASKING THE RIGHT QUESTIONS

Paul told Timothy that all Scripture "is useful for teaching, rebuking, correcting and training in righteousness, so that the man of God may be thoroughly equipped for every good work" (2 Timothy 3:16-17). Of course, Paul was talking about the Old Testament; that means we can learn a lot from Joseph. The question is how to go about it.

Understanding Scripture entails two very important processes:

- Asking the right questions
- Identifying with every aspect of the Biblical characters studied so you learn all you can about yourself

Have you ever wondered about questions like these: Why did Christ come as a baby? Why didn't He come with armies and nuclear weapons? Why did He come all alone and vulnerable as a baby in a manger? If you think about these questions, you will come up with an answer—perhaps several. One answer I came up with was this: He came as a baby to show us God's disdain for power. A simple birth illustrated once and for all that the devil, our ancient enemy, is not invincible.

I think that His coming as a baby in a manger was ultimately a joke on hell. We see things in a distorted perspective because of our fleshly desires. God's logic was to overcome terrible, rebellious evil with a plan that started with a baby's whimper and ended with the cry, "Father, forgive them!" Never forget God's logic: You lose to gain; you give to receive; you die to live.

Let's ask some questions about Joseph. Why did young Joseph have to go through so much turmoil just to get his family to move south? What pleased God about his character?

I believe Joseph's struggles show us that *no dream just happens.* Reality sometimes seems to get worse before it starts to line up with the dream.

Joseph's character demonstrates that in serving we find our greatest success. We see him first serving his father by taking messages to his brothers in the fields. Then we see him boldly serving Potiphar. When

> Joseph's struggles show us that *no dream just happens.*

he was in prison, Joseph served the warden as the highest trustee. Finally, he served Pharaoh as the ruler of the land. The message is clear: The way up is down, as Dante's famous saying goes.

2

THE KID WHO LOST HIS COAT

Then they got Joseph's robe, slaughtered a goat and dipped the robe in the blood. They took the ornamented robe back to their father (Genesis 37:31-32*a*).

He left his cloak in her hand and ran out of the house (Genesis 39:12*b*).

Have you ever lost a coat? I recently lost a coat for the first time, but then I found it again. My brother Todd, however, hasn't been so fortunate. In fact, his loss may be the reason I cling tightly to every coat I get.

I remember well his coatless return home. It wasn't pretty. Mom looked at him, as only redheaded moms can, and asked, "How do you lose a winter coat at school?"

Todd shrugged his shoulders with no reply, and tears welled up in his eyes. It seems there was no reasonable explanation as to how a kid could lose a coat on a winter day in central Washington when the weather was twenty degrees. I decided it must have been easier than it looked. Todd was a smart fellow, and I determined thereafter to work hard to make certain that I never lost a coat.

When I took my coat off at the playground, I watched it closely, sometimes placing a rock on it. I knew I didn't want a lecture like the one my brother had received: "Do you think we're made of money? We can't buy you a coat every week!"

If I remember correctly, Todd lost another coat a few years later. Fate must have been playing a dirty trick on him.

The coat I recently lost originally belonged to my grandfather. When my grandfather died some years ago, I inherited his Filson hunting jacket, a beautiful, gray plaid. I loved that coat. It reminded me of my grandfather. Some of the pockets still smelled like the Beeman gum he used to give me when I was ten years old. Even as a forty-year-old I received great comfort from that coat.

How excited I was when my friend Mike called and said he had found my coat in his closet (though I was perturbed that he had waited several months to tell me). I had been calling members of the congregation and accusing them of stealing my coat. I am wearing it again this winter, beating back the Seattle cold with this wonderful woolen heirloom passed on to me by my loving grandfather.

Joseph lost two coats in his lifetime (that we know of). The first was taken when his brothers sold him into slavery. The other was lost at the hands of a would-be seducer. It looks to me as if God didn't mind at all that Joseph lost two coats. You can be certain he isn't the only dreamer God has stripped to his skivvies.

If you are a dreamer, God has a test for you. It will be bigger than you, and it will probably involve being de-coated

> We discover in Joseph's story that it is a painful process to realize that the coat isn't what contains the dream.

along the way. One of the sub-plots we discover in Joseph's story is that it is a painful process to realize that the coat isn't what contains the dream. The coat may be a good thing, but it is not the dream that God wants for your life. We wear coats in the form of titles, possessions, or status—things that make us feel important. God's dreams always entail a stripping away to levels no one can see—the place where dreams of value reside.

GOD'S DREAMS HAVE US

As I look at Joseph's story, I am convinced that none of us really has a dream, but God's dreams really have us. None of us can cling to our coats saying, "Look at this. This is God's dream for me. I'm going to hold on to it with all my might." God's dreams are bigger than the coats we find to symbolize them.

I remember an opportunity I had in college to make my debut in the singing ministry.

After church one day, the assistant pastor grabbed my arm and said, "Doug, you are doing a fine job in the youth department as a volunteer. We are looking for someone who could be strong in music too. Would you like a chance to sing the special on a Sunday next month?"

Now this wasn't a small, backwoods church. Deb and I were attending a big city church while we were in college. Several hundred people were in attendance. The Holy Spirit was moving powerfully. I felt flattered by having been asked to sing.

I was ecstatic on the way home. I turned to Deb (now my wife) and said, "I believe God is about to open new vistas of opportunity in ministry for me." Smirking, she replied, "Can't wait to see." I have since seen that smirk many times throughout our marriage. Now I tremble whenever it appears.

That week I went to the music store and picked out the music. I enthusiastically returned the next week for our first rehearsal. I sang the Andrae Crouch song beautifully in rehearsal. I even mastered the African-American intricacies of his style. It was going to be great! (My ministry was expanding–and I knew it–and it was all happening when I was just a junior in college!)

Finally the fateful weekend came. On the way to the church I somehow felt in my stomach that it wasn't going to be good. I don't know how we know such things. Maybe the Holy Spirit gives us warnings like "*Red alert!* You are about to be creamed for the sake of your own spiritual growth."

On that morning I practiced the song again, reading the music over the shoulder of the assistant pastor, who was accompanying me. The refrain had a particularly high range to it. He warned me not to get into the wrong octave lest we both suffer embarrassment.

Sitting in the service that morning, I began to sweat. I knew my number had been called. I could almost hear the angels talking:

"Number 113 is up."

"Who's that?"

"Oh, that's the redhead. He's ready for Stealing Your Coat, lesson number one."

I was relieved when we went past the section of the service when the special music was usually sung. The sermon that followed was terrific. We progressed on through the morning, and then at the end of the service, the pastor said, "This morning we are going to end with a special song by a strong young man in the Lord–Doug Murren. Doug, come and sing for us."

As I started toward the podium, the assistant pastor reached out and tried to take the music from me. It was the only sheet of music I had for the lyrics. There we were, at the front of the church, pulling the music back and forth. Finally he whispered aggressively, "This is the only sheet of music we have, and I can't play without it. Do the best you can, Doug, and we'll see how it goes."

Frightened, I responded, "But I don't know the words without the music." How I wished I had memorized the thing. I thought, "Easy for you to stay calm since you are down in the music pit where they can't see you, and I am standing three feet above everyone where they can look straight into my scared eyes!"

As we entered into the first verse, I forgot the lyrics. I was so rattled that I just hummed the melody. There I was, "Hmm hmm hummm humm." I could hear scattered laughing throughout the congregation, but I pressed on anyway.

The assistant pastor looked up from the piano only for a millisecond, then he lowered his head and played on even more intently. I was alone.

I could feel my splendid coat slipping off. Eventually we came to the refrain (remember the warning about getting into the wrong octave?). You guessed it. I did. We proceeded into ranges that even sopranos who have trained for decades can't reach. I did the only thing I knew to do, and that was to hit wrong notes all the way down the scale, trying to get to the right key.

At this point, I watched the pastor fall over sideways in the front pew into his wife's lap, laughing hysterically. Then laughter and clapping broke out throughout the congregation as the assistant pastor played on.

Finally the song came to an end. The song was so wonderfully titled–"He Looked beyond My Faults and Saw My Needs."

I was shattered. I decided that I wouldn't return to the church if I had anything to say about it. But the Lord had the final word, and I did return the next week without my coat. My dream was still intact, but I was a great deal more humble.

What is the first lesson a dreamer learns? Know the difference between your dream and your coat. Your dream is a permanent calling from God that requires a process of cultivation for fulfillment. Your coat–whatever gives you a feeling of status–is a temporary symbol that God may choose to take away. God is more interested in who the dream makes you than what the dream is.

Losing your coat doesn't mean losing your dream.

3

YOUR LIFE IS A SYMPHONY

They stripped him of his robe (Genesis 37:23). [Joseph] lived in the house of his Egyptian master (Genesis 39:2*b*).

Joseph's master took him and put him in prison (Genesis 39:20*a*).

So Pharaoh said to Joseph, "I hereby put you in charge of the whole land of Egypt" (Genesis 41:41).

If Joseph focused on losing his coat, he might have despaired of ever seeing the fulfillment of his dream. However, when we look at his life as a whole, we see that the coat incident was just a single movement in a much greater symphony.

Our lives progress in movements as well. If you are younger, you probably see some of the lesser themes as entire movements, but you'll see the movements as you grow older. Most of my friends are now in mid-life and hitting some of the later movements in their lives. It's a major shock to them. They thought all of life would be like adolescence.

In Joseph's life we see at least four movements.

MOVEMENT 1: UNREFINED DREAMER

What else can you call a smart-aleck seventeen-year-old with such high-caliber dreams from God? After all, he had a dream that all his brothers, his mother, and his father would bow to him. He had no tact about it either. He just blurted out the whole thing at the breakfast table. I have found that most dreamers share this deficiency in tact, especially if they have achieved a little success. A little adversity here and there will help any dreamer.

MOVEMENT 2: UNDAUNTED SLAVE

You have to agree that Joseph made the best of a bad situation when his brothers sold him into slavery. All dreamers need a supply of his kind of resilience. One of my doctor friends explained to me that emotional resilience really has to do with the amount of serotonin the body produces. People with more serotonin bounce back more quickly than those with low amounts. It looks like Joe had a great ability to produce serotonin because he kept bouncing back over and over again.

Joseph gained character quickly, too, and not from the example of Jacob and Rachel, his parents. Jacob, the trickster, had cheated his older brother Esau to get the firstborn's birthright and blessing. Rachel, when she learned that Jacob was moving their family from her hometown, had stolen her father's household gods and hid them under her skirts when her tent was searched.

Joseph, in contrast, rolled up his sleeves and went the way of character, faithfulness, and integrity. The evidence here says that adversity does make for greatness.

You might settle for mediocrity once in a while after you read Joseph's story, but just think what you'll miss if you take that route.

MOVEMENT 3: INNOCENT SUFFERER

I hate being accused of something I didn't do, but look at Joseph: he served prison time for sexual harassment when he was entirely guilt-free. In fact, he was the one being harassed! Worse yet—the woman was his boss's wife. As a young man, Joseph showed great character in resisting temptation and enduring the false accusation. The lesson for dreamers is that one test may just be getting you ready for another test.

MOVEMENT 4: FORGIVING SAVIOR

In the final movement of his life, at 110 years old, Joseph stands as a symbol of our great Savior, Jesus. Joseph had saved his clan, and the entire world, from starvation by organizing food storage in Egypt. He had controlled the commodities market of the whole world and made Pharaoh incredibly wealthy. He had suffered so that others could prosper.

He knew from experience that God's destiny is everything. He shows us, too, that when you let one of God's dreams own you, the reward will come—though it may take a lifetime.

HOW ABOUT YOU?

Can you see the movements in your life developing? Recognizing movements will give you more appreciation for what God is doing. Now that I'm middle-aged, I can see that possibly all four of the movements of Joseph's life have cycled through my life in some measure.

Our spiritual lives have an ebb and flow to them. Movements come in and go out. Sometimes they are loud; sometimes they are soft. A life lived in God's dreams is like Beethoven's Fifth Symphony: *ba ba ba baaaaa* reappears again and again in different forms.

I am intrigued with Joseph's ability to be comfortable in whatever state he found himself. It seemed as if he were simply drifting through a great symphony, enjoying each new change of instrumentation and tempo, the occasional crash of cymbals, and the glissando of the violins. In all of it he heard one thing—the plan of God.

I have looked back over the great dreamers I have known. One who comes to mind is Frank Kline, one of my college professors. He developed and purchased patents in America and gave them to poor Christians in Asia and India for a small fee. The patents gave those Christians a way to finance ministries in their countries for decades to come.

When I knew Dr. Kline, he was in his retirement years. It was obviously a whole new movement for him, and it was frustrating in some respects. His days of adventure and risk were behind him, but now he was sharing with his students what it was like to be a dreamer.

I also remember getting to know Dr. J. Edwin Orr, the world's foremost authority on revivals. I remember one afternoon in particular, while having dinner in our home, he told me about Evan Roberts–the leader of the great Welsh Revival in 1906. He himself had been part of the Bethel Band that helped evangelize China at the time Watchman Nee was building his churches. Orr also had a symphony in his life with recognizable movements. If I had known then what I know now, I would have learned a lot more from him. I would have been more prepared for the changing movements in my own life.

> When God's dreams have us, it helps to look forward to the culmination of the dream and then work backward.

When God's dreams have us, it helps to look forward to the culmination of the dream and then work backward (a concept we'll discuss more in chapter 15). Through all the painful movements of his life, Joseph looked forward to the culmination of his dream: One day he would see his family again, and they would bow down before him. The changing movements just brought his dream closer to reality.

Interestingly, all the movements in Joseph's life had a common theme–service. God often asks us to serve other people's dreams before our dreams are fully accomplished.

As we've seen, great dreamers know how to go to the end of their lives and work backward. As the psalmist wrote, "Teach us to number our days aright, that we may gain a heart of wisdom" (Psalm 90:12). Dreamers "live by faith, not by sight" (2 Corinthians 5:7).

In some cases we may not even fully understand the extent of the dream until the final movement of our lives. For example, when he was young, Joseph recognized the dream that his family would honor him, but just before his death he realized God had a larger purpose of preparing a people to return to the land of Canaan and conquer it. (See

Genesis 50:24-25.) That's why he asked "the sons of Israel" to carry his bones with them when they went to the land of promise.

As movements in my life have begun and have ended, my dream remains the same. I plan to spend my life pastoring in Seattle, Washington, the most unchurched city in America. At the end of my life I want to be able to say that Seattle is, in some measure, more spiritually healthy than when I started.

Most pastors who lead large churches were themselves on the pastoral staff of other large churches. I myself served nine years on the staff of a church and was committed to serving a group of people whom I loved a great deal. Later, when I pastored Eastside, I committed myself to serve for the success of the congregation. I have mentored my own group of pastors as well, and I hope to see them succeed with their own congregations. I believe all great dreams are fulfilled by helping others to be successful.

Though we may recognize part of our dream now, we need to trust the Dream Giver. He'll keep us on the path to *His* dreams for us.

4

DOES GOD STILL SPEAK THROUGH DREAMS?

Then Joseph said to them, "Do not interpretations belong to God? Tell me your dreams" (Genesis 40:8*b*).

SCENE: *Pharaoh's palace, 1625 B.C., administrative wing by a water pool, overlooking a window.*

JOSEPH: I am an old man now, in my nineties. I still dream occasionally. I was seventeen when I had my first important dream. I remember it well. It wasn't like the other dreams I had. Most of my dreams were fueled by fears and the normal musings of an adolescent mind charged by hormones.

But when I had that dream, I thought I had to tell everyone. If only I could live those moments over. I remember the smell of the Bedouin tent as I hurried in that morning. All eleven of my brothers were gathered for the meal, with my father and all his concubines and wives. I blurted out, "I've had a dream; I've had a dream! Listen to my dream."

My father placed me on the chair of honor and gave me a box of camel-skin pillows so that I could sit higher than my brothers. As I peered down into their eyes, I said, "We were all binding sheaves of grain out in the field. Suddenly my sheaf rose and stood upright, while all of your sheaves gathered around it and bowed down to it!"

No one said a word.

Then there was the second dream. I announced again that I had had a dream, and my father was pleased. He seemed to enjoy the tension that rose in my brothers' hearts.

I know it had something to do with my looking like my mother, Rachel. I would often hear him tell the servants that I had her intelligence and spiritual sensitivities.

Once again I sat on the pillows, this time with my robe dangling around my ankles, reminding them all that I would be the chief inheritor. I spoke quickly and insensitively: "This time the sun and moon and eleven stars were bowing down to me." My father understood at once that my dream meant he, too, would be bowing down to me.

"Joseph, what is this dream you have had?" he said. "Do you think that your mother and I will bow down to you also?"

Though my brothers were jealous, I could tell that my father kept the matter deeply in mind. I still remember the lines around his eyes, the twist of his mouth. It was the face of one who was not fooled easily.

Dreams and interpreting dreams–they have been my life. If I could only have known the meaning of it before it began... But God has been with me every step of the way. A dreamer I am! By dreams I have been made.

SCENE: *Home, A.D. 1975, 240 Lowe Street, bedroom with Bibles spread on bed.*

ME: I haven't slept well for days. There has been great conflict in the leadership of our church. The numbers aren't adding up in the accounting department. I fear my pastor or the business administrator is being taken advantage of. I just can't figure out which one.

The dream started coming after I prayed and fasted for two or three days. I would see pictures of me and my family floating in the air and moving away. Then a voice would say, "Move or be destroyed!" As a member of a charismatic church, I assume that the supernatural is a part of life–but this has never happened to me before. I don't know what will happen if I stay at this church, but I do know that this dream is supernatural.

I once heard it said that no one can tell where roads not taken might have led. I know that God is speaking to me through the urgent warning, "Move or be destroyed!" It also sounds like an indictment on those around me, but I don't have the stomach for sharing that.

I shared the dream with only a few people over the years. I did share it with my spiritual compatriot and good friend, the late Jamie Buckingham. (Jamie was well known as an author, columnist, and speaker.) Some twenty years my senior, I felt he would understand it. He did.

It wasn't a dream of success, and I certainly didn't feel the promise of safety. But I felt a great deal of peace in obeying it.

It is now more than twenty years later, and I have had great experiences leading wonderful churches. I know now that the church I left had a scandal that would have, in fact, destroyed me. You see, the business administrator had embezzled almost $600,000. The pastor had innocently been led into some mismanagement that set everyone up to look bad. I see now that I probably never would have been able to move and start a congregation in Seattle without God's message in the middle of the night.

I haven't learned how to ask God to give a dream, but I firmly believe that He still uses dreams to speak to us under certain conditions.

LEAVE ME ALONE—I WANT TO SLEEP

Dealing with dreams is a delicate matter. I have learned to be shy about sharing my dreams. I remember hearing a friend of mine tell a psychologist about his dream of soaring through the clouds and looking for someone. The psychologist responded: "Well, that's a sexual dream."

My friend was startled. I was interested in what the psychologist would say next.

"Oh, yes. Anytime you are flying in your dreams, it's an expression of sexual frustration."

That did it for me. I wasn't about to share any of my dreams.

I did have a recurring dream over a number of years about pastoring two churches. One church was in my hometown, and the other was in Seattle. I would actually wake up in a cold sweat worrying I was at the wrong church. I bet I had this dream ten to fifteen times. Don't write me about the interpretation! The dream has stopped, and I'm glad! It's a terrible feeling to wake up during your dream (if you know that feeling, you know what I mean) and find out you're preaching in the wrong pulpit. You're supposed to be in Seattle, but you're in central Washington.

Actually, I think the dream stopped when I finally settled the fact that it wasn't my church; it was His church. Perhaps in my own subconscious the Holy Spirit was trying to get me to take my hands off and let loose a little bit. I've done that to some extent. Through prayer with friends and some counseling, I realized I probably was a little too enmeshed with our church. At any rate, the dream ceased.

My experiences have caused me to conclude there are several kinds of dreams (of the bedtime variety):

The musings of a traumatized or fearful mind, warning that all is not well inwardly. This requires the special skill of counselors at times. Perhaps, for the most part, the dream is best left alone.

The what-did-I-eat-last-night variety. These are the kind where an excessive amount of the chemical tryptophan feeds dream mechanisms in your brain which rehearse over and over again something that particularly caught your mind during the day (which has nothing to do with food, by the way).

God-given dreams. This is the kind Joseph had, the rarest of all dreams.

A dream can be technically defined as imaginal, sensory, motor, and thought processes occurring during sleep. Most authorities believe, however, that neither sleeping nor dreaming can be defined precisely.

Dreaming usually takes place, in varying degrees, in all

stages of sleep. A dream most often involves visual imagery combined with sound and touch. We all have approximately five dreams per night, and most humans will have somewhere around 136,000 dreams in a lifetime. We spend the equivalent of six years dreaming.[1]

We are all dreamers, in a sense. Psychologists have also found that there seems to be a biological and emotional need for REM (rapid eye movement) sleep, which is when most dreaming occurs. In short, we all need to dream to stay healthy.

Many scholars and even Christian counselors believe that dreams should be stimulated, recorded, and used as helpful guides in our lives. That sounds dangerous to me. If we have a total of 136,000 dreams in our lifetime, and someone like Joseph—who is an above-average dreamer—records two as being authentically motivated by the Lord, I'm not sure I want to increase my God-inspired dreaming. Maybe we're supposed to let dreams just come as they may.

Dreaming has often been a subject of controversy. An Egyptian papyrus dating back to about the time of Joseph contained a great deal of discussion about dreams and their interpretation. In ancient Greece a dreamer was believed to be inspired by the gods. For example, in Homer's *Iliad* (800 B.C.), dreams were considered messages from the gods.

We modern Westerners, however, want to escape the fact that the Bible says God can and does communicate to us through our dreams. This is an obvious statement to people from Eastern cultures.

However, dreams shouldn't be seen as God's primary way of guiding us. I believe a dream may be God's way of getting our attention at a critical time, perhaps His communiqué of last resort.

Let's say it would be realistic for us to believe that we would have one, two, three—perhaps more—God-inspired dreams in our lifetime. What should we do with them when we have them? For my part, I think dreams ought to be treated in the spirit of 1 Corinthians 14—not with skepticism or with gullibility, but with clear evaluation.

THE SEEDS OF GOD'S PURPOSES

I think the aging Joseph, whose mind we entered earlier in this chapter, would look back on his dream of the sheaves, the sun, the moon, and the stars as seeds—seeds that were planted in his heart. Our dreams can also be seeds of what lies ahead.

As I was growing up, I gardened with my grandfather. He was my best friend. Every summer we would plant a garden of about one and a half acres in size. First we would plow the field and rake up the weeds until there wasn't even a sign of unwanted vegetation. Then we'd smooth out the soil with a small tractor.

Next came the making of furrows. My grandfather had a human-driven plow that could dig a furrow an inch to three inches deep. My job was to plow the furrows as straight as possible. My grandfather taught me to run string between two stakes and plow along that line for approximately one hundred feet, making furrows that were one to one and a half inches deep. Next I took carrot or beet seeds and spread them evenly along the holes. Then we would go back through with the plow again, covering the seeds with an inch or less of dirt.

After planting the carrots, we would make mounds for squash and, of course, potatoes. In preparation my grandfather had purchased many bags of potatoes weeks earlier. We would cut out the worm-like "eyes" and plant them in well-prepared mounds of manure and dirt.

The greatest difficulty my grandfather had with me was teaching the principle of farmer's patience. It bothered me that weeks would go by, and I couldn't see what was happening under the ground. It got even worse when the carrots began to pop their little green heads up through the dirt. The thought of what was happening underground was too tempting. So when my grandfather would go to town to pick up some things he needed for work around the house, I would ask to stay home. Sneaking out into the field, I would pull up sections of carrots to see how the little seedlings were doing.

There was one problem. Weeks later, the ones I had checked on could be spotted by their dwarfed size.

Dreams and revelations work this way. Because they are seeds of what will occur in the future, they need to be left in the ground and allowed to grow. This was what occurred in Joseph's life. As an old man, I think he recognized this. God planted a seed, and it took a lifetime to grow. How many of us have the patience to leave the seed in the ground without pulling it up periodically to check it out?

I have had a few dreams that I won't tell you about in this book. I'm not going to pull them up. I want to let them grow. Some of my dreams may never appear in my time, just as the cloud of witnesses in Hebrews 11 was "commended for their faith, yet none of them received what had been promised" (v. 39).

In one sense, I think God is like my grandfather. I can remember my grandfather saying, "Doug, you'll never make a farmer if you aren't patient enough to leave the seed in the ground."

Perhaps God says to all of us, "You'll never be a dreamer unless you can leave the dream in the ground long enough to let it grow."

TESTING A DREAM

If we are going to nurture a dream seed in our hearts, we need to take steps to make sure it is authentically from God. The following is a checklist to help test the validity of supernatural manifestations, including dreams.

Has experiencing the spiritual gift or manifestation taken your will from you? If so, it is not from God (1 Corinthians 14:32). God will never overcome your personality. He will never force you to do things against your will. Rather He will invite and inspire. He wants to be a partner with you. Your dream or vision should make you more authentically you. It shouldn't seem unnatural for you.

Is it peaceful? Is this phenomenon palatable and intelligible to other people? If not, it may not be authentic (James 3:17).

Has this dream or spiritual manifestation caused you and others to want to glorify God more? Is Jesus the center of your experience, or are you actually the center? It is very clear from the Bible that Jesus expected manifestations given in the spiritual realm to keep the heavenly Father always as the center. All Biblically-sound, spiritual experiences are Christ-centered (1 Corinthians 12:1-3; John 14–16).

Did this experience cause you to be respectful of others, or did it cause you to feel superior? If it caused you to feel spiritually above others, it may not have been a legitimate manifestation. The dream itself may call you to be tempered and tried until you have humility to match the gift.

Are you willing to submit your experience to the scrutiny of your pastor and other peers? If not, your experience should be suspect (1 Corinthians 14).

Has this manifestation or insight strengthened your commitment to Christ, His church, and the foundational truths of Christianity? No legitimate experience or gift will take you to extremes or violate basic doctrine. If you are called to start your own little club with those who agree with you, you ought to suspect your dream or vision. It probably isn't authentic (Deuteronomy 18:9-22).

Has this experience caused you to be more concerned about others? If so, this experience is producing the kind of fruit that is Biblical and legitimate (1 Corinthians 12–14).

Has this spiritual event caused you to walk in harmony with Christ? If feelings of superiority occur as a result of your experience, it may not be valid (1 Corinthians 12).

Is this experience open to anyone? If you feel it is only for you, it's probably not legitimate or genuine. God is no respecter of persons when it comes to spiritual experiences (Acts 10:34-36).

I use this checklist regularly to evaluate inspirations, visions, and dreams that I and others around me have.

HOW IMPORTANT WERE DREAMS IN THE BIBLE?

The Bible describes dreams from three origins: (1) natural (Ecclesiastes 5:3); (2) divine (Genesis 28:12); and (3) evil (Deuteronomy 13:1-3; Jeremiah 23:32).

Dreaming, in the Biblical sense, allows the human mind to enter into the realm of the infinite. The Bible says that the era we live in (the era of Pentecost) is the era of the dreamers. "Your young men will see visions, your old men will dream dreams" (Acts 2:17*b*).

Dreams played a big role in the incarnation as well. The following warnings, instructions, and appearances of angels all occurred in dreams.

- An angel told Joseph about Mary's conception of the Christ (Matthew 1:20-23)
- The wise men were warned not to return to Herod (Matthew 2:12)
- Joseph was instructed to flee to Egypt with Mary and Jesus (Matthew 2:13)
- An angel told Joseph to return to Israel from Egypt (Matthew 2:19-20)
- Joseph was warned that Archelaus reigned over Judea in place of his father, Herod, so Joseph took his family to Galilee (Matthew 2:22).
- The wife of Pilate suffered in a dream over Jesus' sentence (Matthew 27:19)

We dare not scoff at dreaming, but we also need to commit ourselves to true Biblical evaluation. I learned a few things about handling dreams from Joseph and from personal experience.

Don't share them too quickly.

If there's any mistake dreamers make when God tells them something, it is that they share the dream too quickly. The only solace I have is that God used Joseph—even though he had the same flaw. But it seems like those of us who share things too quickly often experience a great deal more pain in the supernatural.

I've learned I'll probably make mistakes, but God can use mistakes to fulfill the dream. To me, Christians seem to be getting more and more uptight over the years. It sometimes appears that with only a bit more perfectionism in our ranks, we will end up *blocking* all the work of the Holy Spirit in us.

All dreams need the tension of rejection.

Criticism helps us grow far more than praise does. As you gradually share your dream, you will find plenty of critics, as Joseph did. They may be annoying or discouraging, but we need them. They refine our dreams. They test them. They weed out our pride and character flaws and eventually leave us with the authentic dream.

It's best to concentrate on dreams that apply to you.

A friend of mine humorously described a "special" gift God gave him as a new believer—the ability to recognize faults in others within thirty seconds of meeting them. People are too often ready to accept supernatural messages that correct anybody but them.

A year ago I was invited to a prayer meeting that was held on a yacht. I was a little nervous about it because of the starry-eyed look in the eyes of a couple of the fellows. After two days of praying and seeking the Lord, one of them told me, "I have a vision about you. There are worms crawling throughout your body and out of your head. The Lord says that if you'll confess what the source of them is, you'll be freed!"

Now I don't mind confessing my faults. I had two problems with the message, though. The idea of having worms crawling out of my head didn't make me feel very safe. Also, I really couldn't think of anything that matched his descriptions. So I told him, "I'm sorry, but I think you're wrong."

I explained, "First, what you're sharing doesn't come in the tone and spirit that I have learned to recognize as the Holy Spirit. He doesn't have to guess what's wrong; He knows. Rather than emphasizing what's wrong, He usually comes with an appeal or invitation to move toward what's right.

"A second problem I have is that I don't know you. You don't know my life, and I don't know your life. It is essential to know the track record and character of the messenger before accepting the message.

"Third, I think the Lord would probably have you concentrate on any faults you have before He would have you concentrate on my faults. I remember reading somewhere about making sure you get the telephone pole out of your eye before you worry about the speck of sawdust in your brother's eye."

I've determined that when it comes to my dreaming, the best response is to concentrate on what applies to me. Although God could speak to other people through my dreams, I believe it is the exception, not the rule. The best way I can help someone else is by serving them or by being a good example for them.

A FEW THINGS DREAMS ARE NOT

In this chapter on supernatural dreams, I've discussed the physical and spiritual aspects of dreaming. Dreams are often like seeds, which we need to cover with soil and cultivate before they come to fruition. If we think we have received a supernatural dream, we need to test its validity, and I have suggested some guidelines to do that. To help us understand dreams further, I also described the importance of dreams in the Bible and what we can learn from Joseph's dreams. To close this chapter, I will further refine our definition of super-natural dreams by listing some things that dreams are *not.*

• A Biblical dream is not an amazing pathway to riches

We Americans are prone to power, riches, and fame dreaming. I'll admit, like you, that I would rather have abundance than poverty. I would rather be ahead than behind. However, that isn't necessarily the way God always leads. A real Biblical dream might call you to poverty. I'm inspired by dreamers such as Mother Teresa who were called to give everything to serve the poor.

On the other hand, some of us have gone overboard on poverty. One man lived on a platform on top of a pole for thirty years. He said God told him to do it. I question that kind of dream. It doesn't seem to benefit others or glorify God.

• Receiving a Biblical dream does not make you superior

I believe that Christians are called to collaborative team ministry. A Biblical dream simply gives you assurance of your place in God's plan. The team spirit of the body of Christ is demonstrated in Acts 13:2, where the Holy Spirit said, "Set apart for me Barnabas and Saul for the work to which I have called them." The other prophets and teachers who were at the prayer meeting joined together to send the new missionary team forth with prayer and fasting.

- ### A Biblical dream isn't something you can choose to have

I've read material and attended several seminars that purport to teach a person how to prophesy or dream. That stuff scares me. I think our assignment is to be open. Joseph only had two God-given dreams (that we know of) in his 110 years, so I think we in the twentieth-century church should not feel anxious about whether or not God speaks to us in dreams.

- ### God is not a gossip

He respects you far too much to spread around your dirty laundry. If God can communicate with you directly, He will not use other people's dreams to expose your sins.

- ### We all receive our dreams and supernatural experiences differently

I've asked a number of people who have the gift of prophecy how they receive their prophecies. I've noted they all receive their gift in vastly different ways. Thinking in terms of people receiving their gifts, I've asked preachers how they get their sermons. One man I know says he gets them on the golf course. I believe it.

I've learned I receive my sermons by preparing months ahead. I don't actually study for specific themes anymore. I just study. I read three or four books a week dealing with a variety of topics. I find that when the Holy Spirit gives me a clear theme, then I can use the notes I've collected. *At the same time, a prophecy will often come.*

Though a person who is deaf from birth can only dream with sight and touch, the experience is still a dream. This illustrates God's ability to work in the arena of our understanding and experience. Regardless of your past experience, *God can use a dream to speak to you, if your heart is open.*

- ### God speaks more in general notions than in great detail

I wouldn't say either of Joseph's dreams was vividly detailed. There was a lot of guesswork left in those dreams. After all, how would you interpret your brothers' sheaves bowing to your sheaf? And what would be the meaning of the sun, moon, and stars bowing down? I think dreams in the supernatural are intended to alert our ears, eyes, and hearts so we will watch more closely for the will of God.

God doesn't hand us road maps; He points in directions. When He spoke to Abraham, He didn't say, "Take Highway 61, then turn on Highway 21." He simply pointed in a direction and said, "Go, leave the clan behind, and listen closely." A dream points you in the right direction.

But what happens if the people around you say you're headed in the wrong direction?

In the next chapter we'll see why religious people can be so mean.

5

WHY ARE RELIGIOUS PEOPLE SO MEAN?

When his brothers saw that their father loved him more than any of them, they hated him and could not speak a kind word to him (Genesis 37:4).

"Here comes that dreamer... Come now, let's kill him and throw him into one of these cisterns..." (Genesis 37:19-20*a*).

SCENE: *Reuben's tent, some years before 1687 B.C.*

REUBEN: I was once a dreamer. I am the oldest, the first-born to Leah. The whole family knows that my grandfather Laban tricked my father into marrying my mother. My father seemed to resent this all of his life. But he was kind to me because I was the oldest. He gave me a strong name–Reuben (meaning "See ye, a son!").

But I was so angry at my father. I slept with his concubine, Bilhah. It was a way to get even, I thought. In reality it marked the end of my dreams. But I never meant to harm Joseph, his favorite son.

I was such a coward! I should have been able to stop my brothers from selling him even if he was an arrogant so-and-so. But they all mocked me behind my back. They knew I had betrayed our father before.

Why did jealousy burn so hot within us? I suppose it was because we all had our dreams, but we had lost them.

There was a look in Joseph's eyes that told us he would never let go of his.

There I stood in my father's tent, holding a piece of Joseph's coat with goat's blood spattered on it. I didn't really lie. Our father just assumed that Joseph had been killed by a wild animal. And I, the oldest son, didn't even have the courage to tell him the truth–that Joseph was still alive.

SCENE: *A church in California* (conservative persuasion), *pastor's study.*

PASTOR: Hello, Jim? I need help. *(To himself)* I've got to hold these tears back. I wonder if he can sense the tightness in my voice? I feel like I have a giant chicken bone stuck sideways in my throat. Tommy, my only son. How could he do such a thing?

Yes, I need some help, Jim. Yes, it's serious. No, I haven't fallen. No, all has been going well in the church. Yes, I'll say hi to Jill for you.

Jim, I've lost the church. No, my speaking has been better than ever. It's Tommy. He and a number of his friends were arrested by the police for smoking marijuana in the parking lot of the church.

The board fired me last night. They said I was an embarrassment as a pastor.

We've worked so hard with Tommy. These older guys just don't understand what it's like raising a kid today. Besides that, Tommy is twenty-two. I don't know what they expect me to do.

Our new building plans were coming along so well. We've raised three quarters of the money already. We're winning more and more people to Christ.

I've decided to just pack my bags and leave, Jim. I've put away a few dollars. We should be OK. I think I'll just go to the mountains, live in a cabin, read my Bible, and love Christ.

A *Seattle Times* columnist named Jennifer James wrote an

article titled "A Mean Spirit Seems to Be Hampering Society's Growth."[1] Her insights are always powerful and accurate. In the article she stated: "What motivates an individual motivates a culture." If individuals are mean, society will be mean.

It is my observation that the church is becoming more and more a mean society. In her book, *Sold Into Egypt*, Madeleine L'Engle quotes the first lines of Tolstoy's *Anna Karenina*: "Happy families are all alike. And every unhappy family is unhappy in its own way."[2] I've found that far too many churches are unhappy in their own ways.

We Americans can tell when we need a kinder, gentler nation and society. We need a kinder, gentler church, too.

Read Genesis 37 and compare yourself to Joseph's brothers. See how they react to his dream—with jealousy, violence, and lies. Do you see yourself in them?

The church is becoming progressively more effective at driving out most of its dreamers. I think it is an overreaction to the self-destructing saints on TV who have tainted our message. A low self-esteem in the church is causing us to massacre anyone who would dare dream.

The church ought to be the friendliest place on earth to dreamers and their dreams, especially to those who have failed. Our hearts are called to make room for those who might be considered "irregular" people.

The gift of encouragement is a highly valued gift in the Bible. Dreamers need encouragement more than rebuke most of the time. Here are some specific times in my life when I needed to be encouraged:

I am living through those "I-don't-want-to" times. Sometimes I don't want to follow God's dreams, and I certainly don't want to obey Him. I have friends who gently exhort me in those times. I hope you do, too.

At other times I experience a Romans 7 dilemma. This is an I-want-to time. However, when I am really ready to go for it—and go for it hard—I discover that I don't have the strength to do what I want to do. At those times I need encouragement from others and a touch from God.

There are also I-can't times. You've had those times, and so have I. It's a situation where we simply can't do

God's will, because of either poor character or addictive patterns in our own lives. This is the reason we really need recovery groups inside the church.

A dreamer sometimes experiences the most pain from the Reuben types in the church. They are the one-time dreamers who disappear when others are tearing us apart.

Not long ago I was in a group that was discussing the escapades of a Christian leader whose fall had been recorded in the press. None of us knew the person, but we were going on and on about his purported life-style.

Finally, one of the men said, "This conversation is wrong, and I don't want to be a part of it."

We all stopped. I was embarrassed that I hadn't spoken up earlier. On the other hand, a Reuben would have said, "Hey, don't kill him, but if you want to maim him and throw him in a pit, that's fine. He's not my friend." We all repented and moved on to other more positive topics.

HOW DID WE GET SO MEAN?

Why is the church so mean? This is a great question, but let's personalize it. Why are you and I so mean?

Much of our mean-spiritedness comes from comparing ourselves with others. It's tough when the standards of obedience come from comparison. When comparison enters the ranks of the church rather than team collaboration, dreamers must be driven out.

A second cause of meanness is that we have a poverty mentality. Stephen Covey in his book *Principle Centered Leadership* says, "There are three ways you can spot greatness. It comes from a *commitment to integrity* (meaning being who you are and being the same in private or in public); a *commitment to maturity*, which means being fully who you are; an *abundance mentality*."[3]

Joseph's brothers definitely had a poverty mentality as opposed to an abundance mentality. They didn't believe there was enough inheritance to go around after Joseph had his share. I see plenty of this in the church, too.

I once received a letter from a person in our church who had left the music department. She had concluded that only those who had released records were able to sing in our church.

The root of the complaint was a real and painful fear that there might not be enough opportunity to go around. That poverty mentality had stolen this person's dream of involvement in the music department.

A third cause for meanness is the fear of not being loved. Joseph's brothers had not been properly loved by their father, Jacob, due to his preference for Rachel and his resentment of Leah. If Joseph's brothers had been confident that their father loved them, they would not have feared his apparent favorite.

> Do you understand that your Father God loves you fully?

Do you understand that your Father God loves you fully? I understand that in part. I now recognize that when I give in to fears that lead to meanness, I have forgotten who my Father is and that He has more than enough of everything to go around.

None of Joseph's brothers had dreams of their own because they hated Joseph's dreams. Keeping your dreams will mean enjoying the dreams of others.

A fourth source of meanness in the church comes as a reaction to the fall of Christian leaders in our country. If the apostle Paul were alive today, however, I don't think he'd be surprised by the scandals. You see, he lived in a "Corinthianized" culture as well. A Corinthianized culture is one driven by lust and materialism, as was the Biblical city of old. A Corinthianized culture will produce its share of Corinthian-type sins in its leaders.

As a result, lay leaders are rising up with the intent of protecting the church from its pastors. While their motives are good, their fears often cause them to be suspicious and mean-spirited. While there is a time for speaking "tough truth," there is also a time for encouragement, love, acceptance, and forgiveness.

One thing I appreciate about my mentor and great friend Jamie Buckingham is that he never really wrote off anybody when they failed. He was always able to separate the person's sins from the person. It's a lesson I've tried to practice.

ARE YOU MEAN-SPIRITED?

Here's a brief meanness quiz. Take it quickly and bear it.

Do you find yourself giving twice as many criticisms as compliments? If so, you might be a dream-stealer.

Have others left your circle of fellowship without talking with you? Give them a call and ask them why they left. You may learn a lot about yourself and your church. (Lately I've been encouraging churches to give exit interviews.)

Have you decided that the church is a bunch of hypo-crites and that the place for you is in the safety of your own prayer closet at home? If so, you might simply be hurt. Perhaps you have had your own dreams destroyed. Be careful that you don't do the same thing to others.

Have you ever dropped your teacher or pastor a note that just said, "Hey, good job!"? If not, you may be silently contributing to the demise of some great dream.

What is your first reaction to a new vision or dream at your church? Is it: Wouldn't it be exciting to see that occur! Or do you think of all the details that it would take to fulfill it? Worse yet, do you privately start adding up how much it will cost you?

Have you forgotten that the gifted people you know have feelings? Sometimes we forget that some of the people we honor in the body of Christ are actually people. We throw them into the pit too quickly. OK, some of them may be annoying, but no one deserves the pit.

No one could pass this little quiz with a perfect score, including me. At the same time, I know that I myself have been a victim of meanness, as I'm sure you have been, too. The good news is that we can take steps to make a change in the church.

TURNING THE TREND

If your dreams have been criticized and you would like to turn around the spirit of meanness in the church, begin with yourself. Here are some strategies that will help:

Respond in the opposite spirit. When criticized, respond with appreciation. When on the receiving end of anger, respond with peace. When taken for granted, respond with thanks.

Recognize any fears in your own heart and replace them with an understanding of God's love. Remind yourself that He has plenty of dreams to go around.

If you are in the pit, thank Him for it. There may even be a few Reubens standing around, letting your brothers massacre you, but know that good will come from it.

Thank God for all the pain-givers. They mean it for evil, but, as we see in Joseph's life, God means it for good.

Remind yourself that a dream from God is bigger than anyone's attempt to kill it.

Remember that the source of the mean-spiritedness around you may be found in your own heart. Be humble. Be willing to change. Become committed to creating a dreamer-friendly environment.

Remember that a dreamer-friendly environment is comfortable with failure. It embraces the one who failed and expects successes to grow from the ashes of defeat. Verbalize your expectation that ashes will be turned to beauty and ruins into an architectural masterpiece.

REVIEW

Before moving on, let us reconsider the four reasons why dreamers sometimes become dream-killers:

1. An identity built on comparison to others.
2. A poverty mentality (the fear that there is not enough).
3. The fear of not being loved.
4. A reaction to past failures.

6

DOES GOD HAVE FAVORITES?

Now Israel loved Joseph more than any of his other sons, because he had been born to him in his old age; and he made a richly ornamented robe for him (Genesis 37:3).

SCENE: *Israel's tent, 1703 B.C.*

JACOB: Wild animals! Wild animals have stolen my son from me! My God has taken him! Elohim, why do You always take or withhold the thing that means the most to me?

Joseph—such an astounding child! I remember the day I gave him his robe. The gold and silver trim neatly fit to his ankles and wrists. The coat was a sign that he would be my inheritor. I assumed all my sons would accept that Joseph would be my favorite because he was Rachel's son.

My brother Esau reminded me what the quest for favoritism had done in our childhood home. It turned us against one another in hate. It turned my mother and me into deceivers. I couldn't help it. Joseph was my favorite. But did I have to make it so obvious?

I can't help but see how delighted my sons are that Joseph is gone. Except for Reuben. But, then again, he may just feel guilty about Bilhah.

I loved them all as well as I could, but Joseph was my favorite. He will never be replaced!

FATHERS AND SONS

"Pastor, I can't trust God."

"Why not?" I asked.

"I don't know why. In fact, I'm annoyed whenever we read the Lord's prayer or I hear others talking about their families."

"Do you always feel a little different from other people?" I asked, suspecting that I was dealing with the syndrome of the adult children of alcoholics (ACOA).

"Yes," he said.

"May I ask a very personal question, Jim? Was your father an alcoholic?"

"Yes, he was."

"Tell me a little about your life."

Jim proceeded to tell me of multiple occasions when his father had promised gifts and trips and failed to deliver.

"Are you afraid that God won't keep His promises either, Jim?"

"I don't know." He began to get choked up.

I told him that it was entirely possible that his experiences with his natural father had affected his image of his heavenly Father. I had seen many cases before where the dysfunctionality of the home impacted people spiritually.

"Jim, I would encourage you to get into our support group on Tuesday night. You will find other adults who have some of these same traits: always feeling different, unable to trust leaders, unable to anticipate the joy of goals completed because you are certain nothing will work out anyway.

"You need a *new* father, Jim. I found in the story of Gideon that the Holy Spirit's first assignment for him was to tear down his father's idols. I take this to mean that one of the Holy Spirit's assignments is to lead us to correct all those false images of God that are imposed on us by our fathers."

"That makes sense," Jim responded.

"It will be a hard struggle, but I've seen success over and over again. A dysfunction in your family can affect your ability to believe in God. It affects your ability to dream."

In our closing prayer he even confessed that he felt that God loved his friends more than He loved Jim

51

himself. As Jim left the office, I prayed that God would heal the pain he felt.

IS IT POSSIBLE TO ESCAPE YOUR FAMILY OF ORIGIN?

After months of meditating on the life of Joseph, I've wondered at times whether God sent him to Egypt partially to get him away from his relatives.

If you want to talk about the quintessential dysfunctional family, Joseph's had to be it. Multiple mothers and concubines filled the household with suffocating tension. There was tension between the oldest son, Reuben, and the favorite son, Joseph. Jacob was obviously unequal in his dispersion of affection. And, for certain, Jacob's tricky nature would have had the sons explaining for him over and over again, not unlike a child in our society explaining the behavior of his alcoholic father.

Almost all of us are products of dysfunctional families. Someone has joked that 98 percent of us come from dysfunctional homes, and the other 2 percent are in denial. Without a doubt, our personalities are shaped by genetics and environment. Your family of origin may also affect your ability to dream and the way in which you carry out your dreams.

You see, we all carry our homes in our hearts. Perhaps it really wasn't so much that God needed to get Joseph away from his family as God needed Joseph to come to terms with the family in his heart.

There are steps *you* can take to live and dream deliberately free from the family dysfunction in your past. During the past few years, I've seen numbers of people come to grips with patterns such as ACOA or absentee fathers and with the pain that they caused in childhood. It seems that those of us born after World War II often experienced an absence of both father and mother, which gave us great pain. It is one of the reasons why the American Medical Association has recommended that mothers, if at all possible, stay home until their children are at least five years old.

Here are some practical steps I have found for recovering from a dysfunctional family and making yourself available for God's dreams:

- Forgive your father and mother
- If you are dealing with alcoholism, join a support group that deals with the real issues of ACOA
- Become part of a small group; share your feelings openly in an environment that is filled with acceptance and forgiveness
- Choose to live deliberately rather than emotionally
- Watch for signs that you may be affecting your own children's dreams and abilities to dream in the same way your parents affected you
- Accept the fact that everyone has suffered from an imperfect parenting experience, and run to Father God with the power of the Holy Spirit as your new reference point
- Study the Bible with His generous Fatherhood in mind

I've found that these steps are sometimes necessary to remove distortions to sound thinking. I have no doubt that the dysfunctional environment in which Joseph found himself crippled the power of his dream. As the brothers fought for

> It is only in the spirit of servanthood that dreams are fulfilled.

attention from a father who obviously had distanced himself, nothing but pain could arise. And in a family filled with one-upmanship, the spirit of servanthood was unknown.

THE SPIRIT OF SERVANTHOOD IN A DREAM

I have come to see that a common trait of children from dysfunctional homes is the quest to be the favorite, the most powerful, the best, the richest. No Christian dream will work with these goals. It is only in the spirit of servanthood that dreams are fulfilled.

Joseph would learn that God has no favorites. Jacob may have had favorites, but God has no favorites. He only has participants in His great dream, and there's enough of His dream to go around. By the end of his life, Joseph understood this concept. As the tribes moved into Goshen, he could see that they all had a place to live, they all had wealth, and they all prospered. All of us have only part of the dream. Selfish dreaming comes from a micro-vision that fits our smallness of heart. God's kind of dreaming rises from a macro-vision of what He is up to.

> Selfish dreaming comes from a micro-vision that fits our small-ness of heart. God's kind of dreaming rises from a macro-vision of what He is up to.

An observer walked up to a bricklayer and asked him what he was doing.

"I'm building a wall," he responded.

Walking on to the bricklayer's assistant, who was mixing cement with all of his might, the observer asked, "And what are you doing?"

"I'm building a cathedral," he responded.

We have a choice to rejoice with God's macro-vision or to grumble with our micro-vision.

When Billy Graham held his crusade in Seattle, I had occasion to serve as co-chair of the event. I was impressed over and over again by the humble attitude of those who served around him. I had no doubt that they were following Billy Graham's example of servant leadership.

How stunned I was as a pastor when, several weeks before the crusade, Graham sent questionnaires to pastors in our city, asking us what we felt he should preach about when he came. I'll never forget his words: "I am called by God to serve what He is doing through you in your city."

We have been called to dream through serving, not through being served. We've been called through powerless-ness, not powerfulness. It is no wonder that Billy Graham has stayed free from scandal and is referred to as "the prophet with honor."

I want to be that kind of dreamer.

THE MANGER MESSAGE

Christ's servant attitude was apparent from His first breath, drawn in the stable in Bethlehem.

The angels gathered, the plan was set.
All of heaven gathered to see the babe at His
marvelous birth.
All had their assignments; all were on alert.
The great white steed was pastured and never to be heard,
And the scepter had been stored and put away for another time.

This was a slave's birth—the battle cry of heaven, a child's helpless
whimper.
These were heaven's weapons of choice.
Cheers arose at His first cry.
Some angels even broke forth in praise so strong it spilled over
onto a field with shepherds at work.
Armorless, yet fearless, the Savior was born,
Not a single flex of strength but only the vulnerable stretch of a
baby's arm,
No attending army, only the presence of a mother's deep love,
Not equipped but emptied, not ruling but serving,
This child was born.
The crown left with robe folded, the manger with hay adorned,
The Savior, the only Savior, as a baby was born.
The logic of heaven, born—to lose is to gain, to serve is to rule, to
give is to receive.
And to die is to live.

No books ever to be written or songs that he would sing,
A message, a simple message, the kind only a manger could send.
A message loud with pounding volumes of this divine love. A
message still ringing, a message still heard.
Come home, come home no matter what you've done.
Come home...
I heard it in His whimper.
I saw it in His blood.
I feel it in His presence and know it as His love.
–Doug Murren

The apostle Paul described Christ's *kenosis,* or emptiness, and laid down a solid pattern for servanthood. In Philippians 2:2-11, he shows us what a God-inspired dreamer looks like:

Make my joy complete by being like-minded, having the same love, being one in spirit and purpose. Do nothing out of selfish ambition or vain conceit, but in humility consider others better than yourselves. Each of you should look not only to your own interests, but also to the interests of others.

Your attitude should be the same as that of Christ Jesus: Who, being in very nature God, did not consider equality with God something to be grasped, but made himself nothing, taking the very nature of a servant, being made in human likeness. And being found in appearance as a man, he humbled himself and became obedient to death—even death on a cross!

Therefore, God exalted him to the highest place and gave him the name that is above every name, that at the name of Jesus every knee should bow, in heaven and on earth and under the earth, and every tongue confess that Jesus Christ is Lord, to the glory of God the Father.

SELF-SERVING DREAMS

A middle-aged woman stumbled onto our church grounds a number of years ago. Dazed, emotionally and mentally drained, and apparently suicidal, she stepped into our counseling office and pleaded for help.

A pastor began to interview her about her health and about events in her life. But she kept crying, "God has let me down. God has let me down."

She had been in despair over her husband when she flipped on the television to watch a televangelist's program. Supposedly a word of the Lord came over the air. Someone was being called to give a thousand dollars to the televangelist's dream. If that person gave the money, her husband would stay with her.

The woman sent the money. Nevertheless, her husband

ran off with another woman and filed for divorce within days of her sending the thousand dollars. She was a thousand dollars poorer and had lost hope in God because of someone who used others to serve his dream. A God-given dream will serve others–not the dreamer.

CONCLUSION

When portions were served to them [Joseph's brothers] from Joseph's table, Benjamin's portion was five times as much as anyone else's. So they feasted and drank freely with him (Genesis 43:34).

Imagine the scene. At this time Joseph is second in Egypt only to Pharaoh. His brothers have come to him to buy food, but they do not recognize him after so many years of separation. Joseph has one final test for them. It hinges on the dysfunction that he knows has crippled their dreams in the past.

When Joseph recognized his brothers on their first visit to Egypt, he questioned them thoroughly concerning the rest of the family. He learned that his father and Benjamin, his full brother, were still alive.

On his brothers' second visit, they were required to bring their younger brother, Benjamin. Benjamin would become a test of their character.

Joseph invited his brothers to dine with him. Though he seated them in order of their age, Benjamin's portion was five times larger than his brothers' portions. Joseph had no desire to show favoritism. Rather, he wanted to see whether his brothers had been broken of the dysfunction of favoritism. He had discovered servanthood. Had they?

The Scriptures do not record any reaction among Joseph's brothers to Benjamin's extra portion. However, Judah passionately pleaded on Benjamin's behalf when Joseph threatened to retain him in Egypt. It seems that the quarreling brothers had finally learned some consideration for their father's feelings. They had learned to serve the family instead of themselves.

LIFE APPLICATION

Do you cringe when you see others' dreams advancing

instead of your own? Does it bother you when other people receive recognition when you know you deserve it as well?

I think most of us would say yes to those questions, at least for some situations. These are the kinds of questions that keep us in tune as dreamers. We need to be the kind of people who invite God

> We need to be the kind of people who invite God to give our brothers and sisters a portion that is five times greater than our own.

to give our brothers and sisters a portion that is five times greater than our own. This is a quality of a great dreamer and the sign of a great heart.

7

WHY AREN'T DREAMS EASY?

He called down famine on the land and destroyed all their supplies of food; and he sent a man before them—Joseph, sold as a slave. They bruised his feet with shackles, his neck was put in irons, till what he foretold came to pass, till the word of the Lord proved him true (Psalm 105:16-19).

I once heard Jamie Buckingham talk about dreaming, which he loved to do, with a group of pastors. It reminded me of a section in his book *Where Eagles Soar.*

My friend, Peter Lord, [former] pastor of the Park Avenue Baptist Church in Titusville, Florida, is one of the few men I know who has designed his life so his first priority is to abide with God. As a result, he is constantly probing those of us around him to realign our priorities. Last year Peter and I joined our old friend, Mickey Evans, on a three-day hunting and camping trip together in the Everglades. Each of us brought a son to share in the time of fellowship. One afternoon Peter and I sat under an oak tree while our sons wandered off into a deep hammock [grove] looking for wild turkey. Peter, who came to the United States from Jamaica, began his usual spiritual probing.

"Don't give me your answers," Peter said. "Just think about them as I ask you five questions."

Peter's first question was this: *"Why did God make*

you?" I knew what he was driving at. He wanted me to define why I was here. What was the reason for my creation? What was my primary reason for being on earth? If the primary purpose of a pen is to write, if the primary purpose of a chair is to provide seating, if the primary purpose of a trombone is to make music—then what was my primary purpose for being on earth? I made a mental note—true to the Westminster Confession: I am here to glorify God and enjoy Him forever.

Second: *"What is the thing you love more than anything else?"* I was tempted to give a religious answer, but I knew better. One of the best ways to test your greatest love is to determine what you can't do without. I have a friend whose greatest love is his head of hair. He won't even let his elders put their hands on his head for fear they'll mess up his hair. I did not think I was that vain. Inwardly I answered: My greatest love is my family.

Peter's third question: *"What is your greatest fear?"* Again, I was tempted to give a religious answer about being delivered from fear—but that's just not so. In fact, everyone is afraid of something. My greatest fear, I thought, was losing my family and being left without their love.

Fourth: *"What is your greatest ambition?"* Deeply spiritual people are always ambitious people. Not worldly or egotistical ambition but an ambition sanctified and restored to its proper dimension. Peter was asking about my goal in life. That was easy. For years, ever since I started writing professionally, I yearned to write a book that would touch the world for Jesus Christ.

Finally, Peter asked: *"Why do you want God?"* That took more thinking than the rest. He was asking, in essence, what I expected to gain by being a Christian. That was easy: I wanted God so He could help me accomplish my goal for Him, for without Him I was nothing.

All my answers seemed sound. At least I seemed to

have my spiritual pyramid down pat: God first, family next, career last.

"If your answer to question number one is not the same as your answer to question number four, you are a mixed-up person," Peter said matter-of-factly.

He continued. "If God made you to harvest apples, and you are busy planting oranges, you are going to be confused when it comes time to pick the fruit."

"But I said my reason for being on earth is to glorify God and enjoy Him forever."

"That's fine," Peter answered. "Then your greatest ambition had better be to glorify God and enjoy Him forever."

But I had not said that. I had said my ambition was to do something for Him, rather than to abide in Him—to have fellowship with Him. Slowly it dawned on me. I am here on this earth for no other reason but to have communion with Him and to renew that wonderful relationship that took place in the Garden of Eden when Adam walked alone with God in the cool of the evening.

If I have any ambition other than that, I am missing God's purpose for my life. If I have been placed on this earth to abide in God, then my greatest ambition should be to have fellowship with Him.

Peter continued: "Your answer to question number two ought to be the same as your answer to question number three."

Again I was trapped. I had the right sequence, but the wrong answers.[1]

The reason Peter Lord's questions are so pertinent to dreaming is because they caused Jamie to stumble across a truth: None of us is really an adequate dreamer. That's why we need testing. It isn't the dream that gets tested—it's the dreamer! When God gives a dream, there's nothing wrong with it, but the dreamer probably needs a lot of work. *I'm convinced that dreams come to test and shape our character.*

Whenever you and I get a true dream from God, that

dream–by the power of the Holy Spirit– immediately begins to shape us to fit it. Some, therefore, would say that our dreams should match our character types and our personal spiritual giftings. I think there's a great deal of wisdom there. The likelihood of failure increases the further we move away from our talents.

> When God gives a dream, there's nothing wrong with it, but the dreamer probably needs a lot of work.

However, I think matching the call to the personality can be overdone. Often I think the office makes the person. Furthermore, I'm not going to pretend to restrict God in the kinds of dreams He gives.

YOUR DREAM WILL TEST YOU

One reliable sign that a dream is from God is that it doesn't work out easily. The dream itself may even anger you because you're taking all the tests but not seeing any fulfillment of the dream. Take heart–Joseph was tested in prison for years before there was any positive movement toward his dream.

I knew a pastor named Wayne Gordon who lived in Chicago. He was the only white pastor for miles and miles in the ghetto section of East Chicago.

Wayne first went into the ghettos of Chicago as a student at Wheaton College. Then he became a football coach and eventually opened an outreach gymnasium, a clinic, and a church. He has bought condemned buildings, restored them, and turned them into condominiums to be sold at reasonable prices to the homeless.

I once asked Wayne whether he felt safe. He said he really did.

"Have you ever been robbed?" I asked.

"Twelve times," he said. The first time was on his wedding night. "They broke into our house and stole all of our money. I asked my wife then if she still wanted to be my wife. She said she was certain she loved me and she wanted to be part of my dream." Then he laughed and said, "I haven't asked her the same question the last eleven times."

WHY THE TESTING?

There are at least two reasons why we need to be tested:

1. We need to be tested so our character will match our dreams. When he was seventeen years old, Joseph's character certainly didn't match his dreams; but after a few years as a slave and a few more years as a prisoner, he had some character to work with. *God is as interested in who you become while you are dreaming as He is in your dream becoming a reality.*

2. Tests remind us that God's dreams are bigger than we are. Good dreams lead you to this conviction: I need God.

My friend Mike Meeks shared a powerful message. He said that God has a test for every one of us that we are not equal to. I was taken aback because I had always believed on the basis of 1 Corinthians 10:13 that God would never let us be tempted beyond what we are able to handle. Sensing our objection to the sermon, Mike went on: "I'm not talking about temptation. I'm talking about a testing that will show you that you are weak, but His grace is sufficient. (See 2 Corinthians 12:9.) We all need a test bigger than we are to show us our need of God so we can experience the peaceful wonder of what it is to rely on Him."

LIFE APPLICATION

Dreams are tricky. Sometimes you're in the middle of a test and you don't even know it. Here are some subtle things that can test your dream and some ways to deal with them:

Other people seem jealous of what God is doing in your life. It's easier to deal with these attacks if you realize they are probably the result of misunderstandings.

For example, I have been accused of being prideful when in actuality my aloofness came from being introverted.

You have the feeling that God has special people and that you are one of them. When you feel this attitude cropping up inside you, you can be sure it does not come from God. You need to revise your perspective on what makes a person special.

Some years ago a friend of mine asked me to visit his son in prison. My friend was a man of honor, a hard-working and honest man. I sensed his pain about having a son incarcerated.

I was shocked when I met the young man. His teeth were partially rotten from drug use. His attention span had been greatly hampered. He looked like any derelict you would see on the street. There was one difference. I knew how much this young man's father loved him.

Since then I've been careful about judging derelicts quickly. I have reminded myself that somewhere they have a mother, father, or grandparent who cares about them.

That incident has convinced me that all people are special, but no one is any more special than others.

KEYS TO PASSING THE TESTS

Here are some keys I have found that will help you face testings and temptations as you continue in your dream:

Make sure you measure progress. This has helped me a number of times to answer the enemy when the test of patience has gotten to me.

Practice the habit of daily discipline. Five chapters of the Bible a day with fifteen to twenty minutes of prayer will quickly develop into a valuable habit.

Rejoice in others' blessings. It helps you to enjoy your own even more.

Have a group of people to whom you can confess your failures and shortcomings. This will keep guilt from taking you off track.

Anytime you get a dream or vision, sit down and count the cost first. This way mounting costs won't surprise you or keep you from seeing a dream fulfilled.

Know that God Himself is never really testing or trying you. It is your own need for character development that is indeed trying you.

The year 1991 was a time of extreme testing for me. There

was a great deal of illness in our family. With the national recession, finances in our church were also challenged.

By the end of that year my family received a diagnosis of the problem, and healing occurred. Our church also finished with a 20 percent increase in

> ...the size of the test matches the dimensions of the dream...

income over the previous year, but the testings and challenges throughout the year were great.

A close friend of mine who knew the level of pressure I had been under said, "I can't believe how well you stood up under the pressure."

At first I thought that I was just a strong person.

I meditated on the comment later and concluded that God had helped me stand under excruciating pressure from all sides because I had built the daily disciplines I've shared with you. Now I know that my future holds even greater testings and trials for some of the dreams I'm seeing. I know that the size of the test matches the dimensions of the dream, and I'm dreaming some pretty big dreams. I shudder to think that I should fail. Nonetheless, I'm committed to those simple disciplines every day. I'm counting on the testings, but I'm trusting Christ.

If your dream is any of the following, you will be tested:
- to have a great marriage
- to build a great church
- to raise great kids
- to build a great Christian business founded on Christian principles

Don't be surprised by testings, but be *transformed* by them.

8

THE VALUE OF A PIT

So when the Midianite merchants came by, his brothers pulled Joseph up out of the cistern and sold him for twenty shekels of silver to the Ishmaelites, who took him to Egypt (Genesis 37:28).

Then they got Joseph's robe, slaughtered a goat and dipped the robe in the blood (Genesis 37:31).

SCENE: *Pharaoh's palace, sometime around 1690 B.C.*

JOSEPH: I still dream of that coat. They don't even know my real name here, nor would they care about the story of a robe that meant so much in the life of a seventeen-year-old boy in Canaan who's not alive anymore.

The Egyptians call me Zaphenath-Paneah. I'm thirty years old now—and finally free. What I wouldn't give to see that robe again! It was given as a symbol of my inheritance, but to me it was a symbol of dominance. Father meant well, but there was a lot of harm done with that garment of honor.

Since then I've learned how to serve. I've served Potiphar, I've served the prison warden, and I've served Pharaoh. But most of all I serve my God.

I guess no man can serve God in an ornamented coat.

Every dreamer knows how the inside of a pit is decorated. It's dark and has slimy sides—in Joseph's story just as in yours and mine.

Every once in a while our lives need to be cleared of clutter. It's like the time I was sorting out my sock drawer, the day after Christmas. I took out the top layer of socks and attempted to match a few sets. I soon gave up. I had received four pairs of socks for Christmas, which made matters worse. I concluded that the most intelligent thing to do was to dump the drawer and start all over with new socks.

The clutter that fills our lives is the same. There comes a time when the spiritual sock drawer needs dumping. Then God can fill it again.

All dreamers go through a periodic stripping away of little pieces of unfinished business that need clearing up, a feeling of guilt about something here, an unconfessed sin over there. A good pit helps the cleaning process.

OVERCOMMITMENT: A DREAM KILLER

Overcommitment is a perfect example of our need to be stripped down in the pit. Overcommitment is really an attempt to be more than what we are.

I once preached a sermon attempting to highlight the damage done by overcommitment. I brought an overstuffed suitcase—with pant legs sticking out of the side and the lock beginning to break—and threw it on the platform.

"Does this look like anybody's life," I asked, "overcommitted and overstuffed?"

Laughter filled the sanctuary. Everyone knew that suitcase was an exact picture of most of our lives. Then I opened the suitcase, brought in a garbage can, and disposed of the excess baggage.

Few of us will ever get rid of our excess on our own, so God sends along a pit and we get our coats stolen. The good

> Overcommitment is really an attempt to be more than what we are.

news is that reducing clutter can speed a dream on to completion and the dreamer to victory.

Why is it so important that we lose our coats? *The key is not in the coat but in what it symbolizes.* I once visited an inmate on death row who had killed a young man for his leather jacket. To him, that coat symbolized prestige, acceptance, and wealth. The coats in our lives may represent many things, but at one time or another, all true dreamers get stripped down to nothing.

When we started our church on the east side of Seattle, I left a prestigious position in a growing church in central Washington. In addition, I had been enrolled in a doctoral program that would have allowed me time to be a leader at a burgeoning Bible college.

One of my friends flew all the way from Florida to try to talk me out of the move, yet I knew that God was calling us to begin with nothing.

Those were powerful days. Our church was only ten people meeting in our living room. We couldn't afford to rent the house we lived in, so we made a six-month agreement with the landlord to paint, repair the house, clean the pool, and re-landscape the yard. We literally had nothing.

Years later my wife and I talked about how fearful those days had been. My wife felt very alone and frightened—and so did I, although the two of us never talked about it until twelve years later. We had to agree that it had allowed the Lord to work a dream through us that we could only partly have imagined.

We had a woman in our church named Marcia Jones who sang and played the guitar. She also had a disease called lupus, which caused tremendous pain in the joints of her fingers. If you didn't know her, I don't think you would know the beauty of the music she played. She played in pain. Her disease often stripped her down to nothing but her reliance upon God. She represents a true dreamer. She had been in the pit and lost her coat, but she kept the essence of her dream.

DREAMERS PAY THEIR OWN WAY

Those of us who are dreamers often try to help those who follow after us to avoid the pain we have experienced, so we create weak followers. I certainly wouldn't want many of the people I am mentoring to feel the pain I have felt. But as I study the life of Joseph, I realize that every dreamer must go through a pit of his own.

Rocky Bleier, a college student with a promising career in football, fell into a pit. His leg was injured in the Vietnam War. Yet he returned, against all odds, and became a Superbowl running back for the Pittsburgh Steelers. Later he went on to be an inspirational speaker, teaching others how to have the guts to come back from their own pits.

These are great, motivational stories. But the truth is, not everyone who goes to the pit comes away as successfully as Rocky Bleier. Marcia and Rocky went to the pit and walked away empty-handed, yet they are still dreamers.

The struggle makes the dream all that much sweeter. I believe that Joseph, as an old man, would have passed by a fancy coat. God had a different coat for him, and he knew it.

WE ALL FEAR LOSS

I am told that most people have a dream such as I have had on occasion. I dream that I show up to preach wearing nothing but my boxers. I had a similar version of this dream when I was in college. There I would be, sitting in class in my underwear. Everyone would be pointing and laughing.

I've wondered aloud in my dreams how I could have gotten up in the pulpit without anyone noticing. Surely one of my friends would have helped me.

A counseling friend of mine says this particular dream betrays the fear we all have of self-disclosure. It began in the garden when Adam and Eve's first reaction to their nakedness was to hide and wrap fig leaves around themselves. This fear drives us to run to symbols. God continually has to strip away these symbols—titles, gimmicks, insurance policies that protect us from failure.

My graduation from college was less than a triumphal event. I had my coat yanked from me in front of the world.

Several days before the celebration, held at the Seattle Opera House, I went to the bookstore at Seattle Pacific University. To my surprise I was listed as having graduated *magna cum laude*. If you have this honor, you get to wear two gold cords around your shoulders. This signifies that you aren't just above average, but that you are a bit above that. Of course, above this level is graduating *summa cum laude*.

I was surprised that I was on this list. By my calculations I should have only graduated *cum laude,* with something like a 3.6 grade point average. Graduating *magna cum laude* required a 3.75 grade point average. I had received several C grades when I was a freshman in junior college, so by my calculations I didn't fit the profile of a *magna cum laude* graduate.

Nonetheless, I took the cords with glee and thought I had made the mistake. I hurried home to tell my wife that I was graduating *magna cum laude.* I even called my parents.

Approximately five hundred of us graduated that year. As the ceremonies began that night we were all lined up in the halls outside the large auditorium. Then the dean of education (who will remain nameless) walked by. He noticed that I was wearing two honor cords.

He looked at me a bit puzzled as he passed. I didn't think much of it. But then he walked by again with his secretary. "Murren," he said, "you shouldn't be wearing two tassles."

"Doctor," I said, "the bookstore had me listed as *magna cum laude.* I also had these two tassles in my graduation packet with my cap and gown. I paid for them. As far as I know, the orders came from your office."

He marched me to a little side room where they had a computer set up to make certain that no one slipped through his purview who had unpaid bills or perhaps had missed a class or something. Sure enough, the bookstore had made a mistake. I was only to graduate *cum laude.* About a dozen of my friends had been quite impressed with my earlier status. Now I was sent back with only one cord. I was demoted.

> God loves to teach us to leave behind the symbols for the real thing.

I had traveled long enough with the Lord by then to thank Him all the way back. To tell you the truth, I was tempted to take the other cord off, figuring that if I was to learn humility, then I would strip down to nothing.

I have often laughed about that situation over the years. Jesus warned about taking the front seat. He said to take the backseat and let Him call you forward.

God loves to teach us to leave behind the symbols for the real thing. Our fear of nakedness causes us to cover ourselves with symbols. At the same time we hide our need for Christ.

One man in the history of the United States seems to have been able to cover his own nakedness. He was James Michael Curley, once the mayor of Boston. Around the turn of the century, he was imprisoned for embezzlement. While in prison he was elected governor of Massachusetts. Once elected, he commuted his own sentence and absolved his guilt.

James Curley may have been able to do that, but we can't do that for ourselves. We require God's covering. Joseph was learning that God wanted to be his covering. God wanted to be his coat, the only sign of his inheritance.

Yes, one of our greatest dream-stoppers is our reluctance to be stripped down to reliance upon God. Our attachment to symbols keeps us from the real thing. Keeping your dreams will entail thanking God for the pit.

LIFE APPLICATION

1. Have you ever lost a symbol that was important to you? Are you willing to accept the fact that maybe God was behind the loss?
2. Have you ever lost an opportunity to minister? Perhaps you were replaced by another and were humiliated by it? That is actually a great occasion for you to praise God. You were stripped down so that your dream would grow.

PRAYER

Lord, thank You that You allow us to fall into pits so that we are stripped of symbols we don't need. Thank You for being the source of all our dreams, the One who spoke all the worlds into existence, the One who saw us naked and gave His life as a covering.

9

NO SOLITARY DREAMERS

The Lord was with Joseph and he prospered, and he lived in the house of his Egyptian master (Genesis 39:2, italics added).

But while Joseph was there in prison, *the Lord was with him;* he showed him kindness and granted him favor in the eyes of the prison warden (Genesis 39:20*b*-21, italics added).

The Lord was with Joseph and gave him success in whatever he did (Genesis 39:23*b*, italics added).

So Pharaoh asked them, "Can we find anyone like this man, *one in whom is the spirit of God?"* (Genesis 41:38, italics added).

SCENE: *Palace dining room of Joseph the governor, 1682 B.C.*

JOSEPH: The pain was so intense today, God of my fathers. Lord, how good to be reunited with my brothers. The agony of the separation filled my heart, but within seconds my heart became aware also that I never really had been alone.

　　You truly are the ladder to heaven that my father Jacob often told me about. I know now why that was so real to him. Dreamers are never alone!

　　Oh, how my heart beat when all my brothers bowed to me, as my dream had said they would. But what a different meaning it had for me. I didn't feel superior at all. I was their servant as they all bowed.

How many years ago I had that dream, and yet how wonderful that I have never felt alone. Separated, yes. Agonizingly living on memories, certainly. But I have learned to focus my eyes on You, the Dream Giver. And now, as my brothers bow to me, I bow to You.

DREAMS EXPLODE ON THE SCENE

The other day I was driving down the road in my four-wheel-drive pickup truck. I love to drink Squirt soft drinks. I was particularly thirsty that day. I don't know why, but I was shaking the bottle around absentmindedly. I guess I like to stir up the little chunks of lemon in the pop. Usually I let it sit still for a few minutes before I open it.

This day something was on my mind. I can't remember what it was—something to do with my kids. You know how they can captivate your mind. So, without thinking, I twisted the cap off the glass bottle. Ka-blew-ee! Pop blew everywhere, nearly hitting the ceiling, filling my lap, and shooting over into the passenger seat, leaving a small puddle.

I think dreams work this way. God bottles them up in our hearts like carbonated pop. Then life has a way of rattling and shaking them, with all its twists and turns, until one day the cap comes off. I know dreams in my life have seemed to work this way. When you have just about given up on them, they don't just eke onto the scene. They explode!

I thought of this while meditating on Joseph's reunion with his brothers.

Now Joseph was the governor of the land, the one who sold grain to all its people. So when Joseph's brothers arrived, they bowed down to him with their faces to the ground. As soon as Joseph saw his brothers, he recognized them... (Genesis 42:6-7).

Imagine how Joseph must have felt. He had been perplexed by the dream of his youth, knowing it had been real, but not understanding how it could ever be fulfilled. Then all at once, just like a shaken-up soda pop, it exploded onto the scene.

Joseph knew what was happening when his dream burst onto the scene because he'd had a partner all along the way. No one dreams alone. If we walk with the Dream Giver, the fulfillment of our dreams won't take us off guard either.

David (formerly Paul) Yonggi Cho, pastor of the world's largest church, has a now-famous illustration of how faith works. He says, "When one has faith, it's like being pregnant." He tells a wonderful story of how he asked the Lord to give him a bicycle, a desk, and a typewriter, and how the Lord assured him he would receive it. He says the Lord told him to be "pregnant with the seed of the promise."

> "When one has faith, it's like being pregnant."

Dreams work like faith. You become pregnant with a dream, just as a mother becomes pregnant with a child. Then it bursts onto the scene when the time for delivery is right.

I remember when our daughter was born. I was preparing to go to Russia to visit some Jewish friends I had met while in Warsaw, Poland. Two nights before I was due to leave, Deb woke me up at 2:00 A.M. hemorrhaging. Her labor had begun suddenly with a tear in the lining of her womb.

I dressed hurriedly, phoned the doctor, packed her in our Mazda RX2, and sped to the hospital. When we arrived, the doors were locked. At first I contemplated driving my car through the plate-glass doors. However, I managed to control myself and screamed at the top of my lungs instead, "Let me in! Let me in!" It seemed like days, but I'm sure it was just minutes before the hospital attendant came and opened the door.

I blurted out, "My wife is pregnant, and she's bleeding intensely! The doctor is on his way." The attendant grabbed a wheelchair. We both placed my wife gently in her chair and hurried her into the emergency room. Within half an hour, two doctors met me in the hospital lobby to confer on a decision they were having to make.

The doctor said, "We can either take the baby too fast and certainly kill it, or we can let the process continue and run the certain risk that your wife will bleed to death before we can stop the hemorrhaging."

Before the words could fully work through the neurons in my brain, we heard a baby's cry from the other room. Raissa had been born.

We had known there was a baby in Deb's womb. We even had a fair idea of what she would be like, being a combination of the gene pool of the Murrens and Landins.

But once she burst onto the scene, we knew exactly what she was like.

Dreams can happen suddenly, too, yet they are sometimes preceded by a high level of uncertainty. I felt very alone in the hospital when Raissa was born–all alone facing the possible death of my wife or my new child. Yet with the doctors there, I was comforted. They had been through this before. They seemed confident they could handle the job. I've found that it's much easier to wait for the birth of a dream when you're standing with an Expert.

NO ONE DREAMS ALONE

It's obvious that dreamers need to keep their eyes on God while they pursue the fulfillment of their dreams. But does God want dreamers to isolate themselves from other people?

You and I have both met the type–people who feel they have dreams so superior that they can't fit into others' lives. This is not the spirit of an authentic dream from God.

Ephesians 4 talks about the body of Christ being knit together. God provides each wonderful gift that fits in and makes the whole picture. The appeal of the chapter is for unity among empowered people who make up God's dreams.

On the other hand, some solitude is needed. One of my favorite books is *Life Together* by Dietrich Bonhoeffer, the German theologian who was martyred by the Nazis in 1945. In this book he wrote about the life of solitude and the Christian community. He contended that a healthy spiritual life has times of aloneness with God and times of community with God's people.

I happen to love solitude. For me, community is a discipline. For many of my friends, it's the opposite–solitude is a discipline. They are more extroverted and love being with people. No matter what our temperaments, solitude will help us be healthy dreamers.

None of the Bible's great dreamers really had a sense of isolation while in their solitude. I think Jesus was affirming this when He said, "[The Father] will give you another Counselor to be with you forever" (John 14:16*b*).

Over and over in the story of Joseph, we read, "The Lord was with Joseph" (Genesis 39:2*a*).

Feelings of isolation or deep pain when alone are actually signs of depression. These feelings can also be signs of separation from God because of unresolved sins.

From reading the book of Psalms, I've concluded that David experienced both situations. He had times of deep depression caused by situational problems and, possibly, by a genetic predisposition to depression. David also mourned his separation from God when he knew he was hiding sin in his heart. If being alone causes you pain, ask God to show you the cause and what you should do about it.

Our solitary times are not times of isolation and aloneness. They are times of partnership when we draw aside and let the Dream Giver define the meaning of our dreams. Then the call comes to unite with all dreamers. Encouraging and networking with one another, we become like one beautifully tuned orchestra.

20/20 HINDSIGHT

No one dreams alone, but at times our awareness that we are not alone is discovered by 20/20 hindsight.

At one time, our congregation at Eastside faced such extreme growth that the county officials were putting pressure on us to relocate. However, we really didn't have the funds to move.

Our neighbors were organizing *ad hoc* meetings. They were upset with the traffic that filled the small streets around our facility. They didn't want us buying any more houses in the neighborhood to convert into children's church space either.

The circumstances sent a clear message: It was time to move. Over a six-month period we prayed and felt the assurance that God was leading us, but there was no sign of any open door.

One morning in a local café in a small community near our church, one of the men who had been assisting me in the search for a new site was having coffee. He overheard a group of Catholic businessmen commenting that the site for their new building project had been turned down by the archbishop.

The conversation caught my friend's ears, so he asked to sit in. He found the location of the site, got a feel for its approximate cost, and gave me a call that morning.

Within two days we were sitting in the office of the archbishop's land representative. We proposed that they sell the property to us, since they were not going to build on the site. At that time the property consisted of ten acres. Within months we would also be able to purchase the ten acres next door to the property.

To our great surprise, the price matched our ability to pay. To raise the funds, we had help from our denominational leaders, and a number of church members pooled their resources. We were able to purchase the property at a price that had been placed in escrow four or five years earlier.

I'll never forget the excitement in my heart when I knew for sure that God was leading our move. I had been frightened of my own ambition. I had always feared that I wanted to lead a large church so I could say I'd done it. I had worried about using people to fulfill some sort of aspiration of my own.

But we knew without a doubt that God was leading us this time. The exciting part for me was the awareness, after the fact, that God had been with us all along. I think that's the way it usually works. While we're waiting for dreams to come to pass, we know He's there, but then again we don't know. Don't be surprised if the awareness of God's partnership in your dreaming follows your commitment to that dream in dark and lonely times.

THE FAMILIAR STRANGER

Now that same day two of them were going to a village called Emmaus, about seven miles from Jerusalem. They were talking with each other about everything that had happened. As they talked and discussed these things with each other, Jesus himself came up and walked along with them; but they were kept from recognizing him.

He asked them, "What are you discussing together as you walk along?" They stood still, their faces downcast.

One of them, named Cleopas, asked him, "Are you only a visitor to Jerusalem and do not know the things that have happened there in these days?"

"What things?" he asked.

"About Jesus of Nazareth," they replied. "He was a prophet, powerful in word and deed before God and all the people. The chief priests and our rulers handed him over to be sentenced to death, and they crucified him; but we had hoped that he was the one who was going to redeem Israel. And what is more, it is the third day since all this took place. In addition, some of our women amazed us. They went to the tomb early this morning but didn't find his body. They came and told us that they had seen a vision of angels, who said he was alive. Then some of our companions went to the tomb and found it just as the women had said, but him they did not see."

He said to them, "How foolish you are, and how slow of heart to believe all that the prophets have spoken! Did not the Christ have to suffer these things and then enter his glory?" And beginning with Moses and all the Prophets, he explained to them what was said in all the Scriptures concerning himself.

As they approached the village to which they were going, Jesus acted as if he were going farther. But they urged him strongly, "Stay with us, for it is nearly evening; the day is almost over." So he went in to stay with them.

When he was at the table with them, he took bread, gave thanks, broke it and began to give it to them. Then their eyes were opened and they recognized him, and he disappeared from their sight. They asked each other, "Were not our hearts burning within us while he talked with us on the road and opened the Scriptures to us?"

They got up and returned at once to Jerusalem. There they found the Eleven and those with them, assembled together and saying, "It is true! The Lord has risen and has appeared to Simon." Then the two told what had happened on the way, and how Jesus was recognized by them when he broke the bread (Luke 24:13-35).

Like the two disciples on the road to Emmaus, often we don't recognize our Partner; but like the disciples, we always have a Familiar Stranger accompanying us.

Remember, these fellows had given at least three years of their lives to the cause. They had been ridiculed for aligning themselves with the dreams of this Messiah. This Jesus of Nazareth had said He would change the world, and now He was crucified. Their plans were shattered, their vision of a Roman-free Israel was gone, and the wonderful joy of living in the presence of the great Teacher was snatched from them.

What hope lay ahead for them? Nothing. They were headed home.

We, like those disciples, need our eyes opened on a regular basis to be able to see Jesus all around us. And we, like the disciples, will be questioned. In this beautiful section of Scripture, we are awakened to several great truths.

Jesus walked with His disciples (v. 15). This is a reminder for us that we don't walk alone.

He inquired of them (v. 17). Christ, the great question-asker, uses the everyday challenges of life to ask His probing questions. Are we committed to the dream? Can we trust God to the fullest?

He explained (v. 27). Christ's presence sometimes is the only explanation for life. I have a friend who has lived with excruciating pain for over ten years. He asked me why God was letting him suffer. I was quiet for several minutes, feeling deep compassion for the suffering he had gone through and searching for a genuine answer. Finally, I turned to him and said, "The only explanation I know is that this world is imperfect, out of sync, and out of alignment. But Christ has chosen to walk with us in this world."

He stayed with them (v. 29). Our Familiar Stranger is willing to go wherever we go. The address of our house is of no importance to Him, neither is our vocation. He has chosen to be with us. Like the early disciples, our first call is to be with Him before we are called to do anything else.

He ate with them (v. 30). In the Bible, eating together is the ultimate statement of fellowship and friendship. This goes far beyond even the great *agapé* love described in 1 Corinthians 13. To eat with us means that God chooses to imbibe deeply in the give-and-take and ordinary hustle and bustle of our lives.

He disappeared after they could see (v. 31). God has a way of doing that. He leads us to the point of discovery, fully discloses Himself, and then steps back to allow us–with 20/20 hindsight–to see that we were never alone.

THE PROP MAN RETURNS

When I was about ten years old, my friend Randy Rich and I decided we would go camping by ourselves. At first our parents were reluctant to turn two ten-year-olds loose in the mountains.

There was a Boy Scout camp just southwest of Wenatchee, Washington, where he and I had grown up. It had lots of campsites that were close to civilization, yet they were far enough away to let you know you were in the woods. Growing up in the area, I had been exposed to the local folklore about some of the creatures that inhabited the hillsides around the area.

The chief figure of the local folklore was a fellow called the Prop Man. The Prop Man was reputed to be dead but alive. There had been a plane crash during World War II in the hillsides around this camp. As the story went, the pilot still roamed the hillsides with a prop through his torso. He had been spotted through multiple generations, and he was likely to lunge out from behind clumps of trees, terrifying unsuspecting campers at any time.

Randy and I were dropped off by our parents a short distance from the campsite of our choice, which was near the mythic terrain of the Prop Man. We pitched our tent, prepared the camp, and then took a hike. By the time we returned, dusk had fallen.

We built a fire and cooked our pork and beans in the can over the flames. (If you have never eaten beans this way, you have missed out on the finest of cuisine.) Then we roasted marshmallows and finally ended our meal with burnt hotdogs and scorched buns. As darkness slipped in around us, we flipped on our radio and started listening to a local baseball game.

Somehow our conversation turned to the Prop Man. Randy assured me that there had been three or four authentic sightings in the last ten years or so. I wanted to be skeptical, but I was a total believer.

As the fire dimmed, the night became pitch-black. It was the kind of black that only happens in the middle of the woods at night. It slips over the faces of unsuspecting boys and stuffs up their throats so they are unable to catch their breath.

When this kind of night fell, we retreated to our tent, turned on our lantern, and continued to talk. We tried a number of conversations, but neither of us could get our minds off the Prop Man.

When Randy reached up to turn off the light, I was happy. I was ready to go to sleep. I figured it was the only solace from the Prop Man. We both lay there silently. Neither of us was breathing the kind of deep-sleep breathing that should happen. I could only hear the rapid, shallow breathing of four little lungs trying to get enough oxygen to maintain life. After all, the Prop Man could lunge through the tent door at any moment.

Agonizingly we both drifted off to sleep. Aaah, safe at last. But then it happened! We both heard it. We could feel the ground shaking. *Pound, pound, pound, thump, thump, thump.* We could hear it come through the bushes.

I nearly screamed but held it in. After all, we were safe in our tent. I sat up as Randy sat up. I am sure to this day that I could see the whites of his eyes through the dark. I am certain that he could see mine too.

"What is that?" he whispered.

"I don't know," I replied. Neither of us would mention the Prop Man.

The pounding footsteps tromped through our campsite, circled around once and left. We both lay motionless for ten minutes or more.

That night every brush of the tree branches awakened me. I was so tired by morning that I could have slept for three days.

We were both up at first light, back over our fireplace, scrambling eggs, cooking bacon, hurriedly cleaning up around camp. We kept our noses to the ground, looking for footprints.

"Do you suppose it was a bear?" Randy finally asked.

"I don't know," I said, "but whatever it was, we must have scared it off." We both knew that we were lying to each other.

That evening our mothers picked us up, ending a great weekend in the woods. I must say that we were both quite excited not to spend another night out there. After all, we had survived the Prop Man's visit once. We couldn't gamble on a second visit.

As we loaded our gear in the car, my mom turned to me with a big smile. "Good to see you fellows. How did it go?"

"Oh, it was tremendous! The food was good, and we had a great hike in the mountains," I said.

"Doug, you look terribly tired," she answered. "How did you sleep?"

We both chimed in together, "We slept real good."

Before we could tell her about the Prop Man's visit, she said, "Did you see George Weeks? Did he stop and say hi?"

We turned and looked across the backseat at each other. "Why?" we asked simultaneously.

My mom filled us in. "He said he was going to go up to the camp around dusk to make sure that you fellows were OK. Did he ever show up?"

We both breathed a sigh of relief. Instead of the Prop Man being out to get us, it was in fact our local forest ranger, coming out to ensure that all was well.

This story is a wonderful illustration of how we often respond to the Lord's presence. Our fears often distort our ability to see Him with us in our dreaming. Our fears often keep us from seeing Him at all. In fact, we confuse Him with the Prop Man.

One time Jesus walked on water to meet His disciples (Mark 6:45-56). The Bible says that when evening came, the boat was in the middle of the lake. Yet Christ had been left on shore. A storm blew in, and the disciples grabbed the oars, but they were not getting anywhere. About the fourth watch of the night, Jesus came out walking on the lake. He just about walked right past the disciples in their boat. But when they saw Him walking on the lake, they thought He was a ghost. They began screaming and jumping around in the boat.

They cried out because they didn't recognize Jesus in the middle of their storm.

We, like them, so easily forget that He is present even in our storms. When our dreams are being shaken about, we confuse the figure beside us with the Prop Man or a ghost in the night. We don't realize it is our ever-present Friend.

So don't consider yourself unusual if you're fearful in the middle of your dream. Train your eyes to view His work through a new paradigm. If you believe that God only works when things are going well, if you think that God only works when there is great provision available, if you think that God only works when there is relational harmony, you will not see God in the middle of much of His working in your life.

LIFE APPLICATION

As we have seen, no dreamer dreams alone.

What makes God-given dreams so powerful is the company that He gives us along the way. It isn't the size of the dream that makes the difference. The powerful presence of the Holy Spirit and interlocking fellowship with other dreamers in the body of Christ assures us of safety and triumph. Here are some key points to remember.

1. Count on the sudden, serendipitous outworking of your dream, which will give you 20/20 hindsight

vision. Look back and rejoice that God has been with you all along.

2. When you enter into a dream, remember that it isn't the spectacular nature of the dream that makes it God-given. It is the fact that He has chosen to be with you.

3. When you begin dreaming, realize that with the dream comes the promise of His company.

4. When separated, remind yourself that you are not alone.

5. Let him into the boat of your life when the storms are raging. Learn to recognize Him in adverse circumstances.

6. Build a network of friends and fellow dreamers.

7. Are you looking at the dream more than the Dream Giver? If so, you may be asking for trouble. Why don't you pause and ask Christ by the Holy Spirit to make the Dream Giver bigger in your heart than the dream you have received? You'll enjoy the journey much more.

10

FORGIVENESS: NECESSARY EQUIPMENT OF A BELIEVER

The chief cupbearer, however, did not remember Joseph; he forgot him (Genesis 40:23).

When Joseph's brothers saw that their father was dead, they said, "What if Joseph holds a grudge against us and pays us back for all the wrongs we did to him?" (Genesis 50:15).

But Joseph said to them, "Don't be afraid. Am I in the place of God? You intended to harm me, but God intended it for good to accomplish what is now being done, the saving of many lives. So then, don't be afraid ..." And he reassured them and spoke kindly to them (Genesis 50:19-21).

I have found that to experience all that God has for me, I need an ever-growing life perspective that is big enough to contain God's plans. I have also found that with a growing perspective I need a growing heart. The sign of a growing heart is a spirit of forgiveness.

SCENE: *Joseph's palace, memorial room for Jacob, 1659 B.C.*

JOSEPH: Father, my heart is broken as I see your body lie there and I sense the fears in my brothers. I can see they do not realize the great work that God has done in my heart. They meant to work evil against me. But I have learned that your great God, the God of Abraham and Isaac, was even in all the misdeeds. How can I hold a grudge against those whom God has used? Their wrong-doing, after all, has been the making of my heart.

I have forgiven Potiphar. He knew that his wife was making up a tale, that I would never consider assaulting her. He came and spoke to me one night in the prison, asking me to forgive him, telling me that he didn't know what else to do. He couldn't afford to lose his honor. I remember clutching the bars, leaning up against them, telling him what a good master he had been. He was surprised when I forgave him and his wife.

Then I languished in prison for two years, forgotten. I interpreted a dream for the king's cupbearer. He was freed. I remained incarcerated. He forgot me. Later the same man clutched my coat and asked me to explain Pharaoh's dream. Then he asked for my forgiveness. I forgave him, and my heart grew.

The dreams of God cannot be halted, but the hearts of men can shrink too small to contain them. The wise old grandfather of Pharaoh spoke those words to me one afternoon. As I prayed to the God of Abraham, Isaac, and Jacob, I began to see His divine hand in timing the most ill-intended and ill-fated events in my life. I have decided that great men forgive.

I can only pray that my brothers will believe me when I say this–and even forgive themselves.

During my college days I loved to fly-fish. When I lived at home, I pilfered my dad's fishing equipment. He had plenty of flies.

Once I moved from home, I was dependent on my own equipment. One of my friends, Gordon, used to hate to go fishing with me. The reason was that I never showed up with enough equipment to do the task. I would borrow his best flies and lose them.

Finally, he said, "Murren, if you are going to fish, you have to get the right equipment. If you show up next time without the right gear, we are through fishing. Got it?"

By the next fishing trip I had bought plenty of flies. I even had enough to share.

Sometimes I have also shown up without the right equipment to handle God's dreams in my life. Most often lacking is a forgiving spirit.

Christ told His disciples that in His kingdom you need to forgive your brother seventy times seven times (Matthew 18:22, KJV). The idea of the passage is that forgiveness is an unending exercise for those who share in God's kingdom. One can never forgive enough when dealing with humans.

> The dreams of God cannot be halted, but the hearts of men can shrink too small to contain them.

I have always been humored by the disciples' appeal to the Lord: "increase our faith!" (Luke 17:5). A sure sign of great faith is a great ability to forgive. As Peter observed later, "Love covers over a multitude of sins" (1 Peter 4:8*b*). It takes great faith to have great love. If one has great dreams for children, he or she had better be prepared to have great forgiveness. The dream of a great marriage must also be powered by an ability to forgive.

How many dreams are locked up in the prison of unforgiveness? Joseph's heart was always free because he was able to forgive.

I once assisted in the recovery of a pastor who had fallen into an affair with a woman in his church. I suspected that at the root of his affair was anger with his church. "Is there anything about your church that would have gotten you so angry as to be vulnerable to such a thing?" I asked him.

His response was quick and strong: "First, they never supported any of our building expansions. And several people left the church when I wanted to move in a new worship direction. Then when I felt the Lord leading us into free-flowing gifts of healing, they wouldn't go with me."

Sensing he was also in a state of depression, I proceeded with great care to tell him that I saw his behavior as a symptom of a deep-seated disillusionment with himself and an inability to forgive himself as a leader. I suggested he possibly

also had some deeper problems that would require professional care. His first step was to unlock the door to forgiveness, releasing himself and others. We prayed a prayer of
forgiveness so that his dreams could return.

ARE YOU WILLING TO PAY THE PRICE?

There is an old Russian fable that Mary, the mother of
Jesus, wasn't the first young virgin that heaven had attempted
to recruit. As the story goes, the angel Gabriel traveled about
the land of Judah from house to house, looking for a virgin
willing to pay the price of misunderstanding and the agony of
being the mother of the Savior of the world. As the fable
concludes, Mary was the first and only one of the virgins who
would accept the burden of such an assignment. Her be-
trothed, Joseph, also paid the price of misunderstanding and
unfair accusation.

For me and most leaders who concentrate on maintaining
the highest level of integrity possible, the greatest insult is to
be falsely accused.

When Joseph was a servant in Potiphar's house, he was
blasted cruelly by the false accusation of sexual harassment.
This was particularly painful for him because he had been
loyal to his master in all things. It is interesting that after he
became ruler of the land, there is no record of retaliation on
Potiphar's house. Joseph accepted the price of dreaming.

WHAT IS FORGIVENESS?

Many people don't understand what forgiveness is. Conducting multitudes of marriage counseling sessions has accen-
tuated my awareness of severe misunderstandings regarding
the Christian experience of forgiveness. Let's sketch quickly
what we mean by forgiveness.

Forgiveness is the willingness to:
- see someone as more than their sins
- give up the right to retaliate
- acknowledge your sin first
- bless and hope for a better and brighter future for the
  violator

- not rehearse or bring up again the sin with others
- pray for God's will to be fulfilled in the violator

The word *forgiveness* means "to send away." The Old Testament scapegoat is a wonderful picture of the exercise of a forgiving heart. In the Old Testament, the Israelites were instructed to make atonement each year, using two goats. One goat was sacrificed. The high priest laid his hands on the other goat and confessed all the sins of the people over it. The goat was then released into the desert to wander until its death. The idea was that the sins were forever forgotten. The psalmist would later word it this way: "As far as the east is from the west, so far has he removed our transgressions from us" (Psalm 103:12).

WHAT FORGIVENESS ISN'T

As well as needing to have a positive definition of forgiveness, we need to have clear in our minds what it is not.

Forgiveness is not the ability to forget. Emotional pain and injury may be strongly etched in our minds. You will recall times of pain. It is what you choose to do with those memories that makes you a forgiver or an unforgiver.

Forgiveness is not the willingness to be subjected to abuse. In some cases you need to forgive and leave the abusive situation at the same time.

Forgiveness is not good feelings about the person or situation. In fact, you may feel bad and should feel bad–when harmed.

Forgiveness is not the willingness to overlook the matter and not talk about it. Confrontation is necessary for true forgiveness, repentance, and healing to occur in a relationship.

FORGIVING YOURSELF

The hardest person for you to forgive is yourself. I wouldn't be surprised if Joseph spent many a night wishing he'd been more tactful with the sharing of his dreams.

Larry was from the South and a terrific guitar player. He had a definite call on his life. Being raised in a Pentecostal home, he had learned to pray in the Spirit as a youngster.

When he was eighteen, though, he took his guitar and toured with a rock and roll band around the United States. He later renounced that life-style and rededicated his life to God.

I met him when he was in his late twenties. He was convinced that God would never be able to use him again. It was evident to all of his friends, however, that he had a great talent for songwriting that could really spread the Gospel.

"When one turns away from the Lord, it's impossible to come back to your original anointing," he lectured us one night. "Don't you guys fall away. Don't you do what I did, or you'll never again be able to enter back into what you once had." I could tell he believed what he was saying, but in my heart I thought it was nonsense.

God is the God of the second chance. I've learned over the years that one of the enemy's greatest tactics against would-be dreamers is to remind them constantly of their failings and shortcomings. His aim is to convince them that once a dream has been aborted, damaged, or crippled, it can never be restored.

I think of Larry from time to time. I think of the lie he believed. I haven't seen him for years, but I do hope that his dream has been unlocked from the prison of self-unforgiveness.

In our congregation we make a habit of not having any paid pastor do the baptizing. Everyone who is baptized is baptized by either a lay pastor or the friend who led him to Christ. Several years ago, however, I decided I wanted to do the baptism one Sunday morning when I wasn't preaching. A young woman named Cathy was being baptized along with several others.

On this occasion I uncharacteristically took time to interview briefly the people who had come to be baptized—as we stood in the water. In front of more than a thousand people Cathy said that she had attended our church for two years before she had received Christ. Everybody got a big laugh out of the fact that she had actually come to the Lord when my assistant was preaching—this, after hearing me preach for nearly two years.

After the baptismal part of the service, I waited outside the changing area. I wanted to ask Cathy some questions. She was surprised when she saw me waiting. As I sat on the steps by the prayer room, I asked if she had a minute to talk. "Cathy," I continued, "why is it that you sat in our church for two years before you received Christ?"

"It took me that long to believe you would really love me," she answered. "You see, I was raised in a Christian home, and I fell away from the Lord. I've had three abortions. Some of my friends said this was the church to go to, that you would really love me. But I just couldn't believe it."

"Would you believe that God would want you to share that love with others?"

A beaming smile spread across her face. "I certainly would," she said. "I want to tell them that there really is deep love and God really does forgive. He really can bring you back to where you once were."

"It's always exciting to see dreamers return to their vision," I assured her, "after being locked up in unforgiveness."

LIFE APPLICATION

1. Have you ever been abused or mistreated? I'm certain you have. Are you able, right now where you are, to thank God in the misunderstanding and abuse?
2. Have you expressed the wrong kind of forgiveness or remained in an abusive situation? If so, seek professional help. Get some advice. You are never called by God to be destroyed at the hands of an abuser.
3. Are you able to forgive yourself? Do you believe that you can return to your dreams once you have fallen? The way back is always repentance, which simply means turning back in the right direction. I encourage all would-be dreamers who have lost their dreams because of unforgiveness—either of self or others—to discover the beauty of a growing heart.

Yes, forgiveness is necessary equipment for all would-be dreamers. The greater the dream, the greater the need may be for forgiveness. The more impact your ministry and dream will have on others, the more misunderstood you'll be. But great dreamers, like Joseph, learn to forgive. The exercise of forgiveness makes for large hearts, big enough for God's dreams.

11

THE DREAM SEDUCERS

Now Joseph was well-built and handsome, and after a while his master's wife took notice of Joseph and said, "Come to bed with me!" But he refused (Genesis 39:6b-8a).

And though she spoke to Joseph day after day, he refused to go to bed with her or even be with her (Genesis 39:10).

SCENE: *The sleeping chambers of Potiphar's wife, 1692 B.C.*

POTIPHAR'S WIFE: Why did he flee? Am I losing my beauty?

Why wouldn't such a man succumb to my seductions?

I will not be rejected. I must act quickly, though. I know he will go tell old Potiphar.

The boy has avoided me for months. Maybe he already talked to Potiphar!

But now he's fleeing through the streets without a cloak. Someone will know something is wrong. I can do something before he tells.

(Shouting) Guards! Guards! I've been attacked by the Hebrew boy! Call my husband, quickly. I've been attacked!

(Quietly) What is in the heart of such a man who would resist temptation so strongly? Such a strange man. An eerie man. I find him frightening in his strength.

THE TEMPTATION FACTOR

Well, now, Joseph has lost his second coat (Genesis 39:12). This time it was wrenched away from him by a dream seducer.

Joseph showed a character of steel as he faced sexual temptation day in and day out. We mustn't forget that he would have been in his late teens or early twenties and at the peak of his sexual development, according to psychologists of our time. Entrusted with a great deal of power, he no doubt had great opportunities for secrecy.

Temptation serves a great purpose in God's master plan for our lives. If we don't understand it, we can become either fearful or lax in facing the challenges to our character that would lead us off the path.

There are three things that can be accomplished in a dreamer's life only through temptation.

Temptation builds character. That's right. Find your area of temptation, and you find the edge of your personal spiritual development. Don't sweat it if what you see isn't all that pretty. That's a good discovery in and of itself. I'm convinced that our doubts and our temptations show us the frontier of our spiritual growth. As the apostle James writes:

> Consider it pure joy, my brothers, whenever you face trials of many kinds, because you know that the testing of your faith develops perseverance. Perseverance must finish its work so that you may be mature and complete, not lacking anything (James 1:2-4).

Without temptation we can't note our progress; neither can we be aware of our real dangers.

Temptation adds pressure that forces us to God. Most of us are lazy. Few of us live to our potential. One of my friends says the phrase "He has great potential" actually means, "He could really do something, but he's not doing much, is he?"

I find that temptation forces me to draw nearer to God. It's no longer a matter of having the potential of intimacy with God. I cry out to Him because I need Him.

Temptation gives us insight for future battles. Battles of the

94

past are building blocks preparing us to stand under greater temptation.

LIES ABOUT TEMPTATION

We all believe lies, but some lies are more deadly than others. The tooth fairy is based on a myth, but she doesn't cause many problems. However, if you believe the myth that it's okay to drive into a wall at eighty miles an hour, that would be a deadly lie.

Let's look at eight lies about temptation that can trip up would-be dreamers.

1. If we are tempted, we are inferior to the temptation.
2. If we are tempted, we are more evil than other people.
3. God brings temptation to us. (No, He doesn't bring it, but He allows it. See James 1:13-15.)
4. Temptation doesn't accomplish anything in our lives. It's a waste of time. (No, let's give thanks for it. It has a great purpose.)
5. Someday I won't be tempted. (Ha!)
6. I'm tempted because I'm more important than other people.
7. Temptation only comes after a great defeat. (Actually, we are most prone to temptation after great victory.)
8. It doesn't cost anything to flee or to resist temptation if we are in God's will. (No, in fact, it will cost you greatly at times, as it did Joseph.)

HEAT REQUIRED

While reading through the temptation Joseph faced with Potiphar's wife, I felt a little sorry for him. After all he'd been through, why couldn't God make it a little easier on him? The only answer to my question is: God knows what He's doing.

My friend David Owens once invited me to spend a day with him at the Museum of Flight. Dave is a terribly busy man—he manages a significant business in our area, so I knew his time was valuable. I was terribly busy at the time too.

I've concluded, though, that it is too easy to get caught up in tasks and things and forget about people. If you're going to have friends, you had better value them, and whatever you value you give time to. So I said that I would go, and we both headed to the museum in his station wagon on a rare snowy day in Seattle.

We live in an area where Boeing, the famous airplane builder, represents most of our economy. Nearly one out of three jobs in the area is related to building airplanes, yet I'd never taken much interest in planes. I thought, *It's about time I learn something about flight.*

Airplanes scare me a bit. I hate getting in a 747 that is more than a quarter filled, and I despise small planes; but here we were wandering around the Museum of Flight. They had a replica of a 1902 Wright Glider, an early design by Orville and Wilbur Wright. We even saw some of the original work-tables from the first wood planes Boeing made in the 1930s. Then there was the replica of the B-29 bomber. These were all interesting.

The Holy Spirit really took hold of my heart, though, as Dave and I listened to a lecture about a reconnaissance plane called the Lockheed A-12 Blackbird. The Blackbird was the plane that succeeded the U-2, the one that Gary Powers had been shot down in over Russia in 1960 (when the United States officially said it wasn't spying on the Russians). After that, the defense department decided we needed better reconnaissance planes.

The Blackbird has two large engines, and most of the rest of the plane is a fuel tank. It is designed to fly at a height of more than eighty thousand feet in excess of three times the speed of sound.

The ground crews had to be specially trained to understand the nature of the fuel in these planes. Almost the entire body of the aircraft was filled with fuel, and it leaked like a sieve. The crew would be standing in a shower of jet fuel. It was a little unnerving if they had worked with other airplane fuel.

"This fuel is designed to require a special chemical called TEB (tri-ethyl-borane) in order to ignite," our lecturer said. "You could toss a lighted match into this fuel, and it would extinguish it."

"But why do they make the tanks so that the fuel leaks

out?" one of the men in the crowd asked. "Can't they build them tighter than that?"

Our guide answered with a smile, "These planes are designed to work in the heavenlies under the intense heat produced by the friction of the atmosphere against the fast-moving plane. The temperature of the surface of the plane reaches up to one thousand degrees when it's in flight. The heat causes the titanium skin of the plane to expand up to a foot on some surfaces. The expansion closes the gaps in the fuselage and stops the leakage. If we latched those planes together too tightly, they would split apart in the air.

"If you keep these planes on the ground, they leak. But if you heat them up in the heavenlies, they work great."

I think that's the way dreamers are designed by God. We're designed to work at eighty thousand feet under a great deal of heat. Isaiah aptly described people energized by the living God as those who would "...soar on wings like eagles..." (Isaiah 40:31). Without the heat of temptation, we lack the power to face the forces of resistance to our dreams. Temptation helps us soar.

HOPE UNDER PRESSURE

I have a friend who has commissioned a study to discover why so many ministers are falling into compromising sins. "If you keep seeing dead bodies floating downstream," he says, "you ought to send a scout upstream to see what's happening."

I thought about the problem of sin in church leadership in these terms. I've watched these old movies about how the British fought wars. They would line up their soldiers in neat rows. Then the American revolutionary fighters would hide behind trees and pick them off one at a time. It seems as though Christians are also marching merrily along in rows, dropping dead one by one, without stopping to ask, What is going on?

Jamie Buckingham used to tell me he thought a minister's

> When we operate under somebody else's idea of what the dream for us ought to be, we can lack the resources to live out the dream.

fall could often be related to a secret suicide desire. I think this really is often the case. I also believe those of us in ministry are not exempt from the growing incidence of depression in our population at large. Counselors know that depression of a biochemical form or from a long-term stressful situation will lead one to make moral compromises to escape the pain.

My friend has concluded in his preliminary studies that we pastors are doing too much counseling. Could it be we've bought into a model that God never intended pastors to have? If we operate outside of our essential temperament and calling, we will be introduced to temptations God has not equipped us to face. When we operate under somebody else's idea of what the dream for us ought to be, we can lack the resources to live out the dream.

I think we in the charismatic camp too often believe that, because we are filled with the Holy Spirit, we are no longer human. We're very human, and there's only so much the human body and emotions can take. We can only expend so much emotional and physical energy before we begin to break down.

What do you do if the pressure and temptations of life seem too excessive for you to handle? What if you don't see the escape hatch that has been promised to us in Scripture? "God is faithful; he will not let you be tempted beyond what you can bear. But when you are tempted, he will also provide a way out so that you can stand up under it" (1 Corinthians 10:13*b*).

In Joseph's case, his escape hatch was to leave his coat in the hands of a seductress and flee from the scene of temptation. Can you also flee from the temptation in your life? If not, you may need to stop and ask yourself if you are operating outside of God's call on your life. An authentic dream from God will not tempt you beyond what you are able to bear.

OUR LORD'S TEMPTATIONS

It has always caught my eye that the temptations of our Lord followed His baptism by John—the time when He was endowed with the Holy Spirit. In fact, the Bible says the Spirit drove Him immediately into the wilderness to be tempted (see

Matthew 4:1-11). This shows me two things: (1) God does not cause a temptation from the inside out, but He isn't shy about allowing us to walk into an environment where the heat will crank up. (2) Those of us who are called to be in the kingdom and dream dreams—however big or small—will probably face the same sort of temptations.

You may be surprised to see just how similar Jesus' temptations are to your own experience, as the following examples illustrate:

• The temptation to take shortcuts

Satan offered to give Jesus all the kingdoms of the world—with no suffering required. But Jesus knew that God's plan called for Calvary. He chose to be obedient to the process as well as the goal.

Leading a congregation that is big on volunteer ministries, I've noticed that people are often too impatient to nurture and pace their calling. The temptation to take shortcuts to accomplish God's work is a surefire way to burn out early.

• The temptation of power and the compulsion to control

The devil always barters in the realm of power. We've seen in the life of Joseph that God's dreams are accomplished through a servant heart.

Satan tempted Christ to throw Himself from the highest point of the temple and to prove His divinity by recovering unharmed. It was a temptation for Jesus to turn around and grasp again that which He had left in heaven. Sure, He could have done any sort of stupendous act of power to convince the world He was the Messiah. But God's true dream for His kingdom on earth would not have been realized. His dream is driven by love, not power.

> There's a high level of vulnerability that God demands from all would-be dreamers in His kingdom.

In nearly every genuine move of God, we've also had the problem of leaders resorting to human power to transform lives. It is frustrating when you try to lead a group of people who will not be obedient to God. So we often develop systems to accomplish the Holy Spirit's work. It never works. There's a high level of vulnerability that God demands from all would-be dreamers in His kingdom.

• The temptation of pleasure

After Jesus had fasted for forty days, He was hungry, just as you or I would have been. Satan's temptation to turn stones into bread was based on the human desire for pleasure and personal comfort.

People with high levels of energy (who seem to be the ones with the greatest ease in this dream stuff) are those most often prone to the pleasure dynamic in their lives. So the nature of the best dreamers may leave them more prone to pleasure temptation.

My pleasure of choice has become food. Even as I write this I'm about fifteen pounds overweight. In all honesty, it's because I give in to the pleasure dynamic. Rather than stopping to exercise and rest properly, it's more fun just to eat a meal. It satisfies a weary body.

OK. I've confessed my sin. Now why don't you think about your own? Your pleasure temptation may seem as innocent as my overeating or as obvious as abusing drugs or alcohol.

The trap of sexual sin has received a lot of attention in the last several years. One counselor thinks we, as church people, talk too easily about sexual sin. She believes that discussing these kinds of sin openly actually causes them to happen more. I agree with her.

It's apparent that temptation takes a legitimate gift from God and pushes it to the point of harm. Sin is often taking a good thing and overdoing it. Who would argue that it's better to have enough food to live in health and strength before the Lord than to be starving? And who would be so foolish as to say that God thought sex was dirty? Nonetheless, the pleasure dynamic is a real obstacle to a life-style of power.

• Almost is close enough

Many churches in the United States are not growing but

instead are experiencing a decline in attendance. I think one of the major reasons is that we Christians have grown accustomed to being happy with "almost" being "close enough."

In Christ's temptation it was clear that He wasn't willing to settle for almost being close enough. He vigorously refuted the devil with every temptation. Joseph had the same commitment to excellence. He would not allow himself to be anything less than an excellent servant (Genesis 39). Simple obedience wasn't enough for him. He had to be a servant who made his master rich.

I am persuaded that the reason more people aren't filling our churches is that "almost" is good enough for us. Dreaming demands a cry for excellence in our lives—excellence in integrity, character, and performance.

OTHER TRAPS DREAMERS FACE

When we are under pressure, we are also faced with powerful temptations to attitudes that will eventually choke out our dreams. These attitudes need a closer look:

• The spirit of victimization

This is most noticeable when you feel like you're being picked on, or you are suffering temptation you feel others have never known. As Joseph languished in prison, he refused to give way to victimized thinking—though he was certainly a victim.

We are all victims. We are victims of the Fall in the Garden. We are victims of our own parents' dysfunctions; but when we've been victimized, we have a greater capacity for compassion.

• This won't happen to me again

I've often said, "I'll never let this happen to me again." The fact is that "this" often happens again anyway. That kind of defensive living works against offensive living for your dream.

• I'll get even with them

Retaliation is a distraction and a real drain on dreams.

- **I'm fine–It didn't bother me a bit**

This kind of denial only sets us up for time bombs which go off later in our lives. I've seen friends explode over pain that they had felt ten years earlier, and then they saw their dreams evaporate overnight.

Good, wholesome, assertive confrontation is good. Follow Jesus' instructions on confronting a believer who sins against you (Matthew 18:15-20).

- **Cynicism**

Cynics often get indignant over shortcomings that they see in the church, and living around Christians can sometimes cause cynicism–I'll admit that. But the author of Hebrews warned us that roots of bitterness can cause trouble and defile many (Hebrews 12:15). I don't think God is surprised with our temptations or sins. So why should we be?

Cynicism, especially a jaundiced attitude toward all who would claim God's name, only destroys the dreams that could fill our hearts.

THE BIG TEMPTATION

Over the years I've made statements from time to time about being called to build the kingdom. Now I see this notion may be a dreamer's greatest temptation.

Not long ago, I read a penetrating comment in a book titled *The Gift of Time.* "Jesus urged people to enter the kingdom, not to build it."[1] The Holy Spirit now causes my heart to wince when I or others say, "We are building the kingdom." None of us is called to build the kingdom. In all Christ's statements about the kingdom, we are called to enter into it. The expression of our dreams is not the building of the kingdom but rather the manifestation and expression of His kingdom already being here.

This means if you're a dreamer, don't get too heady. If the kingdom isn't already built into your heart, you'll never give a clear expression of it. If His kingdom is already here, we're only giving expression to what belongs to the King.

This truth also puts us in a humbling place when the

building program doesn't work, the new TV satellite doesn't get purchased, or the Christian education wing doesn't get built. In reality, the kingdom is still there whether these things happen or not.

When it comes to the kingdom, we Americans particularly have a fixation with the visible. We are the consummate innovators and endless builders. Now there's nothing wrong with this. But rather than saying we're building God's kingdom by building a Christian education wing, we ought simply to say we're building a Christian education wing. God alone knows what will happen. The kingdom is here on earth, and it is hoped that it will manifest itself in that building in which the kids study.

I'm frightened of kingdom builders. I think God's dreams have a lot less to do with stuff and a lot more to do with heart.

JOSEPH'S SECRET POWER IN FACING THE DREAM SEDUCERS

Earlier in this book I referred to Joseph as a template. Let's place that template over our lives again and see whether we have at least three of the traits that can be recognized in Joseph's life as he resisted temptation.

• He knew who his real audience was

In his book *The Becomers*, Keith Miller has a wonderful description of what it means to have Jesus as your Lord. He says that having Jesus as your Lord means having Him as your audience of significance. What's an audience of significance? It is the person whose face you see in the crowd.

When I played Little League baseball, I would often glance into the stands and look for family members. My grandmother was usually there. Her face would stand out in the crowd to me. She made me feel like Dave Winfield in the World Series.

We're to see Jesus' face in the crowd.

How did Joseph and our Lord face temptation? They saw God as their audience of significance. They were living their lives to hear the living God say, "Well done, thou good and faithful servant." This gives a motivation that cannot be beaten by temptation.

• He knew who he was

Self-identity is essential in facing temptation. Joseph wouldn't behave in a manner that was beneath his identity. He knew he was chosen for high purposes so he behaved with high instincts.

Who are you in Christ? Before starting on what we are going to do for God, we need to establish who we are in God. Our behavior will correspond with the way we see ourselves. In Scripture, identity always precedes behavior (see the call to holy behavior in Romans 12:1-2 in light of our position in Christ in Ephesians 2:6-7).

Remember in chapter 7 when we said God is more interested in who we become than in what we do? People who want to do something to prove who they are concern me. As we become sons and daughters of God, our behavior as dreamers will follow perfectly in His plan.

This was one of the secrets to Joseph's power. He knew who he was, and he knew how someone like him behaved.

• He possessed sincerity of heart

The movie *Leap of Faith* came out in December 1992. I went to see this movie with my brother and my dad on Christmas Day. We sat in the front row. It was a great show—I have to admit I only slept through a couple of scenes.

Some people may be appalled that I would go to see such a movie because it was mocking a traveling evangelist. That's why I took my dad. He can verify that I wasn't misbehaving. The movie was actually about a traveling evangelist who was not a Christian. He and his team had only one aim—to bilk a small town out of enough money to move on to the next big city.

It was actually a parody of the life of a false evangelist caught by the media several years ago. The real false evangelist had concealed an earphone in his ear by which he was given information about people in the crowd. He would then share the information as though he had received words of knowledge. (By *words of knowledge* we mean a spiritual gift involving "special insight and knowledge about someone's life.")

Steve Martin played the leading role effectively, dancing and prancing like a true sawdust evangelist. Through most of the movie I sensed we were in for a surprise. It came, as I had expected, at the end.

A fake healing had been set up for almost every night of the crusade, but in the last big scene of the movie, a young boy was actually healed. Jonas Nightingale, the evangelist, was confronted with the sincerity of a healed child. This child believed the words that the evangelist had spoken, acted on them, and was healed. The human heart has been able to handle the scandals of the last few years because true sincerity and true integrity always win out. For me, that was the message of the film.

The film gives us some insight into our culture. People are not as turned off to our message as we may think. It's our methods that perplex them. The false prophets that have come into our midst are disconcerting, but there is always a place for true sincerity. By sincerity we mean "to will one thing" (as Kierkegaard would say).

Joseph had purity of heart. He had simplicity. Life wasn't complex for him. When temptation and iniquity confront sincerity, they collapse as crippled before the power of God.

LIFE APPLICATION

1. Can you discuss your greatest temptation with a confidant? Have you ever?
2. Have you ever noticed a time in your life when temptation has frightened you and made you stop dreaming?
3. Do you ever thank God for the temptation in your life? Have you developed a practice of confession of sin in an appropriate manner?
4. Can you detect any area of your life where you may be impacted by cynicism?

If your dreams have been interrupted by dream seducers, I encourage you to find a trusted friend or pastor and work through the preceding questions with him or her. There is no reason to miss out on soaring like an eagle.

If you're going through a time of temptation, don't be discouraged. Consider this insight from author Hannah Whitall Smith:

> The Christian life is to be throughout a warfare, and that especially when seated in heavenly places in Christ Jesus. We are to wrestle against spiritual enemies there, whose power and skill to tempt us must doubtless be far superior to any we have heretofore encountered. As a fact, temptations generally increase in strength tenfold after we have entered into the interior life, rather than decrease. And no amount or sort of them must ever for a moment lead us to suppose that we have not really found the true abiding place. Strong temptations are generally a sign of great grace, rather than of little grace.[2]

12

STEWARDING DREAMS

The plan seemed good to Pharaoh and to all his officials. So Pharaoh asked them, "Can we find anyone like this man, one in whom is the spirit of God?"

Then Pharaoh said to Joseph, "Since God has made all this known to you, there is no one so discerning and wise as you. You shall be in charge of my palace, and all my people are to submit to your orders. Only with respect to the throne will I be greater than you."

Joseph was thirty years old when he entered the service of Pharaoh king of Egypt. And Joseph went out from Pharaoh's presence and traveled throughout Egypt. During the seven years of abundance the land produced plentifully. Joseph collected all the food produced in those seven years of abundance in Egypt and stored it in the cities. In each city he put the food grown in the fields surrounding it.

The seven years of abundance in Egypt came to an end, and the seven years of famine began, just as Joseph had said.

And all the countries came to Egypt to buy grain from Joseph, because the famine was severe in all the world (Genesis 41:37-40, 46-48, 53-54*a*, 57).

SCENE: *Pharaoh's private treasury, 1690 B.C.*

PHARAOH: O gods, I know that I can trust this man. He knew what those blasted cows meant in my dream—the seven large, fat ones followed by the seven starving, skinny ones. They haunted me night after night.

Fortunately, my lazy cupbearer remembered this young Hebrew prisoner.

I can see that he is trustworthy in his heart. The warden informed me that he has managed the affairs of the prison well. Such a one ought to be bitter, but I see no anger in his eyes, only gratitude for an opportunity to serve.

Potiphar even pulled me aside and let me know that the man was actually innocent. I understood why Potiphar had to accuse him. I would have done the same. And yet this Hebrew Joseph stands like an oak. I know what I will do. I will make him steward of my entire empire. I will give him an Egyptian name—Zaphenath-Paneah. I will give him Asenath, the daughter of the priest of On, for his wife.

There is something of the gods upon and within this one. He is trustworthy, so trust I will give him. O gods, may I not be wrong.

It was a big break for Joseph—from the prison cell to the Pharaoh's palace. I can see the headlines now: "Hebrew boy gets top government post." "Ex-con to lead country." Many people probably thought he was the luckiest man in the world. All he did was interpret a couple of dreams and— bam!—he had instant power.

Joseph knew, however, that every bit of responsibility that Pharaoh gave him had been earned over many years of faithful stewardship. First it was for Potiphar, then for the warden of the jail. Potiphar trusted Joseph so much that the only thing he concerned himself about was what he was going to eat. The jail warden was also satisfied. Scripture says of the warden that he paid no attention to anything under Joseph's care. Pharaoh was in for a very pleasant surprise when he chose Joseph as steward.

A steward is "one who acts as a supervisor or administrator, as of finances and property, for another or others" (according to Webster's dictionary).

Stewards live with striking realities:
• What they control is not their own

- They will give an account for how they have handled another's affairs
- They may not reap any reward from the profits made

No, stewards are not commission salesmen or investment brokers. They are people who give their lives handling the affairs of another without the certainty of any reward.

As Christians, we are called to be stewards. Paul referred to Christian leaders of his day as "stewards of the mysteries of God" (1 Corinthians 4:1, KJV). I think the same holds true for us.

I have picked up a few observations about stewardship over the years. One thing I hear over and over is this: *Start where you are.*

When I started writing and leading a church, Jamie Buckingham shared these words with me: *Anything worth doing is worth doing properly.*

Finally, one of my old college professors shared this truth with me: *Be faithful with the brains you have, and they might grow—you never know.*

BIBLICAL STEWARDSHIP

Again, it will be like a man going on a journey, who called his servants and entrusted his property to them. To one he gave five talents of money, to another two talents, and to another one talent, each according to his ability. Then he went on his journey.

The man who had received the five talents went at once and put his money to work and gained five more. So also, the one with the two talents gained two more. But the man who had received the one talent went off, dug a hole in the ground and hid his master's money.

After a long time the master of those servants returned and settled accounts with them. The man who had received the five talents brought the other five. "Master," he said, "you entrusted me with five talents. See, I have gained five more."

His master replied, "Well done, good and faithful servant! You have been faithful with a few things; I

109

will put you in charge of many things. Come and share your master's happiness!"

The man with the two talents also came. "Master," he said, "you entrusted me with two talents; see, I have gained two more."

His master replied, "Well done, good and faithful servant! You have been faithful with a few things; I will put you in charge of many things. Come and share your master's happiness!"

Then the man who had received the one talent came. "Master," he said, "I knew that you are a hard man, harvesting where you have not sown and gathering where you have not scattered seed. So I was afraid and went out and hid your talent in the ground. See, here is what belongs to you."

His master replied, "You wicked, lazy servant! So you knew that I harvest where I have not sown and gather where I have not scattered seed? Well then, you should have put my money on deposit with the bankers, so that when I returned I would have received it back with interest.

"Take the talent from him and give it to the one who has the ten talents. For everyone who has will be given more, and he will have an abundance. Whoever does not have, even what he has will be taken from him. And throw that worthless servant outside, into the darkness, where there will be weeping and gnashing of teeth" (Matthew 25:14-28).

This is a fascinating parable. It shows several axioms about stewarding that are worth noting:

We aren't all equally gifted. We appreciate skill so highly in our culture that we become overly impressed with someone who is highly gifted. Actually, this will only cause us to trip up if we are not careful.

We are all to be equally accountable. The issue is not how gifted we are, but how we handle the giftedness that has been handed to us.

We are all equally important. It is interesting to me that the owner became so angry with the one who had the least number of talents. It is because each gift handed out is equally important. Whether you have much or little talent, start where you are and work with what you have.

VITAL AREAS OF STEWARDSHIP

We are called to steward several vital areas of our Christian lives, and we can't afford to overlook any of them. How we handle these areas can make the difference between a dream completed and a dream left unfulfilled.

Let's outline these vital areas of stewardship.

Money

Money is becoming more and more an irrational concept. One of my acquaintances believes this is because we have detached it from a gold standard. I am not an economist, but who knows? It may be true.

I do know that money was a very serious business to Jesus. He talked about it more than any other topic. In another parable about stewarding, Jesus made the following statement:

Whoever can be trusted with very little can also be trusted with much, and whoever is dishonest with very little will also be dishonest with much. So if you have not been trustworthy in handling worldly wealth, who will trust you with true riches? And if you have not been trustworthy with someone else's property, who will give you property of your own? (Luke 16:10-12).

Our money is the most visible expression of the way we steward the life that God has given us.

I have seen many dreams stand incomplete due to misuse of money. The misuse can range from the excessive use of credit to the excessive pursuit of wealth. God's dreams flourish when one is liberal with giving money, but it goes further than that. In the words of the great historical church leader John Wesley, "Christians ought to react to money in the following ways: earn all the money they can, give all the money they can, and then save all the money they can."

How you handle your money will determine the extent to

which your dreams will grow. I have had to learn this in leading a large church. I was never trained to manage, but I learned on the job how to manage what in today's terms is a mid-size business. I am learning that businesspeople who learn to manage money well have gained great and deep spiritual insights in their lives by dealing with this entity Christ called a god—mammon.

Count on it! The way you steward the money you have will determine the quality of dreaming you will experience. Jesus said it was so. How you handle your money determines how He will entrust you with new visions and dreams.

Do you tithe? Do you set aside money for the poor? Do you save?

So many Christians react to money only on an emotional level. Paul talks about money as being very indicative of our true *spiritual* state.

> Out of the most severe trial, their overflowing joy and their extreme poverty welled up in rich generosity... They [the Macedonians] gave as much as they were able, and even beyond their ability... They gave themselves first to the Lord and then to us in keeping with God's will (2 Corinthians 8:2-3,5*b*; see also 1 Corinthians 16:1-2).

Money needs to be stewarded as though it belongs to the Lord. It ought to be handled very strategically as we steward our lives.

Dreamers of God need to spend much more time studying money and how it works. I would challenge you to do this as we enter the twenty-first century when many are predicting challenging economic times.

Time

The psalmist cried out to God in Psalm 90:12: "Teach us to number our days aright, that we may gain a heart of wisdom."

The development of a strong spiritual life and sensitivity to dreaming takes time. The great devotional writer Evelyn

Underhill says:

> Plainly then, it is essential to give time or to get time somehow for self training in this love and this prayer, in order to develop those (spiritual powers). It is true that in their essence they are given, but the gift is only fully made our own by a patient and generous effort of the soul. Spiritual achievement costs much, though never as much as it is worth.[1]

What Evelyn Underhill was saying is that we cannot measure the time we put into our spiritual lives on the basis of returns. We live by faith and not by sight (2 Corinthians 5:7). When we invest time in the spiritual development of our dreams, it may not look as if the payoffs are there, but they are.

While in the middle of writing this chapter, I received a phone call from a friend of mine whose own ministry is extremely businesslike, especially in the way he handles time.

We exchanged pleasantries about the well-being of one another's families. We both care deeply about one another. But our conversation began to flow from item to item, scheduling, events, the new year ahead, and some discussion about what we anticipated the Lord might be doing in our lives.

At the end of the conversation my friend made a comment that caught my ear. He said, "This was a great conversation, extremely productive, the kind I like to have."

I began laughing. He didn't take the time to ask why I was laughing. But his comment sounded so strange to me. It made me feel like an item on a corporate agenda. I know my friend well, and I know it was just a manifestation of his personality and the world he lives in. It made me wonder, though, whether Jesus would own a daily planner. I'm not so sure He would. Just read John 11.

> When we invest time in the spiritual development of our dreams, it may not look as if the payoffs are there, but they are.

Planning and strategic thinking are important, however. After Joseph had interpreted Pharaoh's dream—that seven

years of plenty would be followed by seven years of famine—
he didn't just sit back and wait for it to happen. He made plans
to store food during the prosperous years so that the people
could survive the years of destitution.

The stewarding of time involves planning and identifying
priorities, goals, and aims. I have to walk through these things
with our staff here at the church periodically, and I also like to
operate from a plan for the year at home.

However, I've become acutely aware that this may not be
what the Bible has in mind about teaching us to mark our time
(Ps. 39:4). Is it true that time equals money? People do
behave that way these days. In fact, we've discovered in
leading our church that it's easier to ask someone for a hundred dollars than it is for an hour of his or her time. Time is a
precious commodity in our culture.

Stewarding time from a Biblical standpoint means doing
the right thing at the right time, more than doing as much as
possible in the shortest possible time.

Parents know that the synonym for love is time. So do
couples who have learned to nurture their love over the years.
Time is love. And time is a calling. Why don't you try to put
that kind of thinking in your mind next time you sit and
contemplate your plan for the coming year?

> Where we spend our time is
> where our love is.

I've come to believe
that *busy* and *Christian*
are antithetical terms.
Christ is to come alive
in the events of every moment for us. Where we spend our
time is where our love is.

I am certain when some of you started reading this section
about time, you broke out into a cold sweat. Fears of being
confronted with your own procrastination filled your heart and
mind, and you immediately reached for your daily planner.

Could it be that stewarding our time could mean deliberately wasting some of it? To remain healthy every human
being needs strategic and deliberate time-wasting. We need
activities during which we can take off our watches and just
watch the sun. We need activities that don't have any goal or
point to them.

To sum it up, the dreamer stewards time not only as a vehicle for accomplishment, but he stewards time as *love* and especially time as *calling*. I think this is what Christ had in mind in Acts 1 when the disciples asked him, "Is now the time for the kingdom?" He said it wasn't the time yet. Those things were left in the hands of the Father. God has set times for accomplishments in each of our lives. Our strategic thinking won't speed them up, but our deliberate and strategic devotion to Him in our time will make certain we are never late for anything He has in mind for us.

> The dreamer stewards time not only as a vehicle for accomplishment, but he stewards time as *love* and especially time as *calling*.

Energies

Dreamers learn to steward their energies as well. I ran track in school. I preferred short sprints over long distances; my race was the fifty-yard dash. However, I was asked on several occasions to try long-distance relay runs. It's very difficult to get the swing of that kind of running when you're used to being a sprinter. I could rarely compete with the strategic way the long-distance runners had learned to pace their energies.

As Christians we are all called to be long-distance runners. How strong we are at the end of the race is more important to the Lord than how quickly we move to the front at the beginning.

As dreamers we'll need to steward our emotional, spiritual, and intellectual energies to accomplish God's task. Being unwise about the expenditure of any of these energies in our lives can undermine the culmination of all our dreams.

Memories

Dreamers steward their memories as sources of courage. This is often an overlooked reality by Western Christians, but if you read the Bible closely, you'll find that remembering is an important task of the believer. Here are just a few examples.

Remember the Sabbath day by keeping it holy (Exodus 20:8).

Each of you is to take up a stone on his shoulder, according to the number of the tribes of the Israelites, to serve as a sign among you. In the future, when your children ask you, "What do these stones mean?" tell them that the flow of the Jordan was cut off before the ark of the covenant of the Lord. When it crossed the Jordan, the waters of the Jordan were cut off. *These stones are to be a memorial to the people of Israel forever* (Joshua 4:5b-7, italics added).

"This is my body, which is for you; do this in remembrance of me." In the same way, after supper he took the cup, saying, "This cup is the new covenant in my blood; do this, whenever you drink it, in re-membrance of me" (1 Corinthians 11:24b-25; see also Matthew 26:27-29; Mark 14:22-25; Luke 22:17-20,30).

Do you steward your memories? Do you realize this is one of the main reasons for our worship times and taking communion? Sunday, the first day of the week, is a day to remember the resurrection.

Stewards of dreams have the regular discipline of celebrating memorials. I've begun keeping a journal to help me do this. I keep records of significant things the Lord has either done or spoken in my life. I find great solace when I go back and read recollections of God's working in my past. I also read the history of some of the great events in Scripture. The spirit of remembrance fills my heart, which empowers me for the present and the future.

Our Words

Scripture has many valuable insights into what we say...

A wise man's heart guides his mouth, and his lips promote instruction (Proverbs 16:23).

From the fruit of his mouth a man's stomach is filled; with the harvest from his lips he is satisfied (Proverbs 18:20).

The tongue has the power of life and death, and those who love it will eat its fruit (Proverbs 18:21).

For out of the overflow of the heart the mouth speaks (Matthew 12:34*b*).

But I tell you that men will have to give account on the day of judgment for every careless word they have spoken. For by your words you will be acquitted, and by your words you will be condemned (Matthew 12:36-37).

The stewarding of our speech builds our faith to prepare us to be part of God's dreams. I'm not speaking here of some of the more extreme "name it and claim it" practices. I'm speaking of the Biblical principle that what you say to yourself will shape you. The words you speak about your future help set the course of your life, and what you say about others will shape them as well. Let your words be filled with faith and grace.

Our speech about God's dreams in our lives is one of the most important and delicate aspects of our walk in Christ. We

> I believe our ability to speak is what brings us most closely to being in the image of God

can't underestimate Christ's warning that we will give an account of how we've stewarded words (Matthew 12:36). I think the reason for this is that God created words for distinct purposes. Words are the vehicles by which we identify most closely with God the Creator. I believe our ability to speak is what brings us most closely to being in the image of God: By speaking He created.

Spiritual Gifts

We have different gifts, *according to the grace given us.*

> If a man's gift is prophesying, let him use it in propor-
> tion to his faith. If it is serving, let him serve; if it is
> teaching, let him teach; if it is encouraging, let him
> encourage; if it is contributing to the needs of others,
> let him give generously; if it is leadership, let him
> govern diligently; if it is showing mercy, let him do it
> cheerfully (Romans 12:6-8, italics added).

Each of us has been endowed with spiritual grace by the
Holy Spirit. By the contribution of all these gifts God's dream
for this planet is fulfilled. (See Ephesians 4:11-13.)

During my years pastoring Eastside, we developed a
terrific course: Church 201. A member of our pastoral leadership team, John Decker, developed this course to help individuals assess not only their personality temperaments but
also their spiritual giftings and inclinations.

One of the vital parts of this course is the teaching on the
call to steward these gifts of the Spirit. No one owns the Spirit's
gifts. The Holy Spirit has dispersed these gifts on every
member according to His purposes (1 Corinthians 12:11).

If I pray in the Spirit, I am to steward that gift to the
highest possible pleasure of God. If my gift is prophecy, I am
to do it in a manner that will glorify Him most highly. These
gifts do not belong to me. They belong to Him. Like my
money, time, energies, memories, and words, I am to steward
them as though they belonged to God.

Relationships

> Therefore, as God's chosen people, holy and dearly
> loved, clothe yourselves with compassion, kindness,
> humility, gentleness and patience. Bear with each other
> and forgive whatever grievances you may have against
> one another. Forgive as the Lord forgave you. And
> over all these virtues put on love, which binds them all
> together in perfect unity (Colossians 3:12-14).

I enjoyed meditating on this theme for several hours the
other day in preparation for writing this text. What a powerful
teaching on how we should steward relationships! One of the

first relationships I thought of is my relationship with my children. My children do not belong to me, but they have been handed to me temporarily by God. Whenever I officiate in the dedication of children, I remind parents of this. Our children belong to God, but we are to steward them.

I also have come to believe that valued friends in my life can never be replaced. When my friend Jamie Buckingham died, I had no idea of the impact it would have on my life. Our biweekly phone calls came to an end. A trusted friend, who helped me work through many a difficulty on a manuscript or an issue in our church, was gone. He will never be replaced.

In our highly mobile society we suffer a great deal from the mis-stewardship of relationships and friendships in our lives. Christians hop and move about from church to church, splitting relationships and wondering why they are prone to feelings of isolation. I think that the perpetual immaturity of many Christians in the United States is due to the devaluation of *koinonia* or social partnership in our lives.

Relationships ought not to be a point of bondage, but they certainly are to be a point of responsibility and stewardship. In recent years I have come to value my friends more than ever. I think the loss of Jamie has helped me do that. I have also greatly weakened my relationship with three or four good friends because I didn't keep sufficient contact with them. I foolishly believed that there were many other friends to move on to.

Friendships that God brings into our lives are His gifts to us. They belong to Him. We are to nurture them, steward them, feed them, and invest in them.

When storms come into our lives, we need friends to rely upon. Without nurturing these relationships, they are rarely there when we need them. True Biblical dreamers know how to network their lives and trust the gifts of friendship that God gives.

Christians are not necessarily limited to Christian friends, either. I have found great friendship in an unchurched Jewish attorney. We meet two, three, or four times a year, but he has counseled and guided me through many issues with his expertise and friendship. There is a dimension there that goes way beyond a client and attorney relationship. I believe that it comes from the dynamic of the Holy Spirit. I choose to steward this relationship.

During the years I pastored Eastside, the church grew by several thousands of people. As a result, I found myself encouraging people to get involved in small groups, investing in five to six friends as a means of spiritual growth.

We need a revolution in the church of the United States—a revolution that will work against the mobility into which our economic enterprise has forced us. We need a revolution that will cause us to value relationships as gifts from God.

Commitments

Then Jacob made a vow (Genesis 28:20a).

Fulfill your vows to the Most High (Ps. 50:14b).

I am under vows to you, O God (Ps. 56:12a).

If you are like me, you have trouble saying no. It is difficult for me to be asked to speak somewhere and have to say no. I think part of the reason is that I am afraid I will miss out on something, but mostly I can't bear disappointing the other person.

I am not really a people-pleaser—I don't particularly care what others think of me. I just have great distress when leaving someone in need of help. A friend of mine tells me, "Doug, you're a great codependent."

Those who see the fulfillment of God's working in their lives take their commitments very seriously. People always say that a man is no better than his word. I would add that a man or woman is no stronger in Christ than his or her efforts to keep commitments that he or she has made to Christ and others.

> Schedules look entirely different on pieces of paper than they feel like when they are lived out.

My effort to discipline my commitments is causing me to make fewer and fewer commitments all the time. Schedules look entirely different on pieces of paper than they feel like when they are lived out. Be careful of the number of commitments you make. Steward how many you make, and keep the ones you do.

God works strongly on behalf of the people who keep their word once they have committed. Holy Spirit, help us to do that daily!

TRUE AND FALSE STEWARDSHIP

Today we have an essential call to be stewards. As we relate to our call, all of us are tempted to fall into pseudo-patterns of stewardship. Two of these patterns are prevalent in the church in the United States: consumerism and spectatorship.

Stewards vs. Consumers

Stewards view the resources that have been extended to them as a reason for accountability as to how they live. Consumers, on the other hand, try to get in on the latest religious experience. Consumers are purchasers of religious information, experiences, and events. This is vastly different from being a steward.

What if the high school program at your church is really disappointing? A steward would look for ways to improve it. A consumer would find a church with a better program.

Stewards vs. Spectators

Frankly, I think the charismatic movement has lent itself far too much to the theatrics of the front platform. We have created spectators, and all of us have tended to let the ultra-gifted take over too much responsibility.

Spectators want to watch other people do their thing. Spectators have been taught and trained to be thrilled with the latest event or spiritual fad.

Stewards meet together instead to learn new patterns of behaving like disciples, to hear the Scriptures proclaimed in public worship and praise, and to bring their hearts open and ready to the Lord's leading.

We church leaders live with the reality that 15 percent of

the people carry 85 percent of the financial load in most churches today. Membership costs too little in most churches across the country. I suspect this is one reason church atten-

> We are stewards of His work in one another.

dance has fallen off. None of us wants to be part of something that costs little.

We can't be casual members of the body of Christ. We are stewards of His work in one another. We are to be joined together relationally, not just on the rosters and rolls of churches.

Growing churches and growing Christians will need to hand in their religious consumer credit cards and season passes to the latest show. They will gladly be left off membership rolls if they can be participants and stewards vitally involved in doing the serious work of the kingdom. In this we'll see not only our dreams fulfilled, but God's great dream of the fulfillment of His kingdom.

LIFE APPLICATION

There are several traits you can find in someone who is stewarding his or her gifts. Why don't you muse over this list and consider your own life. If you lay the template of Joseph's life over your stewarding, how will you come out?

- Stewards take the long view
- Stewards are trustworthy
- Stewards see opportunities in hidden places
- Stewards bring people and events together
- Stewards are resilient under pressure
- Stewards cheer on other dreamers
- Stewards view every moment of their lives as an investment
- Stewards are committed to leaving a legacy behind them

Now ask yourself these specific questions:
1. Do you tithe and give 10 percent of your income to your local congregation? (Malachi 3:10).

2. Would Pharaoh trust you with his money if he saw your checkbook?
3. Do you recognize the danger of being a consumer vs. a steward? Can you identify at least three areas in your life where you may be consuming rather than stewarding?
4. Do you steward the planet? Do you recycle, and are you careful about the use of the resources we have on this planet? This is one of the great areas of witness open to us at the end of the twentieth century.
5. Have you said no to excessive opportunities lately?
6. Are you celebrating memories of God's work in your life?

If you are frustrated with the lack of fulfilled dreaming in your life, could it be that the stewardship element has been left wanting? Year by year, Joseph kept his nose to the grindstone, investing in small steps of obedience every day. He could be counted on in the mundane, small stuff. Can you? Can I?

I would like to introduce you to two people I have known who model powerful stewardship.

The first is Janice. Janice was a gifted Bible teacher. She died in 1992 after a six-month battle with terminal brain cancer. Janice was one of the most impressive Christians I have ever met. She was highly intelligent and very gifted spiritually. She and her husband gave their lives to multiple charitable and kingdom-oriented ministries in our community.

Knowing she had teaching skills, she went into a golf club one day and invited people to a Bible study in her home. Many in the club were Jewish, and most of the other members were non-Christians, though some of them did attend church. To her surprise, a dozen or so turned up at her house for a Bible study. The study grew and grew until there were dozens of people attending. Many of them were individuals who would have been considered successful achievers, who never had the opportunity to listen to the gospel before.

Janice also had a burden for the people who lived in her neighborhood, so she started a Bible study group for women. It grew to have multiple teachers and numbered as many as three hundred in attendance. She stewarded her gifts faithfully, and God produced the fruit. She saw a need and reached out to meet it. It is no wonder that her life was expressed in having great joy.

I was privileged to be the officiating pastor at her funeral service. Nearly twelve hundred people attended. Individual after individual shared how her life had impacted and shaped them. Her ability to steward her gifts had affected more people than she would ever have imagined.

Janice was a dreamer who left a great impact. One thing I have noted about great dreamers is that they leave a great void when they're gone. The other day my wife commented about one of our friends who passed on to be with the Lord. "There is a great presence missing," she said.

When I see this happen, my prayer is, "Lord, fill that void with another dreamer."

Eastside developed what we called cluster groups. These are teams of five to ten people who take on either a mission or benevolent ministry in our community. One cluster group was led by a businessman named Tim. Tim runs his own construction company, and he specializes in remodeling. Not only does he run his business to support his family, but he says, "I do it so I can finance my real ministry."

Over the years, Tim and his team of contractors–at their own expense–have built several churches in Papua, New Guinea; in Guatemala; and a church on an Indian reservation in the state of Washington.

Tim and the team all bought T-shirts with large letters spelling out the word IMPACT! They wear them often. They want others to see that God has given them a dream to impact the world through building churches where they could not otherwise be built. They don't wait for someone else to buy the material. They believe God will provide it. They are very submitted to the leadership of their church. Of course, the church prays for them and lends assistance as a congregation as they share their gifts.

Tim knows that the kingdom has come. He is not building it, but he is giving expression of the kingdom that is in his heart. His dreams excite me and multitudes of others. I listen when he and his team members talk about what they plan to do next summer.

I mention Tim because he sees himself as a steward of the gifts and resources that God has given him in this life. He has managed these resources, aligning them with the dream that God has given him, and he is filled with the kind of joy few people experience these days.

Tim and Janice are not religious professionals or board members. They do not have pulpits. You wouldn't pick them out for their extraordinary talents, yet they have influenced people in ways that I never could as a pastor. God needs dreamers more than spectators. He cries out for the church to be freed of consumerism and to return to stewardship.

13

TRANSITIONAL PEOPLE

When Joseph's brothers saw that their father was dead, they said, "What if Joseph holds a grudge against us and pays us back for all the wrongs we did to him?" So they sent word to Joseph, saying, "Your father left these instructions before he died: 'This is what you are to say to Joseph: I ask you to forgive your brothers the sins and the wrongs they committed in treating you so badly.' Now please forgive the sins of the servants of the God of your father." When their message came to him, Joseph wept.

His brothers then came and threw themselves down before him. "We are your slaves," they said.

But Joseph said to them, "Don't be afraid. Am I in the place of God? You intended to harm me, but God intended it for good to accomplish what is now being done, the saving of many lives. So then, don't be afraid. I will provide for you and your children." And he reassured them and spoke kindly to them (Genesis 50:15-21).

SCENE: *Joseph's receiving room, 1659 B.C.*

JOSEPH: I can see the fear in their eyes. Now that my father Jacob is gone, my brothers—who have competed with me, undermined me, and hated me—are totally dependent on me. I could punish them. I could even put them to death. But, no, this would only continue what has cursed our family for generations.

How can I but love and forgive them, after everything that You, my God, have done for me? The hatred must end here. We must truly connect as the chosen people that You will use to build a great nation. Someone must show a greatness and stand against that which would destroy us and make us a small people.

Now I see Your dream. You wish us to be a great people, but this will require a people with great hearts. We must set the stage for what you have in mind. I will acknowledge my emotions and make a choice to be a bridge to healing.

WHAT IS A TRANSITIONAL PERSON?

Just a few years ago, an author wrote a book titled *I'm Dysfunctional, You're Dysfunctional.* The author challenges the twelve-step movement and suggests that our fixation with dysfunctionality has opened wide the door to evading personal responsibility.[1] To some extent her thoughts may be a warning which requires some consideration.

However, no one who has his or her eyes open can doubt the impact of alcoholism, drug addiction, sexism, and depression as they have been perpetuated through generation after generation of our families.

Depression is rising by the decade. It is caused in great part by the fact that people who are genetically predisposed to depression often have larger families. The breakdown of family structures and the stress-filled pace of our life-styles are also contributing to the increase of depression. The impact of alcoholism has also proven to be multigenerational.

In the study of dysfunctions and their effect on homes, recovery workers have developed the term *transitional persons.* Transitional persons are those who stand up and stop addictive and destructive patterns in their families. I have seen them in churches. These are brave figures who say, "This is it. I will not be an addict like the others in my family."

Professionals have found that these transitional people not only introduce an end to the dysfunction in their own lives, but they also set in motion healing that moves both ways generationally.

Often these dysfunctions are called *impulse control disorders.* Some churches have multiple twelve-step groups. Our aim is to make a place for brave transitional people like our template Joseph.

In their book titled *Living on the Border of Disorder*, Dan and Cherry Boone O'Neill have listed several of these impulse control disorders with which millions of families are struggling. They include the following in their list:

- Alcoholism
- Drug abuse
- Bulimia
- Anorexia
- Overeating
- Sexual addiction
- Manic-depression [Bipolar disorder]
- Pornography addiction
- Compulsive gambling
- Compulsive stealing or lying [2]

FAMILY DYSFUNCTIONS THAT STOP DREAMING

As I've said earlier, I think God had a hidden agenda in removing Joseph from his family of origin. Competitiveness was rampant, and deception was obsessive. One brother entered into a sexual relationship with his father's concubine. The patterns of sickness were deep and strong.

It could be that many of our dreams are left unfulfilled because we haven't taken seriously the impact of our families of origin on our lives. One hundred percent of us are affected by our families of origin; but, of course, there are degrees of impact. Some may only be negatively affected in 5 percent of their lives. Others are immobilized and are unable to function normally in life because of the fear and addictive patterns that have filled their homes of origin.

Joseph represents for us those bold individuals who say "no" to dysfunction. They are transitional people who set the stage for entire families to break through into health. The type of life-style we have developed in America is filled with ill health. The loss of the extended family and the abuse of authority are *causes* as well as *symptoms* of a breakdown of our basic family unit.

As a pastor I have noted that one can predict the ease of success for a marriage, a career, or a continued relationship with the Lord by asking a few questions about the individual's family. I have warned many a would-be husband that a wife's attitude toward her father or mother would soon be her reaction to him. I have also warned many women to watch how their would-be husbands treated their mothers and how these men submitted to their fathers' authority. I can predict that the wife would be treated with the same respect or lack thereof.

Joseph shows us that there is hope. He also enlightens us to see that these issues must be faced. The naming of his son Manasseh, meaning "I have forgotten my family," suggests that the Lord was in the separation. Also, the naming of Joseph's second son, Ephraim, meaning "double fruit," suggests that Joseph felt fruitful in the land of sorrow. The separation from his family may have caused him to face the dysfunction of his youth.

PATTERNS OF HEALTH

Our culture needs transitional people. Many of us will have to go through twelve-step programs to be totally freed from abusive patterns that have shaped us.

The figure of Gideon represents how the power of the Holy Spirit heals the idolatry of our youth. (See Judges 6.) Immediately after receiving his call to be a deliverer of Israel, Gideon was instructed to destroy all the false idols in his father's grove. This caused quite a stir in his town. In fact, his father had to intervene so that the villagers wouldn't kill him.

What is the Holy Spirit trying to teach us in this account? We all must destroy the idols of our youth and take seriously the dysfunctional patterns that will disrupt our dreams of fulfillment. The Holy Spirit wants us to appreciate and love our families while receiving His perfect Fatherhood in our lives.

TRANSITIONAL PEOPLE CELEBRATED

Some years ago I co-authored a book with an evangelist named Ron Rearick. Ron spent twenty of his first thirty years incarcerated. (That included many years as a juvenile delinquent!) He was once arrested for attempting to take $1 million from United Airlines through a hijack threat.

I was fascinated with his story. I was also disturbed by the cruelty he had seen in his life. He acquired the name "Iceman" after he popped an eye right out of the skull of a would-be rapist in prison. He had been a tough guy. Now he was gentle.

"Ron, how did you get so hard and mean?" I asked him.

Ron leaned back in his chair, a bit choked up. "I know exactly how it happened. My father was an alcoholic. We moved from mining town to mining town–wherever he could find work in his trade as an engineer. He was never sober enough to take me fishing or do any of the other things the other kids did, so I would make up lies. I would tell the kids how we went fishing, how many fish we caught, and so on. As I told these lies, I became more and more angry with my father for putting me in that position."

"When did you recognize that this was an issue, and how did you turn it around?" I asked.

Ron, wiping his eyes, continued, "One morning, standing and looking at myself in a mirror, I realized I had to get rid of this hate I had for my father. As soon as I asked God to help me forgive him, I saw him as a child. I realized that he treated me exactly the way he had been treated. Inside he was a little child who had never grown up. If I was to grow in the Lord, it was time to face that and grow up myself."

"So what steps did you take?" I asked, intrigued.

"I did two things, Doug. I forgave my father, and I received God as my Father. I felt immediately restored and healed inside."

I believe that Ron became a transitional figure in his family. Following his conversion, Ron reached hundreds of kids for Christ each year. He lives in a prison town near us, ministering to and visiting other prisoners' families. He found the power of being a transitional person.

ANOTHER TRANSITION

Sue could be any number of people I have known who have bipolar disorder. This kind of depression is genetic. The general population knows so little about it, yet it is very prevalent in our culture. The good news is that effective treatments have been developed.

Sue's family had struggled for several generations with the manic-depressive disease. Some of the symptoms were insomnia, marital conflict, and an inability to stay focused on goals. Depression can be misunderstood because it looks like a moral or spiritual issue. "After all, how do Christians not have joy if they are truly saved?" we ask.

Sue finally found help in an encounter group. She was introduced to a psychiatrist in our community who treated her with anti-depressants and counseled her as to the genetic nature of the depression. She began to realize that the depression had filled both sides of her family, and she talked openly about her healing. She had found joy by getting proper chemical balance. She was able to experience pleasure again and set goals for her life. The result was an awareness that grew multigenerationally in her family.

Another hero I have known we will call Jane. She became a counselor for addicts. For multiple generations her family members had all been alcoholic. "If you were a Jones," she said, "you were an alcoholic. That was just the way it was."

After two unsuccessful marriages and with her own health failing, Jane decided that the pattern had to be broken. Her son and daughter were both alcoholics and drug addicts, and her elderly parents were still caught in the grip of addiction. "That's enough," she said.

Not only did she give her heart to Christ, but she went through a twelve-step program. She learned the nature of addiction and how it works genetically, and she was able to overcome the disease of alcoholism that had ravaged her family for generations.

The result of her courage to speak out was that dreams were restored to her family. Her son became drug-free and gave his heart to Christ, as did her daughter.

Jane, Sue, and Ron are all modern-day Josephs. Their dreams were restored to them by overcoming the dysfunction of their families. Our culture needs transitional persons.

TRANSITIONAL CHURCHES

Not only do we need transitional persons, but we also need transitional churches. Unfortunately, lack of knowledge sometimes makes churches resistant. One church in our community discontinued a support group for depressed people because the group leaders encouraged the people to take the medication their doctors prescribed for their depression. This church obviously did not understand the true nature of some of these genetic and physical disorders.

Does this mean that God cannot heal these people without medication? Of course not. But I believe we need to be willing to accept medical treatment for mental health just as much as we are willing to accept medical treatment for a broken leg. In either case, we need to let the Lord tell us whether He wants to accomplish healing without medical treatment.

TRANSITIONAL DREAMERS

Joseph set the stage for a changed nation of Israel to emerge out of Egypt several centuries after Israel had first arrived there. He was the transition from the people of Israel being a renegade band of dysfunctional, deceitful nomads to being God's chosen nation. They would be the people from whom the Messiah, the Savior of the world, would come.

Our own nation is adrift in dysfunction just as Joseph's people were. Even our churches are often toxic. Dreamers are being raised up for "such a time as this" (Esther 4:14). Our challenge is to say "enough is enough" and move the nation into a new season of health. The gentle call of those who have been healed from scars of dysfunction in their own lives will lead the way.

I think another way to describe transitional persons or groups is to say that they are people affected by revival. A revival is a transition from spiritual sickness to spiritual health. A revival from God can be a spiritual transition for an entire generation.

LIFE APPLICATION

1. Do you recognize dysfunctions from your family of origin that may be affecting the release of your dreams?
2. Are you willing to make clear and steadfast steps to remedy the impact on your own life and be healed?
3. Have you been victimized by the dysfunctions of others?
4. Are you available to the Holy Spirit to be a stage-setter for the outbreaking of His power in your community?

A transitional person's pain becomes the doorway to healing for others. The best person to help a depressed person is someone who has faced and overcome depression himself. An addict or an alcoholic is most likely to listen to someone who himself has been healed and restored.

The discovery of your dreams may reside at the point of your greatest pain. By running and hiding from your pain, you may be running from your greatest dream.

I was handed the following parable (author unknown). It illustrates the agony of the process of transition and the joy that follows.

PARABLE OF THE TWINS

Once upon a time, twin boys were conceived in the same womb. Weeks passed, and the twins developed. As their awareness grew, they laughed for joy: "Isn't it great that we were conceived? Isn't it great to be alive?"

Together, the twins explored their world. When they found their mother's cord that gave them life, they sang for joy: "How great is our mother's love, that she shares her own life with us!"

As weeks stretched into months, the twins noticed how much each was changing. "What does it mean?" asked the one.

"It means that our stay in this world is drawing to an end," said the other.

"But I don't want to go," the first replied. "I want to

stay here always."

"We have no choice," said the other, "but maybe there is life after birth!"

"But how can there be?" responded the one. "We will shed our life cord, and how is life possible without it? Besides, we have seen evidence that others were here before us, and none of them has returned to tell us that there is life after birth. No, this is the end."

And so the one fell into deep despair, saying, "If conception ends in birth, what is the purpose of life in the womb? It's meaningless! Maybe there is not a mother after all."

"But there has to be," protested the other. "How else did we get here? How do we remain alive?"

"Have you ever seen our mother?" said the one. "Maybe she lives only in our minds. Maybe we made her up because the idea made us feel good."

And so the last days in the womb were filled with deep questioning and fear. Finally the moment of birth arrived. When the twins had passed from their world, they opened their eyes. They cried. For what they saw exceeded their fondest dreams.

"No eye has seen, no ear has heard, no mind has conceived what God has prepared for those who love him" (1 Corinthians 2:9).

14

BLESSING DREAMERS

All these are the twelve tribes of Israel, and this is
what their father said to them when he blessed them,
giving each the blessing appropriate to him
(Genesis 49:28).

The blessing in a Hebrew family was more than just a nice
social exercise. It was believed to have tangible effects on the
future. The pronouncement of a blessing from the patriarch
assured victory, success, and fulfillment of one's dreams. Even
Joseph, who spent years separated from his family, longed for
the blessing of his father to achieve the dreams God had for
him.

Every dreamer needs a blesser.

In the New Testament a blessing is equivalent to the gift of
encouragement. In the book of Acts, Barnabas was called the
"son of encouragement" because he was always encouraging
the work of the Lord (Acts 4:36-37). He was a blesser. He sold
land and gave the money to the apostles to finance the work of
the Lord.

The art of blessing does not need to be lost in our time.
Blessing can be given in three dimensions:

- Presence
- Word
- Touch

THE BLESSING OF PRESENCE

My grandfather had been retired from construction work
for quite a while by the time I hit high school, yet he would

appear on the site of numerous jobs that my uncles were carrying on in their construction company. I was usually a supply carrier for the company during summer breaks. I can remember how I looked forward to my grandfather appearing on the jobs. He would always have a comment on how the job was progressing—sometimes to the annoyance of my uncles, and at other times not.

His presence on the site was always a blessing.

I couldn't count the number of times that grown men have shared with me, "My father was never there for my concert or my ball game or my graduation." There is a blessing of presence that is essential if we are to believe we're supported. Just being there sometimes is enough of a blessing to raise courage and dispel fears.

I recently rushed to the hospital to visit a terminally ill patient who was a close friend. I really didn't know what to say. When I walked into the room, this close friend extended her hand for me to take. I gently began to speak a few words of hope. Then we just sat there, with two of our other friends, in silence. She would die two days later. None of us in the room knew how near she was to death.

After a time the room became uncomfortably quiet. "Judy," I began, "I don't know what to say except that I just feel like I'm supposed to be here. Whether it's a blessing or not, I don't know—but I'm here."

She smiled and responded, "Your being here is more than enough. It's building my faith as you just sit there."

THE BLESSING OF WORDS

...A kind word cheers... (Proverbs 12:25).

The tongue that brings healing is a tree of life (Proverbs 15:4a).

Pleasant words are... sweet to the soul and healing to the bones (Proverbs 16:24).

A word aptly spoken is like apples of gold in settings of silver (Proverbs 25:11).

Of all the teachers I had in school, I remember one in particular. Her name was Mrs. Beatty. She wasn't a disciplinarian, and to be honest, I didn't learn much math or geography from her either.

I'll never forget the day in third grade, though, when she read a two-paragraph short story I had written. I don't recall ever having had exceptional ideas. I really didn't stand out much—particularly in grade school—yet after reading it, she looked at me and said, "Doug, you are a very creative person. I think you could do well at being a writer."

I stored those words in my heart. Years later when I was asked to write a column, I saw the image of Mrs. Beatty over my desk, saying, "You're very creative, Doug. I think you could be a writer." I found courage in her words twenty years later.

This is the power of the blessing of words.

The first time I prophesied was a memorable event. I had never been exposed to spiritual gifts. When I came to the Lord, I attended every kind of meeting possible. I got involved in the most radical, charismatic, Pentecostal services you could imagine. It was there that I observed people prophesying.

Upon returning to our home church from a charismatic conference, I felt that I had a prophecy. Now the room was small enough—it seated about two hundred people—that a prophecy given at volume two on a scale of one to ten would have been sufficient.

I got so excited, though, that I screamed out the prophecy. My parents were there, and I nearly scared them to death. (They hadn't fully committed their lives to the Lord yet.) I even hyperventilated and had to sit down in the chair. It shook everybody up. The service came to a screeching halt. No one could interpret or understand what I said because I had done such a poor job of sharing it.

The pastor very gently instructed the congregation that it was OK, that it was a legitimate word from the Lord, but it had been given in a way that obstructed the service.

As soon as the service was over, an elderly gentleman in the congregation sat me down and put his arm around my shoulders. "You know, I had the same prophecy," he said. "And do you know it's in the Bible? Here, let me show you the verse." He pointed out that I'd actually quoted a section of the book of Isaiah verbatim—though I had never read it before in my life.

"You're good at this," he said. "I'll bet Pastor Larry would like to talk to you about it." I went up to the front of the auditorium to apologize for causing such a disruption. By now it had sunk into me that I hadn't given it quite right.

As I walked into the prayer room, Pastor Larry began to laugh. "Doug, it was a great word. You just did a terrible job of giving it. You see, what you did wrong is that you drew attention to yourself. The words of the Lord are to bring attention to the Lord. So you find a way to give His words so that people think of Him more than they think of you. By the way, you need to do that again. The next time you receive a prophecy, I want you to share it, because you're good at it."

With that encouragement my fear of the supernatural was abated. I felt blessed. Words had blessed and encouraged a dream.

History records the lives of two young men who shared the experience of dropping a carafe of communion wine. The first, in a small village of Yugoslavia, dropped the blessed carafe on the floor of a small parish. Consecrated wine spilled every which way as it shattered. The priest in a fit of anger commanded the young altar boy to leave the church and never return again. If he was not going to take the things of God more seriously, the priest said, he wasn't welcome.

The other young man who dropped a carafe was in a large cathedral in the presence of Bishop John Spalding. As an elderly man he would recall the volume of this carafe as it hit the cathedral floor, with its crash echoing through the giant vaults above. "It was like an atomic bomb going off in my head," he would say. This young man looked up into the eyes of the bishop, expecting to be chastised. Instead the bishop said, "You're a fine young man. Someday you're going to be doing what I'm doing."

The first young man became the atheist head of the Communist party in Yugoslavia. We know him as Tito. The second boy became one of the first television preachers–and a very successful one at that–Archbishop Fulton Sheen.

The blessing of words can set the course of an entire life.

I've had a growing desire in my heart to bless people with words. I look for opportunities to write notes or cards for people, encouraging their dreams. I just want to say, "Dream on!"

> The blessing of words can set the course of an entire life.

Just a few words from my friend Jamie Buckingham were comforting to me at one point in my life. He had flown to Seattle to visit us after hearing we had left a staff position to start a new congregation on the east side of Seattle with no people, no money, nothing. He looked at me honestly and said, "I think you're crazy. But if you're going to start a new congregation, I want to be part of it. So count me in. I want to be part of this dream."

The exciting part was that Jamie made good on his promise by speaking in our church on a yearly basis for about ten years. He encouraged our dreams and cheered us on. People in our congregation don't know what behind-the-scenes blessers he and his wife, Jackie, both were.

Every dream needs a blesser.

THE BLESSING OF TOUCH

The blessing of touch includes both of these:
- Physical touch
- Making contact with another person's life

The Scriptures show that dreams are often set in motion by the laying on of hands. In the book of Acts, Barnabas and Paul were set apart for a special ministry by a prophecy; but that wasn't enough to release the dream. The Bible says the members of the church "placed their hands on them and sent them off" (Acts 13:1-3).

Beyond that, the power of touch lies in a willingness to become engaged in another person's life, to invest in their dreams. Have you touched anyone else's dreams lately? Have you sent them a gift or extended some tangible expression of involvement? On the other hand, have you thanked the people who have deliberately invested in your dream?

Few dreams have grown out of chastisement. Multitudes have become dreamers through encouragement. One of the primary points of blessing should be the home.

At the end of Genesis we read about a moving scene where Joseph and his brothers are gathered to hear the final words from their father, Jacob. I picture a weathered, wise man reverently extending his hands to each of his sons, leaving a touch he knew would be with them forever.

LIFE APPLICATION

1. Can you recognize those whom the Lord has used to bless your dream? Have you expressed gratitude to them?

2. If you haven't already, would you accept an assignment to make a deliberate list of people whose dreams you would bless?

15

THE LEGACY

And Joseph made the sons of Israel swear an oath and said, "God will surely come to your aid, and then you must carry my bones up from this place" (Genesis 50:25).

Now Joseph and all his brothers and all that generation died, but the Israelites were fruitful and multiplied greatly and became exceedingly numerous, so that the land was filled with them (Exodus 1:6-7).

Have you ever noticed that certain people are like large boats on a lake? You know, you are sitting in your little rowboat, and some boat comes by with two power motors on the back, leaving a wake that makes your boat rock and roll on the tumble of the waves. People like this are "wave-makers." This is what Biblical dreamers are like. Each one leaves a legacy, like ripples following a boat.

It sounds great to leave a legacy, doesn't it? The flip side of that, however, means that the fulfillment of your dreams may not happen until after you are gone. True dreams of God can take longer than one lifetime to be fulfilled. Sometimes

> Dreamers look several generations ahead and then live backward.

they take longer than a lifetime even to come into view.

This concept challenges some of our eschatology, or views of the end times. After all, how much time can we count on before the Lord brings this age to a close? Do we have hundreds of years to plan for, or will it all be over before our time comes to die?

I have studied the questions enough to conclude that I am rather unclear about most points of eschatology. It *is* clear to me that our opinions about the future will shape our actions today. I have concluded that we ought to be prepared for the end to come at any moment, yet we ought to go on investing as though the Lord may not come for five hundred years.

DREAMERS SEE BEYOND THE END

I enjoy spending time with businesspeople. I think Christianity works best in the marketplace. Businesspeople often have clearer spiritual insights than people who work full-time for churches.

In Stephen R. Covey's book *The Seven Habits of Highly Effective People*, he suggests that one of the habits of highly effective people is starting from the end and working backward. In fact, this is the difference between efficient and inefficient people. Effective people can see a completed task and work toward it. The ability to visualize to the end is vital to success.[1]

If you have ever been a leader of people, you've realized what a rare skill this is. No doubt you have also discovered your own deficiencies. It is amazing how prone we are not to know where we are headed.

Here is an exciting insight about dreamers: Dreamers look several generations ahead and then live backward.

LEAVING A LEGACY

Joseph's life ends with a description of the legacy he left. For generations the impact of his life rippled on through family after family in the wake of the discovery that God was very much alive in developing a nation.

In his book *Who Switched the Price Tags?* Tony Campolo refers to a study compiled from a sampling of near-centenarians:

> Recently I read a sociological study that has great significance for those of us who are trying to respond to champions of the yuppie value system. In this

particular study fifty people over the age of ninety-five were asked one question: "If you could live your life over again what would you do differently?" It was an open-ended question, and these elderly people were allowed to respond in unstructured ways. As you might imagine, a multiplicity of answers came from these eldest of senior citizens. However, three answers constantly re-emerged and dominated the results of the study. These three answers were: 1) if I had to do it over again, I would reflect more; 2) if I had to do it over again, I would risk more; 3) if I had to do it over again, I would do more things that would live on after I am dead.[2]

How many things are you involved in that will outlive your life?

What about your dream? Will it outlast you? Sit down with a piece of paper, and write out at least ten things you're involved in that will outlive you. I have done it for myself. It is an exciting prospect. I think you will be pleasantly surprised about how many things the Lord has allowed you to be involved in that will go on beyond you.

On the other hand, we really cannot know for certain what things will outlast our lives. That is where trusting the Holy Spirit comes in. We can pray, "Holy Spirit, lead me in ways today that will make an impact beyond my life span."

PREPARE THE WAY

Every generation needs a previous generation to prepare the way for them to dream. Dreamers don't consume all of tomorrow's resources today. Dreamers save up portions of today's resources to fuel the part of their dream that will go beyond them. In our

> I have been concerned at how we boomers are so cut off from our futures.

generationally disrupted culture, this is a difficult concept to grasp.

As a leader of a congregation focusing on baby boomers, I

have been concerned at how we baby-boomers are so cut off
from our futures. I am just as concerned about the way the
previous generation profited off the sheer size of the boomer
generation. Housing costs rose astronomically, and previous
generations benefited greatly while many boomers were not
able to have the same future their parents had.

The problem has been spiritual as well. A strong work of
God requires the combined harmony of multiple generations.
Satan performed a damaging work in the 1960s by dividing
fathers from sons, mothers from daughters; but the gulf
between these two generations is not too large for God.

My heart broke when I heard a news commentator say
that scholars have concluded that the present inner-city generation of teens ought to be abandoned. This whole generation
of young black men should be written off, according to the
black commentator. He believed we should begin working on
those who are five and younger, but I believe that our cities
will have a future. God gives up on no generation.

Leaders of congregations should keep these questions in
mind:
- What are we going to do that will help set the stage for
  the next generation?
- How are we going to reserve funds for the future?
- How can our facilities outlast us sufficiently to be used
  again?
- How can I keep my heart tender and sensitive enough
  so that when the methods need to be changed, I will
  trust the younger generation to carry on?

Dreamers are flexible. Dreamers look to the future.
Dreamers invest beyond themselves.

MENTORS, STEP UP!

In the church, mentoring has been a rare event, yet
education by information-dispensing has failed us. Education
by modeling is proving to be the way to develop leaders.

The Biblical term for mentoring is *discipling.* Mentoring is
simply a friend walking alongside a friend, helping that person
to acquire skill and knowledge. As you mentor others, you are

investing in a dream that can reach beyond your life.

Some years ago I was speaking at a friend's parish in the city of Spokane, about five hours from my home. I thoroughly enjoyed being with these people, but I was tired from the travel. I was ready to head home with the last "amen." As I went to the side door, a young man and woman stepped up and asked, "Can we talk to you for a minute, Pastor Doug?" They were in their mid-twenties and seemed very excited to talk with me.

"Yes, how can I help you?" I asked, a little nervously.

"You probably don't recognize us," the husband said, "but we met Christ in your church several years ago."

"I was a high school student," the wife chimed in. "I gave my heart to the Lord, learned to worship, and learned to love the Bible. Joe and I met in college, and we are in the ministry now. But we want to have a church just like Eastside. We just wanted you to know that. You may never hear from us or see us again, but the ripple of your life has touched ours."

I had never had an experience like that before. To think that I could impact someone enough that they would have made that kind of decision was overwhelming.

Sometimes we mentor and don't even know it. The young man confirmed this when he said further, "You taught me one thing."

"Oh, yes, what's that?" I asked.

"No matter what, just keep showing up," he said. "I know there were days when you were dog-tired, but you were still there."

His wife leaned forward to add, "We've told ourselves every day that we are just going to keep showing up."

> Education by modeling is proving to be the way to develop leaders.

Serious mentoring takes a deliberate choice to be yourself in front of others. It involves an investment of time in those who will follow us. It requires setting up models in churches and home groups where leaders learn to replace themselves, training others to be the new leaders.

None of us will be able to look Jesus squarely in the eye, whether we are a Sunday school teacher, a businessman for

Christ, a publisher, or a writer and expect Him to say, "Well done, good and faithful servant," unless we have answered these questions: Who will take my place, and how have I helped them?

CONFLICT OF THE GENERATIONS

We've talked about preparing for future generations and the value of mentoring. These two concepts are the key to resolving the conflict that keeps coming up between generations. What can be done? Let's look at three ideas.

1. I think generations can work together if both younger and older learn to invest themselves in something bigger than themselves and the borders of their small worlds.
2. To be a mentor requires honoring and respecting someone who has yet to make the same mistakes you made long ago.
3. Dreams work best when children appreciate the heavy price parents or spiritual mentors have paid for some of the knowledge, resources, and happiness the children take for granted.

Finally, we need to realize that God has a unique dream for each generation. This is reinforced in Acts 13:36 when Paul commented, "David had served God's purpose in his own generation…"

CREATIVE LEGACIES

We show videos of missionaries in our congregation from time to time. We find that being able to see an individual's face, while at the same time hearing from his or her heart, helps us put more feeling into the giving of dollars to missions.

I recall viewing a brief video of one of our Foursquare missionaries in Nepal. He and his wife have adopted dozens of Nepalese children. The reason they have done this is that it is the only way they can evangelize. In Nepal it is illegal to proselytize for the Christian faith. However, one can evangelize his or her own family. Our missionary came up with a great strategy. He built an orphanage, which he calls his house, and began adopting as many children as he had the resources to feed.

His goal, as stated on the video, was to leave an entire younger generation that may be able to "evangelize in a time that is freer than his own." This statement struck my heart like a spear. He was deliberately laying a foundation in dozens and dozens of

> Could it be that many of us are being called to walk by faith, not by sight, as we lay the foundations of our dreams?

his children's lives, awaiting a day that he was praying for, a day when the gospel could be preached more freely.

What if some of our dreams are never fulfilled in our lifetime? How should we then live? Could it be that many of us are being called to walk by faith, not by sight, as we lay the foundations of our dreams? Could it be that we are being called to invest our lives for a time that will be more open and free to the gospel?

My grandmother was one of the most wonderful people you would ever want to meet. I'm not saying this just because she was my grandmother. Many others say the same thing.

My grandmother met Christ after the first sermon I preached. She was more than sixty-five years old, had cancer, and had recently suffered a heart attack. She came forward during the altar call I gave. I thought she just wanted to encourage me. When I stepped down from the platform and asked her what she wanted, she said she wanted to "give her heart to Christ." She received Christ and lived more than ten years longer. She passed away in her sleep one afternoon in her living room.

My grandmother loved to make quilts. It was her practice over several decades to make a baby quilt for each of her grandchildren when they were born and a larger one when they reached their early teens. As she grew older, her fingers became arthritic, and it was very difficult to stitch the quilts that she made for every one of her grandchildren and great-grandchildren.

While I was visiting my grandmother one afternoon, I recall one of my aunts trying to talk her out of making any more quilts. The pain in my grandmother's fingers was intense. "I'll give you some money," my aunt said, "and you can simply buy the kids gifts this year. Mom, your hands are killing you. You don't need to do this."

"I want to leave them something that came from me," my grandmother responded. "I don't want to leave something you can buy. I want to leave a one-of-a-kind gift to my grandchildren. I want them, when they see this quilt, to see that I gave myself to them. I want them to hear me say, 'I love you,' even when I'm gone."

I have several of those quilts: one for each of my kids and one for my wife and me. The other night it was cold, and I pulled a quilt out of the closet and wrapped it around my feet. (It was a little worn by then.) Grandma was right. There was something of her in that room. She had invested herself in something that would outlast her, and I appreciated her all over again that night. Leaving a legacy demands a piece of your heart left behind with others in mind.

SEATTLE'S FIRST PRESBYTERIAN CHURCH

Seattle is home to one of America's great churches. Two times I have stood in that church's hallways of honor and read its brief history. Later I was able to pick up a short newspaper article recounting the history of the First Presbyterian Church of Seattle.

The pastor of the First Presbyterian Church in Seattle for many years was a lawyer named Mark Matthews. Matthews and his congregation made it their aim to change the spiritual climate of the then-rugged city of Seattle. Out of the one congregation, several dozens of congregations were planted in Seattle, including University Presbyterian Church. Both churches have been home to noted pastors over the years.

When Matthews died, there was little or nothing in his estate. He had invested it all in his church. He left the church that he planted with a passion for our city that has continued to spread the gospel of Jesus Christ for multiple generations.

This church stands as a model to every church in every city.

So often we as believers get caught up in day-to-day affairs that sap the energy from our lives. How many congregations fight and quibble over the smallest of things without ever asking the question, What will we leave for future generations?

Dreamers don't have time for petty affairs of the next ten minutes. Their assignments are too large for that.

> Dreamers don't have time for petty affairs of the next ten minutes. Their assignments are too large for that.

Christians with dreams big enough to outlast themselves take giant risks. They also take time to consider what their futures may look like. Dreamers in a certain sense are Spirit-led "future creators."

HOPE THAT TRANSFORMS THE PRESENT

There is a paradigm shift from those who muddle around with their noses in the ground of daily affairs and those who lift their heads high to be visionaries for the future. Our character of focus, Joseph, was such a visionary.

So was Daniel, the great prophet of the Old Testament. Taken from his land of Judea as a teenager, he was held captive by the powerful government of Babylon. He had to redefine what it meant to be a Jew. Daniel was able to make the transition from defining a Jew as someone who lived in Judea and worshipped in the temple in Jerusalem to someone who could serve the living God of Jerusalem anywhere, even in the city of Babylon.

He went one step further. He also began to prophesy of days when Israel would see her Messiah come in great power and subjugate all the great powers of the world. He remained faithful to God in a foreign land, laying the foundation for future generations. He and his friends would face any conflict in any fire to make certain there was a future for the Jewish people.

It was his legacy which became the remnant that returned to Jerusalem seventy years later. I don't think it is any accident that Daniel and Joseph were both the seers of dreams and interpreters of dreams in profound measures.

LIFE APPLICATION

1. What have you spent your time on this week that will outlast you?
2. Have you considered how you invest your financial resources in ways that will outlast you?
3. Are you doing things that will make your time and yourself available for those who will live beyond you?
4. Can you think of practical steps that both the church or your family can take to ensure a better future for your grandchildren?

16

CONCLUSION

We need to make a dramatic turn from being consumers to being investors. This will occur as we develop a dream and vision for the future. Our national indebtedness is obscene, but it reflects the kind of spirit that we are vulnerable to in our country: Eat, drink, and be merry, for tomorrow we die.

In contrast, Joseph challenges us to leave a legacy.

Do you still want to be a dreamer? Can you recognize the theme of the symphony God is directing in your life? Joseph is our template for the various movements that can make up the symphony of our dreams. His life went through four major movements. Can you recognize at which movement you are in your own life?

Movement one: mixed motives, unclear understanding of the dream, competitiveness, favoritism.

Movement two: accused, suppressed, tempted, tested, forgotten.

Movement three: opportunities to serve, seeing others' dreams fulfilled, humbly interpreting and applying the dreams of others while seeing yours unfulfilled.

Movement four: maturity, fulfillment, forgiveness, leaving a legacy.

In a certain way, I think I am living in all four of these movements at once as I have examined my dreaming. As we come to the end of this book, I am certain that you have been made aware of the complexity of your own heart as well.

REVIEW

Let's review some of the vital principles we have gained on our journey through Joseph's life:

- You don't have God's dreams; they have you
- There is a high cost to be paid for dreaming
- There are dream seducers ready to throw you off course
- Dreams thrive in the fertile ground of hostility
- You are your dream's own worst enemy
- Every dream has its blesser
- Dreamers are transitional people leading others to wholeness and better days ahead
- Your dreams should be big enough to outlast you

THE BIG QUESTION

Have you ever just wanted to disappear? You know, pick up one day and go, never to be seen again? Have you ever wanted to return home as a hero, coming in as everyone's savior, saving the day? Of course, we all have.

I have wanted to disappear, from time to time, and see what people would say about me. In my daydreams I live across the street from my family, like a character out of one of Nathaniel Hawthorne's stories. I would wear some sort of fake beard, maybe gain some extra weight, and then I could surreptitiously slip into conversations about me. I'd like to overhear what people say about me.

Why do we have thoughts like that? Like all dreamers, we want to make a difference. We want our lives to count. We want to be missed. Dreamers wonder what kind of void they would leave.

Rest assured, if you travel with Jesus, you will return home a hero! All dreamers do!

A COATLESS LORD

When the soldiers crucified Jesus, they took his clothes, dividing them into four shares, one for each of them, with the undergarment remaining. This garment was seamless, woven in one piece from top to bottom.

"Let's not tear it," they said to one another. "Let's decide by lot who will get it."

This happened that the scripture might be fulfilled which said, "They divided my garments among them and cast lots for my clothing…" (John 19:23-24).

We can't forget there was more than one man in the Bible who lost His coat. His was a King's coat. He wore His coatlessness in great honor and deep love. The Roman soldiers first stripped Jesus of His humble coat and placed on Him a scarlet military cloak. He wore it with honor even in the face of their mocking, so they de-robed Him again. Coatless, He was even more our Savior and more the King, inspiring this comment from one of the mocking Roman soldiers: "Surely this man was the Son of God!' (Mark 15:39).

Jesus knows what it's like to have a coat ripped off and keep His dreams. His dream was you. He knows how to help us keep our dreams when others steal our coats.

PRAYER

Lord, the pattern is set;
lead us on to dream in You,
for You, and with You.
Amen.

APPENDIX A

OUTLINE OF JOSEPH'S LIFE

(SEE GENESIS 37-50)

- The first son of Jacob's second and favorite wife, Rachel. He is the eleventh son in the family overall.
- At seventeen years old his father gives him a richly ornamented coat, a sign he would be the heir.
- At seventeen he has two dreams: one about sheaves of wheat bowing to him and one in which the stars, moon, and sun bow to him. Joseph interprets this as his call to be the ruler of the family.
- He is hated by his brothers.
- His coat is taken away.
- He is tossed into a pit, sold into slavery to the Midianites, and falsely declared to be dead to his father.
- Potiphar, one of Pharaoh's governors, buys Joseph.
- Potiphar's wife accuses him falsely of sexual harasment.
- He spends two years in prison.
- He interprets dreams for a baker and a cupbearer.
- The cupbearer forgets Joseph, who is left in prison.
- Joseph is released from prison to interpret the Pharaoh's two dreams—one dream showing seven healthy cows being swallowed up by seven starving cows, and the other showing seven good heads of grain eating seven withered heads of grain.
- He is appointed governor of the Egyptian crops at the age of thirty.
- His new name becomes Zaphenath-Paneah.
- He has two sons: Manasseh, whose name means "Elohim has made me forget the hardships and all my father's house," and Ephraim, whose name means

"Elohim has made me fruitful in the land of my sorrows."
- His entire family, after three trips from Canaan, joins him in Goshen.
- His father Jacob dies, and he travels to Canaan to bury him.
- His relationship to his eleven brothers is restored.
- He dies at the age of 110.

APPENDIX B

JOSEPH'S FAMILY

This chart shows the mish-mash of a family that Joseph grew up in. Reading the chart from top to bottom shows the order of birth, starting with the oldest. Reading the chart from left to right shows the mothers of the twelve brothers and one sister in Joseph's immediate family.

MOTHERS:	**Leah**	**Bilhah**	**Zilpah**	**Rachel**
CHILDREN:				
	Reuben			
	Simeon			
	Levi			
	Judah			
		Dan		
		Naphtali		
			Gad	
			Asher	
	Issachar			
	Zebulun			
	Dinah			
				Joseph
				Benjamin

NOTES

CHAPTER 4

1. *Academic American Encyclopedia*, s.v. "dreams and dreaming." Grolier Electronic Publishing, Prodigy Service, December 19, 1992.

CHAPTER 5

1. Jennifer James, "A Mean Spirit Seems to Be Hampering Society's Growth," *Seattle Times*, 30 August 1992.

2. Madeleine L'Engle, *Sold Into Egypt: Joseph's Journey Into Human Being* (Wheaton, Ill.: Harold Shaw Publishers, 1989), p. 22.

3. Stephen R. Covey, *Principle-Centered Leadership* (New York: Summit Books, 1991).

CHAPTER 7

1. Jamie Buckingham, *Where Eagles Soar* (Lincoln, Va.: Chosen Books, 1980).

CHAPTER 11

1. William T. McConnell, *The Gift of Time* (Downers Grove, Ill.: InterVarsity Press, 1983), p. 19.

2. Quoted in Bob Benson Sr. and Michael W. Benson, *Disciplines for the Inner Life* (Nashville, Tenn.: Generoux/Nelson, 1989), p. 182.

CHAPTER 12

1. *Ibid.,* p. 211.

CHAPTER 13

1. Wendy Kaminer, *I'm Dysfunctional, You're Dysfunctional* (Reading, Mass.: Addison-Wesley Publishing Co., 1992).

2. Cherry Boone O'Neill and Dan O'Neill, *Living on the Border of Disorder* (Minneapolis, Minn.: Bethany House, 1992).

CHAPTER 15

1. Stephen R. Covey, *The Seven Habits of Highly Effective People* (New York: Simon & Schuster Trade, 1989).

2. Anthony Campolo, *Who Switched the Price Tags?* (Irving, Tex.: Word, 1987).

BIBLIOGRAPHY

Benson, Bob, Sr., and Michael W. Benson. *Disciplines for the Inner Life.* Nashville, Tenn.: Generoux/Nelson, 1989.

Buckingham, Jamie. *Where Eagles Soar.* Lincoln, Va.: Chosen Books, 1980.

Campolo, Anthony. *Who Switched the Price Tags?* Irving, Tex.: Word, 1987.

Covey, Stephen R. *Principle-Centered Leadership.* New York: Summit Books, 1991.
   -*The Seven Habits of Highly Effective People.* New York: Simon & Schuster Trade, 1989.

Crabb, Larry, and Dan Allender. *Encouragement: The Key to Caring.* Grand Rapids, Mich.: Zondervan Publishing, 1984.

Dolnick, Edward. "What Dreams Are (Really) Made Of." The Atlantic, July 1990.

Gutheil, Emil. *Handbook of Dream Analysis.* New York: Liveright Publishing, 1951.

Hirsch, S. Carl. *Theater of the Night: What We Do and Do Not Know About Dreams.* Chicago: Rand McNally & Co., 1976.

James, Jennifer. "A Mean Spirit Seems to Be Hampering Society's Growth." Seattle, Wash.: *Seattle Times,* 30 August 1992.

Kaminer, Wendy. *I'm Dysfunctional, You're Dysfunctional.* Reading, Mass.: Addison-Wesley Publishing Co., 1992.

Lewis, C. S. *The Problem of Pain.* New York: Macmillan Publishing Co., 1962.

L'Engle, Madeleine. *Sold Into Egypt: Joseph's Journey Into Human Being.* Wheaton, Ill.: Harold Shaw Publishers, 1989.

MacKenzie, Norman. *Dreams and Dreaming.* New York: The Vanguard Press, 1965.

Manning, Brennan. *The Ragamuffin Gospel: Good News for the Bedraggled, Beat-Up, and Burnt-Out.* Portland, Oreg.: Multnomah Press, 1990.

McConnell, James V. *Understanding Human Behavior.* New York: Harcourt, Brace, Jovanovich College Publishers, 1989.

McConnell, William T. *The Gift of Time.* Downers Grove, Ill.: InterVarsity Press, 1983.

Meyer, F. B. *Old Testament Men of Faith.* Westchester, Ill.: Good News Publishers, 1979.

Miller, Calvin. *The Table of Inwardness.* Downers Grove, Ill.: InterVarsity Press, 1984.

Nouwen, Henri J. *Lifesigns, Intimacy, Fecundity, and Ecstasy in Christian Perspective.* New York: Doubleday & Co., 1986.

O'Neill, Cherry Boone, and Dan O'Neill. *Living on the Border of Disorder: How to Cope With an Addictive Person.* Minneapolis, Minn.: Bethany Publishing House, 1992.

Riffel, Herman. *Your Dreams: God's Neglected Gift.* Lincoln, Va.: Chosen Books, 1981.

Sanford, John A. *Dreams: God's Forgotten Language.* Philadelphia: J. B. Lippincott Co., 1968.

Stigers, Harold G. *A Commentary on Genesis.* Grand Rapids, Mich.: Zondervan Publishing, 1976.

Strong, Polly. *Thirteen Authorities Tell You What Your Dreams Mean.* New York: Berkley Publishing Group, 1990.

Tenney, Merrill C. *The Zondervan Pictorial Encyclopedia of the Bible,* vols. II & V. Grand Rapids, Mich.: Zondervan Publishing, 1975.

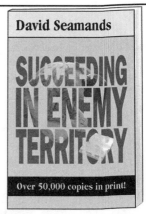

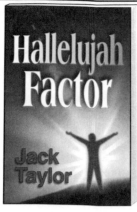

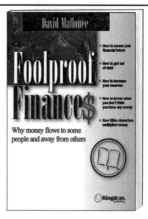

Worship can be the most exciting thing in your life!

Join Robert Webber on the journey in this book. Your worship will never be the same.

You'll discover hidden treasure in this fascinating look at Scripture. You'll find yourself and your church in the journey Dr. Webber paints for you.

No one can help you understand true worship in its rich historical context better than Robert Webber. He takes you on a journey into the very presence of God.

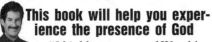

This book will help you experience the presence of God

"I highly recommend Worship: Journey into His Presence; *this book will help you connect with the presence of God and increase your interaction with Jesus.* – LaMar Boschman, Author and Dean of The Worship Institute.

Experience the fullness of worship

"Robert Webber helps us realize that worship is more than an inviting concept or an effective technique. It is a journey towards God's presence, into God's presence, and then–through God's presence–toward effective ministry in the world. - Jack Taylor, President of Dimensions Ministries, and author of *Hallelujah Factor.*

Worship: Journey Into His Presence
by Robert Webber

ISBN: 1-883906-31-8   **Only $9.97**

Code # PUBS109

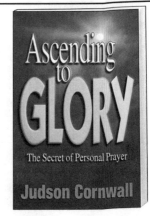

Experience Glorious Prayer –

Keys to effective prayer and intercession

No one is more qualified to write this book than Judson Cornwall!

"I know no one more qualified to write the book on Ascending to Glory *than Dr. Judson Cornwall. His life is lived in the secret of personal prayer because prayer is his way of life."*
–Dr. Fuschia Pickett,
Leading author and conference speaker

Discover the best part of prayer

"Practical illustrations from his own prayer life will awaken and direct the passion of your own pursuit of God. Above all, don't stop until you've worked your way to the very last chapter, because Judson truly has saved the best for last — the exhilarating pinnacle of loving embrace and intimacy with God." –Bob Sorge,
Teacher and author

Ascending to Glory will lift your heart into the very presence of God. You'll discover nine ascending levels of prayer that will revolutionize your prayer and intercession. Rise into the very presence of God and experience glorious excursions into the heavenlies.

Ascending to Glory by Judson Cornwall

ISBN: 1-883906-32-6   **Only $9.97**

Code # PUBS109

Available at your local Christian bookstore or call toll free (800) 597-1123

Discover the keys to effective prayer and intercession!

Intercessors, prayer warriors, and praying Christians everywhere are discovering prayer in a fresh, powerful way. *Prayer Audio Magazine*™ will catapult your prayer and intercession to new levels.

God desires to communicate intimately with you through prayer. Through *Prayer Audio Magazine* you can invite the world's leading authorities into your own home to help you pray with greater effectiveness.

Each audio cassette has been prayerfully developed to help you maximize your prayer life.

Be more effective. Be informed. Pray with greater fervency and power! Get the best of *Prayer Audio Magazine* today!

"Prayer Audio Magazine
*challenges us to keep pressing
in to God. It keeps us informed,
and brings us together to bond
in prayer..."*
– Pastor Jim Ottman, Maine

Only ~~$97~~ $87 with coupon or
special code on coupon + $9.97 shipping
60-Day Money Back Guarantee

The best of Prayer Audio Magazine:

- 12 audio cassettes featuring the world's leading authorities on prayer and intercession – these are 12 of the best issues ever of *Prayer Audio Magazine*
- 12 helpful listening guides (one for each cassette)
- Deluxe storage binder stores all 12 cassettes and listening guides
- Exclusive interviews and more
- Noted speakers include: Judson Cornwall, C. Peter Wagner, and Eddie & Alice Smith

SAVE $10

With this coupon, you can get the best of
Prayer Audio Magazine for only $87!
Just mention special Code # PUBS109
to receive your $10 off!

 # AMBP

Call toll free (800) 597-1123

1-800-597-1123 P.O. Box 486
Mansfield, PA 16933

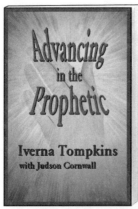

Actually experience the most powerful moves of God on the earth today
through *Renewal Audio Magazine*™!

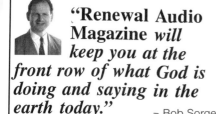

"Renewal Audio Magazine will keep you at the front row of what God is doing and saying in the earth today."
– Bob Sorge,
Author of *The Fire of Delayed Answers*
(and many other books)

Advance to the forefront of what God is doing throughout the earth today with *Renewal Audio Magazine*.

You can experience what God is doing in your own living room, heart, and life. *Renewal Audio Magazine* harnesses the unique power of the cassette to take you where God is moving today. You'll feel God's heartbeat with an immediacy that will excite you.

Each cassette contains critical messages from some of the most anointed men and women on earth. These men and women have been specially anointed for this hour. You'll also hear exclusive interviews and much more. You'll find your spiritual

life moving to new levels with each cassette! *Renewal Audio Magazine* will both refresh and inspire you!

The best of Renewal Audio Magazine:

- 12 of the best audio cassette issues ever of *Renewal Audio Magazine* – hear from some of the most anointed men and women of our generation
- 12 listening guides (one for each tape)
- Deluxe storage binder stores all cassettes and listening guides
- Exclusive interviews and more
- Noted speakers include Francis Frangipane, Bob Mumford, Mike Bickle, C. Peter Wagner, Iverna Tompkins, and Ed Silvoso

Only ~~$97~~ **$87** with coupon or special code on coupon + $9.97 shipping

60-Day Money Back Guarantee

Call toll free **(800) 597-1123**

Get the only Bible on Cassette that you can copy and give away

S uddenly you can give copies of the New Testament on Cassette to friends. Make a copy for your school. Copy several for your outreach ministry.

Or copy it for any ministry reason you want and give it away – you won't pay one cent in royalty fees! (We just ask that you don't copy the tapes for resale or profit.) Never before has anyone, anywhere made the Bible on cassette so easily available to so many.

Two years of planning was put into this Bible on Cassette before any production started.

Unique features of The Classic℠ King James Version

- The only Bible on Cassette you can copy and give away!
- 16 Free Access℠ studio quality master cassettes of the New Testament
- Recorded at the perfect speed for comprehension and enjoyment (It's not jam-packed onto 12 cassettes to save money)
- Digitally recorded to prevent listener fatigue
- Features the phenomenal voice of Dr. Vernon Lapps

16 Master Cassettes of the New Testament

The Classic℠ King James Version Bible on Cassette
narrated by Dr. Vernon Lapps

ISBN: 1-883906-14-8 **Only $47.00**

Code # PUBS109

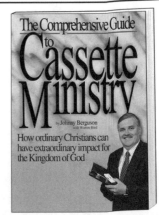

Discover how ordinary Christians can multiply the effectiveness of their whole church!

"This book was so good I could hardly put it down. This book showed me how to do everything... plus it's an abundant source of ideas. I thank God for putting this book in my hands. And I truly believe cassette ministry is a God given tool..."
– Carol Faust, Florida

A s you catch the vision for cassette ministry, you'll quickly discover how to help make your entire church more effective through cassette ministry.

That's right. Anyone, anywhere can help make their ENTIRE church more effective through cassette ministry. You won't find another book like this anywhere!

The Comprehensive Guide to Cassette Ministry is loaded with practical ideas that will help you increase the effectiveness of nearly every ministry in your church. You'll discover four compelling Biblical reasons to do cassette ministry, the right – and wrong – ways to do it; how to fund your tape ministry; how to increase evangelism, teaching, and pastoral care through cassettes. You'll learn everything you could possibly want to know.

This book is helping ordinary Christians everywhere help make their entire church more effective!

The Comprehensive Guide to Cassette Ministry by Johnny Berguson

ISBN: 1-883906-12 **Only $19.97**

Code # PUBS109

Available at your local Christian bookstore or call toll free (800) 597-1123

Don't miss these exciting books from Kingdom Publishing!

» LA GAJA SCIENZA «

VOLUME 1220

L'ALLIEVA

Romanzo di
ALESSIA GAZZOLA

LONGANESI

PROPRIETÀ   LETTERARIA   RISERVATA
Longanesi & C. © *2011 – Milano*
Gruppo editoriale Mauri Spagnol

www.longanesi.it

ISBN 978-88-304-4448-5

I edizione gennaio 2011
II edizione febbraio 2011
III edizione marzo 2011
IV edizione aprile 2011
Edizione speciale febbraio 2016
II edizione speciale ottobre 2016
III edizione speciale novembre 2016
IV edizione speciale novembre 2016

Per essere informato sulle novità
del Gruppo editoriale Mauri Spagnol visita:
www.illibraio.it

L'ALLIEVA

A mia madre e ai miei nonni,
cui devo tutto quel che sono

Il sopralluogo

L'annuale party di beneficenza organizzato da quegli iperattivi di Pediatria mi ricorda puntualmente che, in qualità di specializzanda in Medicina legale, mi trovo – senza alcuna chance di progressione verticale – all'ultimo gradino della catena alimentare della Medicina. Gli altri, ossia tutti gli altri medici, sono convinti di essere al vertice.

Imbevuti di maratone di *E.R.*, hanno una percezione distorta della loro realtà professionale e nessuno si prende la briga di spiegare, per esempio, a uno sfigato qualunque di Pediatria che lui non ha niente a che vedere con George Clooney. Non che io abbia a che vedere con *CSI*, perché nel mio terrificante Istituto, il grande santuario dell'umiliazione intesa come sport, il ruolo dello specializzando, e il mio nella fattispecie, è considerato alla stregua della carta igienica. Anzi, peggio, perché almeno la carta igienica ha una qualche utilità. Non c'è possibilità che a una specializzanda del mio rango venga affidato un grosso caso di quelli che finiscono sui giornali.

Pertanto, irrisa dai colleghi che giocano al Dr House ed esclusa da quelli che si sentono protagonisti di un romanzo della Cornwell, non posso che considerarmi un'appendice vermiforme della Medicina legale.

Forse è per questo che, da sempre, il party di raccolta fondi per la ricerca contro le malattie neurologiche pediatriche è in assoluto la circostanza più rovinosa del mio anno solare.

La tentazione di darmi malata è veramente forte. Un'emicrania improvvisa, un attacco d'asma, una salmonellosi resistente all'Imodium. Tutti sanno, però, che alle feste si sparla sempre degli assenti e sinceramente non ci tengo a subire questo destino. Perciò, inutile tormentarsi: ci vuole una grossa dose di buona volontà – e di superalcolici – per sopportare la serata.

Forza, Alice. Saranno al più tre ore. Che cosa sono tre ore? Sempre meglio di una lezione della Wally sulle asfissie.

Di fronte all'ingresso la fuga mi tenta ancora, ma le resisto.

Nell'ampia sala, la voce suadente di Dusty Springfield canta *The look of love*. Nella confusione – siamo tutti stretti come sardine – scorgo i miei colleghi d'Istituto che schiamazzano, fermi più che mai allo stadio di maturità psicoemotiva dei liceali.

Ogni microcosmo lavorativo, come un alveare, ha la sua Ape Regina. Noi siamo fieri di avere Ambra Negri Della Valle, e tutti i miei colleghi, in questo preciso momento, le orbitano attorno come i pianeti del sistema solare. Tutti tranne Lara Nardelli, che è l'unica, forse, a partecipare a questo party con un entusiasmo inferiore al mio. Lara e io abbiamo superato il concorso insieme e siamo colleghe di anno; anziché vivere una competizione che di fatto è nettamente a mio sfavore, abbiamo da sempre impostato il nostro rapporto sulla solidarietà e lei è probabilmente l'unica di cui mi fidi in Istituto. Lara mi sorride dolcemente e si avvicina porgendomi un piattino stracolmo di tartine. Porta i capelli rossicci, tinti maldestramente, raccolti in uno chignon malriuscito e ha un'aria annoiata che mi conforta. Entrambe osserviamo Ambra esibirsi in uno dei suoi migliori monologhi, incapace di cogliere la differenza tra l'essere frizzante e l'essere molesta.

Eppure, l'*ecce homo* del nostro Istituto sembra apprezzarla.

Claudio Conforti. Classe 1975, segno zodiacale leone, stato civile celibe. Bello, come James Franco nella pubblicità del profumo Gucci by Gucci. Stronzo – sicuramente l'uomo più stronzo che io conosca e, probabilmente, il più stronzo di tutto l'universo. Brillante – è l'acclamato genio dell'Istituto, il miglior allievo del Boss. Ha un curriculum leggendario ed è il paradigma del giovane universitario emergente che, dopo aver tanto unto, recentemente è passato dalla palude informe dei dottori di ricerca al rango di ricercatore.

I suoi occhi, di un intenso verde muschio con qualche pagliuzza dorata, esprimono uno stato di stabile inquietudine. Quando è stanco o affaticato, il sinistro diventa lievemente strabico, ma senza sciupare il quadro complessivo della sua notevole bellezza. È un volto già segnato dagli eccessi ma che, forse proprio per questo, emana un'indefinita aria di dissolutezza che è tutta sua e che secondo me costituisce la chiave del suo fascino. All'occorrenza uomo d'azione, ma per lo più carattere di tipo speculativo-contemplativo, Claudio in Istituto è adorato da tutti perché efficiente e di rappresentanza, ed è adorato da me in maniera particolare perché, sin da quando ho avuto la fortuna di iniziare questo lungo e tormentato percorso professionale, costituisce il mio punto di riferimento assoluto nel mare d'indifferenza e di anarchia che è il tessuto socio-didattico dell'Istituto.

L'Istituto di medicina legale – quello in cui io lavoro – è

un luogo deputato principalmente all'attività necroscopica e marginalmente a quella di ricerca universitaria. A tale struttura, resa agghiacciante non tanto da ciò che avviene al suo interno quanto dai membri che la popolano, il neolaureato in Medicina e chirurgia accede mediante accurata selezione per titoli e a seguito di un doppio esame scritto, superato il quale, infine, fa il suo ingresso in questo territorio ostico e nefasto, la cui gerarchia è semplice da riassumere.

Al vertice c'è quello che tutti, me compresa, chiamano semplicemente « il Boss ». Anche se, dentro di me, a volte lo ribattezzo in un altro modo, nell'unico modo che mi sembra adatto alla sua statura professionale: « il Supremo ». Il Boss è una creatura divenuta ormai leggendaria nell'ambiente medico legale. Anzi, lui *è* la Medicina legale e se c'è un caso intricato, si può star certi che l'ultima parola è la sua.

Immediatamente al di sotto, una serie di elementi variegati e per lo più mal assortiti, uno peggiore dell'altro quanto a capacità di vessazione; su tutti si erge la Wally, un personaggio il cui credo è riassumibile in un unico teorema: « il tuo pensiero è libero, ovviamente fino a quando non decido io ».

Tra gli altri, a suo modo e per particolari talenti, spicca il dottor Giorgio Anceschi, un uomo dalle mille virtù ma troppo debole di carattere per farsi spazio in questa giungla di guerriglieri andini col coltello tra i denti. E così, pur essendo docile e accomodante, come spesso accade ai migliori è purtroppo malvisto dagli alti vertici. Penalizzato nell'aspetto da un'obesità di retaggio infantile, il buon dottore sembra Babbo Natale: tollerante e benigno, è un uomo di rara generosità intellettuale. Forse perché demotivato, il dottor Anceschi considera il lavoro in Istituto una specie di hobby marginale, qualcosa che si fa quando si può, nei ritagli di tempo; tuttavia, quando è presente, è il miglior docente con cui interfacciarsi: non gliene importa nulla di un errore, di una svista, di un problema. È sostanzialmente un epicureo della Medicina legale; per questo sbagliare non è mai troppo grave se capita in sua presenza.

Da poco, in quest'organico che davvero ne sentiva il bisogno, è appunto entrato Claudio, pronto a rendere le nostre giornate certamente più frizzanti, perché nel fondo della sua anima è un gran gigione e gli piace fare l'uomo di punta, ruolo che peraltro gli riesce benissimo. In realtà, malgrado le frequenti allusioni e ambiguità con cui condisce i suoi approcci nei riguardi del ristretto numero di specializzande a sua disposizione, tutte in un perenne stato di idolatria nei suoi confronti, Claudio ha sempre obbedito al comandamento « si guarda ma non si tocca », probabilmente perché reputa inopportuno mischiarsi con la plebe. Lui, il ricercatore che ha trascorso un anno alla Johns Hopkins, lo scapolo d'oro dell'Istituto di medicina legale e forse dell'intera facoltà di Medicina, non sedurrebbe mai una specializzanda – anche perché non gli piacerebbe se il Boss o la Wally lo venissero a sapere, no, no – e quindi gioca, a volte anche pesante, senza mai concretizzare. Nelle sue attenzioni è però magnanimo: le concede a tutte.

In questo preciso momento, decide di concederle a me. Tenendo tra le dita un Martini Bombay Sapphire mi si avvicina con tutta la sicurezza di un predatore della savana centrafricana.

« Ciao, Allevi » esordisce, stampandomi un bacio sulla guancia e inondandomi del suo profumo che, da quando lo conosco, è sempre lo stesso: un misto penetrante di *Declaration*, mentine, pelle pulita e gel per capelli. « Ti va? » mi chiede porgendomi il suo drink.

«Troppo forte» rispondo scuotendo il capo. Evidentemente, però, per lui non è troppo forte, perché lo manda giù senza difficoltà, come fosse acqua.

«Ti diverti?» domanda guardandosi vacuamente attorno.

«Sì. E tu?»

Prima di rispondere, mi guarda con aria stremata. «Macché. Ogni anno è sempre peggio. Bisognerebbe boicottare queste feste, ma sarebbe politicamente scorretto» commenta lasciandosi cadere su un sofà. «Vieni qua, c'è spazio per due.»

Mi avvicino sistemando la piega del vestito e muovendomi con cautela perché non ho ancora familiarizzato perfettamente con le zeppe da battona che mi regalano dieci centimetri ma anche un'andatura pericolosamente barcollante. Difatti, rischio di rovinare su di lui, che mi trattiene istintivamente per un polso. «Attenta, Allevi. Cadere ai miei piedi così, davanti a tutti, non è decoroso.»

«Nemmeno se fossi l'ultimo uomo sulla Terra» gli rispondo con un sorriso acido. Ma in realtà è falso, falsissimo, perché per cedergli – lo confesso – non si dovrebbe arrivare a tanto.

«Certo, e dovrei crederci» ribatte con evidente sarcasmo, una buffa smorfia sul volto conturbante. «La verità, Alice, è che un giorno di questi dovremmo toglierci un capriccio» mi sussurra poi all'orecchio, sfiorandomi appena la spalla nuda.

Un contatto lieve e semplice che però è in grado di farmi sussultare.

Mi volto e lo fisso negli occhi. Claudio fa sempre così: una proposta volante della consistenza di una bomba a mano ma con grande leggerezza e sottintendendo *non crederai che dica sul serio?* Battute di questo genere edificante ne snocciola con ritmo pressoché quotidiano e se mai dessi credito ai suoi proclami continui di attrazione fisico-sessuale nei miei riguardi, a quest'ora dovrei essere morta d'illusione.

Non ho il tempo di ribattere perché la suoneria dell'inno del Milan lo distoglie dalla conversazione.

« Che tamarro. »

« La fede è fede. »

Fedelissimo elettore del Popolo della Libertà, possessore di tutte le collezioni stagionali di Ralph Lauren che rinnova annualmente, di una Mercedes SLK e di una penna Montblanc edizione limitata che mostra sempre e solo casualmente, Claudio è veramente un personaggio d'altri tempi, di quelli in via di estinzione peggio dei panda, poiché possiede una coerenza esemplare e costante con la figura del rampante medico legale in carriera. È un personaggio che si è costruito con cura, e in questo mondo in cui il centro di gravità permanente è sempre più un'utopia, Claudio dà la rassicurante sensazione che si possa rimanere sempre uguali a se stessi.

« Pronto? Sì, sono io. Ho capito. Dove esattamente? Via Alfieri 6. Sì, è una traversa della Merulana » pronuncia a voce alta facendomi segno di prendere nota da qualche parte. « Perfetto. Non si preoccupi. Arrivo. »

Ripone l'iPhone in tasca, si rimette in piedi ravviando la folta chioma castana con un gesto di noncuranza e mi guarda con eccitazione.

« Malgrado tu sia acida come non mai, cosa che probabilmente dipende dall'astinenza che pratichi ormai da anni, ti porto con me a un sopralluogo. Mi devi un favore. »

Nonostante il suo meschino riferimento al fatto che non ho un fidanzato da circa tre anni, non posso fare a meno di essere entusiasta. Evviva! Un sopralluogo!

«Dove andate?» domanda Ambra fissandoci con astio mentre ci avviamo verso l'uscita. Qualunque cosa sfugga al suo controllo la sconvolge.

«A un sopralluogo» ribatte Claudio frettolosamente.

«Vengo anch'io!» esclama l'Ape, poggiando il suo drink su un tavolino.

«E va bene, ma datti una mossa. E per l'amor di Dio» sottolinea con tono sufficientemente snob, «non fare l'oca.»

E in una frazione di secondo, in cui si concentrano lo sguardo ammaliatore che rivolge agli altri colleghi e uno squittente «Aspettatemi!», ce la ritroviamo alle calcagna, invadente e guastafeste come solo lei riesce a essere in ogni mirabolante istante della sua vita.

Casualità e causalità

L'edificio che raggiungiamo appartiene alla classica architettura romana del tardo Settecento ed è di quelli che rendono così incantevoli le vie di questa città. Alto, traboccante di storia, i muri rosati, è evidentemente abitato da gente dell'*upper class*. L'ingresso conduce a un cortile che pullula di giornalisti, cameraman e poliziotti; c'è quell'agitazione febbrile che di notte mi dà un senso d'inquietante disordine. Ambra si stringe infreddolita nel suo cappotto rosso e per un attimo mi sembra che anche lei si senta fuori posto.

Chi di certo non è a disagio è Claudio, che ha la capacità di fare il suo ingresso come se fosse sempre una *Special Guest Star*. La sua è una sicurezza costituzionale che gli è utile in ogni circostanza e nella fattispecie adesso, mentre sale le scale, indifferente agli sguardi degli abitanti del palazzo, raccolti sui pianerottoli con le orecchie tese come antenne per capire qualcosa di più su quanto è successo. Ambra e io lo seguiamo come due barboncini al guinzaglio e cerchiamo di risultare il più possibile anonime, ma è difficile quando s'indossano tacchi da dieci centimetri. Quelli di Ambra forse sono da dodici.

« Dottò, s'è portato le veline? » commenta a bassa voce il tenente Visone, convinto di non essere sentito da altri all'infuori di Claudio. Il tenente è un cinquantenne di origine salernitana irriducibilmente marpione che fa parte dell'arredamento fisso di ogni scena del crimine. In fin dei conti è sim-

patico, ma ho la vaga impressione che sia un po' sessista.
«Dottò, ma 'ste gnocche come le devono fare le medichesse
legali? Quelle so' coss di stare ngopp alla televisione» ha detto
una volta a Claudio, il quale lo ha raccontato in Istituto con
tanto d'imitazione dell'originale che gli riesce perfettamente.

«Buonasera a lei, tenente» saluto con un sorriso.

«Buonasera dottoressa» risponde con finta compostezza.

«Di che si tratta?» gli domando a bassa voce.

«Una ragazzina, dottore'. Che tristezza!»

Claudio mi fa segno di tacere e Ambra mi squadra indignata.

Ammutolita, mi rimetto alle costole di Claudio, che inizia metodicamente a fotografare ogni ambiente della casa.
Si tratta di un appartamento dal design minimalista e di gusto sensibilmente chic. La cucina è in rovere moka, le pareti
sono rivestite da foto d'autore in bianco e nero e vicino a un
divano di pelle nera c'è un bonsai moribondo. Ha l'aria di
un appartamento di Manhattan, di quelli che si vedono nei
film, invece scopro con meraviglia che è solo l'appartamento di due universitarie. Le inquiline sono Giulia Valenti e
Sofia Morandini de Clés, studentesse di giurisprudenza
provenienti da famiglie molto abbienti. La vittima è Giulia,
ed è stata Sofia, che ho solo intravisto nel marasma generale
e identificato in una ragazza bionda e riccia dall'aspetto curato, a rinvenirla cadavere.

Ci avviciniamo alla stanza di Giulia Valenti e subito avverto una fitta al cuore.

La riconosco distintamente.

In vista del Terribile Party avevo deciso di dare un senso alla
serata sfruttando l'occasione per acquistare un bel vestito

nuovo in un negozio iperchic di via del Corso. Ero indecisa tra un abito di seta rosso dal prezzo decisamente superiore alla mia portata, un abito glicine forse un po' troppo fuori stagione e uno nero, con la scollatura stile impero e dei pizzi deliziosi molto frou frou. Provavo alternativamente l'uno e l'altro senza riuscire a decidermi. Avevo appena scartato quello nero, quando venni distolta da una voce esile ma melodiosa.

«Vuoi un consiglio?»

Mi voltai e vidi una ragazza straordinariamente bella. Ma non fu soltanto la bellezza a colpirmi, fu qualcosa che andava ben oltre. Sembrava una creatura proveniente da un altro pianeta, con la pelle più perfetta di quella delle modelle nelle pubblicità del Topexan, i capelli corposi, lisci e neri, lunghi quasi fino alla vita e una gestualità armoniosa che mi colpì immediatamente. Magra ai limiti della denutrizione, aveva le unghie laccate di rosso che stonavano con la sua evidente giovinezza. Ma a parte quello smalto, all'apparenza non aveva un filo di trucco e tuttavia riluceva di una perfezione quasi irreale. Non era una commessa, perché non indossava la divisa. Al contrario, stava provando proprio come me una caterva di abiti che giacevano accatastati sugli sgabelli del suo camerino.

«Prego» le risposi con immediata simpatia.

«Devi prendere l'abito nero. È tremendamente chic. E ti sta a meraviglia, davvero. È sufficiente una collana di perle e sarai perfetta. Credimi.»

Mi riguardai allo specchio come se non mi fossi vista prima.

«Dici sul serio?»

«Fidati, ho un certo talento nello scegliere abiti. Per gli

altri, per lo meno» rispose con un sorriso incantevole. «Stai proprio bene.»

Fu l'idea di piacerle a convincermi del tutto. Vedendomi attraverso il suo sguardo, mi sentivo perfetta.

Mentre stavo rindossando i miei abiti, chiusa nel mio camerino, la sentii discutere animatamente con qualcuno.

«Non so di cosa stai parlando, sei impazzita? No? Be', allora, hai un po' troppa fantasia. Non intendo più parlarne e se vuoi delle risposte non sono certo io a potertele dare.»

Uscimmo poi contemporaneamente, quasi investendoci. Ci scambiammo un sorriso, ma questa volta mi sembrò che un'ombra le fosse scesa sul volto.

«Spero che il vestito possa portarti fortuna» mi disse, ma non c'era traccia della verve di prima.

Stasera indosso il vestito che quella ragazza, Giulia Valenti, ha scelto per me.

Con addosso l'abito che doveva portarmi fortuna, osservo il suo cadavere, paralizzata dall'orrore.

Giulia giace scomposta sul pavimento, a metà tra la sua stanza e il corridoio, con gli occhi chiusi.

Sembra una foglia in autunno, spenta e secca.

Sotto di lei, il pavimento è macchiato di sangue, vivido e copioso. Le unghie lunghe e curate sono ancora perfette e laccate di rosso. Claudio si china su di lei, le apre gli occhi e la tocca per tastarne la temperatura. «È ancora calda; Negri, controlla le ipostasi.»

Sgambettando in maniera un po' ridicola, Ambra accorre senza farselo ripetere due volte. È fatta così, si esalta con poco: dopo tutto cercare le macchie di sangue che si raccolgono in alcuni punti del corpo e che sono segno inconfutabile di morte non è impresa che richieda chissà quale competenza. Senza indossare i guanti – è un grande insegnamento del Boss, che è un medico legale vecchio stampo: «Non importa quanto possa fare schifo, bisogna toccare il cadavere a mani nude perché nulla eguaglia la sensibilità della pelle» – Ambra sfiora il collo di Giulia, scostando appena il capo; in più, tanto per ostentare che sa farlo, le pinza il mento per controllare la rigidità della mandibola, altro segno inequivocabile di morte.

«Ipostasi scarsissime. Una lieve ombra violacea, ma niente di più. La rigidità non si è ancora instaurata.»

Sono segni di una morte piuttosto recente.

«Negri, giochi sempre d'anticipo. Ottima dote. Allevi, tu che invece ti contraddistingui per i ritardi, prendi esempio dalla tua collega.»

«Per così poco» mormoro, senza reale disappunto, ma più che altro rassegnata all'evidenza che qualità e successo non sono quasi mai sinonimi.

Piuttosto che lasciarmi tormentare da quei due aguzzini, che hanno il coraggio di lanciarsi sguardi lascivi anche durante un sopralluogo, preferisco concentrare la mia attenzione sui dettagli di questa stanza.

Le pareti sono di una nuance lavanda un po' smorta e fredda; il letto è rifatto in modo sommario, un maglioncino nero che evidentemente Giulia indossava sopra la camicia bianca penzola dal ciglio e sembra lì lì per cadere. Sulla toeletta, una trousse piena di trucchi Chanel; un paio di ricercati guanti di pelle color ebano lasciati elegantemente in disordine; un portafoglio grigio Gucci GGplus aperto e traboccante di carte di credito; un'antica spazzola d'argento con le iniziali GV incise sul dorso; dei ferretti neri; una cipria compatta; una confezione di pillole anticoncezionali. Appese alla parete, varie foto: alcune scattate al mare, altre in località esotiche che non riconosco, altre ancora che sembrano scatti rubati a ore di noia durante lezioni universitarie. Le osservo con curiosità: ce ne sono diverse che ritraggono Giulia con una ragazza molto somigliante a lei. Altre con un ragazzo che indossa spesso degli ascot. Altre ancora ritraggono comitive di amici, e Giulia ha sempre un'espressione entusiasta.

Mi sento profondamente angosciata. Eppure, torno a guardare il cadavere.

Se non fosse per tutto quel sangue, Giulia sembrerebbe addormentata; gli occhi orientali, le ciglia scure e corpose, la pelle d'avorio. Sembra Biancaneve.

Purtroppo sono i dettagli a colpirmi e in genere sono sempre i dettagli a commuovermi. Così, in Giulia, i piccoli piedi scalzi un po' piatti e sproporzionati rispetto alla sua altezza, che è notevole, mi inteneriscono fino alle lacrime. Il bracciale sottile, colorato e usurato, comprato in chissà quale bancarella, che cozza con il prezioso tennis di brillanti mi ricorda che dentro quel cadavere c'era una vita tutta da vivere, e che momenti di spensieratezza come quello in cui deve aver scelto quel semplice bracciale non ce ne saranno più.

Sono pensieri come questi che fanno dire a Claudio che non sono tagliata per questo lavoro.

Mi avvicino al mio mentore, intento a prendere appunti.

« Che cosa pensi sia successo? »

« Ha una ferita lacero-contusa alla nuca. Ma bisogna vederla meglio, con un'illuminazione adeguata. Guarda lo stipite della porta: è imbrattato di sangue. Ha anche qualche livido sulle braccia, recente.»

«Pensi che sia stata uccisa?»

Claudio aggrotta la fronte, mentre regola il programma manuale della reflex con cui sta scattando foto a tutto spiano. «È difficile dirlo così su due piedi. Forse. La ferita potrebbe essere dovuta a una caduta, per esempio.»

«Sì, ma cosa ti sembra più probabile?» insisto.

«Pensi che ci sia un modo per capirlo adesso? Prima dell'autopsia posso solo dire che è morta» risponde secco, scuotendo il capo con spocchia. «Superficialmente non ci sono ferite da difesa, però, e questo potrebbe lasciar pensare a un fatto accidentale» aggiunge. Poi, come se le mie domande gli avessero dato l'idea, con l'aria altezzosa che lo contraddistingue quando si trova in un contesto in cui deve affermare la sua netta supremazia professionale, scandendo le parole per farsi udire da Ambra e dal tenente Visone, il Grande Didatta conclude: «Allora, Allevi, il momento è propizio per un rapido ripasso della metodologia del sopralluogo».

Dio, come lo odio quando fa così. E purtroppo accade molto spesso, perché da quando ha fatto il salto di qualità nella catena dei portaborse del Boss, è convinto di dover arricchire le sue performance medico-legali atteggiandosi a insegnante e dispensatore di sapienza. Peccato però che si guardi bene dal condividere il suo sapere quando è in privato con noi specializzandi.

Per quanto possa sembrargli strano, tuttavia, io sono in grado di rispondere. Perché a dispetto delle apparenze, che mi condannano a sembrare distratta e quasi disinteressata alla mia professione, io *adoro* la Medicina legale.

«Regole fondamentali? In breve, per favore» insiste lui, non del tutto attento, mentre continua i rilievi fotografici.

Tendo a balbettare, quando si tratta di parlare in pubblico. Per questo sembro stentare nella conoscenza di quanto mi viene richiesto. Il che ovviamente non mi aiuta ad apparire brillante. Ambra, le braccia conserte, aspetta da un momento all'altro lo scivolone.

«Esaminare l'ambiente, analizzando con massimo scrupolo tutti i dettagli; descrivere tutto, anche i particolari in apparenza superflui. Non dimenticare la postura del cadavere, gli abiti, eventuali lesioni. E tutti i possibili indizi di significato criminologico.»

«Tipo?»

«Segni di colluttazione.»

«Poi?»

«Valutare la possibile epoca di morte in base alle condizioni ambientali.»

«Perfetto. Altro?»

«Non modificare niente della scena senza prima aver scattato foto o preso appunti.»

«È sufficiente. Ambra, scrivi due appunti sui fenomeni cadaverici. E tu, Alice, sei libera di andare al bagno, se te la stavi facendo sotto.» Ambra copre con una mano le labbra carnose, come a voler nascondere l'ilarità, e Claudio mi strizza un occhio con quell'empatia tutta sua che rende perdonabile anche la più perfida delle sue esibizioni.

Infine abbandona la stanza per ispezionare gli altri ambienti della casa; non lo seguo, e resto a osservare tutto con attenzione, mentre indosso dei guanti presi dalla sua borsa. Mi avvicino a Giulia e la osservo. Le cornee non sono ancora opache, e si distingue ancora il caldo color nocciola. Ha ciglia lunghissime. Mi guardo attorno con circospezione.

Se Claudio mi becca all'opera, mi taglia le mani.

Le condizioni sono chiare: ti porto con me ovunque, ma tu devi avere la capacità di eclissarti.

«Dottoressa Allevi» mi sento richiamare dopo un po'.

Mi volto di scatto. È Ambra, che in presenza di estranei fa finta di essere una professionista di chiara fama e non una semplice specializzanda ambiziosa e adulatrice.

«Dimmi, Ambra.»

«Noi abbiamo quasi finito.» Mi fa ridere il «noi», perché Claudio è una prima donna e non ha alcuna voglia di dividere gli onori, men che meno con due amebe come noi. Se Ambra possiede una certezza, però, è quella di costituire l'asse gravitazionale della Terra. Controlla l'orologio, mi rivolge sguardi impazienti, poi segue Claudio che esce dalla porta di casa senza curarsi dei suoi due barboncini.

In auto, Claudio mi osserva dallo specchietto retrovisore; io giaccio sfatta sul sedile posteriore, mentre Ambra non riesce a fare a meno di ammorbarci di chiacchiere.

«Che ti prende?» mi domanda, interrompendola.

«Niente.»

«Sei stravolta. Lo dico sempre che non sei tagliata per questo mestiere.»

Con un moto d'insofferenza metto le mani alla fronte. Sono quasi le due di notte e sto crollando per la stanchezza.

«Non è vero, e lo sai. In questi anni ho visto di tutto e ho sopportato qualunque vista e qualunque odore.»

«E allora cosa c'è di diverso questa volta?» incalza lui, mentre Ambra sbadiglia.

«Conoscevo Giulia Valenti, di vista. Non ti capita mai,

comunque, di essere colpito da un caso in maniera particolare? »

« Solo da un punto di vista scientifico. Allevi, devi imparare che è l'unico aspetto che deve interessarti o eserciterai la tua professione senza obiettività. »

« Quando farai l'autopsia? » domando glissando sulla frecciatina.

« Lunedì o martedì, ormai. »

Quindi, Giulia verrà chiusa in una cella frigorifera, dove rimarrà per un minimo di quarantotto ore.

Mi sento come se una grande tristezza cosmica stesse facendo di me un sol boccone.

Tornata finalmente a casa, salire le scale del mio palazzo senza ascensore mi costa una fatica sovraumana. Abito in un minuscolo appartamento dall'affitto improponibile davanti alla stazione della metro Cavour. È talmente piccolo che a volte mi manca l'aria, ed è anche piuttosto fatiscente, ma quel taccagno del signor Ferreri – il proprietario – non intende spendere un euro per renderlo più vivibile. « La posizione è favolosa » risponde alle nostre recriminazioni. Nostre, ovvero mie e della mia coinquilina: Nakahama Yukino, o più semplicemente, all'occidentale, Yukino. Yukino è giapponese, di Kyoto. Studia Lingua e letteratura italiana e sta trascorrendo due anni a Roma per migliorare la sua preparazione. Ha ventitré anni, è di corporatura minuta, veste in maniera stravagante e porta i capelli neri acconciati in un caschetto fitto dalla frangia così perfetta e inamovibile da sembrare finta.

Adoro Yukino. È la custode della mia casa, come un lare familiare dagli occhi a mandorla.

Aperta la porta di casa, la trovo seduta in poltrona in posizione yoga, il bel visino sbalordito davanti alla tv, un manga tra le manine.

«Ancora sveglia? Problemi?» le chiedo, poggiando il cappotto sull'attaccapanni.

Lei mi guarda con quell'espressione che, chissà perché, sembra sempre stralunata. «Tre» risponde mimando il numero con le piccole dita della sua mano da bambina. «Primo, ho perso la mia tessera per la mensa. Tutto il pomeriggio per avere una uguale. Secondo, piove dal soffritto e il signor Ferreri non vuole pagare gli aggiustamenti. Terzo, guardo *E!* da un'ora e mi viene da vomitare. Eppure non riesco a... come si dice? Spaccarmi dalla televisione.»

«Staccarmi, Yuki. E si chiama soffitto, non soffritto.»

«È uguale.»

«Non proprio. Comunque, bisogna telefonare ancora a Ferreri. Lo minaccerò di chiamare un avvocato.»

«Non possiamo chiamare avvocato. Inutile. Siamo in nero.» È l'unico modo per pagare meno.

«Ma non può nemmeno pioverci dentro casa! C'è un limite a tutto!»

Yukino spegne la tv e si mette in piedi. «Hai ragione. Meglio però che chiami tu. Lui non capisce quando io parlo.»

«Sì, domani lo chiamo» sospiro, facendomi una coda alla bell'e meglio.

Yukino sorride, deliziosa. «Ti va un pigiama party? Ho comprato le Pringles Barbecue.»

«Sono esausta, sul serio.»

«Eri a una festa, non è motivo di stancarsi» ribatte lei, mettendo il broncio.

«Sono stata a un sopralluogo. Altro che festa.»

Yukino sgrana gli occhi, in quel suo modo così vistoso e

frequente e che la fa sembrare sul serio molto simile al personaggio di un manga. A volte mi aspetto che le compaia la nuvoletta dei fumetti sulla testa.

«Oh... mi dispiace» ribatte intristita. «Allora tu hai bisogno di relax!» esclama poi, lieta di poter volgere la situazione a proprio vantaggio.

«Non ce la faccio, veramente, voglio solo andare a dormire.»

«Puoi scegliere tra *Karekano, Inuyasha* e *Full metal panic*» propone prendendo tra le mani dei cofanetti con i DVD. «Non dimentichiamo *Itazura na kiss*, ma l'abbiamo visto tante volte.»

«Yukino, è tardi!»

«Appunto, aspettiamo le tre e poi dormiamo, promesso. Quando torno in Giappone mi... come si dice? Mi rimpiangherai.»

«Rimpiangerai, Yuki.» Non la correggo per pedanteria, ma solo dietro sua esplicita richiesta.

«*Versailles No Bara?*» insiste.

«Yuki, domani.»

«Idea! Quella puntata di *Karekano* in cui Tsubasa conosce il fratellastro e lui crede che ha dodici anni. Ti pecoro!»

«Si dice ti prego.»

«Poi io torno a Kyoto...»

E così, facendo vigliaccamente leva sull'affetto che nutro per lei e sulla disperazione al pensiero che prima o poi tornerà in Giappone, scegliendo una meravigliosa puntata di *Karekano*, compra le ultime risorse con le quali mi lascio andare all'atmosfera di infinite possibilità che è tipica della notte.

Ogni mattina, non importa se sei un leone o una gazzella: comincia a correre!

L'indomani, dopo una giornata di ordinario squallore trascorsa interamente in obitorio, come ciliegina sulla torta mi tocca prendere il treno interregionale per tornare a casa dai miei, cosa che non faccio da almeno due mesi. Non è che io non voglia. E non è vero che non ne soffro la mancanza, come spesso mi rimproverano. È semplice e deprecabile pigrizia.

Attraverso il finestrino, l'insolito paesaggio di questi giorni evoca sensazioni di rimpianto. Non nevicava a Roma da chissà quanti anni e il terreno un po' ovunque è leggermente imbiancato dal nevischio; uno scenario che ricorda la tenerezza del Natale, più che un giorno di metà febbraio in cui mi sento divorata dalla noia e dalla tristezza. Per di più il treno scorre attraverso la periferia che col suo caratteristico abbandono mi dà la percezione del possibile squallore umano.

Ho dimenticato le chiavi, suono il campanello e viene ad aprirmi mio fratello Marco. Nell'ultimo mese, Marco è tornato all'ovile perché ha dovuto lasciare il suo appartamento al proprietario che doveva andarci a vivere, e non ha ancora trovato niente di meglio.

Marco potrebbe essere gay – cosa che ritengo fondatamente probabile – ma potrebbe anche essere il capo di Al Qaeda, dato che sulla sua vita privata non filtra alcuna notizia.

Chi è davvero mio fratello?

Non lo so, ma so chi era un tempo. Fino ai diciassette, diciotto anni mio fratello era un tipo abbastanza comune. Magari un po' solitario e introverso, molto preso dal mondo delle arti visive e figurative e ben poco interessato alla realtà. In questo siamo piuttosto simili, perché a mio modo anch'io sono piuttosto distaccata dalla realtà – o almeno, è quanto mi rimproverano troppo spesso in Istituto. Finito il liceo, complice un devastante soggiorno a Londra durato circa sei mesi da cui è tornato somigliante al Freddie Mercury degli inizi (zazzera inclusa), mio fratello è diventato una specie di elfo gotico. E da quel momento in poi, il più fitto mistero è sceso sulla sua vita privata.

Non che questo sembri preoccupare in alcun modo i miei, che vivono la diversità di mio fratello come un valore aggiunto. Entrambi vedono in Marco un'anima grande, e ne sono molto orgogliosi.

Ed ecco come l'anima grande mi accoglie, alle otto meno un quarto di un sabato sera di febbraio, il suo bel sorriso perfetto – non ho mai visto denti più belli – una crema energizzante al cetriolo sul viso, una camicia attillata nera (da qualche anno veste solo totally black), una sigaretta tra le dita affusolate – ha sempre avuto delle mani bellissime, da pianista – le cui unghie sono accuratamente laccate di un colore che sembra nero, ma forse è prugna scuro.

«Ciao Marco» bofonchio. «Ho dimenticato le chiavi.»

«Ciao Piattola» risponde lui. Mi chiama Piattola fin da quando eravamo bambini, perché gli stavo alle costole e non aveva la libertà nemmeno di andare al bagno da solo. Lo adoravo e desideravo intensamente la sua compagnia; giocare non era bello con nessuno quanto con lui.

È un fotografo concettuale – non ho mai capito cosa significhi – ma per lavorare ed essere autonomo fa di tutto. Anche servizi matrimoniali.

« Sciacqua bene la faccia, hai la crema tutta incrostata » gli dico, con un tono più acido di quanto vorrei. Lui poggia istintivamente i polpastrelli sulla pelle del viso.

« Meglio che vada a lavarmi » ribatte un po' perplesso, cedendo il passo a mia madre che mi viene incontro tenendo tra le mani una terrina in cui mescola una strana salsina. « Bentornata, piccina. Ti aspettavamo domani » mi accoglie baciandomi sulla guancia. È vero, ma ho preferito fare il viaggio oggi per potermi rilassare meglio domani. Non è poi tanto male svegliarsi di domenica mattina, lontana dal trambusto della città, nella glamour Sacrofano. « Marco, aspetta. Prendi il borsone di tua sorella e portalo nella sua stanza. »

Rassegnato, Marco lo prende con le sue braccia elfiche e sale al piano di sopra.

« Mamma, ti sembra normale che Marco usi le creme al cetriolo? »

« Che intendi, cara? » risponde ingenuamente lei.

« Lascia perdere. Niente, niente. »

« Alice, ti prego, cerca di non fumare in camera tua. Ogni volta mi tocca tenere aperta la finestra un giorno intero per aerarla. »

« Promesso » dico facendo il gesto scout, ma resisto sì e no dieci minuti prima di accendere disperatamente una Merit.

Marco fa capolino in stanza e mi avvisa che è pronta la cena.

Spengo la sigaretta che è ancora a metà. « Tranquilla, non farò la spia » dice sorridendomi.

«È un'ingiustizia. Tu puoi, e io no. È anticostituzionale.»

«Con me ci ha rinunciato.»

«Perché resti ancora qui? Non ti deprime Sacrofano?»

Marco riflette un po', la mano poggiata alla porta semiaperta. «Quando sono rimasto senza il mio appartamento lì per lì mi sono sentito perso. Ho capito però che non tutti i mali vengono per nuocere. In realtà mi piace la purezza del borgo. La familiarità che respiro, l'assenza di sovraesposizione. Non rimpiango il caos della città. Non in questo momento della mia vita, almeno. Se ho bisogno di qualcosa prendo l'auto e in un attimo sono a Roma; ma poi posso tornare qui e depurarmi. È bello» conclude con semplicità, avvolto dalla lieve vaghezza che da sempre lo contraddistingue. «Dai, non tardare. Ti aspetto sotto.»

Apro la finestra per far cambiare l'aria. Il cielo è così cupo e ricco di nubi che non riesco a scorgere la luna.

È sabato sera. Che tristezza.

Se la vita è un campo da golf,
i lunedì sono le buche di sabbia

Dopo un fine settimana di totale relax, tornare al lavoro il lunedì ha un effetto che definirei devastante.

«Riunione plenaria nella stanza del Direttore. Bisogna avvisare gli altri» annuncia l'Ape Regina che oggi ostenta un look da Amanda Lear Vestita Da Zoccola.

«Oggi non c'è l'autopsia di Giulia?» le domando. La verità è che in questo weekend ho pensato moltissimo a lei, ho fatto una scorpacciata di tutti i programmi televisivi che ne hanno parlato e ne ho persino discusso con i miei.

«Claudio oggi non ha tempo, ha rinviato a domani. Mi ha appena chiamata per avvisarmi» mi spiega con un tono che vorrebbe essere gentile ma che in realtà è di rivalsa, come se avvertisse una competizione privata con me per il cuore di Claudio. Ignora probabilmente che non si può competere per qualcosa che non esiste; si dice in giro che l'ultima che ha provato a concludere seriamente qualcosa con lui ancora oggi va avanti con la paroxetina per superare la depressione.

Poco dopo, siamo tutti nella stanza del potere fatto uomo: il Boss.

Celebrato professionista noto in tutto il Paese, ha passato da un po' la sessantina ma non per questo è scalfito nelle risorse; in ogni caso, quelle da cui attinge la sua incredibile stronzaggine sono inesauribili. È inglese, non ricordo se di Londra o di Birmingham o forse Brighton, ma in fondo fa lo stesso, e non so con quali intrighi di carriera sia arrivato fino a qui per seviziarci. Come molti di coloro che sono giunti ai vertici di un settore – specie di rango sociale e accademico tanto elevato – è un noto infame, ma è veramente un genio della Medicina legale. Prevedibilmente pluridivorziato, si dice abbia un numero imprecisato di figli sparsi in tutto il globo terracqueo. Non so dove abbia trovato il tempo di concepirli e tirarli su, poiché per diventare quel che è deve aver sempre vissuto con ritmi di lavoro disumani.

Il Boss è di spalle, dietro la scrivania. Effluvi di fumo di sigaro si sprigionano sinistramente dalla sua persona; è vietato fumare ma nessuno osa farglielo presente. La Wally, vezzeggiativo della professoressa Valeria Boschi, sua assistente e diretta emanazione del suo Genio, ha già occupato il suo posto in pole position, carta e penna in mano, gli occhiali da ipermetrope che le fanno due occhi enormi e spiritati, un dito di ricrescita grigia, un abitino di mussola verdina che andava di moda ai tempi della giovinezza di mia madre.

Il Boss inizia a parlarci di un caso apparentemente molto serio; si tratta dell'attribuzione di responsabilità in un incidente stradale mortale. Affida a ciascuno di noi un compito specifico. Ambra si mette in mostra con osservazioni in verità piuttosto puntuali; è sempre così, non si capisce come né perché ma saprebbe vendere il ghiaccio agli esquimesi, pur non essendo una cima. Io ne colgo solo una parte, perché la mia mente vaga: sto pensando a quella telefonata di Giulia che ho sentito e la sua voce esasperata mi mette un po' di inquietudine. Forse avrei dovuto parlarne con qualcuno: magari è un dettaglio rilevante.

« Lei cosa ne pensa, dottoressa Allevi? » chiede d'improvviso il Supremo. Maledetto, a tradimento. Non so bene cosa ne penso, di che cosa poi? Non lo so, ero distratta.

« Forse bisognerebbe raccogliere le cellule epiteliali sull'airbag » propongo timidamente.

« È esatto, ma non troppo originale. L'ha appena detto la sua collega. È tra di noi o fa solo finta? » dice lui con tono severo, mentre un sorrisetto maligno si dipinge sul faccino da pornodiva di Ambra.

Sono stufa di queste figure di merda che colleziono quotidianamente, ma non faccio nulla, al contempo, per arrestarne il susseguirsi.

Alla fine della riunione, quell'essere perfido della Wally mi fa segno di avvicinarmi.

« La aspetto nella mia stanza » dice scandendo bene le sillabe ma a voce non troppo alta. Ogni volta che qualcuno mi dice « Ti devo parlare », non so perché mi vengono le palpitazioni.

Resto talmente assorta nei miei pensieri cercando di immaginare perché il Grande Rospo mi abbia convocata – evento che non rientra nella prassi dato che per lei in linea di massima io non esisto – che alla fine rimango da sola, tutti sono andati via e io non ho idea di quanto tempo sia passato.

Corri, Alice.

Mi precipito verso l'ufficio della Wally.

Busso alla sua porta. La trovo accomodata alla scrivania, le braccia conserte, il volto stranamente libero dagli occhialoni.

« Col suo comodo, dottoressa Allevi. »

« Ho fatto prima che ho potuto » mi difendo.

«Si sieda.» Nell'aria c'è l'odore della tragedia.

«C'è qualche problema?» domando, già rassegnata e pronta ai suoi sproloqui.

«Dottoressa Allevi, sappia che oggi le parlo a nome di tutti i suoi docenti. Non siamo soddisfatti del suo lavoro. È distratta, poco concentrata.»

Già quest'esordio urta il mio sistema nervoso al punto che gli occhi mi si fanno lucidi in maniera incontrollata.

«Abbiamo avviato varie unità di ricerca, ma lei non è riuscita a inserirsi in nessuna e non ha prodotto alcun risultato utile.» Chino il capo. Non so cosa dire. «Per quanto riguarda la tecnica autoptica, negli ultimi tempi ho avuto modo di vedere che è ancora molto indietro. La scorsa settimana mi sono accorta che stava per tagliarsi un dito e spappolare un encefalo. E il tutto nello stesso momento. Da una specializzanda al termine del secondo anno ci aspettiamo di meglio e di più.»

Il mio orgoglio, moribondo, trova la forza di spingermi a reagire. «Probabilmente, anzi, sicuramente, posso fare di meglio. Ma non di più. Ho evidentemente dei limiti invalicabili. Ma farò tesoro dei suoi consigli.» La Wally sfodera un'espressione truce.

«Non ho bisogno di bugie ossequiose. Se non è d'accordo, vuol dire che non possiede un briciolo di umiltà e autocritica.»

Ma se io per prima mi logoro all'idea della mia mediocrità? È vero, forse non faccio abbastanza per migliorarmi. Però esiste modo e modo di dire le cose. Si può usare un tono fermo ma pieno di umana comprensione. O si può essere demolitivi e sadici. Come lei.

«Quando c'è da lavorare, non mi tiro mai indietro.»

« Per esempio, il lavoro sulla virtopsy. È l'unica fra tutti i suoi colleghi a non far parte del progetto. »

La virtopsy è un'autopsia virtuale effettuata mediante esami strumentali radiodiagnostici. Una figata, secondo molti. Non è che non mi piace; è che mi spaventa, un po' come tutte le novità.

« Perché in realtà non sono molto interessata all'argomento » mi lascio scappare, sconvolgendola.

« Non solo è ignorante. È anche presuntuosa. » Detto questo, mi guarda, critica e severa. « Dottoressa Allevi, io... o meglio, parlo a nome di noi tutti... vogliamo avvisarla: se continua di questo passo, saremo costretti a farle ripetere l'anno. Abbiamo delle responsabilità nei suoi riguardi, e non possiamo lasciare che le cose vadano avanti in questa maniera. »

Una cascata d'acqua gelida mi piomba addosso. Ripetere l'anno?

Non c'è niente di più temibile e tragico, per uno specializzando.

Non piangere. Ti prego, non piangere. Rimettiti in piedi.

« Non può dire sul serio! » mi lascio scappare, evidentemente fuori controllo.

« Eccome! » ribatte lei, con un sorriso di sfida. « Le do una scadenza: se entro il prossimo trimestre non noteremo dei miglioramenti – sostanziosi, badi bene – perderà l'anno. Alla fine di ogni settimana pretendo, qui sulla mia scrivania, il resoconto del suo lavoro. Alla prossima autopsia la metterò sotto torchio: un errore grossolano, e non avrò pietà. Sono stata chiara? »

Chiarissima.

« Tutto questo mi sembra... eccessivo » trovo la forza di rispondere.

«Queste sono le regole: il suo futuro è nelle sue mani, non nelle mie. È congedata.»

Mi sento come fuori dal mio corpo. Mi sembra di aver assistito a un massacro e di non aver alzato un dito per impedirlo. Traballo mentre torno nella mia stanza, intenzionata a non lasciar intuire nulla alle mie colleghe, soprattutto ad Ambra.

«Che cosa voleva la Wally?» mi domanda, curiosa come una scimmia.

«Oh, niente di particolare. Voleva parlare di un lavoro che le ho consegnato.»

Ambra inarca subdolamente le sopracciglia, con un'espressione poco convinta. Si rimette a lavorare al computer, senza chiedermi altro. Dal canto mio, siedo alla mia postazione continuando a sentirmi sotto shock.

Santi numi. Perdindirindina. Cazzoooooooooooooooooooooooooooo!

La situazione è drammatica, se non peggio.

Ho sempre saputo di essere considerata puramente ornamentale in questo Istituto, questo palazzo delle torture in cui per essere investiti di soprusi bisogna per giunta superare un concorso e pagare le tasse d'iscrizione ogni anno. Ho sempre sospettato che nessuno mi tenesse in particolare considerazione, ma mai, e sottolineo mai, avrei pensato di essere vicina alla fine.

Essere bocciata all'esame di passaggio da un anno all'altro è qualcosa di molto raro e in virtù dell'eccezionalità è anche qualcosa di terribilmente grave. Non mi risulta nessuno cui sia toccata una sorte simile, e l'idea che possa accadere proprio a me mi toglie il respiro. Sto per avere un infarto. Mi sento l'omino dell'*Urlo* di Munch, solo che tra queste quattro mura non posso nemmeno gridare.

Quando si è nella merda, bisogna avere l'intelligenza per uscirne.

Usa la testa. Hai tre mesi per salvare la situazione. Non sarà poi troppo difficile.

I will survive

Di fronte a certi colpi, si può sopravvivere o soccombere.

E io sopravvivo.

E quant'è vero che mi chiamo Alice Allevi, che sono sempre distratta e che mi piace Johnny Depp, io non ripeterò l'anno. Dovessi vendere l'anima al Diavolo, non diventerò la leggenda dell'Istituto.

Forse finora ho sbagliato tutto, ma ho la possibilità di recuperare.

Alice, puoi farcela. Alice, puoi farcela. Alice, puoi farcela. Alice, puoi farcela.

È come una sorta di training autogeno che mi propino stamattina e che mi deconcentra più del solito, tant'è che mentre scendo dalla metro rischio di inciampare e di fare la fine di Anna Karenina.

Arrivata in Istituto prima di tutti gli altri, percorro i pavimenti cerati dei lunghi corridoi, assaporo il silenzio etereo, osservo il mobilio austero e ricco di storia.

Io adoro questo luogo, vorrei non lasciarlo mai.

È una sensazione straziante, come del resto ogni amore non corrisposto che si rispetti, e forse mai amore è stato meno corrisposto di quello mio per l'Istituto.

Affacciata a una delle finestre del corridoio, sono talmente assorta che non mi accorgo dell'arrivo di qualcuno alle mie spalle.

«Alice? Che ci fai qui già a quest'ora?»

È Claudio.

« Ero sveglia, perché aspettare a casa? Tu, piuttosto? »

« Hai dimenticato che oggi c'è l'autopsia di Giulia Valenti? »

Come potrei dimenticarlo? La aspetto da venerdì notte.

« Quando inizi? »

« Alle nove. Chi c'è c'è. Ah, Allevi. Ti avviso: se solo ti sento lanciarti in ipotesi fantascientifiche, come tuo solito, ti butto fuori a calci nel sedere. »

Alle 8.50 sono in obitorio.

Distesa sul freddo acciaio, la povera Giulia sembra ancora più magra e indifesa.

« Il cadavere giace supino sul tavolo anatomico. Indossa una camicia bianca di cotone e una gonna di lana con disegno scozzese. Alle gambe porta calze di nylon di colore nero. Altezza 177 cm. Lieve deperimento organico. » Claudio detta professionalmente gli appunti al suo registratore Olympus. « Ipostasi di colore rosso violaceo in secondo stadio, diffuse alla superficie posteriore del tronco, degli arti superiori e inferiori. Rigidità valida e generalizzata. Non segni esterni di putrefazione. »

Poi i tecnici cominciano a svestirla. Tagliano la gonna e la camicia, svelando la biancheria color grigio perla. Claudio, intanto, prosegue: « In regione occipitale, ampia soluzione di continuo, lineare, con margini frastagliati intramezzati da lacinie tissutali ».

Claudio procede con l'esame esterno mentre Ambra gli fa da collaboratrice personale. Gli porge il righello per misurare le dimensioni delle lesioni; scatta qualche foto; gli porge siringhe per il prelievo dei liquidi biologici. Sotto le unghie di Giulia riesce a trovare materiale epidermico, ancorché in scarsa quantità; lo campiona, ovviamente, e preannuncia che eseguirà al più presto l'esame genetico.

Io osservo Claudio mentre esegue la visita ginecologica per verificare se ci sia stata violenza sessuale. Lo sento dettare al registratore che non ci sono segni di violenza ma che Giulia ha avuto di recente rapporti sessuali consenzienti.

«Dammi una provetta per raccogliere il materiale che è residuato; non si sa mai» dice ad Ambra, che oggi è la sua assistente del cuore.

Alla fine dell'esame esterno arriva il momento di iniziare l'autopsia. Con il bisturi, Claudio incide il taglio a Y.

È così magra che i tessuti si scollano con facilità. Non riesco a guardarla come dovrei, ossia con gli occhi della specializzanda che deve usare il cadavere come fonte di apprendimento. Vorrei dire a Claudio di far piano o di tenere il tavolo anatomico pulito, in modo che i capelli lucenti di Giulia non si imbrattino di sangue più di quanto non siano già. Vorrei non assistere a quest'autopsia, ma non ce la faccio a muovermi di un passo. Resto imbambolata a guardare la mano di Giulia scivolare fuori dal tavolo. Esiste uno strano fenomeno, che poi forse è semplice inerzia, per cui la movimentazione del cadavere gli imprime una sorta di forza che sembra appartenergli. E così il cadavere sembra muoversi, ma più che muoversi, abbandonarsi, ed è un'illusione di una tristezza ineffabile, cui ancora oggi non riesco ad abituarmi.

«Questa è una sorpresa» sento dire a Claudio.

Mi avvicino al tavolo anatomico e osservo la laringe che tiene tra le mani. Capisco persino io a che cosa si riferisce Claudio. Sollevo lo sguardo e cerco conferma nei suoi occhi.

«Shock anafilattico?»

«Quel che è certo è che l'edema della glottide è rilevante. La ferita al capo non ha alcun significato: guarda, è una fenditura della cute e nient'altro. Più apparenza che sostanza. Credo che si sia ferita urtando contro lo stipite della porta, mentre perdeva conoscenza. La risposta possono darcela i polmoni. Negri, metti i guanti ed eviscera i polmoni. Subito.»

Ambra obbedisce con zelo, svolgendo il suo incarico con decoro.

«Edema polmonare acuto» constata Claudio guardandoli con attenzione. «A cosa è dovuto, Nardelli?»

«Al rilascio incontrollato di mediatori quali l'istamina, che comporta aumento della permeabilità capillare, vasodilatazione con edema delle mucose e ipotensione, broncospasmo» ribatte prontamente Lara.

«E quindi?» incalza Claudio, sezionando personalmente i polmoni.

«Shock e asfissia combinati.»

«Brava, Nardelli. Ti meriti di sezionare il cuore.»

«Non è stata uccisa, quindi?» gli chiedo.

«Allevi, un caso può essere interessante anche se non si tratta di omicidio, dopo tutto» ribatte lui ironico, e l'Ape Regina sorride perfidamente.

«Certo, ma mi riconcilia con il mondo sapere che nessuno ha voluto farle del male.»

«Per quanto mi riguarda, mi irrita molto di più immaginare che sia morta in maniera così banale. Per una porcheria che le ha stimolato il sistema immunitario. Rifletti, non è molto più insensato?» mi chiede Claudio.

«Ma sei proprio sicuro che non sia stata uccisa?»

Claudio rotea gli occhi. «Non ho elementi per pensarlo, al momento.»

«Le ecchimosi sulle braccia? Il materiale epidermico sotto le sue unghie?»

«Be', Alice, le ecchimosi possono derivare anche da un banale urto contro un mobile...»

«Ma non ti dicono nulla? Cioè, qualcuno deve averglieli fatti, quei lividi. Quando? Chi?»

«Ovviamente li segnalerò. Il quando è affar mio, in effetti. Durante il sopralluogo ho pensato che risalissero a quello stesso giorno, perché erano rosei. A questo punto vuoi che ti dica anche chi glieli ha fatti?»

«Cosa le ha indotto lo shock?» gli chiedo, cambiando argomento.

Claudio fa spallucce. «Chi può dirlo? Si cercherà di ricavarlo dall'anamnesi e dalle indagini tossicologiche.»

«Il contenuto gastrico?»

Ambra mi guarda spazientita. Lui mi fissa perplesso e quasi offeso, come se osassi insegnargli il mestiere. Claudio è buono e caro, ma sul suo lavoro nessuno può disquisire, tranne il Supremo.

«Allevi, era vuoto.»

«Allora non è stato qualcosa che ha ingerito: ne avremmo trovato traccia nello stomaco.»

«Appunto. Ma non è detto: dipende da cosa ha ingerito e dalla rapidità dello svuotamento gastrico.»

«Forse la puntura di un insetto?»

«In casa? E poi, tu hai visto segni di puntura? Pomfi?»

«No» ribatto scuotendo il capo desolata. «Un farmaco che ha preso?» propongo instancabile.

«Alice, mi stai ripetendo pedissequamente tutte le cause di anafilassi e non capisco a che pro.»

« Per capire cosa le è successo. »

Claudio sospira, mentre sfila i guanti sozzi di sangue.

« Bene. Se è stato un farmaco, lo sapremo dalle indagini tossicologiche. »

Mi avvicino al cadavere per osservarlo un'altra volta, punto per punto.

Niente di nuovo, in apparenza.

Eppure, c'è qualcosa che sta sfuggendo all'attenzione di Claudio. E alla mia.

Osservo il suo collo candido, le sue braccia chiare, rigide.

« Claudio! »

Lui si volta di scatto – stava giusto dicendo qualche porcheria all'Ape, che mi fissa senza perdono per aver guastato la magia del momento.

« Che ti prende? »

« Lo sapevo, io! Guarda qui. »

Quasi invisibile e impercettibile.

Minuscolo, poteva sembrare un piccolo neo.

Non mi meraviglia che non ce ne fossimo accorti prima.

« Un segno di puntura d'ago » afferma lui, dopo aver osservato attentamente e con una lente d'ingrandimento il forellino. « Bizzarro, però. Non c'è ecchimosi, al di sotto. Negri » chiama. « Prendi un bisturi, devo incidere per vedere se c'è infiltrato emorragico. Perché devo farlo, Allevi? »

« Per capire se è una lesione vitale o postmortale » rispondo prontamente.

« Brava. » Ambra gli porge il bisturi, e lui, dopo un istante di esitazione, lo consegna a me.

« Allevi, un premio per la tua tenacia. Incidi. » Ambra impallidisce per il disappunto.

Una volta tanto, le cederei volentieri la gloria.

Io non voglio toccarla.

«Su, Alice, è tardi» incalza Claudio, una rapida occhiata all'orologio. Davanti alla mia esitazione, insiste. «Alice, incidi. Ora.»

Continuo a temporeggiare, il bisturi in mano. Il corpo martoriato dall'esame autoptico è davanti a me, in attesa, ma io sono come paralizzata.

«Ho capito. Non vuoi» dice infine, con una nota di tenerezza nella voce severa. «Allevi, non sei tagliata per questo lavoro» conclude brusco prendendo il bisturi dalle mie mani e incidendo il braccio di Giulia, all'interno del gomito. «Ecco, l'infiltrato emorragico.»

«Si è iniettata qualcosa» mormora Ambra, dimessa.

«O le hanno iniettato qualcosa. Durante il sopralluogo non abbiamo trovato nulla» faccio presente.

«O semplicemente si era sottoposta a un prelievo di sangue» aggiunge Ambra.

«Questo è un dato da accertare. E l'indagine tossicologica sarà dirimente, in ogni caso» conclude Claudio.

Non resta da fare altro che andare via adesso. Lasciarmi Giulia alle spalle, non pensarci più.

Fosse così facile... Claudio mi ferma.

«Allevi, porta ai familiari della Valenti gli effetti personali che le abbiamo tolto. Dovrebbero essere qui fuori. C'è un bracciale che da solo vale almeno cinquemila euro e non voglio problemi. Ricordati di far firmare il modulo di consegna.»

Claudio mi porge la busta di plastica che contiene i bracciali di Giulia e gli orecchini che indossava. È la prassi, niente di eccezionale, ma è una richiesta che mi infastidisce perché non è mai piacevole rapportarsi con i parenti dei defunti. L'impatto con il dolore non fa per me: è questa una delle ragioni per cui ho scelto la Medicina legale. Quando il cadavere giace sul tavolo anatomico, il dolore è già passato.

Metto la busta nella tasca del camice e mi avvio verso la sala d'attesa fuori dall'obitorio, dove una ragazza è seduta su una panca, da sola. Ha i capelli di un indefinibile color castano con riflessi rossi, raccolti in una coda. Indossa un tailleur testa di moro in tweed e perle ai lobi. C'è qualcosa, in lei, che mi ricorda un quadro preraffaellita. Ondeggia col tronco come fanno spesso i distonici.

«Va tutto bene. Va tutto bene. Non è successo niente. Va tutto bene. Va tutto bene.»

Parla da sola, lo sguardo perso nel vuoto.

«Signorina?» la chiamo, avvicinandomi a lei con cautela. «Ha bisogno di aiuto?»

«Giulia. Giulia. Povera Giulia.»

La ragazza scuote il capo come se non riuscisse a darsi pace. Tiene le mani conserte sulle ginocchia. Osservandola mi accorgo che sulla superficie della sua mano c'è un livido violaceo.

La ragazza si accorge che lo sto osservando con curiosità e istintivamente ritrae la mano. Mi guarda con aria terrorizzata.

«Doriana» chiama una voce imponente ed evidentemente irritata.

La ragazza si volta di scatto. Pur non essendo chiamata in causa, mi sento rimpicciolire.

Attorno a noi, tre persone. I loro volti mi sono familiari, e realizzo subito dopo di averli visti nelle foto appese alle pareti della stanza di Giulia.

La prima è una signora di una certa età dai capelli color topo raccolti in uno chignon, l'aria irreprensibile della nobildonna incartapecorita, le dita inanellate deformate dall'artrite.

La seconda è un giovane uomo dall'espressione intransigente. È piuttosto piacente, ma una certa asprezza dei lineamenti lo penalizza. Indossa un ascot blu di seta che fa molto British.

La terza è una ragazza molto somigliante a Giulia, evidentemente maggiore d'età, bella in maniera meno abbagliante ma dallo sguardo che definirei, senza esagerare, magnetico.

«Cosa stai facendo, Doriana?» domanda la signora artritica.

Doriana non riesce nemmeno a parlare compiutamente.

«Ni-ente.»

«Chi è questa signorina?» chiede poi la signora, rivolgendosi a me.

«Sono la dottoressa Alice Allevi, una specializzanda dell'Istituto di medicina legale» replico con disinvoltura. «Mi sono avvicinata perché... mi sembra sotto shock» mi sento in dovere di spiegare, indirizzando uno sguardo a Doriana.

«La ringrazio» risponde l'uomo, sulla trentina, cordialmente ma con fermezza. Mi riserva un sorriso appena accennato ma seducente. Ha due vistose occhiaie che incupiscono lo sguardo di per sé glaciale. «Su, Doriana» dice infine, sfiorando la spalla della ragazza con un misto di sollecitudine e insofferenza. «E metti i guanti» le ingiunge, come se fosse scontato.

Doriana si rimette in piedi. Cammina con lo sguardo basso, evita il mio.

«Mi dispiace. Per Giulia, intendo» dico. E poi, sorprendendo anche me stessa, d'istinto aggiungo: «La conoscevo».

La ragazza che somiglia incredibilmente a Giulia solleva lo sguardo appannato.

«Davvero?» domanda con voce tremula.

Annuisco, sentendomi otto occhi tutti addosso.

«Non bene. In realtà, in maniera molto superficiale e casuale.»

«Be', Giulia non era una che si dimentica» aggiunge lei con tono pieno di rimpianto. Ha una voce bassa, da contralto, molto sensuale.

«No, infatti» concordo.

È tutto così penoso.

Sarà perché gli occhi dell'anziana donna sono prossimi al pianto. O perché quest'uomo apparentemente gelido ha dipinta sul viso una sofferenza tacita ed estrema che tiene a bada con ammirevole self control. O semplicemente perché Giulia, così giovane, così ancora bella, entro breve verrà intaccata dall'orrore che consuma tutti i cadaveri e nessuno può farci nulla. Prima o poi di lei resteranno solo le ossa, prima o poi sarà dimenticata.

Un silenzio carico di esasperazione riempie la stanza. Mi sento a disagio e capisco che è il momento di andare via.

Poco prima di lasciarli da soli, mi accorgo che Doriana si massaggia la mano e guarda l'uomo, cercando una qualche forma di rassicurazione nei suoi occhi, che però non arriva.

Mi congedo, ma loro quasi non se ne accorgono.

È solo quando raggiungo l'obitorio che ricordo la commissione di cui mi ha incaricata Claudio: i gioielli di Giulia sono ancora nella mia tasca. Merda! Come ho potuto dimenticarmene?

Faccio marcia indietro e torno di corsa in sala, sperando di trovarli.

Ovviamente, nella miglior tradizione della sfiga che mi insegue, sono già andati via.

«Hai fatto tutto?» domanda Claudio, sollevando gli occhi dalla scheda di denuncia delle cause di morte che sta compilando con la sua calligrafia nitida.

Oh, no. Come faccio?

«Claudio, io... mi sono avvicinata per dargli il sacchettino. Poi, non so come, abbiamo iniziato a parlare e mi sono ritrovata impelagata nelle chiacchiere e alla fine ho dimenticato di darglielo.»

Claudio sbatte la mano sul tavolo.

«Porca miseria Allevi, non puoi essere così distratta.»

«Scusami, Claudio, davvero.»

«Poi mi spieghi cosa me ne faccio delle tue scuse, che francamente sono del tutto inutili. Attivati piuttosto per trovare una soluzione.»

«E come?»

«Recupera un numero di telefono, qualcosa. Vedi tu e non farmi perdere tempo. La responsabilità è tua.»

Scorrendo l'indice sull'elenco telefonico, seduta sulla poltroncina della segreteria con il sottofondo di violenti scrosci di pioggia, cerco Valenti ma non so neppure con quale finalità. Ce ne sono molti, e ognuno di loro potrebbe essere un parente di Giulia.

Non credo che per oggi otterrò nulla. Ci penserò domani.

Più tardi affondo sul divano di casa, il telecomando in una mano, un pacco di Oreo nell'altra.

Ascolto la tv con blando interesse.

«Continuano le indagini sulla morte della studentessa

Giulia Valenti. Ancora oscure le cause del decesso; impossibile al momento escludere che si sia trattato di un omicidio, anche se appare più probabile l'ipotesi accidentale. Si aspettano i risultati dell'autopsia. Ascoltati stamattina dagli inquirenti i parenti e alcuni amici. Rimaste orfane ancora bambine, Giulia Valenti, ventitré anni, e la sorella Bianca, ventotto, sono state cresciute dagli zii materni. Corrado De Andreis, zio della vittima, era un noto esponente della Democrazia Cristiana, più volte eletto parlamentare negli anni Settanta. Morto nel 2001, le sue ambizioni politiche rivivono nel figlio Jacopo, giovane e promettente avvocato specialista in Diritto penale. Jacopo De Andreis, portavoce della famiglia, rifiuta di rilasciare dichiarazioni. »

Perfetto, ecco chi devo rintracciare.

Bianca

« Buongiorno, sono la dottoressa Alice Allevi. Vorrei parlare con l'avvocato De Andreis. »

« Resti in linea » risponde una segretaria con tono acidulo. Sulle note della *Primavera* di Vivaldi i secondi scorrono lentamente, diventano minuti. Attendo talmente tanto che alla fine riattacco e richiamo.

« Mi scusi, sono di nuovo Alice Allevi... »

« Solo un attimo » mi interrompe la stessa segretaria di prima.

Ricomincia la stessa musica, ma per fortuna stavolta l'attesa è più breve.

« Sì? » domanda una voce con tono scocciato.

« Avvocato, mi perdoni se la disturbo. »

« Con chi parlo? »

« Sono la dottoressa Allevi, dell'Istituto di medicina legale. »

« Ah » replica seccamente. « C'è qualche problema? »

« Ehm, veramente non proprio un problema. Più che altro una seccatura. Qualcuno dovrebbe venire in Istituto a prelevare gli effetti personali di Giulia che abbiamo recuperato durante l'autopsia. »

« Oh, be', non sarà difficile. Chi verrà deve chiedere di lei? »

« Sì, sono affidati a me. »

« Mi ripeta il suo nome, per cortesia. »

« Alice. »

È solo l'imbarazzato silenzio che segue a farmi capire che lui si aspetta qualcos'altro.

« Oh, scusi. Allevi. Alice Allevi » aggiungo in tutta fretta.

« D'accordo, allora in mattinata riceverà qualcuno della famiglia. »

* * *

Sono nella mia stanza e sto lavorando con Lara alla stesura di un verbale d'autopsia quando un timido tocco alla porta ci distrae dal dilemma di quel momento: la tonalità di colore di una ecchimosi è il violaceo o è più corretto scrivere bluastro?

« Avanti! »

Un volto somigliante a quello di Giulia, ma vivo e ricco di espressioni, fa capolino dalla porta.

« Cerco la dottoressa Allevi... È lei? » mi domanda. Annuisco sorridendole con simpatia. « Sono Bianca Valenti. Ci siamo viste ieri » aggiunge come se temesse di non essere stata riconosciuta.

« Prego, entri » la invito, alzandomi dalla sedia.

Bianca avanza con un incedere elegante e femminile, non sembra provata dall'angoscia che sicuramente la pervade. Ha gli occhi di una persona insonne. Indossa un cappotto di cashmere blu, che incupisce lievemente la sua figura, e porta i capelli lunghi tirati in una coda stretta. È molto alta, o comunque lo è più di me e Lara.

Apro il cassetto chiuso a chiave in cui avevo conservato i gioielli di Giulia e mi avvicino per porgerglieli.

Timidamente, Bianca li riceve dalle mie mani e sembra trasalire.

«Oh, Dio» sussurra indietreggiando. Gli occhi le si riempiono di lacrime. «Questi bracciali...» mormora, la voce strozzata da un singhiozzo.

«Vuole sedersi?» le domando vedendola impallidire.

«Vuole un po' d'acqua?» interviene Lara aggrottando la fronte.

«Sì, grazie» ribatte Bianca dopo qualche attimo di esitazione.

Le avvicino una sedia – la poltroncina di Ambra, per grazia divina oggi assente – mentre Lara esce di corsa per andare a prendere dell'acqua.

«Mi scusi. Vede, è come se di continuo i ricordi di lei viva, di noi insieme, mi ripiombassero addosso e io... non ce la faccio, capisce? Non ce la faccio.»

«Posso capirlo, non si preoccupi.»

Bianca preleva i bracciali dalla busta di plastica e li stringe tra le dita. «Questo è il regalo dei nostri zii per il suo diciottesimo compleanno. Giulia non lo toglieva mai. Le dicevo sempre che è un gioiello troppo importante per essere indossato tutti i giorni; ma come faceva con tanti altri consigli, lei lo ignorava. E questo lo ha comprato in una bancarella in Sicilia, durante una vacanza, due anni fa. Resiste ancora, incredibile. È un braccialetto dei desideri. Chissà che desiderio aveva espresso!» È evidente che Bianca sente il bisogno di parlare, e nonostante mi senta a disagio non oso interromperla. «Dottoressa... Mi perdoni, io non vorrei... Ecco... Io... Vorrei chiederle di cosa è morta mia sorella. Crede che possa essere stata uccisa? Ho visto le foto: tutto quel sangue in cui l'hanno trovata... E l'ispettore incaricato delle indagini sembra così vago.»

«Io... sono tenuta al segreto professionale, mi dispiace.

Posso chiederle, però, se sua sorella era allergica a qualcosa? »

Bianca sgrana i suoi occhi, grandi e splendidi anche nel dolore. «Oh, mi scusi. So che dovrei essere paziente e mi rendo conto solo adesso di essere stata molto maleducata. È ovvio che lei non può rispondermi. Per rispondere alla sua domanda... Giulia era allergica a un'infinità di cose. Era asmatica e più volte ha rischiato di morire per l'anafilassi. Se posso chiederlo, crede che sia stata questa la causa? »

«È possibile» ammetto, cercando di chiudere l'argomento.

Bianca sospira rumorosamente. Nel frattempo, il ritorno di Lara mi sottrae alle sue domande.

«Vi ringrazio. Siete davvero molto gentili con me.» Porge il bicchiere vuoto a Lara, ringraziandola ancora. Poi si rivolge a me. «E così, lei ha conosciuto Giulia, poco prima... della sua morte? »

«È stata una coincidenza terribile.»

Lara mi fissa con stupore. «Davvero, Alice? »

Racconto a entrambe, per sommi capi, il breve incontro tra me e Giulia. Lara sembra molto colpita dalla casualità della vicenda; Bianca è curiosa dei dettagli.

«Le è sembrata scossa, preoccupata? E soprattutto, ne ha parlato con la polizia? »

«Sì, era un po' agitata; no, ancora non ne ho parlato ma mi ripromettevo di farlo. »

Bianca sospira di nuovo, come se non riuscisse a trattenersi. Non dà segno di voler concludere la visita. Il suo sguardo ombroso si posa su di me. «Lo faccia, la prego. Magari è importante. »

«Glielo prometto.»

«Quel sangue... Non riesco a dimenticarlo» aggiunge,

sommessamente. «La prima cosa che ho pensato è stata: l'hanno uccisa.»

«Perché le hanno mostrato le foto? È stato controproducente, per lei.»

«Ho insistito io per vederle. Non sono riuscita a impedirmelo.»

«Bianca, penso di poterle dire almeno questo senza violare il segreto istruttorio» dico. «Quel sangue proviene da una piccola ferita alla testa, che però non ha alcun significato, non ha determinato la morte. Le cose non sono in relazione. È una ferita che si è prodotta, probabilmente, cadendo a terra dopo aver perso conoscenza.»

Lara mi fissa sgomenta. «Alice, dovrei parlarti» interviene con un tono che finge malamente di essere neutrale.

«Perdonatemi, voi dovete lavorare, e io... sono rimasta qui a importunarvi. Scusatemi.»

«No, davvero, nessun disturbo» le spiego con sollecitudine.

«È meglio che vada, in ogni caso. Dottoressa, si ricordi di parlare con l'ispettore Calligaris, è lui che si sta occupando delle indagini.»

Bianca si alza, un sorriso incerto sul bel volto pallido. Porge la mano prima a me, poi a Lara.

«Alice...» mi chiama poi, quando ha già poggiato la mano dalla pelle liscia sulla maniglia della porta. «Nel caso in cui avessi... Sì, insomma, se avessi bisogno di un chiarimento, posso rivolgermi a lei?»

Rispondo istintivamente e con fin troppa cortesia. «Certo.»

E non appena la porta si chiude e i tacchi sul pavimento sembrano un rumore lontano, Lara con un sopracciglio inarcato mi squadra senza pietà. «Sei di una superficialità unica. Come hai potuto lasciarti scappare qualcosa sull'autopsia? Se lo sapesse Claudio...»

«Non lo saprà» ribatto con leggerezza.

«Certo non sarò io a dirglielo, ma non si sa mai. Quella ragazza è pur sempre un'estranea, ed è evidentemente sotto shock. Non mi sorprenderebbe se ti venisse a cercare con un pretesto, per strapparti chissà quale verità.»

«È fuorviata dal sangue che ha visto nelle foto. È comprensibile.»

«D'accordo, ma non è il caso di entrare in confidenza con i parenti dei defunti. Lo dice sempre anche il Boss.»

«Ti risulta che il Supremo abbia un cuore, o qualcosa di simile?» le domando.

Lara scuote il capo strenuamente. «No, ma in questo ha ragione» replica secca. «Hai da fare stasera?» chiede poi, cambiando argomento.

«Niente di particolare. Yukino prepara gli *onigiri*.»

«Sono quelli che si vedevano nei cartoni animati?»

«Sì.»

«Credi che le dispiacerebbe se mi unissi a voi?»

Those who are dead are not dead,
they're just living in my head

« Il giorno prima della morte di Giulia, ho ascoltato una sua conversazione telefonica. »

Claudio solleva lo sguardo, sbigottito. Siamo nella sua stanza e stiamo lavorando a un caso che era rimasto arretrato. È trascorsa quasi una settimana dalla morte di Giulia.

« Certe cose non succedono neppure in tv » commenta Claudio, sputando un chewing gum in un cestino.

« Ma è successo a me. »

« Perché sei una calamita di sventure. Devi parlarne con gli inquirenti, è un atto dovuto. »

« Sì, lo so. Ho aspettato fin troppo » e mentre lo dico mi sento quasi in colpa verso Bianca Valenti.

« Tra l'altro, Claudio... Devo dirti una cosa, ma promettimi che non mi prenderai in giro. »

« Un'altra? »

« Sì, riguarda sempre Giulia Valenti. Quando ieri sono uscita dall'obitorio, ho visto una ragazza, una parente o forse un'amica di Giulia Valenti. Sembrava fuori di testa e... Non so, in qualche modo aveva l'aria sospetta. »

« La tua solita fantasia galoppante. »

« Non mi credi? Sono così poco attendibile? »

Claudio aggrotta la fronte. « No. No » replica, ma non è credibile.

« Dammi retta, Claudio. E se si fossero iniettate qualcosa

insieme? Aveva un livido, sulla mano. Quel livido potrebbe derivare da una puntura o da chissà cos'altro.»

«Anche se fosse, non capisco cosa te ne frega.»

«E se non fosse stato un incidente?»

«Lo dico sempre, io, che *CSI* ha rovinato intere generazioni»

«Smettila di scherzare. Io dico sul serio.»

«L'ho capito, purtroppo. Ascolta, Alice. Le ferite che hai visto saranno casuali. È stato un incidente, non un omicidio.»

Poche sensazioni sono frustranti e deprimenti quanto l'accorgersi di contare così poco, professionalmente, per una persona che si stima quanto io stimo Claudio.

«Claudio. Tu non ti fidi di me, vero?»

Lui mi rivolge uno sguardo quasi dolente. «Sei ancora inesperta. Puoi commettere degli sbagli. È normale.»

«Ma pensi che io abbia del talento? Delle potenzialità?» gli domando con una schiettezza che non ho mai avuto il coraggio di mostrargli. «Ho bisogno di saperlo. Ho bisogno di credere che malgrado tutti i miei sbagli, e malgrado tutte le volte in cui mi sento inadeguata a una professione che adoro ma che è più grande di me, posso farcela. A diventare un bravo medico legale, intendo.»

Evidentemente disarmato, mi sfiora appena una guancia e mi guarda con incertezza. Sento che vorrebbe dire qualcosa di buono, ma non sa se sia giusto.

«Claudio?»

Lui sorride appena e per un attimo mi sembra lontano e diverso dalla persona cinica che conosco. I suoi occhi si arricchiscono di una nota di empatia quasi struggente.

«Non esiste un talento per fare il medico legale. Tutto si può apprendere, e tu... puoi farlo. Vieni» dice infine, prendendomi per mano. «Parliamo con Anceschi. Conosce l'ispettore Calligaris, quello che si occupa delle indagini sul caso Valenti.» Bussa alla porta di Anceschi e gli spiega succintamente la situazione.

Anceschi, con la sua leggendaria flemma, non sembra affatto sconvolto. «Può tranquillamente far riferimento a Roberto Calligaris. È un caro amico. Lo chiamerò e gli darò un'anticipazione. Si presenti a mio nome, d'accordo?» Anceschi sembra avere una certa fretta di liquidarmi e così mi ritrovo fuori dalla sua stanza. Galvanizzata da quegli spiragli di umanità che ha lasciato intravedere, mi lascio scappare immediatamente una supplica.

«Claudio, mi accompagni?»

«No» ribatte seccamente.

«Che stronzo. Perché, no?»

«Non ci penso nemmeno. Ho di meglio da fare.»

«Dai!»

Claudio sospira rumorosamente e rotea gli occhi. «Allevi, devi toglierti il vizio di intenerirmi.»

«Non ti fa mica male, una volta ogni tanto, un po' di tenerezza. Ti fa sembrare quasi umano.»

Lui annuisce senza convinzione; recupera le chiavi dell'auto da uno svuotatasche di Hermès nella sua stanza – regalo, pare, di un'amante molto più grande di lui, un famoso magistrato – e mi accompagna sulla sua SLK dai sedili in pelle. Alla radio, riconosco *So Lonely* dei Police.

«Ti aspetto in auto, okay?» mi dice quando arriviamo, slacciando la cintura di sicurezza con un'aria scazzata particolarmente evidente.

«No... non volevo che mi facessi da autista. Potevo prendere un taxi. Ho bisogno del tuo supporto morale.»

«Allevi, sei una piaga d'Egitto. Vai a fare quello che devi

fare e cerca di essere rapida perché non ho tutto il pomeriggio. »

« Che galantuomo, Claudio » mormoro tristemente, sbattendo lo sportello.

« Ho capito » borbotta infine lui, spegnendo il motore e scendendo dall'auto con fare scocciato.

Lo so che spesso è insopportabile, perché è ruvido fino alla scortesia. Ma è Claudio, e non c'è nessuno, in Istituto, cui tenga tanto.

Un collaboratore di Calligaris ci fa strada verso il suo ufficio. Ci introduce nella sua stanza, un ambiente caotico che puzza di fumo stantio.

Roberto Calligaris è un individuo anonimo, stempiato e mingherlino. Indossa una camicia bianca con un cravattino nero tristissimo e ha la tipica faccia dell'uomo cui puzza l'alito.

« La manda Giorgio Anceschi, giusto? È la dottoressa Alice Allevi? »

« In persona » rispondo un po' agitata.

« Dottor Conforti, anche lei qui » dice poi, rivolgendosi a Claudio, il ritratto dell'insofferenza. Claudio si limita a fare un cenno.

« Giorgio mi ha accennato che desidera parlarmi del caso Valenti » dice poi Calligaris guardandomi negli occhi.

« Sì. »

« Vi prego, accomodatevi », ci esorta, mentre Claudio guarda l'ora lasciando intuire di avere una gran fretta. Se vuole sembrare un cafone, ci riesce benissimo.

Calligaris tossicchia e mi rivolge un sorriso amichevole prima di dirmi: « Allora, dottoressa, in cosa posso aiutarla? »

Gli racconto il più dettagliatamente possibile della conversazione telefonica di Giulia. Lui mi ascolta con grande attenzione.

«È stata quindi una conversazione assai breve» commenta.

«Be', di questo non sono sicura. Lo stralcio che io ho captato... sì, è stato davvero breve.»

«Definirebbe il tono della Valenti concitato?»

«Direi esasperato.»

«Era anche aggressivo?»

«Aggressivo? Sì, un po'. Ripeto, più che altro mi è sembrata sofferente.»

«E non ha colto nessun nome, nessun riferimento particolare?»

«A parte il sesso dell'interlocutrice, nient'altro. L'avrei già detto, non crede?»

«Certo che è davvero una coincidenza inquietante» commenta, scuotendo il capo perplesso.

«In che senso?» domanda Claudio, la voce appena alterata.

«Dottor Conforti, le sembra credibile? Conoscere casualmente una ragazza e il giorno dopo ritrovarsela in sala settoria? Dopo aver udito, per di più, una conversazione telefonica abbastanza preoccupante? Il caso Valenti sta mobilitando i mitomani ed è necessario gestire le dichiarazioni che riceviamo con grande prudenza.»

«Mi sta dando indirettamente della mitomane?» gli chiedo, allibita.

«Faccio solo il mio lavoro. Nulla di personale.»

«Andiamocene» irrompe di colpo Claudio.

«Dottor Conforti, non è necessario alterarsi. E poi devo far mettere a verbale la testimonianza.»

«Non c'è problema, Claudio» ribatto con semplicità, ignorando Calligaris.

«Dottoressa Allevi, non voglio offenderla, davvero. Dubitare è il mio mestiere. Andrò a fondo, glielo garantisco.»

Stendere il verbale non è un procedimento eccessivamente lungo. Al termine, appongo la mia firma sul foglio dattiloscritto.

«La ringrazio, dottoressa» conclude Calligaris, con insospettabile garbo.

«Dovere.» L'ispettore ripone il verbale in una cartelletta e accenna a salutarmi, ma io lo trattengo improvvisamente.

«Dottor Calligaris» dico. Claudio mi osserva con curiosità. «Io credo che questa telefonata sia davvero importante.»

«Certamente, dottoressa.»

Abbasso gli occhi, con una sensazione vaga di incompiutezza. Claudio saluta Calligaris con la professionalità che non lo abbandona nemmeno quando va alla toilette e mi conduce fuori dalla stanza.

«Testa di cazzo» commenta con disprezzo, mentre scendiamo le scale dell'edificio. «E meno male che non gli hai detto niente su quelle lesioni che dici d'aver visto su quell'altra ragazza.»

«Forse però ha ragione. Deve essere cauto. Chissà quante segnalazioni false riceve. Mi piacerebbe lavorare in polizia.»

«Me ne sono accorto.»

«E a te?»

«No, grazie» ribatte riluttante.

«Dimenticavo. Tu sei il grande erede del Supremo.»

«Ah-ah.»

«Claudio» dico infine, stringendogli la mano poggiata

sul cambio. «Grazie per avermi accompagnata. Era importante.»

Lui mi strizza un occhio con un sorriso gentile, così raro sul suo volto intenso e consapevole della propria bellezza. «Non c'è di che. Allevi, non farti mettere in crisi. Sei una piccola strega impicciona, ma hai passione. E la verità è che se c'è qualcosa che serve davvero per essere un bravo medico legale, è proprio questo.»

L'inconsapevole bellezza

Sto leggendo un libro stramazzata sul divano quando il cellulare squilla e mi accorgo con allarme che si tratta di Marco. Non credevo che avesse il mio numero di telefono.

« Marco? È successo qualcosa? »

« No, no. Stai tranquilla » risponde con dolcezza. « Non volevo disturbarti. »

« Figurati, nessun disturbo, è solo che non mi chiami mai. »

« Oggi ho un buon motivo per farlo. Vorrei invitarti a una mostra. È carina, sai. Ci sarà anche qualcosa di mio... Ti va di venire? » mi avvisa con la stessa grazia infantile dei folletti.

« Molto *last minute* questo invito, Marco... »

« Be', sì... Scusa, volevo chiamarti prima ma mi è sfuggito di mente. Non farti pregare, dai. Vieni o no? »

« Certo che vengo! » esclamo, risorgendo dalla mia stanchezza immane.

Marco forse non immaginava che avrei accettato l'invito ma in realtà non me la perderei per nulla al mondo, la mostra fotografica del mio fratellino misterioso. « Posso portare anche Silvia? » chiedo.

Silvia Barni, avvocato. Mia compagna di banco dal primo giorno della prima elementare. Ha un quoziente intellettivo che mi fa sentire inetta. Eppure, sostiene che sia a causa della sua pungente intelligenza che si ritrova da sola.

«Certo. In realtà vorrei invitare anche Alessandra.»

Alessandra Moranti è una valente pediatra nonché mia collega di studi che da sempre, inspiegabilmente, è attratta da mio fratello. È capitato che collaborassero per un progetto di *clown medicine* – Marco aveva realizzato la locandina del corso – e so – da lei, ovviamente – che avevano simpatizzato ma che prevedibilmente non erano mai giunti a uno snodo fondamentale. «Eppure non me lo spiego» mi aveva raccontato Alessandra. «Ehm, Ale... Io ho il sospetto che Marco non sia interessato alle donne» le avevo confessato, ma lei mi aveva risposto: «No, ti sbagli senz'altro. Ho un sesto senso per queste cose. Non è gay. Semplicemente, io non gli sono piaciuta». Lì per lì, non avevo voluto approfondire oltre l'argomento.

«Purtroppo però non ho più il suo numero» prosegue ora mio fratello.

«La avviso io, non preoccuparti.»

«No, vorrei farlo io, personalmente.»

«Spiacente, Marco, con Alessandra hai perso la tua occasione.» Non ho mai creduto, ovviamente, che Alessandra potesse interessargli.

«In realtà non c'è mai stata nessuna occasione. Ma non importa. Non la invito per provarci.»

«Marco, ma tu hai una ragazza? È così strano non sapere niente di te!»

Marco tace. Non sembra aver accolto con entusiasmo il mio tono gioviale. «No, non ce l'ho» risponde dopo un po' e aggiunge: «Alice, sono di fretta. Me lo dai il suo numero, sì o no?»

Alle otto in punto mi trovo in compagnia di Yukino e di un tassista foggiano sotto casa di Silvia, che prevedibilmente non è ancora pronta. Scende venti minuti dopo. Io sono nera dalla rabbia e Alessandra, convinta che l'invito celi un possibile interesse, mi ha già chiamata una mezza dozzina di volte.

Magnificamente glamour, i capelli ramati come un manto di seta sulla sua stola zebrata di Dior, si siede al mio fianco emanando ventate di *Samsara* di Guerlain. «Alice, potevi anche sforzarti di metterti più in tiro. Non sai che gli eventi d'arte sono i più chic? Non sono come quei party squallidi tra medici» dice con disprezzo. «A queste serate partecipa gente per cui ostentare il proprio status è come andare allo stadio per gli hooligan. È gente con i soldi che ha voglia di buttarne un po' con la scusa di capirne d'arte. Se vuoi sapere come la penso, l'arte non esiste. È finita ai tempi del Rinascimento.»

«Ignorante.»

«Ho ragione e lo sai. Comunque non lo dirò a Marco, non preoccuparti.»

Passiamo a prendere la furente Alessandra, che ignora apertamente Silvia. Infine, giungiamo a destinazione.

La galleria – di chiara ispirazione architettonica neoclassica – pullula di quel tipo di gente intellettual-snob che si sente al di sopra della grettezza terrena ma che non resiste alla tentazione di acquistare abiti di Armani. Disquisiscono di arte con lo stesso tono saccente con cui Ambra Negri Della Valle parla di virtopsy e già solo per questo li trovo intollerabili. Yukino è molto a suo agio: la sua nazionalità attira molta gente e lei adora conoscerne di nuova. Silvia e Alessandra, al contrario, si ritrovano a chiacchierare come vecchie amiche – loro, che non si possono soffrire – pur di non sembrare sole e sfigate.

In sottofondo, mi sembra di riconoscere la musica di Thelonious Monk.

La galleria è suddivisa per piani e settori; non sono particolarmente interessata agli altri artisti, per cui mi dirigo verso l'area riservata alle opere di Marco.

Ed eccole, appese alle pareti dei muri a labirinto, le famose foto concettuali di mio fratello, che vedo per la prima volta. Una foglia color rosso autunno sull'asfalto; un clochard addormentato su una panchina; un cappello da cowboy su un capo grigio; i riflessi iridati di una goccia ripresa con lo zoom. L'assortimento è molto variegato, non si può dire che Marco sia monotematico.

E fra tutte le foto, eccola: la meno bella, oggettivamente; un mio ritratto, al quale sono del tutto impreparata.

La sorpresa è tanta e tale che lo guardo con cautela. Il cartellino sottostante recita: *L'inconsapevole bellezza*.

È una foto di qualche anno fa; mi ero appisolata in giardino, un libro tra le mani adagiato sul petto. Le ombre abilmente sfumate con le luci, i miei tratti nitidi, il cielo turchese unica nota di colore in un quadro in bianco e nero.

La mia vita potrà anche andare a rotoli, ma ho un fratello fuori dal comune.

Mentre sono imbambolata davanti alla foto, Marco mi raggiunge cingendomi le spalle. È tutto vestito di nero. Dio, quant'è magro. Quanto è aggraziato. È così incredibilmente speciale.

«Marco... sono così... commossa! Sei talmente bravo! E questa foto... è... Non trovo le parole...» Ho la voce incrinata dall'emozione. Marco mi sfiora una guancia con dolcezza.

«Avevo paura ti saresti arrabbiata; forse avrei dovuto chiederti il permesso...»

« No! È stata una splendida sorpresa. E tu hai reso speciale un momento banale. È una grande dote. Sono fiera di te. »

Le guance diafane di Marco assumono un lieve colorito roseo. « Sono contento che tu sia qui e che le mie foto ti piacciano. »

« Voglio questa foto. »

« Te ne farò una copia. E ne farò una anche per la mamma, le è piaciuta moltissimo. »

Ancheggiando come una gattina, Alessandra si avvicina a noi.

« Marco » mormora con un tono che cerca di essere seducente, « sei sempre più bravo. Le tue foto sono molto più mature di quelle che avevo visto qualche anno fa. »

« Grazie Ale, sei gentile. »

« Vorrei quella che si chiama *Bellayl*; starebbe benissimo nella mia stanza da letto. »

« Te la regalo, se vuoi. »

Li lascio da soli, non si sa mai che ne esca qualcosa, e passo il resto della serata a girovagare in solitudine. Alessandra cerca in tutti i modi di attrarre l'attenzione di Marco; Silvia ostenta le sue profonde riflessioni sulla concettualità dell'arte contemporanea; Yukino è attorniata da un nugolo di intellettuali con i quali parla di narrativa giapponese.

Studio tutte le foto, per tornare però a gratificarmi con *L'inconsapevole bellezza*.

Questa foto è la mia svolta personale. Persino una sfigata come me può diventare oggetto d'arte. È anche vero che per capire che sono proprio io bisogna guardare con attenzione, ma non è questo il punto. È la grazia della scena a fare arte.

Il filo dei miei pensieri viene interrotto da uno sconosciuto in vena di abbordaggio.

« È lei la ragazza nella foto? » domanda una voce alle mie spalle. Mi volto di scatto.

La voce, piuttosto profonda, un po' roca e molto conturbante, con una lievissima inflessione anglosassone, appartiene a un alto e tonico esemplare di sesso maschile sulla trentina somigliante alla mia personale iconografia dell'uomo che ha trascorso una lunga giornata in barca a vela in zone assolate e ventose. Difatti, i capelli chiari e ondulati sono scarmigliati, ma non gli danno nel complesso un'aria trasandata. La pelle è ambrata e sana e la lieve doratura è esaltata da una camicia bianca con le maniche arrotolate a tre quarti. Ha belle mani, anche se le unghie sono molto corte. Gli occhi di un azzurro intenso, sovrastati da due sopracciglia chiare e folte, una delle quali attraversata da una piccola cicatrice, irradiano un certo compiacimento di sé. Il naso è importante ma adatto a lui. Porta al polso un vistoso bracciale d'ebano che suggerisce storie lontane. E più in generale, lui sembra molto lontano da me.

« Sì » rispondo con disinvoltura.

« Era molto rilassata » osserva.

« È probabile. In realtà non ricordo. È una foto rubata. »

« Ma si sa che quelle rubate sono le più interessanti, infatti » commenta lo sconosciuto. « Le piace leggere? » chiede indicando il libro. Lo vedo avvicinarsi alla cornice e leggerne il titolo. Strizza appena gli occhi.

Merda. Non ci avevo pensato. Dio ti prego, fa' che non sia uno di quei romanzetti rosa che leggevo di tanto in tanto. *L'inconsapevole bellezza* non può avermi immortalata mentre leggo *Prigioniera d'amore*. C'è ancora qualcuno, in giro, che mi crede un'intellettuale.

« *Perché gli uomini amano le stronze* » recita lo sconosciuto con una lieve inflessione ironica.

Scoppio a ridere. «È stata una lettura molto educativa» spiego, tornando seria.

«Ha capito che gli uomini preferiscono le stronze?» Anche lui sorride. Un sorriso aperto e fiducioso.

«In realtà non fece che confermarlo. Lei, che è un rappresentante della categoria, cosa ne pensa?» chiedo inclinando il capo pensosa.

«Che vale lo stesso per le donne.» Touché. Lo sconosciuto sorseggia un mojito e mi rivolge un sorriso. «Chi le ha scattato questa foto?» domanda guardandomi intensamente negli occhi.

«Mio fratello. Una parte di questa mostra è sua. È Marco Allevi» spiego orgogliosa. «A proposito, sono Alice Allevi» dico poi porgendogli la mano.

«Arthur Malcomess» risponde, porgendo la sua.

«Malcomess?» chiedo corrugando la fronte. «Ma dai! Come quello stronzo del mio capo.» Non è stato elegante dirlo, lo so, ma ho esagerato con i mojito e ora mi sento lievemente disinibita.

Lui inarca le sopracciglia. «Paul Malcomess?»

«Sì» rispondo, e i battiti cardiaci accelerano. Come ho potuto essere così stupida? Come se di Malcomess ce ne fossero chissà quanti a Roma... Adesso si scopre che sono parenti.

«Paul Malcomess, il medico legale?»

«Sì» mormoro flebilmente. Sul volto di Arthur Malcomess si dipinge un sorriso malizioso.

«È mio padre» risponde amabilmente, con tono nient'affatto offeso.

Merda. Merda. Merda.

Mi sento avvampare. Porto d'istinto le mani alla fronte e faccio appello a quel che resta della mia dignità per non esplodere in lacrime.

« Non preoccuparti » sussurra lui, sfiorandomi appena il capo con dei modi che sembrano esprimere la capacità, se lo desidera, di essere gentile in maniera al contempo delicata e virile. « In realtà penso anch'io che sia un discreto stronzo. »

Non riesco a guardarlo negli occhi. Non c'è giustizia a questo mondo. Non è ammissibile. Conosco un tipo pazzesco e non trovo di meglio da fare che dare dello stronzo a suo padre. Che poi è il Supremo.

Continuo a tenere lo sguardo basso.

Qui ci vuole presenza di spirito. Che sarà mai. Tutti odiano il proprio capo. Senz'altro anche Arthur Malcomess odierà il suo. Poi, l'ha detto lui stesso che è d'accordo con me.

Mio Dio, certo che Arthur è figo in maniera superba. Il Boss emana un certo fascino, non lo nego, ma non assomiglia in maniera particolare a questo splendore.

« E così, sei un medico legale » dice lui con assoluta naturalezza.

« Ero » ribatto sconsolata. Ho una taglia sulla testa da circa dieci giorni e, anziché risolvere la faccenda, sono addirittura riuscita ad aggravarla.

« Ti prometto che manterrò il segreto, anche se lui lo prenderebbe come un complimento. »

Mi sfugge un gemito disperato. « Sono cose che si dicono, davvero, penso sia un grande professionista e non è veramente *tanto* stronzo. Be', sì insomma, un po'... Il giusto, ecco, tutti i capi lo sono un po'. È l'onere di qualunque incarico dirigenziale. » Il mio discorso disarticolato non sembra interessargli.

« Certo » risponde con aria distratta.

« Che cosa fai nella vita? » chiedo cambiando argomento e cercando di recuperare un po' di terreno.

« Sono un giornalista. »

«Per quale testata?» domando.

Quando, con noncuranza, mi snocciola il nome del suo periodico, reprimo a stento un'esclamazione di sorpresa. Forse non si rende conto – o forse è tutto il contrario – di lavorare per uno dei migliori giornali d'Italia.

«E di cosa ti occupi?»

«Di viaggi.»

«Una volta sulla tua rivista ho letto un articolo molto affascinante su Buenos Aires al punto che mi era venuta una voglia improvvisa di partire e a tutt'oggi resta una delle mie mete preferite.»

«Buenos Aires? Un anno fa circa?»

«Sì, mi sembra.»

«L'ho scritto io» ammette con candore misto a imbarazzo.

«Be' allora complimenti retroattivi! Che figata» non riesco a trattenermi dal dire. «Il lavoro che tutti vorrebbero fare: in pratica ti pagano per andare in vacanza.»

«Non è così entusiasmante, credimi» risponde. Poi, di fronte alla mia espressione perplessa, aggiunge: «Be', sì, ha molti vantaggi. Mi diverto al posto degli altri e mostro loro cosa c'è da vedere in giro, ma in realtà vorrei viaggiare con altri scopi». Il suo tono si è fatto più vago.

«Non riesco a capire» confesso.

Arthur sorride. «Ci conosciamo da appena cinque minuti e non vorrei annoiarti.»

«M'interessa, davvero» insisto.

«Magari può essere il pretesto per rivederci una prossima volta» ribatte strizzando un occhio con un'espressione solare e disinvolta. Lo conosco da cinque minuti, e mi piace già da morire. Ed è il figlio del Boss. Non ho pudore. «Ti va un drink?» prosegue lui.

Annuisco e ci avviamo verso il buffet. Continuiamo a parlare e mi accorgo che Arthur è più interessante che bello, il che è tutto dire.

Ricapitolando, un reporter di viaggi. E ciò spiega: primo, l'abbronzatura che non ha la nuance albicocca delle Lampados. Secondo, quell'esotico bracciale che mi ha tanto colpita, che fa tanto Bali o qualcosa del genere. Terzo: quell'indefinibile *allure* fascinoso che tipicamente possiede chi svolge professioni tanto interessanti.

Mentre chiacchieriamo del suo ultimo viaggio a Rio de Janeiro, veniamo interrotti da un suo amico, che scopro essere un fotografo collega di Marco. Il Terzo Incomodo ostenta una certa fretta di andare via, e senza che io possa fare niente per impedirlo, si porta dietro anche il bell'Arthur.

«È stato bello conoscerti» gli dico, abbandonando a malincuore l'atmosfera di totale incanto che si era creata tra noi. Da oggi in poi, quando vedrò il Supremo non potrò non chiedermi cosa starà facendo Arthur Malcomess.

«Proprio bello, *Alice in Wonderland*» risponde lui un po' distrattamente, inviandomi un bacio con la punta delle dita e seguendo il Terzo Incomodo nella mischia, sulle note di una canzone un po' struggente di cui non riesco proprio a ricordare il titolo.

Alla fine della serata, mentre mi avvio verso l'uscita, mi sento fluttuare nel mio personalissimo *Wonderland*. Perché ho flirtato con un figo del calibro di A.M., perché mi sento vezzosa e chic come Keira Knightley nella pubblicità di Coco Madamoiselle e infine, *last but not least*, perché ho decisamente esagerato con i mojito e sento di aver perso i contatti con il mio corpo, come quella volta che ho provato un materasso *memory foam* al centro commerciale.

Sul taxi, racconto alle amiche della mia ultima impresa. Silvia non riesce a trattenere le risa. Alessandra è sconcertata. Yukino ha bisogno che ripeta l'episodio una seconda volta per afferrarne le sfumature semantiche.

«E dai, Yukino. Non ci vuole una specializzazione in filologia per capire che ha dato dello stronzo al padre di quel figo che l'ha abbordata. E che è pure il suo capo» sbotta Silvia.

Le tre continuano a parlarne come se io non fossi presente. E per dirla tutta, in realtà non le ascolto più.

Tornata a casa, cerco su Google «Arthur Malcomess».

Mi rimanda al sito della rivista per cui lavora, nel quale trovo qualche notizia biografica.

Arthur Paul Malcomess. Nasce il 30.3.1977 a Johannesburg, dov'è vissuto fino all'età di diciotto anni. Laureato in Scienze politiche a Bologna col massimo dei voti, nel 2004 termina il dottorato di ricerca in Scienze internazionali e diplomatiche presso la Sorbonne di Parigi. Si occupa della sezione Viaggi dal 2005.

Trovo anche qualche suo articolo su vari blog, citato per intero o in parte. Gli stralci riportati restituiscono perfettamente la persona squisita e magnetica che ho conosciuto stasera e, nonostante la stanchezza mi stia sfibrando, continuo a leggere sognando che sia ancora lui a parlarmi.

Buonanotte Arthur.

Sei la prova che la tanto discussa penetranza dei geni è molto, molto variabile. Dovrei proporre ad Anceschi una ricerca al riguardo.

Ci vorrebbe un amico

È una giornata sorprendentemente calda di fine febbraio, il cielo è di un bell'azzurro vivace e l'aria profuma di aghi di pino e di caffè.

Ogni tanto, non troppo spesso purtroppo, mi capita di dimenticare la spada di Damocle che mi pende sulla testa e di sentirmi quasi quasi felice. Questo è uno di quei momenti in cui, pur ricordandomene, mi sento piena di gioia malgrado tutto. O, almeno, fino a quando entro nella mia stanza.

Lara è seduta alla sua scrivania e sta esaminando alcune foto, comparandole con altre che trova su un libro di entomologia. Accanto a lei, un contenitore per le urine dal coperchio rosso in cui galleggiano alcune porcherie non meglio identificate.

«Lara, che schifo c'è la dentro?»

Lara solleva il suo sguardo miope.

«Dove?»

«Là, in quel barattolo...» specifico arricciando il naso.

«Ah!» esclama, piena di eccitazione. «Sono le mie larve! Sto facendo uno studio per Anceschi. Ieri sera c'è stato un sopralluogo – a proposito, ho provato a chiamarti per chiederti se volevi venire anche tu, ma non ti sei degnata di rispondere. Peccato! C'era un poveretto già putrefatto pieno di larve di dittero, appunto...»

«Lara, basta ti prego» la interrompo. «È raccapricciante! Getta via quel contenitore, sto per vomitare.»

«Non posso gettarle, mi servono. Trasferisciti in biblioteca se proprio non ce la fai. Se però posso dirti la verità, dovresti superare certe tue fisime. Dov'eri ieri sera?» mi chiede poi.

«A una mostra di foto di mio fratello. E sai chi ho conosciuto?»

Lara fa spallucce.

«Il figlio di Malcomess.»

«Quale dei dieci? Racconta, voglio i dettagli. Lo sai che ho un debole per Malcomess e che se avesse avuto trent'anni in meno me ne sarei innamorata perdutamente.»

«Prima leva quelle larve dal mio campo visivo.»

«Viziata!» sibila Lara mentre sposta il contenitore sulla scrivania di Ambra, in ferie per tutto il fine settimana per una vacanza a Parigi con la madre. «Soddisfatta, ora?»

Sul più bello del racconto, edulcorato dall'omissione di certi dettagli (primo su tutti l'aver dato dello stronzo al Boss), vengo interrotta da Claudio che senza bussare alla porta – è il suo marchio di fabbrica – e senza degnare Lara di uno sguardo, mi chiede: «Ti va un cappuccino?»

Il suo tono è sospeso fra il lugubre, l'imbarazzato e il gioviale.

«Certo» replico un po' stranita.

«Non preoccuparti, vai, vai» mi previene Lara, prima ancora che mi scusi per averla piantata.

Lo prendo sottobraccio e ci avviamo verso il bar vicino all'Istituto.

«Novità su Giulia Valenti?» domando con nonchalance.

«Ho i risultati dell'esame tossicologico» ribatte con indolenza.

« Di già? » domando perplessa: in genere i tempi del tossicologo con cui collabora sono più lunghi.

« Ieri ho lavorato tutto il giorno fino alle tre di notte insieme al tossicologo forense, Allevi. Sono sull'orlo del collasso. Mi tiene in vita solo la caffeina. Comunque, Giulia Valenti era strafatta. »

« Spiegati meglio. »

« Faceva uso di quasi tutti i tipi di droga presenti sul mercato del narcotraffico. Anche di eroina, abitualmente anche se non di frequente. »

« Che vuol dire? »

Claudio mescola lo zucchero di canna al suo cappuccino, gli occhi un po' stanchi.

« Non era propriamente un'eroinomane. Si faceva con misura, senza essere dipendente, forse era in una fase iniziale o semplicemente sapeva gestirsi. Di certo non si limitava all'eroina. Abbiamo trovato tracce di cocaina e di hashish. »

« È stata un'overdose? »

« Alt, Allevi. Overdose? Hai già dimenticato il reperto di shock anafilattico? »

« Be', può essere che abbia assunto eroina tagliata con una sostanza che le ha scatenato lo shock anafilattico. »

« Paracetamolo, per l'esattezza; è l'unica sostanza farmacologicamente attiva e potenzialmente allergizzante rinvenuta nel sangue, quindi, con elevato grado di probabilità è la sostanza responsabile dello shock. È molto verosimile che l'eroina fosse tagliata con paracetamolo: il tossicologo forense mi ha detto che è sempre più frequente riscontrarlo nella droga da strada, pare che ne potenzi gli effetti. Tra l'altro i familiari hanno confermato che Giulia Valenti era allergica al paracetamolo, quindi non l'avrebbe mai assunto consapevolmente. »

«A questo punto, mi chiedo: perché non abbiamo trovato la siringa, a casa sua?»

«Bella domanda. In realtà, ne hanno trovata una la sera stessa del sopralluogo. Non in casa. Era in un cassonetto dei rifiuti sulla strada poco distante da casa di Giulia Valenti. Faremo l'esame del DNA sul sangue rinvenuto all'interno della siringa e sulle tracce di cellule epiteliali sul cilindro. Il tutto mi verrà consegnato questo pomeriggio.»

«Significherebbe che non si è drogata da sola, quella sera. Lei non può aver avuto il tempo di uscire e buttare la siringa.»

«Il punto è questo, ma in realtà lei quel tempo potrebbe averlo avuto. Il tossicologo sta cercando di capire a che ora ha assunto la droga in base ai metaboliti che ha rinvenuto nel sangue e negli altri fluidi biologici, per stabilire quanto tempo è intercorso da quel momento all'ora della morte. Non so cosa riuscirà a fare, bisogna tenere conto dei processi biochimici postmortali, ma potrebbe ottenere un dato utile, anche se ne dubito. In ogni caso bisogna verificare, Allevi, quindi la vicenda si colora di giallo, per la tua gioia. Anche perché una vicina di casa ha riferito di una certa concitazione nell'appartamento, proprio nelle ore precedenti il ritrovamento del cadavere. Di sicuro la Valenti non era da sola e bisognerà stabilire in che misura chi era con lei è coinvolto nella sua morte.»

«Hai visto che quelle ecchimosi possono avere un significato?»

«Sentiamo.»

«Forse qualcuno gliele ha prodotte durante una colluttazione.»

«Ah, nel mondo del possibile è plausibile una miriade di cose. Non sempre però è compito nostro fare ipotesi: cerca quindi di imparare, come regola generale, che è bene porsi domande, ma con senso della misura. »

« Okay prof, ho recepito. Posso aiutarti a svolgere gli esami sulla siringa? »

« Sì, alle solite condizioni: sii invisibile. » Poi, come combattuto tra il parlare e il tacere, leggermente colorito in viso, senza riuscire a guardarmi negli occhi, prosegue cambiando argomento. « Ascolta, Alice. Devo parlarti di una cosa molto grave » spiega con tono drammatico, come se stesse per annunciare l'Apocalisse.

« Cioè? » domando non troppo agitata. Non può dirmi niente di peggio di tutto quello che già so, in generale, sulla mia situazione professionale; né può esser peggio di quella volta in cui ho dimenticato di fare le fotocopie del nullaosta al seppellimento di un cadavere e lui voleva strozzarmi.

« Alice... Merda, come spiegarti? » dice a se stesso ma ad alta voce.

« Su Claudio, non esagerare. Spara. »

« Be'... la Wally pensa che tu sia messa male e che l'unico modo per recuperare la situazione sia farti ripetere l'anno. »

Imporporo fino alla radice dei capelli per la vergogna. Malgrado conosca fin troppo bene ogni dettaglio della ferale notizia, non ha tuttavia perso il potere di mandarmi in tilt.

« Lo sapevo già » ammetto con semplicità, frugando disperatamente nella borsa per cercare il pacchetto di Merit.

Claudio strabuzza gli occhi. « E posso sapere cosa stai combinando, di grazia, per salvarti il culo? »

« Sto lavorando sodo. »

« Sì, certo, come no, e a cosa? » domanda lui con sussiego.

« Vari progetti. »

«Sii più precisa» incalza.

Sbuffo sonoramente. «Claudio, non posso inventare qualcosa dall'oggi al domani. Ci vuole del tempo per maturare dei progetti. Adesso mi sto impegnando nelle piccole cose quotidiane in attesa di un'illuminazione.»

Claudio finisce di bere il suo cappuccino. «Alice... Guarda che la tua situazione è davvero critica. Soltanto tu puoi rimediare. Non sottovalutare l'ultimatum della Wally, è la tua ultima chance» spiega con tono serio. «Mi sembrava giusto avvertirti» conclude infine seccamente, come per giustificarsi.

«Be', grazie» ribatto asciutta; benché sincero, il suo interesse mi irrita. Lui fa per alzarsi quando istintivamente lo trattengo per un braccio. Lui mi guarda perplesso. «Claudio... tu credi che la Wally mi boccerà davvero?»

Lui non ha bisogno di tempo per rispondere. «Credo che sia capacissima di farlo, ma spero che tu riesca a salvare il salvabile. In ogni caso, anche se riuscirai a superare l'esame di fine anno, farti stimare dalla Wally e da Malcomess sarà difficile perché sono tipi che finiscono con l'affezionarsi alle proprie opinioni.»

Se chiedi aiuto a Claudio, lui è sempre ben lieto di aiutarti a trovare una corda per impiccarti.

«Okay» mormoro con una strana sensazione di oppressione all'altezza dell'epigastrio.

«Ci vediamo più tardi per l'esame sulla siringa. Alle quindici, puntuale» conclude prima di lasciarmi da sola al tavolino del bar, un povero camice bianco derelitto in mezzo a una folla frenetica di gente che forse, al contrario di me, s'impegna davvero per raggiungere i propri obiettivi.

Meglio un giorno da leone che cento da pecora

Nei giorni successivi, che di nuovo freddi e piovosi aprono il mese di marzo, ci dedichiamo all'esame del sangue rinvenuto nella siringa, delle cellule epidermiche rilevate sul cilindro della siringa e su tutti gli oggetti ritrovati nella spazzatura accanto alla siringa, per comparare il DNA ed escludere che si tratti di contaminazioni ambientali. I risultati sono piuttosto controversi. Secondo me, almeno.

Nel sangue all'interno della siringa, a contatto con lo stantuffo, c'è il DNA di Giulia, il che prova che la siringa è stata utilizzata da lei. Sulla superficie del cilindro è risultata la presenza di altro DNA estraneo corrispondente a due profili: un soggetto di sesso maschile, e uno di sesso femminile.

«Contaminazione, ovviamente» sentenzia Claudio. «Il DNA femminile è lo stesso rinvenuto in un fazzolettino accanto alla siringa, impregnato di lacrime e muco nasale. Erano a stretto contatto e quel DNA proviene di certo da lì. Quello maschile sì che ha più valore, perché non abbiamo trovato l'oggetto contaminante.»

«Potresti spiegarmi meglio?»

Claudio sbuffa. «È assurdo che queste cose tu non le sappia ancora, Alice.»

«Ci sei tu qui a spiegarmele, mio eroe!»

«Allora, posto che il DNA non vola, ma che si attacca su un oggetto attraverso un contatto, è ovvio che i protagonisti debbano essere due: il contaminato e il contaminante. Ora, nella fattispecie, il cilindro della siringa possiede delle tracce appartenenti ovviamente a Giulia Valenti, che si è iniettata l'eroina. Ma sulla superficie ci sono anche tracce appartenenti a un soggetto XX, cioè a una donna, e altre tracce appartenenti a un soggetto XY, uomo. Come ha fatto questo DNA ad arrivare sulla siringa?»

«Me lo chiedi sul serio o è una domanda retorica?»

Claudio mi fissa interdetto. «Sono serio.»

«Okay. Può essere arrivato in due modi: uno, da qualcuno che ha toccato la siringa quella sera. Due, dal fazzolettino nella spazzatura.»

«Bene. E nel caso del DNA femminile, cosa ti sembra più probabile?» chiede con tono smaccatamente ironico.

«Ovviamente la seconda ipotesi. Quel che voglio chiederti è... se anche il fazzolettino appartenesse a chi quella sera si è drogata con Giulia?»

«Perdona la mia franchezza, Alice, ma credo che il tuo entusiasmo, mischiato alla tua colossale ignoranza in materia di genetica forense, stia partorendo un mostro. Perché dovrebbe essere stato il soggetto di sesso femminile e non quello di sesso maschile, di cui invece io escludo la contaminazione?»

Ehm. Non posso dirgli che baso le mie convinzioni sulla telefonata che ho sentito e sulle parole sconnesse di quella Doriana. Non capirebbe.

«Ma scusa, Claudio. Perché non ammetti che il DNA femminile che abbiamo trovato anche sul fazzolettino potrebbe appartenere a qualcuno che quella sera era con lei?»

«È abbastanza improprio dire *abbiamo trovato*. Ho trovato, vorrai dire. Eri incredibilmente distratta oggi. Hai rischiato di combinare molti danni ed è già tanto che malgrado la tua presenza le analisi mi siano riuscite.»

«Quanto sei acido.»

«Non sono acido, dico solo la verità e dovresti imparare ad ascoltarla perché, come ben sai, rischi grosso.»

«D'accordo. Lasciamo perdere i miei demeriti, per una volta. Ascoltami come se fosse Ambra a parlarti.»

Colto sul vivo, Claudio si rabbuia in volto. «Che c'entra Ambra?»

«Sei convinto che sia il diamante grezzo, tra la marmaglia degli specializzandi. O sbaglio?» gli chiedo subdolamente, gli occhi ridotti a due fessure.

«È in gamba» concede. «Ma non ho mai fatto differenze, tra di voi. E comunque, se vuoi saperlo, non è lei il diamante grezzo.»

Per un attimo i battiti del mio cuore accelerano. Che sia... Che sia io?

Che Claudio stia cercando di dirmi, a suo modo, che mi considera l'elemento migliore tra tutti gli specializzandi?

«Se vuoi la verità, penso che tra tutti la più dotata, arguta e brillante sia Lara. Peccato sia orrenda. L'aspetto le nuoce come non immagini.»

Alla luce di questa risultanza, approfondire l'argomento non mi interessa, per quanto non possa negare che mi trovo del tutto d'accordo con lui. Tanto vale tornare al nocciolo della questione.

«Allora, ascoltami come se fossi Lara.»

«Avanti, qual è il problema?»

«Il problema è che tu ti rifiuti di tenere in considerazione una possibilità.»

«Alice, la traccia femminile non è importante ai fini dell'indagine, non capisci? È più probabilmente una contaminazione e non è verosimile che corrisponda al DNA di qualcuno che si è fatto insieme alla Valenti, quella sera. Tanto più che il profilo di chi ha tenuto in mano la siringa, quella sera, io l'ho identificato, ed è un soggetto di sesso maschile. Sono stato chiaro adesso? Il DNA femminile è una traccia che in un'aula di tribunale non ha alcuna chance di venire considerata attendibile. Ci sono processi finiti a puttane per molto meno.»

«Ma non per questo è inutile. Claudio, sono seria, ascoltami. È una scoperta che ha un significato. Non devi ignorarla. Lo dico per te.»

Claudio scuote il capo. «Io non la ignoro, infatti. Ne segnalerò la presenza, ma esprimerò la mia valutazione. Mi rifiuto di dare seguito alle tue ipotesi romanzesche. Come quella volta...» si interrompe senza riuscire a trattenere un sorriso. «Quella volta in cui eri convinta che i segni di asfissia in una donna fossero dovuti a un omicidio anziché al crollo della palazzina.» E continua a sghignazzare impunemente, mentre estrae dall'armadietto i reagenti di cui ha bisogno.

«Non c'è niente da ridere» ribatto punta sul vivo. «È il mio modo di approfondire.»

«No, è il tuo modo di vedere la realtà. Del tutto fuori da ogni logica. Ma la tua buona stella mi ha messo sulla tua strada e posso fare qualcosa per te. Insegnarti a ragionare, per esempio.»

Nessuno è più irremovibile di Claudio, quando si tratta di lavoro. Non riesco a capire perché non si apra al dialogo, ma anzi lo rifugga come la peste. O forse, semplicemente, rifugge il dialogo con me. In ogni caso io continuo a non essere convinta. Il suono del telefono interrompe il nostro scambio di opinioni. Una delle segretarie lo avvisa dell'arrivo dell'ispettore Calligaris.

«Smamma, Allevi, ho da fare.»

«Non posso rimanere qui mentre parli con Calligaris?» gli chiedo istintivamente.

«Perché devi starmi sempre appiccicata come una piovra? Non ho da dirgli nulla in più di quello che già sai.»

«Ho capito.» Esco dalla sua stanza senza sapere che passerà molto tempo prima di potervi rientrare con lo stesso animo sereno di sempre.

Mentre percorro il corridoio che conduce alla mia stanza, m'imbatto in Calligaris in persona.

«Dottoressa, come sta?» mi saluta con tono ricco di amabilità.

«Bene, grazie. È qui per parlare con il dottor Conforti?» gli domando pur conoscendo già la risposta.

«Sì, abbiamo un appuntamento perché deve comunicarmi alcuni risultati. Mentre aspettavo, ho anche salutato Giorgio. Dovrei farvi visita più spesso, è un Istituto molto piacevole.»

Sorrido per circostanza. Vorrei avere l'audacia di chiedergli se ha verificato la mia segnalazione, ma cedo al mio stesso pudore e tengo per me la domanda. Ci salutiamo cordialmente.

Senza saperlo, Calligaris mi ha ispirato un'idea; solo una persona può dirimere i miei dubbi senza supponenza e con onestà intellettuale, il pingue Anceschi. Il suo candore e la sua placidità sono l'ideale per sentirsi a proprio agio ed esibirsi in scivoloni senza alcun tipo di conseguenza rilevante. Peraltro Anceschi non digerisce Claudio, è cosa nota. Lo considera un ragazzino viziato e presuntuoso, più che un *enfant prodige*.

Busso alla porta della sua stanza. Mi guarderò bene dal dire che mi riferisco al caso Valenti e all'operato di Claudio. Mi terrò sul vago.

Lui mi accoglie e mi ascolta con inconsueto interesse.

«E così, in definitiva, lei ritiene che il dottor Conforti stia trascurando dei particolari.»

Avvampo.

«Non mi riferisco al dottor Conforti. Era una curiosità, in generale.»

«Suvvia dottoressa Allevi, non prendiamoci in giro. È evidente che si riferisce al caso Valenti. Tutte queste domande sul DNA nel cassonetto dei rifiuti... Farebbe prima ad ammetterlo. Lei non approva la condotta di Claudio Conforti.»

In questo modo sembra che da parte mia ci sia qualcosa di personale nei riguardi di Claudio, che io stia facendo la spia, per così dire, ma ovviamente non è così. Non nella mia mente, almeno.

«No. Forse l'errore è mio. Forse sto sovrastimando elementi futili.»

«In ogni caso l'approfondimento è d'obbligo.» Prende con aria annoiata la cornetta del telefono.

«Claudio, devo parlarti.» Sgrano gli occhi per la sorpresa. Lo ha convocato per metterlo a parte dei miei sospetti.

Il che può preludere solo a una terrificante prospettiva: Claudio non ne sarà affatto contento.

Claudio è arrivato da poco nell'organico dell'Istituto, prima era un semplice dottore di ricerca che si era fatto adorare dalla Wally ma che, concretamente, nella politica della Medicina legale contava molto meno di quanto lui stesso desiderasse e credesse. Adesso che ha fatto un balzo in avanti nella catena alimentare, ha acquisito alcuni dei caratteri distintivi del docente universitario in erba: primo tra tutti, una certa baldanzosa spocchia. Che io possa mettere in dubbio il suo lavoro e addirittura ne abbia parlato con Anceschi è per lui un'eventualità fantascientifica.

O meglio, *era* un'eventualità fantascientifica. Adesso, suo malgrado ne prende atto.

Mentre Anceschi lo mette mitemente a parte delle proprie perplessità (delle *mie* perplessità), Claudio mangia la foglia e mi fissa spudoratamente. I suoi occhi, che hanno sempre avuto un'aria un po' torva (chiave del suo mefistofelico fascino), adesso racchiudono un fuoco di assoluto sconcerto e disprezzo.

«D'accordo, Claudio? Sei ancora molto giovane, malgrado il ruolo che rivesti, e mi dispiacerebbe vederti massacrato nella fossa dei leoni» conclude Anceschi, e io comincio a pensare che sarebbe il caso di fuggire a gambe levate.

Non riesco più nemmeno a captare cosa si stanno dicendo, mi sento profondamente a disagio.

Alla fine, Anceschi ci congeda insieme. Claudio chiude la porta e noto un leggero tremore nelle sue mani, che di solito sono saldissime.

«Claudio...» esordisco.

«Non dire una parola» ribatte secco, con uno sguardo talmente risentito da farmi sentire un verme. Mi lascia indietro, camminando verso la sua stanza a passo spedito. Accelerando lo raggiungo. «Con permesso» dice freddamente e con un sorriso pieno d'astio prima di chiudermi la porta in faccia.

Oso bussare, ma lui non risponde. Alla fine, pur sapendo che sarebbe meglio lasciargli sbollire la rabbia, faccio irruzione nella sua stanza con la chiara volontà di non essere liquidata tanto facilmente.

«Non volevo comportarmi da stronza. Giuro. Volevo soltanto dei chiarimenti, e tu ti innervosisci così facilmente... Ho pensato di chiederli ad Anceschi e lui ha capito che stavo parlando del caso Valenti, ma io non intendevo fare il tuo nome né metterti nei guai. Ti prego, credimi.»

Claudio mi risponde con un sorriso cattivo sulle labbra. «Ah, e così dovrei credere che è stata un'ingenuità! Sarai anche stupida, ma non fino a questo punto.» Mi rivolge uno sguardo furibondo. «Ti ho detto e ridetto che non devi aprire bocca. Quando avrai casi tuoi, *se* mai avrai casi tuoi – e continuando di questo passo ho qualche perplessità – allora potrai parlare quanto ti pare e piace.»

«Non penso di aver detto niente di grave, in ogni caso. Tu ti ostinavi a non darmi retta. Non potevo parlare con nessun altro dei miei dubbi se non con Anceschi» mi difendo con calma.

«Hai fatto la saccente per fare buona figura con Anceschi, e che lui ti abbia creduto è un colpo di culo, perché, parliamoci chiaro, sei un'incapace.»

Sono sbalordita e indicibilmente delusa.

«Che i nostri superiori non mi stimino purtroppo lo so bene. Tuttavia non credevo che proprio tu... che...» Non riesco nemmeno a parlare. «Pensavo fossimo *amici*.»

«Amici» ripete con un sorriso sfuggente. «Te l'ho dimostrato raccontandoti qualcosa che avrei dovuto tenere per me. Ma siamo anche colleghi; anzi, anche se tu a volte lo dimentichi, sono un gradino più in alto rispetto a te, e dovresti sforzarti di adottare un comportamento improntato al rispetto.»

Mi viene da piangere. Maledizione. Ho l'emotività e l'autocontrollo di un'adolescente.

« Sai che ti dico, Claudio? Pretendi un po' troppa deferenza. Del resto la colpa è mia, perché ti ho sempre fatto credere di essere un dio, per me. Sono proprio stufa di fare la bella statuina. Non sarò brillante come te, sarò pure una misera specializzanda che nell'economia della Medicina legale ha lo spessore di una sottiletta, ma mi resta ancora un minimo decoro professionale e non sarai tu a smantellarlo. »

Claudio si trattiene dal ridere.

« Parlare con Anceschi è stato professionalmente scorretto ed eticamente molto peggio che scorretto » afferma, abbandonandosi sulla sua poltroncina.

« L'ho fatto in buona fede » gli spiego. « E qualunque cosa abbia fatto, in ogni caso, non giustifica tutto il disprezzo che mi hai dimostrato, proprio adesso per giunta, e sai bene a cosa mi riferisco. »

« Impara a riflettere prima di agire. »

Resto in silenzio, troppo scossa per aggiungere altro. E così, i miei sospetti trovano una conferma. Anche lui mi reputa un'incapace. Lui, che mi conosce meglio di chiunque altro.

Non c'è niente da fare. Puoi sognare quanto vuoi, ma prima o poi la realtà ti si abbatte addosso.

Davanti alla mia costernazione, animato evidentemente da una nota di buonismo, Claudio si rischiara in volto. « E va bene, dai, non è così grave, dopo tutto. So che non lo farai più. »

Se la mia faccia fa capire come mi sento, allora il mio sguardo è struggente. Scuoto il capo con mestizia. « Ti sbagli, per me è grave, grave davvero. Non mi sono mai sentita tanto uno zero fino a quando non sei stato tu a farmi sentire così. »

Lui china il capo e non risponde. Si alza in piedi e mi porge la mano.

«Non pensiamoci più.»

Rifiuto il suo ramoscello d'ulivo, troppo ferita per rispondergli con un sorriso e cancellare l'accaduto così semplicemente.

«Non posso non pensarci più» ribatto quasi assente senza guardarlo in viso. «Meglio che vada» concludo, accorgendomi con sorpresa di avere gli occhi lucidi. La cosa più triste è che non fa niente, proprio niente, per fermarmi. E soprattutto, non dice quello di cui le mie orecchie e il mio cuore spezzato avevano bisogno.

Non pensavo sul serio che sei un'incapace; l'ho detto così, preso dalla rabbia.

Il linguaggio schietto della verità. E di Silvia

Torno a casa in metro, abbastanza depressa. Quando mi sento così a terra, non c'è che una soluzione: Silvia. Non perché sappia consolarmi, ma proprio per l'esatto contrario: non mi prende sul serio e sminuisce i miei guai. La cosa migliore è che riesce a essere credibile, e quindi alla fine mi persuado che abbia ragione lei.

La chiamo e le spiego di aver bisogno di parlare con lei con molta urgenza. Nonostante sia notoriamente un'arpia, è comunque una persona su cui fare affidamento e così alle otto, puntuale, è sotto casa mia, a bordo di una Smart cabrio gialla tamarrissima e nuova di zecca.

«Allora, sputa il rospo» dice, diretta. Silvia indossa gli occhiali da vista e non porta un filo di trucco. Questa è la prova che è uscita controvoglia e soltanto per assecondarmi. In genere, è sempre impeccabile.

«Decidiamo prima dove andare a cenare» obietto.

«McDonald's. Sono povera in canna.»

«No, dai. Un tipo glamour come te non va al Mac. Il cinese vicino a casa di tua sorella Laura?»

«Non metto piede in un ristorante cinese, tesoro. Non esiste popolazione più incivile. E comunque, persino quello è troppo costoso per me.»

«Siamo proprio a questo punto?»

«Certo, dopo che ho speso tre quarti dello stipendio tra

affitto e Prada. Stavo per lasciargli anche i reni. Non posso più mangiare.»

Silvia è di quelle persone che potrebbero essere beneficiate di uno stipendio stellare e ugualmente non riuscire ad arrivare a fine mese. Non ci sono soldi che bastino a soddisfare tutti i suoi capricci.

«Offro io.»

«Non umiliarmi. Prendere o lasciare.»

«E McDonald's sia, allora» rispondo rassegnata. «Ma in definitiva non importa. Non resisto più, devo togliermi un peso. Silvia... Sto così male. Rischio grosso, al lavoro.»

Silvia corruga la fronte. «Che vuoi dire?»

«Hai presente la Boschi, l'assistente del mio capo?»

«Più o meno. Qual è il punto?»

«Vuole... vuole...» Non riesco nemmeno a dirlo e scoppio a piangere. Silvia, sempre a disagio quando si tratta di consolare, è visibilmente turbata.

«Alice! Per favore, calmati» dice perentoria.

«Non capisci. Vuole...»

«Vuole, vuole? Ti decidi a parlare?» sbotta spazientita.

«Vuole farmi ripetere l'anno!» esclamo tutto d'un fiato. È qualcosa che non ho detto a nessuno, che le mie labbra pronunciano per la prima volta. I colleghi al lavoro, i miei men che meno, Yukino, nessuno è a conoscenza del fardello che mi porto sulle spalle.

Silvia sgrana gli occhi. «Può farlo sul serio?»

«Certo!»

«Intendo dire, è legale?»

«Ma certo, Silvia, che idee.»

Sembra molto scossa. «Non riesco a capire perché dovrebbe fare una cosa simile.»

Prendo i kleenex dalla borsa e soffio rumorosamente il

naso. «Perché non è soddisfatta del mio lavoro. Dice che sono molto indietro, che non ho spirito d'iniziativa, che...» Mi interrompo e ricomincio a piangere. La serenità che in qualche modo avevo trovato in queste settimane sembra irrimediabilmente persa adesso che sento la mia stessa voce spiegare la gravità del problema. «Mi ha dato una scadenza... Sono già passate due settimane e non ho concluso niente che basti a salvare la situazione!»

Silvia, dopo Claudio ovviamente, è la persona più ambiziosa che conosco. E ora è in pieno stato di shock. Ai suoi occhi sarebbe meno grave se le avessi confidato di esser stata sorpresa a rubare rossetti all'Oviesse.

«Merda, è veramente grave» mormora mentre facciamo la nostra ordinazione alla cassa del McDonald's. «Quand'è la scadenza?»

«A fine trimestre.»

«Che cosa puoi fare, di preciso?»

«Non so... qualunque cosa. Scrivere un buon articolo di ricerca, per esempio. Occuparmi in maniera proficua di un caso complesso, darle prova che sono perfettamente in grado di fare un'autopsia, cose del genere, penso... Non è che lei sia stata molto chiara. Dio, Silvia. Se dovrò ripetere l'anno, a parte la vergogna... non avrò più soldi! Ho debiti per i prossimi cinque anni!» Silvia sembra assorta nella riflessione. «Mi senti?» le chiedo.

«Sto pensando!» esclama agitata. Nel frattempo le nostre ordinazioni sono arrivate. Prendiamo i vassoi e ci accomodiamo al tavolo più appartato. «Non puoi chiedere aiuto a Claudio? In fondo... Potrebbe coinvolgerti in qualche lavoro, sarebbe già qualcosa» osserva Silvia dopo un po'.

Claudio? «Silvia, devo dirti una cosa.»

Lei mi fissa terrorizzata. «Non sarai andata a letto con Claudio?»

«Magari» mi lascio scappare con un appannato e malinconico sorriso.

Silvia sembra tranquillizzarsi. «Tra tutte le cose stupide che potresti e vorresti fare, questa sarebbe la peggiore. Non potrebbe esserci niente di più grave. Ne usciresti con le ossa rotte.»

«Sì che c'è. Ho litigato con lui. Si è comportato uno schifo, in realtà» spiego con sottile rimpianto. Abbiamo litigato più o meno da tre ore, ma già quell'infame mi manca un po'.

«Saranno nuvole passeggere» ribatte lei con noncuranza, inforcando una patatina vertigo.

«Non credo, è stato davvero pesante. Mi ha ferita, e sa benissimo che sono a terra.»

«Vedrai che non ti negherà il suo aiuto.»

«Il punto è che non potrei *mai* chiedergli aiuto. È una questione di dignità.»

«Sei nella merda e mi parli di dignità?» mi domanda con sguardo severo. «È uno stronzo, si è sempre saputo. Ma a modo suo ti vuol bene. Cerca un compromesso e fatti aiutare.»

«Preferisco ripetere l'anno» ribatto risoluta. E lo penso davvero, anche se mi terrorizza che possa accadere.

«Allora dovremo studiarci qualcos'altro.»

Si astrae e restiamo in silenzio finché non riprende la parola con entusiasmo.

«Chiedi aiuto a quel tuo superiore, quello simpatico, un po' robusto... Spiegagli la situazione, digli che hai voglia di riscattarti e che sei disposta a tutto. Potrebbe darti qualche spunto e potrebbe anche intercedere per te.»

«La Boschi dice che anche lui non è soddisfatto.»

«Ma come hai fatto a ridurti così?» sbotta di colpo, come se fosse più irritata che dispiaciuta.

«Non lo so. Non credevo di essere messa tanto male» le spiego. E lo penso sul serio, forse per questo il tutto mi sembra ancora più tragico.

Rientro in casa abbastanza tardi da trovare il salotto vuoto, senza Yukino sul divano incollata davanti alla tv. Non ho sonno, e ne approfitto per usurpare il suo trono.

Alla Rai è in onda la replica di un programma pomeridiano in cui una sgallettata sta intervistando Bianca Valenti e io ascolto le sue parole con grande attenzione.

Sgallettata con voce stridula e capelli rosso menopausa: Bianca, da maggiore di due sorelle rimaste orfane da bambine, ha fatto anche un po' da madre a Giulia. Vuol raccontarci qualcosa su di lei?

Bianca Valenti: Giulia aveva una personalità molto creativa ed estrosa. Era difficile indirizzarla verso attività che richiedessero concentrazione ed equilibrio. Apparentemente era una ragazza molto allegra e vivace, ma era solo la superficie. In realtà, chi la conosceva in profondità conosceva anche la voragine che la divorava. Si sentiva viva solo attraverso le emozioni forti, ed era molto più cupa e malinconica di quanto non sembrasse.

S.C.V.S.E.C.R.M.: È dipeso, crede, dal fatto che fosse orfana?

B.V.: Ognuno reagisce alle disgrazie a modo suo. Lei era più debole e non escludo che la nostra condizione possa averla influenzata. Anche se in realtà l'affetto non le è mai mancato. Anzi, non *ci* è mai mancato. I nostri zii ci hanno accolto in casa come due figlie, non ho mai percepito differenze tra noi e mio cugino Jacopo.

S.C.V.S.E.C.R.M.: Ed ecco un altro tasto che avrei voluto toccare. Dopo un iniziale silenzio stampa, l'avvocato De Andreis sta conducendo una vera e propria battaglia personale.

B.V.: Nessun fratello ha amato una sorella quanto Jacopo amava Giulia. È possibile che la rabbia, questo senso di frustrazione che ci amareggia tutti, in lui si stia trasformando in una sorta di ossessione.

S.C.V.S.E.C.R.M.: Lei non è d'accordo con l'avvocato?

B.V.: Oh, sì che lo sono. Non concordo solo con il suo atteggiamento. Ci sono degli elementi che non quadrano. E soprattutto, so bene che negli ultimi tempi Giulia aveva frequentazioni pericolose.

S.C.V.S.E.C.R.M.: In che senso?

B.V.: Pericolose come possono essere tutte le storie con gente annoiata, ricca e perversa. Difficilmente prendono una buona piega. Sì, credo che le amicizie di Giulia abbiano a che fare con la sua morte.

S.C.V.S.E.C.R.M.: Lei conosce queste amicizie?

B.V.: Ovviamente.

S.C.V.S.E.C.R.M.: Ha fatto dei nomi agli inquirenti?

B.V.: Ovviamente.

S.C.V.S.E.C.R.M.: Che ricordo le resta, adesso, di Giulia?

B.V.: Il ricordo di un'eterna bambina.

Bianca ostenta una grande compostezza e risponde con signorile educazione. Le occhiaie appena camuffate e il pallore insalubre dimostrano che è provata, ma la sua voce non tradisce alcuna incertezza.

Primo appuntamento

È pomeriggio e sono assorta nella lettura di *Men's Health* quando il mio cellulare squilla e sul display figura un numero che non riconosco.

« Alice? » Lo sconosciuto ha pronunciato il mio nome in maniera errata. All'inglese: *Elis*, come *Alice in Wonderland*.

Non posso crederci. La parte più acuta e dotata di me ha appena realizzato che all'altro capo del telefono c'è Arthur Malcomess. Sono trascorsi dieci giorni, più o meno, dalla mostra di Marco. Sentirlo è bello e sorprendente.

« Arthur? »

« Buongiorno » esordisce, perfettamente a proprio agio e per nulla stupito che l'abbia riconosciuto subito e senza esitazioni.

« Buongiorno a te » riesco infine a replicare.

« Ti disturbo? » Lievemente ondeggiante tra l'eccitazione e lo sgomento, nego con fin troppa tenacia.

« Ho avuto il numero da tuo fratello. Ho comprato *L'inconsapevole bellezza* e mi sembrava giusto dirtelo personalmente. »

« Davvero? »

« Vorrei appenderla in redazione. Ti dispiace? »

« Non direi. Dopo tutto, gratifica la parte più egocentrica di me. »

« Tanto meglio. »

« Da dove vieni, stavolta? »

«Da Haiti.»

«Bello! Polinesia... Mi meraviglia che tu sia tornato.»

«In realtà Haiti è nel mar dei Caraibi» dice, e me lo immagino sopprimere, per pura cortesia, la tentazione di ridere sonoramente. «In Polinesia c'è Tahiti.»

«Ah.»

«Molti le confondono, non sei la sola» aggiunge, a mo' di giustificazione. Prima che possa ribattere e fare un'altra figura di merda, Arthur mi prende in contropiede. «Mi piacerebbe rivederti. Stasera?»

«Stasera... Sì, va bene.»

«Vengo a prenderti, se mi spieghi dove abiti.»

Sono più felice di quella volta che ho comprato su eBay un foulard di Hermès 90×90 cm a settanta euro.

Quant'è figo Arthur Malcomess. Ha un unico difetto: ascendenze p-e-r-i-c-o-l-o-s-i-s-s-i-m-e.

Ma uno così può permettersi di essere figlio di chiunque.

E mentre sono davanti all'armadio, in ambasce nella scelta della mise più adatta alla serata, una chiamata di Marco distrae la mia concentrazione.

«Alice, ho venduto *L'inconsapevole bellezza* a un tale che mi ha detto di conoscerti e di volerti chiedere il permesso. Mi ha chiesto il tuo numero e gliel'ho dato. Ho fatto male?»

«Altro che male! Mi ha appena chiamato. Sta' a vedere che grazie alla tua mostra non riesca finalmente a imprimere una svolta alla mia vita sentimentale.»

Marco ridacchia. «È una mostra che ha portato fortuna» commenta.

«Anche tu hai rimorchiato?»

«Alice, come sei triviale» ribatte con aria superiore. «Comunque, *lui* mi è sembrato interessante.»

Il *lui* è come minimo ambiguo, o forse sono io un po'
troppo maliziosa.

«Chi?»

«Il tale, l'inglese che ha comprato la foto, scema. Davvero interessante.»

«Vedremo. Grazie di tutto, Marco.»

«Non c'è di che.»

Alle nove meno cinque sono sotto casa, immobile come un
camaleonte e con la colite delle grandi occasioni. Un po' tesa, non troppo sicura di me, ma elettrizzata. Mi sento esattamente come se dovessi affrontare un esame.

«Scusa per il ritardo» dice lui con quel suo timbro un
po' roco, interrompendo il filo dei miei pensieri.

«Dieci minuti non sono un vero e proprio ritardo» rispondo conciliante.

Ha un'aria trafelata, come se fosse uscito di casa all'ultimo minuto. Nel momento stesso in cui mi sorride in una
maniera che è contemporaneamente distratta e sensuale, mi
attraversa una sensazione di irreversibilità.

«Preferenze per la cena?» domanda. Sarà perché di ma-
drelingua inglese, ma ho notato che Arthur possiede un les-
sico che definirei minimale.

«Mi piacerebbe cenare in quel ristorante indiano...
Quello in piazza Trilussa, salendo le scale, dove c'è il giardino. Adesso il giardino è chiuso, però.»

«Direi. Ci sono quattro gradi, stasera. Indiano, dunque.
Mmm.»

«Non sei convinto?»

«Si mangia indiano in India.»

«Lasceresti fallire i ristoranti etnici, devo desumere.»

«No. Capisco la curiosità. Ma siamo a Roma. Mangiamo romano. Domani sera ti porterò al ristorante indiano, per ripagarti della prepotenza.» La proposta mi alletta e l'idea di trascorrere due serate consecutive con lui mi alletta ancora di più.

Indicando la sua auto, mi apre lo sportello. Arthur possiede una Jeep che è un colpo d'occhio, che ha l'inconfondibile odore di auto nuova e su cui ascolta esclusivamente musica americana degli anni Settanta. E la guida come se si trovasse sul circuito di Montecarlo. Quando parcheggia nei pressi del Teatro Marcello, esco dall'auto e mi sento in subbuglio come se fossi appena scesa dalle montagne russe.

Percorriamo la strada infreddoliti. Davanti a noi la maestosità del Vittoriano.

«Non ho mai capito cosa sono quelle specie di case sui resti del teatro» dico indicando con lo sguardo le finestre da palazzina sulla parte alta del teatro, che quando ero piccola scambiavo per il Colosseo.

«Nel Medioevo lo hanno trasformato nella fortezza dei Pierleoni e poi nel Cinquecento un architetto ne ha fatto la residenza di una famiglia illustre. Ma non chiedermi quale, perché non lo ricordo.»

Lo guardo con meraviglia, ma lui tira dritto, le mani in tasca, il suo fiato che nel gelo si trasforma in una nuvoletta fumosa.

«Arthur, di dove sei esattamente?»

«Mio padre è londinese, ma questo lo sai. Mia madre è sudafricana, e io ho vissuto con lei a Johannesburg fino al diploma.»

«Poi?»

«Mi sono laureato a Bologna, ho vissuto tre anni a Parigi e poi ho trovato lavoro a Roma.»

«Perché Roma?»

«Perché non esiste, al mondo, una città più entusiasmante. E poi perché trovavo stimolante il lavoro che mi era stato proposto.»

«Parli al passato.»

«È passato, infatti.»

C'è un tenue imbarazzo tra di noi. Un imbarazzo che è più una sottile ansia da prestazione, quella che ti assale quando vorresti far la figura della persona brillante e intelligente, ma sai che per riuscirci dovrai impegnarti, perché di certo non ti viene naturale. Però quando capita di incrociare i suoi occhi sorprendentemente luminosi, ho come la sensazione che stia accadendo qualcosa di magico.

Raggiungiamo il quartiere ebraico e lì entriamo in una tipica osteria romana dall'aspetto anni Cinquanta e dall'atmosfera calda e accogliente.

Il cameriere ci conduce a un tavolino appartato e ha la delicatezza di accendere una candela. Trecce d'aglio rampicanti agghindano la parete, e a me sembra tutto talmente inconsueto. La scelta di portarmi qui è proprio bizzarra.

Senza attendere troppo, riceviamo il menu e io fingo di studiarlo, ma è da lui che non riesco a distogliere lo sguardo. Dai suoi lineamenti inusuali, dal suo mento deciso, dalle sue labbra belle come quelle di una donna, dai suoi occhi assorti il cui colore mi ricorda l'azzurro di una bella giornata di giugno.

«Non è il tuo genere. L'ho capito subito. Per questo ti ci ho portato.»

Sgrano gli occhi. «Una mossa audace» commento.

«Sì, per un'esperienza nuova. Pensa ai paradossi: una romana che non conosce e non apprezza un posto come questo. Qui si respira l'aria di Roma. Ma per chi non lo conosce, è molto più esotico del tailandese.»

Le pietanze che ordiniamo non si fanno attendere. E sono squisite. Dolci, ricche, oleose. Un'esperienza gustativa che mi rimanda ai tempi in cui era ancora viva mia nonna e trascorrevo il fine settimana a Sacrofano con i miei. La cena mi mette di buon umore, il vino rosso altera appena la mia lucidità, mi sento inebriata dalla sua compagnia e tutto mi appare sotto una luce ottimista ed entusiasta.

Usciamo dal locale dopo aver preso un amaro e poi passeggiamo a lungo. Attraversiamo il ponte Fabricio, l'isola Tiberina e arriviamo a Trastevere. I minuti e le ore passano, ma non me ne accorgo. Non avverto nemmeno il gelo, come del resto anche lui. Ci intratteniamo a guardare saltimbanchi e mangiafuoco – domani sarà carnevale –, ragazze in maschera, le loro risa, le luci riflesse sul Tevere.

Gli chiedo dei suoi ultimi viaggi. Mi parla di Haiti, poi di Tahiti – non senza un filo di ironia – poi di altri viaggi, e io mi ritrovo a pensare che potrei ascoltarlo per ore.

A proposito di Haiti, mi spiega: «C'ero già stato, in vacanza con i miei, un'eternità fa. Non facevano altro che litigare. E difatti, poco dopo divorziarono».

«So che il Capo ha avuto una vita privata molto movimentata.»

«Era ed è un gran puttaniere.»

«È vero che ha avuto cinque mogli e dieci figli?»

Arthur sorride. «Non esageriamo. Sono state tre: una inglese come lui, una sudafricana, mia madre, la terza invece è italiana. Quattro figli dalla prima, uno – io – dalla seconda, e una dalla terza. Ora sta con una trentenne, in lizza per diventare la quarta. E non ha veri rapporti con nessuno di noi.»

« Ti pesa? »

« No » replica asciutto.

« È un uomo dal carattere molto forte » commento.

« E come tutte le persone dal carattere forte, ha un brutto carattere. »

« E perché non vi frequentate? »

« Chissà » risponde lui, titubante. « Ha sempre avuto poco tempo da dedicare ai figli; e noi eravamo troppi, tutti sparsi qua e là. »

« Ti è pesato? »

« No » ribatte seccamente. « Ho avuto molta libertà e tutto quello che un ragazzo può desiderare. »

Arthur mi sembra così diverso da me. Veniamo da due mondi così distanti da sembrare paralleli e non appartenenti a un universo comune. Non guardavamo nemmeno gli stessi cartoni animati da bambini. Non parliamo la stessa lingua madre. Non abbiamo gli stessi interessi e forse nemmeno gli stessi obiettivi. Eppure, tra di noi si sta creando qualcosa di simile a un incanto.

Da un'autoradio si sente provenire la musica di *Seven Seas of Rhye* dei Queen. È quasi mezzanotte, l'aria di questa notte fredda pizzica le mie guance, la mia mano finisce col cercare quella di Arthur. Lui la stringe; la sua mano è calda, lievemente screpolata come spesso accade alle mani degli uomini in inverno.

Arthur esercita su di me un'attrazione incontrollabile e non so quanto dipenda dalla sua bellezza e dal suo fascino cosmopolita, e quanto dalla sua personalità un po' eccentrica. In sua presenza molti sono i pensieri che mi sfuggono e le sensazioni che si mischiano e mi confondono. Rischio seriamente di innamorarmene.

Casa De Andreis

L'indomani, sovrappensiero e con la testa tra le nuvole, non riesco a concretizzare molto sul lavoro; tanto più che intorno alle dodici il telefono della stanza squilla, Ambra risponde, inarca le sopracciglia e con una lieve, offensiva meraviglia mi avvisa: «È per te».

Afferro subito la cornetta.

«Alice? Sono Bianca Valenti.»

«Buongiorno» replico con tono neutrale, sentendomi osservata dall'Ape.

«Ho bisogno di rivolgerle qualche domanda, ma è meglio incontrarci di persona. Ammesso che la sua disponibilità sia sempre valida.»

«Sì, sì. Certo. Mi dica lei dove.»

«Per adesso mi sono trasferita a casa di mia zia Olga; ha bisogno di conforto e cerco di lasciarla da sola il meno possibile. Se non le è di disturbo, potrebbe prendere una cioccolata qui da noi.»

Accetto senza pensare al fatto che mi presenterò a casa di gente a me del tutto estranea e all'imbarazzo che proverò; la storia di Giulia mi attrae come una calamita e posso fare ben poco per evitarlo.

Alle cinque in punto, con indosso una giacca di Chloè – probabilmente il capo d'abbigliamento più in tiro che possiedo, comprato in un pomeriggio di follia sotto l'egida deviante di Silvia – mi trovo di fronte al numero nove di piazza Ungheria, davanti a un palazzo bello da togliere il respiro. Sul citofono non appare alcun riferimento alla famiglia De Andreis, così chiamo Bianca al numero di cellulare che mi ha lasciato stamattina.

« Mi scusi, avevo dimenticato di dirle che non siamo sul citofono. Le apro subito il portone. Salga all'ultimo piano. »

Prendo l'ascensore che piuttosto lentamente mi conduce all'ultimo piano, il quinto. All'uscita dal piccolo abitacolo, sul pianerottolo adorno di piante rigogliose degne di una serra, una sola porta. Un istante prima che io poggi il polpastrello sul campanello dorato, la porta viene aperta da Bianca in persona, che mi accoglie con il suo più bel sorriso.

« Può perdonarmi per essere stata così invadente? » esordisce. Difficile credere che ignori sul serio che è impossibile non perdonarle alcunché. Possiede lo stesso carisma che Giulia emanava da ogni poro della sua persona. Forse anche di più.

« Certo che posso. Dopo tutto, mi fa piacere poterle essere d'aiuto. »

« Prego, entri. Se non le dispiace, potremmo darci del tu. Immagino che siamo coetanee: sarebbe molto più naturale. »

« Sì, molto volentieri. »

La porta si chiude e io sono dentro la casa in cui Giulia è cresciuta. Mi fa uno strano effetto, quasi di disagio.

Mentre porgo a Bianca il soprabito, osservo l'ingresso. Le pareti sono rivestite da una carta da parati a righine verticali panna e verde bosco e i mobili antichi in mogano sono degni di un museo. Ci sono delle fotografie in bianco e nero della signora Olga col marito. Foto del matrimonio, foto di vacanze, foto con personaggi politici di spicco in epoca post Sessantotto. E poi ancora ritratti di Jacopo, di Giulia e di Bianca Valenti.

«Mia zia Olga sta riposando. Credo che per adesso stia abusando di sonniferi, ma forse è meglio che dorma il più possibile: quando è sveglia non fa che piangere.»

«Immagino sia normale.»

«Mia zia adorava Giulia. Hanno vissuto insieme fino all'anno scorso, quando Giulia ha deciso di andare a vivere con Sofia. Mia zia era restia a lasciarla andare, per molte ragioni, ma alla fine tutti abbiamo pensato che sarebbe stato utile responsabilizzarla. Preferirei che andassimo nella mia vecchia stanza. Vieni.» Mi esorta a seguirla attraverso un appartamento enorme in cui sarei capacissima di perdermi. Quel che più mi colpisce, tuttavia, non è la dimensione, di per sé impressionante, quanto il fatto che sia così poco luminoso. Il cielo sta imbrunendo eppure Bianca non accende le luci. Respirare l'aria di questa casa, che nonostante il servizio ventiquattr'ore su ventiquattro – ho incrociato due domestiche asiatiche in uniforme – odora un po' di chiuso, mi fa sentire fuori posto.

Bianca apre la porta della sua stanza, corrispondente a quella che nel mio immaginario è la stanza di una principessa delle favole. Un grande letto con baldacchino, una toeletta d'antiquariato, un lungo specchio barocco, un baule chiuso, un grande vaso pieno di fiori. Bianca spegne un vecchio lettore cd interrompendo *Incontro* di Guccini.

«Ti piace Guccini?» le domando un po' stranita. È una preferenza un po' di nicchia.

«Moltissimo» ribatte annuendo. «Anche a te?»

«È la musica della mia adolescenza. Lo ascoltava mio fratello, che a sua volta aveva imparato a conoscerlo attraverso mio padre. Per osmosi ho finito con l'innamorarmene anch'io.»

Bianca sorride con simpatia. «Anche a Giulia piaceva.»

Noto adesso, al suo polso, il prezioso bracciale di Giulia. «Avevo lasciato qui molte delle mie cose. Tra cui anche questi vecchi cd. Fare un salto nel passato mi riempie di tenerezza, ma al contempo anche di tristezza.»

Mi siedo su una poltroncina dal rivestimento ottocentesco.

«Capita spesso anche a me, quando torno a casa dai miei che abitano a Sacrofano. Provo sentimenti contrastanti.»

Bianca sorride amabilmente e annuisce. «Posso offrirti qualcosa? Un tè, o una cioccolata, o un caffè?»

«Soltanto un bicchiere d'acqua, ti ringrazio.»

Bianca chiama dal telefono a forma di cuore, molto anni Novanta, chiedendo a una domestica di portare dell'acqua per me e un tè corretto per lei.

A questo punto si è fatto buio, e dopo il fragore di un tuono, alcuni lampi illuminano improvvisamente la stanza.

«Cercherò di non farti perdere molto tempo, Alice. Sei stata così gentile con me... ma io non voglio approfittarne.»

«Non c'è problema, davvero. Dimmi pure.»

Bianca sospira. «Calligaris ci ha spiegato che sulla siringa con cui Giulia si è drogata sono state trovate altre tracce, che potrebbero appartenere a qualcuno che era con lei quella sera. Tracce maschili e anche tracce femminili. Ha però aggiunto che le tracce femminili potrebbero non avere alcun valore, ha parlato di contaminazione... Io non sono sicura di aver capito bene che cosa intendesse, per questo vorrei una tua opinione.»

Davanti ai miei occhi evidentemente perplessi, Bianca aggiunge: «Dai rilievi della polizia è stato accertato che quella sera, quando Giulia si è iniettata la sua dose di eroina, non era da sola. Alcuni vicini di casa hanno detto di aver sentito delle voci, quasi delle urla, provenire dal suo appartamento nelle ore precedenti il ritrovamento del cadavere. Ma nessuno ha visto di chi si trattasse. Quindi, ora gli investigatori ipotizzano che chi era con lei sia fuggito, e quelle tracce potrebbero appartenergli, giusto?»

«Ti spiego. La traccia maschile appartiene senza dubbio a qualcuno che quella sera era con lei. Non si spiega, altrimenti, perché il DNA di questo soggetto maschile sconosciuto fosse sulla siringa, considerato che non c'erano altre tracce nel cassonetto dei rifiuti. Questo discorso però non vale per la traccia di DNA femminile, che ha un significato decisamente più ambiguo e meno certo.»

«Il punto è che i testimoni hanno parlato sia di voci maschili sia di voci femminili. Quindi, le tracce dovrebbero avere un senso entrambe. Non è così?» incalza Bianca.

«Bianca, io non faccio parte del team investigativo. Posso darti solo informazioni di ordine tecnico medico-legale.» E non dovrei darti neanche queste, vorrei aggiungere, perché fino a prova contraria sono tenuta al segreto d'ufficio. Siccome però molte informazioni Bianca le possiede già, che segreto sto violando?

«In ogni caso, non è detto che il DNA femminile appartenga a qualcuno presente quella sera. Appartiene di certo a qualcuno che ha gettato un fazzolettino impregnato di muco e lacrime. Questo fazzolettino era vicino alla siringa. Questo è tutto quello che so, finora almeno» le spiego.

Bianca resta qualche secondo assorta nei suoi pensieri.

«Alice, un'altra domanda. Giulia è morta di shock anafilattico: ormai lo sappiamo, Calligaris ci ha spiegato tutto. Potrebbe aver avuto il tempo di gettare lei stessa quella siringa nel cassonetto?»

«Nel caso di una reazione anafilattica non immediata,

Giulia potrebbe avere avuto il tempo di buttare personalmente tutto il materiale nel cassonetto. Certo, è possibile. »

« Il che equivale a dire che nessuno ha una responsabilità in questa storia? »

« Immagino che le possibilità siano due: o che la morte sia stata immediata e chi era con lei sia rimasto con le mani in mano e dopo abbia gettato il materiale nel cassonetto; oppure, nel caso di un malore più tardivo, che Giulia sia morta da sola dopo aver gettato la siringa. »

« Tu sei un medico, no? Da un punto di vista medico, cos'è più probabile secondo te? »

« Calligaris non vi ha detto niente, al riguardo? » domando prudentemente.

« Ha detto che il magistrato ha formulato alcuni quesiti molto specifici al medico legale incaricato delle indagini, per riuscire a capire da quanto tempo quel paracetamolo era nel sangue. Per il resto è stato molto vago. In realtà ha espresso le tue stesse ipotesi, ma non si sbilancia sulle maggiori probabilità di una o dell'altra. È per questo che ti ho chiamata. »

« Non si sbilancia perché è molto difficile valutare le probabilità. Statisticamente parlando, le due ipotesi sono entrambe plausibili, e la stessa cosa può dirsi sul piano scientifico. Identificare i metaboliti del paracetamolo, in effetti, potrebbe essere orientativo, ma non credo che si riuscirà a discriminare un range temporale breve, perché le sostanze nel sangue vanno incontro a modifiche anche dopo la morte, e non credo sia possibile ricostruire una cronologia. Comunque, Giulia ha avuto altri shock, giusto? Com'era stato, in quei casi? »

« Non ricordo, davvero. Comunque, l'ispettore Calligaris, su nostra indicazione, sta interrogando tutti gli amici di Giulia, a uno a uno, concentrandosi sui possibili consumatori di sostanze stupefacenti. Tutta gente che avrebbe potuto benissimo essere con lei, quella sera, e aver omesso di prestarle soccorso. È un caso apparentemente banale, ma piuttosto insidioso; così ha detto Calligaris.»

Be', io sono d'accordo con l'ottimo Calligaris. Il confine tra la causa accidentale e quella omicidiaria è quanto mai sottile e a tutt'oggi io stessa non so da che parte stare.

Continuiamo a scambiarci opinioni sul caso; quando può, Bianca si lascia andare ai ricordi sul conto di Giulia, al punto che mi sembra di conoscerla sempre meglio, anche se, al contempo, è una visione sempre più parziale. Mi sembra che Bianca abbia un bisogno incontrollabile di parlare di lei, e tutto sommato credo sia normale: dopo tutto, è lei stessa a spiegarmi che la perdita di Giulia la fa sentire assolutamente sola.

«Era il mio ultimo legame di sangue. Sì, la zia, Jacopo e Doriana, gli amici, sono tutte persone a cui tengo tantissimo. Sono la mia famiglia, ma... ma Giulia... Lei era un'altra cosa» dice, lasciandosi poi andare a un sospiro.

Effettivamente è l'unica superstite della famiglia Valenti, e immagino che questo debba farle una certa impressione. Ha bisogno di credere che parlare di sua sorella sia davvero un modo per tenerla ancora in vita. Lo si crede sempre. Dipendesse da lei, continueremmo a parlare ancora a lungo, ma mi accorgo che sono quasi le otto e che la mia visita è durata anche troppo.

«Hai ragione» afferma dopo aver guardato il Cartier dal cinturino nero che porta al polso. «È davvero tardi. Non so come ringraziarti, Alice. Sei così paziente con me...»

La verità è che per natura non lo sono affatto. Ma lei mi piace e non mi costa alcuna fatica esserlo.

Per giungere all'ingresso mi conduce in un salotto dalle pareti color cremisi che sembra l'ambientazione di un romanzo regency. I protagonisti sono: la signora De Andreis, impettita e vestita di nero, seduta su una poltrona di pelle bianca, i capelli come al solito annodati in uno chignon dal quale non sfugge un filo. Il figlio Jacopo, in piedi col gomito appoggiato sulla pensilina del camino, concentra il suo sguardo annoiato e fiero su di me. La ragazza che mi era sembrata sospetta è seduta accanto alla signora De Andreis, e oggi indossa un tailleur rosa modello Chanel che, in verità, per quanto chic, la invecchia di almeno dieci anni.

Tutti e tre mi osservano piuttosto incuriositi. Cerco aiuto in Bianca, che mostrando una prontezza di riflessi non comune spiega alla zia e al cugino di avermi invitata a prendere un tè per ringraziarmi della cortesia mostrata in occasione della restituzione dei gioielli di Giulia.

«Ah» è il secco commento di Olga De Andreis. «Credevo non fossi in casa» aggiunge poi, aggrottando la fronte rugosa. Porta decisamente male la sua età.

«Sì, ci siamo lasciate prendere dalla conversazione» replica Bianca, senza mentire.

«Dottoressa, conosce già Doriana Fortis, la fidanzata di mio figlio Jacopo?» domanda Olga rivolgendo il suo sguardo freddo verso di me.

«Mamma» la interrompe il figlio, con sussiego. «Doriana era lì, quella mattina. Le presentazioni sono inutili.»

La signorina Fortis ha un'espressione di totale apatia. Doriana mi porge la mano come se, in ogni caso, non si ricordasse di me.

Gliela stringo con volontaria energia; lei la ritira istintivamente.

«Mi perdoni!» esclamo con una faccia da suola. «Le ho fatto male? Vedo solo adesso che è ferita.»

Doriana scuote il capo. «Non è niente, stia tranquilla.» Jacopo le va vicino con una dolcezza che non credevo potesse appartenergli. «Tutto bene, tesoro?» Poi, guardandomi negli occhi con indifferenza, mi spiega: «Doriana è stata morsa dal suo cane, in genere così pacifico».

«Non ci si può mai fidare delle bestie» commenta Olga, sdegnata. «Doriana, dai troppa confidenza ai tuoi animali. Un cane è un cane, non è un bambino.»

Doriana abbassa gli occhi. Mi sorride. «È stato uno sciocco incidente. Cercavo di togliergli dalla bocca una sciarpa che mi aveva preso. Tutti i cani reagiscono così: sono possessivi.»

«Ha ragione, zia. Può succedere» interviene Bianca, sedendosi sul divano accanto a Doriana.

«Era vaccinato, voglio sperare. Ci manca solo che tu prenda la rabbia» prosegue Olga, sprezzante, trattandola come un'ebete.

«Mamma, la rabbia non esiste quasi più» precisa Jacopo.

«E in ogni caso il cane di Doriana non è a rischio, sta' tranquilla» aggiunge Bianca. «È un carlino che sembra abbia inghiottito un boiler, trascorre tutto il suo tempo in una cesta e non fa altro che dormire e mangiare.»

Replico con un sorriso. «Vuole che dia un'occhiata alla ferita?» domando poi in un impeto di coraggio. «Anche se mi occupo di... altro, sono pur sempre un medico» spiego con tono disponibile.

«Non è necessario, la ringrazio» risponde dolcemente Doriana, che pur usando un tono deciso non riesce a sembrarmi brusca.

Su un tavolino basso davanti alla poltrona della signora

De Andreis noto alcune foto di Giulia, particolarmente belle. Non riesco a distogliere lo sguardo. Olga De Andreis se ne accorge e ne è tristemente inorgoglita.

«Mia nipote era di una bellezza molto particolare. Non trova?»

«Oh, sì. Bella come una principessa orientale.»

Jacopo e Doriana si fissano perplessi. Bianca inclina il capo, pensosa.

«Vuol vedere qualche altra foto?» prosegue calma la signora De Andreis.

«A dire il vero, stavo andando via» mormoro, ma solo per educazione. In realtà non mi dispiacerebbe.

«Si tratta solo di qualche minuto, dopo tutto. Se le fa piacere...» prosegue Olga.

«Perché no, Alice? Solo qualche minuto.» È Bianca a parlare.

«Volentieri» rispondo, convinta.

«Bianca, tesoro, prendi tu il mio album?»

Lei si allontana senza proferire verbo. Olga De Andreis poggia la mano rinsecchita e artritica sul braccio di Doriana. «Cara, hai telefonato ai Salani per comunicare la nuova data del matrimonio?»

Doriana si morde le labbra. «No! L'ho scordato. Lo farò stasera.»

Olga si rivolge verso di me. «Jacopo e Doriana dovevano sposarsi il mese prossimo. Giulia sarebbe stata una delle testimoni. Per ovvie ragioni hanno scelto di posticipare le nozze.»

«Capisco» dico con aria empatica.

Doriana abbozza un sorriso. «Non abbiamo più alcun entusiasmo» spiega.

«Mi dispiace molto.»

Doriana annuisce. Bianca torna con un album rilegato in marocchino che porge alla zia.

Olga lo apre con un senso di sacralità. «Oh, guarda! Avevo quasi dimenticato quel viaggio» dice sfogliandolo. «Eravamo a Boston. Giulia era così felice durante quel giro nella East Coast! Qui invece eravamo a Singapore, al Raffles. E qui è con Sofia, quell'anno l'abbiamo portata con noi. Si conoscevano dai tempi dell'asilo ed erano inseparabili, anche se negli ultimi tempi c'era dell'acredine tra loro... Non ho mai capito il perché.»

Bianca sospira. «Questioni di cuore» spiega.

«Ah sì?» domanda Olga, come ringalluzzita dalla viva curiosità.

Bianca annuisce. «Sofia era innamorata di un ragazzo che, ovviamente, aveva perso la testa per Giulia.»

«Ovviamente» ripete Doriana. Non riesco a interpretare il tono in cui lo dice, però.

Olga scuote il capo amareggiata. «Mia nipote era una ragazza così indecifrabile...» Continua a sfogliare l'album con attenzione. «Guarda, Jacopo. Questa foto è bellissima. Qui eravate alla sua festa di compleanno. Non ricordo... compiva diciassette o diciotto anni?»

«Diciassette» ribatte lui senza esitazione.

I suoi occhi sono colmi di rimpianto e lo esprimono con una tale chiarezza da farmelo apparire, adesso, sotto una luce nuova. Sfoglia le pagine dell'album con lentezza, ogni volta come se vedesse le foto per la prima volta, non riesce a farlo con distacco. La sua mano trema.

«Questa è la foto che preferisco» mi spiega la signora De Andreis. Ritrae Giulia, Bianca e Jacopo insieme, in una villa affacciata sul mare. Abbronzati, spensierati, belli come gli attori di una fiction americana. Bianca appare lievemente in disparte, Jacopo ride di cuore – e mi accorgo che ha un magnifico sorriso –, Giulia fa una smorfia buffa. La complicità che traspare tra loro è straordinaria. Sembra uno di quegli attimi preziosi in cui l'armonia di ognuno si allinea con quella del mondo e tutto sembra sorridere.

L'infelicità di Jacopo nel guardare la foto e probabilmente nel ricordare quel momento lontano e irripetibile diventa evidente. Si allontana, inquieto e angosciato. Si siede su una poltrona, Doriana gli stringe la mano con infinita comprensione. Bianca tira su col naso e si asciuga una lacrima con un movimento rapido e goffo delle dita. Mi sembra di aver scatenato un vortice di sofferenza e rimpianto.

Arrivo al termine dell'album, e poco dopo colgo l'occasione per andar via.

Sono tutti molto cortesi con me, al momento di congedarmi. Bianca lo è in maniera particolare e devo ammettere di esserne totalmente conquistata, come lo fui da Giulia quel pomeriggio che mi sembra ormai lontano.

Secondo appuntamento

Stasera io e Arthur ci ritroviamo al ristorante indiano. Non ha rispettato il termine di ventiquattro ore per questioni di lavoro, ma allo scadere delle quarantotto ha mantenuto la promessa.

Il locale è pieno, l'aria sembra fumosa, come succede negli ambienti stretti e caotici, e profuma di tandoori.

Un cameriere ci porta il menu, ma io sono molto distratta. « Sì, va bene questo » dico, e indico sul menu un nome che non mi azzardo a pronunciare. Il fatto è che non ho appetito: sono troppo presa da Arthur per pensare al cibo.

« Sei sicura? È molto forte » mi avvisa lui, sbirciando la mia scelta.

« Sì, sì » rispondo noncurante. Questi piatti mi sembrano tutti uguali, tanto vale lasciar fare al cameriere. Le nostre ordinazioni si fanno attendere, al punto che ho già finito la mia Coca Zero. Ma chi se ne frega. Sono con Arthur! Che in questo momento mi sta parlando di qualcosa che non sono certa di capire... qualcosa che ha a che fare con Balako o Bamako, un posto che, in ogni caso, non ho idea di dove si trovi.

Il cameriere torna con le nostre portate. Il mio piatto è costituito da pallottoline di carne in una salsa rossa che sembra infuocata, con contorno di riso basmati; ha l'aria d'essere molto invitante. Ascolto ancora Arthur, rapita come un'eroina di austeniana memoria, mentre ne prendo un cucchiaio e sono pronta ad assaporarlo.

«Alice? Tutto bene?»

No che non va bene! Ho appena inghiottito come fosse acqua una scoria radioattiva.

Afferro istintivamente il vino – non c'è altro a tavola – e me ne verso un bicchiere che poi trangugio tutto d'un fiato, peggiorando, se possibile, la situazione. Mi ritrovo a tossire convulsamente. Senza smettere di guardarmi come farebbe con un ragnetto nel piatto, Arthur chiama con un cenno il cameriere per ordinare con tono sereno dell'acqua fresca. Mentre non riesco a trattenere gli spasmi, mi assale l'atroce terrore di aver sputacchiato qualcosa poiché lo vedo pulire signorilmente col tovagliolo qualche maledetto chicco di riso sulla sua mano. «Alice?» mi chiama di nuovo, lasciando di lato le sue posate. Non riesco nemmeno a rispondergli, mentre si alza e si avvicina. Frattanto, il mio starnazzare ha attirato il bellissimo cameriere.

«Ma... è tutta blu!» esclama.

Pian piano, la tosse inizia a calmarsi. Arthur mi asciuga le lacrime con le dita. «Tutto bene?»

Ora che è tutto passato, lui – che non si è allontanato di un millimetro – mi sembra più divertito che preoccupato.

«Scu-sami un atti-mo» dico piena di dolorosa dignità, mentre il cameriere mi accompagna alla toilette.

Mi guardo allo specchio e desidero svanire all'istante. Il rimmel non ha tenuto ed è tutto sbavato. Ho gli occhi gonfi e sono paonazza. Ho dei chicchi di riso sulla bella maglia azzurra che mi stava d'incanto, prima che diventassi un clown. Quando torno al tavolo, vedo che Arthur non ha toccato cibo e che sta studiando ancora il menu.

«Come stai?» chiede con serio interesse.

«Benissimo» dico con un largo e, spero, convincente sorriso. Lui ricambia dolcemente. «Era troppo piccante» aggiungo. Lui corruga le sopracciglia e, con grande classe, non fa presente di avermi avvisato per tempo.

«Stavo giusto cercando qualcosa che tu possa mangiare in alternativa.»

«Ti ringrazio, ma va bene così» aggiungo coraggiosamente.

Sorride beffardo. Poi si rivolge al cameriere, indicando un piatto del menu. «Mi raccomando. Niente paprika, niente peperoncino, niente curry. Niente di niente.» Il cameriere annuisce prendendo nota dell'ordinazione.

Mi sento un po' intontita, l'aria viziata mi fa girare la testa.

Frattanto il cameriere è di ritorno con la pietanza che lui ha scelto per me.

«Va bene stavolta?» domanda Arthur dopo avermi studiato mentre assaggiavo.

«È molto buono. Sei mai stato in India?»

Gli occhi di Arthur si fanno nostalgici. «È stato il mio primo reportage. Forse il miglior pezzo che abbia scritto, anche se ero ancora inesperto. Si trattava di un'operazione di ampio respiro: due mesi in treno su e giù per tutta l'India, un servizio speciale. Completamente soli, io, un taccuino e una macchina fotografica. Una vera e propria magia. Lo rifarei domani, malgrado tutte le difficoltà.»

«Mi piacerebbe leggerlo.»

«Si può provvedere. Sapevo scrivere, prima. Forse dipende dal fatto che avevo molto entusiasmo. Adesso un po' mi annoio.»

«Forse visiti luoghi che non ti danno la giusta carica.»

Lui mi fissa colpito. «È vero. Se dovessi scrivere di un luogo che mi stimola, forse tornerei a farlo come prima.»

«Che luoghi vorresti visitare?»

«Per esempio... Uganda, Iraq. Bolivia» risponde dopo averci pensato un po'.

«Ma non sono un granché da vedere» obietto titubante.

«Sono posti dove nessuno va in vacanza. Proprio per questo cominciano a interessarmi.»

«Ho l'impressione che il tuo lavoro non ti entusiasmi affatto.»

Arthur si schiarisce la voce dall'intrigante accento anglosassone. «Non è questo. All'inizio ne ero veramente felice. Ero appena tornato da Parigi, avevo soltanto ventotto anni e poca esperienza in questo campo, non era facile. La verità, però, è che è un lavoro superficiale. Lo è per me, quanto meno. Visitare ristoranti, parchi e musei non mi basta, vorrei varcare la frontiera. Non voglio fare il turista, voglio viaggiare. C'è una grande differenza.» Arthur si passa una mano tra i capelli, sorridendo. Quando sorride, il suo volto si distende e diventa ancora più bello.

«Sì, ho capito cosa intendi. Provaci, allora.»

Poi sorseggia del vino, vagamente distratto dagli intarsi di una statua di Krishna che sembra aver attirato la sua attenzione, e mi chiede con naturalezza: «Cosa ti piace fare nel tempo libero, *Alice in Wonderland*?»

Tempo libero? Grazie a tuo padre ho dimenticato cosa sia. «Mi piace leggere, ma non lo faccio quanto vorrei. L'Istituto mi impegna moltissimo.»

«Posso essere del tutto sincero con te?» domanda corrugando le sopracciglia e fissandomi intensamente negli occhi. «Non ti ci vedo alle prese con i cadaveri. Ti hanno mai detto che somigli a Sophie Marceau?»

«Qualche volta» rispondo sentendomi arrossire. «In realtà è una professione molto interessante.» Nell'ambito della quale non riesco a ottenere alcun tipo di risultato, e questa è una realtà ineluttabile.

«Hai sempre voluto farlo?»

«Io non faccio il medico legale. Io *sono* un medico legale. Un po' come l'essere un turista e l'essere un viaggiatore. C'è una grande differenza.»

Arthur risponde sorridendo e inarcando un folto sopracciglio.

«Comunque, non era proprio il mio sogno di bambina. Ho scelto questa strada perché mi affascinava, sin dai primi anni di università.»

«Sei soddisfatta?»

«Tuo padre non tanto» mi lascio scappare con un sorriso amaro.

«Non è attendibile: niente è mai abbastanza per lui. E comunque ti ho chiesto se *tu* sei soddisfatta» precisa.

«Della scelta? È tutta la mia vita» rispondo con semplicità.

«Non sogni mai di fare qualcos'altro?»

«Non *potrei* mai fare altro.»

Arthur solleva con grazia il bicchiere di vino. «Propongo un brindisi al futuro della Medicina legale, allora.»

«E io propongo un brindisi al futuro del giornalismo socialmente impegnato.»

Arthur sorride, e brindiamo. Le dita si sfiorano appena. Mi sento felice.

* * *

Finito di cenare, ci incamminiamo verso la sua auto.

«Vivi da solo?» domando.

Annuisce. «In via Sistina. Vuoi vedere casa mia?» propone con nonchalance.

Calma! «Corri un po' troppo.»

«Sì, lo so» risponde con semplicità. «Proposte alternative?»

«Magari potremmo fare un giro, come l'altroieri.» Lui annuisce.

«Che cosa fai quando non viaggi?»

«Preparo gli articoli per la mia rubrica, e poi ne scrivo altri, di vario genere, che sottopongo al mio capo. Ma lui li boccia di continuo. In più ho un secondo lavoro.»

Lo guardo incuriosita. «Cioè?»

«È un mezzo passatempo. Traduco libri di ogni genere, di case editrici minori. Dal francese all'inglese.»

«Parli così bene il francese?»

«Ho vissuto per tre anni a Parigi» mi spiega, e in effetti ricordo di averlo letto da qualche parte.

«Sei pieno di risorse» osservo affascinata. «Qual è il tuo prossimo viaggio?»

«Creta. Parto tra due giorni.»

«Non ti senti mai destabilizzato? Intendo dire, non ci si sente un po' stravolti a essere sempre in viaggio?» Sotto le folte sopracciglia chiare, gli occhi di Arthur accennano un'espressione divertita, come se avessi fatto una domanda la cui risposta è scontata.

«No. Mi sento morire quando sto fermo nello stesso posto per più di due mesi. Quando torno a casa, ho già voglia di ripartire. È una curiosità infinita del mondo ma, forse, anche una forma d'instabilità. Sono un irrequieto, di fondo.»

«I tuoi rapporti umani non ne sono penalizzati?»

«Vai al sodo. Vuoi sapere se ho difficoltà a farmi una storia?»

«Be', anche...»

«Okay. La risposta è sì, qualche difficoltà. Ma è solo una questione di buona volontà e impegno; è possibile che finora non abbia messo nelle mie storie né l'una né l'altro.»

«Perché?»

Lui resta un po' in silenzio, come a voler ponderare bene la risposta. Nel frattempo mi accorgo dagli edifici familiari che siamo arrivati a casa mia.

Estrae dalla tasca del pantalone blu navy un pacco di Marlboro morbide. Ne prende una, me ne offre un'altra. «Varie cause.» Accende la sigaretta e si guarda distrattamente attorno, come se non gradisse granché la piega presa dalla conversazione.

«Per esempio?»

«Il fatto che non sia molto presente non aiuta e in generale non mi rende un partito desiderabile; tra le altre cose sono abbastanza incostante e di solito non è considerata una qualità. Ma non preoccuparti, non sono un mostro, dopo tutto.» Sorride con un'impercettibile asimmetria. «Prometto solo quello che posso mantenere. Sono chiaro su come sono fatto, lascio liberi gli altri di accettarmi o meno.»

Arthur avvicina le lunghe dita al mio viso e sfiora appena le guance accaldate. C'è qualcosa di conturbante nel modo in cui ci stiamo guardando.

«Hai la pelle più morbida che abbia mai toccato» sussurra.

Umetto le labbra. «Grazie» rispondo, intimidita come una debuttante. Sfioro la sua guancia, perfettamente rasa. «Anche tu.»

Lui sorride intenerito; mi sento tremare.

Eppure, lui sembra saldissimo. Non un velo di emozione offusca il suo volto. Ha la capacità di lasciarsi osservare senza inibizioni e io mi ritrovo a guardarlo negli occhi senza disagio, senza che lui abbassi mai lo sguardo.

« Partirai dopodomani » mormoro, come una considerazione personale.

« Tornerò presto, però » risponde quasi in un sussurro.

« Mi porti un regalo? » Arthur inarca le sopracciglia cinerine e foltissime. Ha ciglia smisurate. Quanto vorrei averle anch'io così.

« Un regalo, perché no. Cosa ti piacerebbe? »

Assumo un'espressione pensosa. « Non saprei. Qualcosa di personale. »

« D'accordo. »

Con un'ultima occhiata all'orologio, lo saluto riluttante a scendere dall'auto. Ho appena aperto lo sportello quando Arthur mi trattiene dal polso. Mi guarda dritto negli occhi.

« Posso darti il bacio della buonanotte? »

Annuisco e istintivamente mi avvicino a lui, che profuma di un odore essenziale e naturale.

Lui mi prende il volto tra le mani e finalmente sfiora le mie labbra con le sue. Lo fa con una levità che è tutta sua, eppure è come se il contatto ingenerasse una corrente elettrica che ben presto trasforma la delicatezza in qualcosa di molto più deciso.

E trascinante.

E incredibile.

Non ho mai assaggiato un sapore così squisito.

Tutto mi sembra svanire.

Gli sfioro i capelli morbidi, ho desiderato farlo sin dal primo momento.

«Vorrei davvero che tornassi presto.»

Mi sorride e mi bacia sulla fronte.

«Sei tenera» mormora, quasi ne fosse stupito.

Trovo Yukino sveglia. Ascolta Rachmaninov mentre studia, china sulla scrivania.

«Yukino! Studi ancora? A quest'ora?» le domando. Sembra esausta. È pallida e ha l'aspetto di chi non prende un po' d'aria fresca da troppo tempo.

Lei annuisce stancamente, versandosi del succo di frutta e spegnendo lo stereo. «Sono tanto stanca» ammette con candore. «Com'è andata la tua serata?» domanda poi, mentre stiracchia braccia e gambe sulla sua poltroncina girevole rossa.

«Bene, credo.»

«Ti piace, lui?»

«Potrei anche innamorarmene. Ti piacerebbe, sai? Apparentemente è limpido e radioso. Ma a ben guardarlo ha l'aria inquieta... C'è qualcosa di abissale in lui. Come una fame di conoscenza. E poi ha un modo di guardare la realtà che la rende più bella.»

Yukino sorride. «Sembra il personaggio di un libro.»

«In effetti sembra Shinobu di *Haikara-san ga toru*, tanto per farti capire. O forse sono io che lo vedo così. Magari poi è un tipo comune come ce ne sono tanti.»

«Quanto è bello Shinobu» mormora Yukino sognante, prima di sbadigliare per la stanchezza.

«Andiamo a letto?» le propongo. «Sei troppo stanca per continuare a studiare. È inutile.»

«Hai ragione. Ho proprio sonno. Buonanotte, Alice.»

Pensieri e parole

Qualche giorno dopo, all'arrivo in Istituto mi accorgo subito che c'è un che di frizzantino nell'aria. Una strana concitazione, quella che si avverte quando c'è qualcosa di importante in ballo.

«Lara, mi sono persa qualcosa?» le domando. Lei fa una treccia dei suoi capelli rossi e incolti mentre mi risponde con dovizia di particolari.

«Pensavo che Claudio te ne avesse parlato. Oggi sono stati convocati alcuni amici di Giulia Valenti coinvolti nel caso e Claudio effettuerà i prelievi, sia per le indagini genetiche sia per quelle tossicologiche.»

«No che non me l'ha detto.» In realtà mi sembra piuttosto coerente che il Grande Ricercatore non mi abbia avvertita. Che disdetta essere uscita dall'intimo circolo delle sue adulatrici. Ma, questo è certo, la svolta di oggi non me la perdo. Tanto più che ho intravisto Calligaris che prendeva un caffè in sala riunioni assieme ad Anceschi – sembravano Stanlio e Ollio – quindi si profila un'evoluzione di particolare interesse.

Busso alla porta di Claudio e, ricevuto il permesso di entrare, gli sorrido con gentilezza.

«Volevo chiederti se posso presenziare agli esami degli amici di Giulia, oggi» dico con tono naturale, come avrei fatto fino a qualche tempo fa.

«Meglio di no» ribatte freddamente, senza sollevare lo

sguardo dal monitor del Mac e senza replicare al mio sorriso.

« Perché? » domando tra l'irritato e lo sbigottito.

« Perché ti sei lasciata coinvolgere troppo da questa storia e preferisco che ne resti fuori, per quanto può dipendere da me » ribatte continuando a digitare freneticamente sulla tastiera.

« È ingiusto. »

« È un modo per tutelarti, se non l'avessi capito » spiega con sussiego, evitando ancora di degnarmi del suo sguardo.

« È un modo per punirmi. »

Claudio alza finalmente lo sguardo, e quello che mi rivolge è un misto di freddezza e sarcasmo.

« Ti dai troppa importanza, Allevi. Ho di meglio da fare che punirti, anche se ammetto che in passato ti avrei castigato, pur se in un altro frangente. Tutelarti, però, è un mio dovere. Non dimenticare, *mai*, che sono un tuo superiore. »

« Esageri, in ogni caso, perché non può certo farmi male assisterti in quest'esame. »

« Ho già scelto da chi farmi assistere. »

« Ambra, ci scommetto » sbotto con sarcasmo.

Lui mi guarda con superiorità. « Esatto » conferma dopo qualche secondo di silenzio carico di tensione.

« Credi sul serio che Ambra sia più capace di me? » domando infine, piena di amarezza.

« Sì » risponde con decisione e semplicità, come se l'ammetterlo non gli costasse né dubbi né fatica.

« Ti ostini a ferirmi nel mio punto più debole » osservo dopo un po', abbassando lo sguardo, pronta a uscire dalla sua stanza, e vorrei tanto che fosse l'ultima volta.

« Non voglio ferirti. È bene che tu lo impari: esiste sempre qualcuno migliore di noi. A volte è proprio la competizione con chi è superiore a migliorarci. Ma tu, come sempre, rifiuti di confrontarti con la realtà, e questo è il risultato.»

Scuoto il capo, decisa a non farmi mettere i piedi in faccia.

«Io oggi parteciperò alle indagini» affermo, inamovibile.

«Non per quanto possa dipendere da me, Allevi. E dirò di più: se mai verrà richiesta la mia opinione sulla tua situazione, non ti aspettare elogi.»

È possibile che lui queste parole non le pensi neppure; io conosco Claudio e so che quando è in preda all'ira è meglio stargli alla larga. Ugualmente, soffro. Lo guardo e scuoto il capo con malinconia.

* * *

Lavorare in condizioni del genere è avvelenante. E oltre all'ennesima compromissione di un rapporto che ormai mi sembra irrecuperabile, ciò che più mi dispiace è non avergli domandato il perché di un esame anche su soggetti di sesso femminile, dato che per lui quella traccia non aveva alcun valore e sarebbe stata questa la valutazione che avrebbe fornito al magistrato.

Meno male che non manco di risorse, dopo tutto. C'è un modo per assistere alle operazioni pur standogli sul groppone. Ha funzionato una volta, funzionerà anche una seconda.

«Dottor Anceschi, posso disturbarla?» domando bussando alla porta della sua stanza.

Lui, che ha sempre l'aria di lavorare in Istituto solo per fare un favore al mondo, mi accoglie con la consueta distanza che ostenta verso le cose terrene.

«Prego.»

«So che oggi verranno effettuati gli esami genetici e tossicologici su alcuni indagati nel caso Valenti.»

«Se ne occupa il dottor Conforti.»

«Lei ci sarà?»

«La mia presenza non è necessaria, ovviamente; ma ci sarà una sua vecchia conoscenza, l'ispettore Calligaris; era impressionato dalla sua caparbietà, sa?»

«Ah, bene.» Capisco che la situazione è complessa ed esco allo scoperto. «Dottor Anceschi, io desidero essere presente, oggi» affermo cercando di mettere da parte la timidezza.

«Qual è il problema? Lo domandi a Conforti» risponde poggiando le mani conserte sul pancione.

«I rapporti con il dottor Conforti non sono sereni, in questo momento. Ci sono stati dei conflitti di natura professionale e lui non è obiettivo nei miei riguardi.»

Anceschi non sembra colpito. «Non ha importanza. Non può negarle di partecipare.»

«Sì che può» ribatto. *Lo ha già fatto!*

Il dottor Anceschi assume un'espressione decisa e allo stesso tempo vagamente divertita. Prende la cornetta del telefono e compone un numero. «Claudio, sono Anceschi. Una raccomandazione: oggi lascia assistere tutti gli specializzandi. Sono quattro indagati, giusto? Lascia eseguire il prelievo e l'indagine ai più piccoli, così iniziano a fare esperienza. Lo sai, è previsto dal contratto di formazione specialistica.»

Ho gli occhi a cuoricino quando lo ringrazio per l'intercessione.

«Non l'ho fatto per lei. È giusto, tuttavia, che impariate a far tutto» prosegue riferendosi alla classe degli specializzandi. «Alla vostra età io ero già capace di fare autopsie e indagini di identificazione personale tutte da solo. L'unico modo per imparare è l'osservazione diretta, seguita dalla pratica guidata.»

«Posso farle una domanda?»

Lui annuisce affabile, imperturbabile e sereno come Buddha. «Prego.»

«Perché è stato richiesto il prelievo anche su soggetti di sesso femminile? Il dottor Conforti era convinto che quella traccia fosse una contaminazione.»

«Le sfuggono gli ultimi sviluppi, allora. Innanzitutto, per la cronaca, il dottor Conforti ha effettuato un esame comparativo tra il DNA maschile trovato sul cilindro della siringa e quello estratto dal liquido seminale. E non corrispondono; il che non è elemento di poco conto, perché significa che poco dopo un incontro amoroso la Valenti si è drogata verosimilmente con un altro uomo. Chi sono questi due uomini diversi? In secondo luogo, il dottor Conforti ha espresso al magistrato una conclusione decisamente più probabilistica. Ha spiegato che il DNA maschile è di sicuro più sospetto, ma che quello femminile, pur essendo più probabilmente derivante da una contaminazione, non è escluso possa appartenere a qualcuno presente quella sera.»

È esattamente quanto sostenevo io. Questo sì che ha il dolce sapore di una piccola vittoria. Comporterà tuttavia, come prezzo da pagare, che quel presuntuoso di Claudio mi sopporterà ancora meno.

È con quest'animo trionfante che mi avvio in laboratorio.

Ho preso due piccioni con una fava: ho raggiunto il mio scopo e ho tolto il ruolo di primadonna ad Ambra. Ma nella tristezza generale della mia situazione, non ho il coraggio di esultare.

Arriverà il giorno in cui tutto questo sarà passato. In cui non dovrò più prostrarmi ai miei superiori per ottenere quel che è mio di diritto. Arriverà il momento in cui il nome alla fine della perizia sarà il mio. Non importa quale prezzo dovrò pagare, quanto sarà difficile arrivarci, quanti rospi dovrò inghiottire. Mai più dipenderò da uno come Claudio Conforti.

All'arrembaggio!

E così, oggi mi trovo nella fortunata circostanza di poter dare un volto ai nomi letti sui giornali.

Sofia Morandini de Clés. L'avevo già vista, in realtà, quella sera durante il sopralluogo, poco prima che venisse condotta in Procura. Appartiene a una famiglia italo-francese di antica nobiltà. I suoi antenati sono stati rettori universitari, presidenti del tribunale, notai. Lei è la classica esponente dell'*upper class* romana, sebbene non mi abbia dato l'idea di una persona altezzosa. È bionda, ma tinta, i capelli le sfiorano le spalle e gli occhi sono dorati, piuttosto insoliti e l'abbinamento conferisce una certa particolarità all'insieme. Il mento è sfuggente e il naso appuntito. Le forme sono morbide, le unghie rosicate e cortissime. Il portamento è quello delle persone che l'hanno sempre vinta, ma si vede benissimo che è scossa e addolorata. Più che altro, però, sembra terrorizzata. Non so se sia questo clima austero a sfinirla, o forse l'idea di essere pur sempre un'indagata. L'andatura è incerta, la sua intera fisionomia mi appare opaca. È debole, nel complesso.

Claudio dispone che sia Ambra a eseguire il prelievo su di lei. L'Ape Regina cerca di metterla a proprio agio, ma con scarsi risultati.

Damiano Salvati. Disgustosamente snob e altezzoso, non troppo alto, i capelli scuri tagliati corti. Le labbra sottili, i denti impercettibilmente macchiati dal fumo e dal caffè, la carnagione olivastra. Non sembra scosso, solo ansioso di porre fine alla tortura. Claudio ha deciso che sarà Massimiliano a svolgere l'indagine, cosa che sembra riuscirgli molto difficile. Alla fine, lo mette da parte brutalmente e prosegue da solo.

Abigail Button. Capelli color miele con qualche sfumatura carota, foltissimi e ricci, occhi cerulei, altissima e dinoccolata, sorride a tutti come se si trovasse a un party. Chiede garbatamente un bicchiere d'acqua, solleva la manica del dolcevita verde che indossa con grazia e offre il braccio a Lara, incaricata da Claudio di eseguire il prelievo e poi l'indagine.

Ed ecco la mia cavia: Gabriele Crescenti. Ha negli occhi il peso di una tristezza insostenibile. Non lo definirei intimorito, perché non è questa l'esatta impressione che mi dà. Più che altro mi sembra rassegnato. È un bel ragazzone moro, un po' rubizzo ma nel complesso piacente. Profuma di deodorante al borotalco.

«Buongiorno» esordisco con il tono più professionale possibile.

«Salve» ribatte lui, una voce limpida e senza inclinazioni, dalla tonalità molto profonda. Infila la mano tra i lunghi capelli scuri, scoprendo una fronte ampia. Il suo punto di forza è lo sguardo: ha degli occhi magnifici, scuri come non ne ho mai visti, intensi e profondi come quelli di un orso.

«La prego di scoprire il braccio» lo esorto con un sorriso cordiale.

Lui obbedisce senza esitazioni. Il suo avambraccio è possente, ricoperto da una fitta peluria scura. La sua virilità trapela da ogni gesto. Preparo l'ago e del cotone imbevuto di alcol. Stringo attorno al braccio il laccio emostatico, gli chiedo di chiudere la mano a pugno.

«Spero di non farle male» dico con impaccio prima di procedere.

«Mi sarebbe indifferente, glielo garantisco. Non provo più niente, dal 12 febbraio.»

Dovrei essere fredda. Neutrale. Distaccata.

Lasciar cadere l'accenno come una gocciolina nel mare. Invece, ci naufrago.

«Lei... amava Giulia?»

Lui solleva lo sguardo, colpito al cuore e sorpreso.

«Se la amavo?» ripete quasi intontito. «Era molto più che amore. E adesso mi sento svuotato. E sono qui, a farmi esaminare, perché c'è chi pensa davvero che io potessi farmi con lei. Io. Che odiavo quella merda. Quante volte le ho detto di darci un taglio. Quante. Volte.»

«Era il suo fidanzato?» mormoro.

«No» ribatte asciutto. Sembra non volere aggiungere altro, ma subito dopo non resiste e precisa: «Non perché non lo volessi io; lei non era disponibile».

In realtà non mi sembrano ben assortiti, ma evito di dirlo.

«Mettiamo fine a questa agonia. La prego, dottoressa, faccia presto.»

Claudio passa di lì e si accorge del ritardo. «Allevi, datti una mossa» sibila, picchiettando l'indice sul quadrante dell'orologio. Annuisco frettolosamente e procedo col prelievo.

«Come poteva Giulia farsi da sola?» mormora Gabriele, quasi tra sé. «Era così fifona. E poi mi sembra difficile. No?»

« Diciamo che io non sarei capace di fare tutto da sola. Ma forse, lei aveva imparato. »

« Diceva di aver smesso, negli ultimi tempi. Le solite bugie. »

« Forse non era una bugia. Magari lei ci provava davvero a uscirne. Non è facile. »

Gabriele sospira. « Non lo so; Giulia non sapeva farne a meno, questa è l'unica verità. »

Gli disinfetto il braccio. Il cotone bianco assorbe il suo sangue scuro. Il mio lavoro con lui è finito.

* * *

La mattina seguente, Claudio è pronto a dare inizio alle indagini. Sembra armato delle peggiori intenzioni: vuole finire tutto entro la giornata.

Ammetto però che l'idea di lavorare tutto il giorno non mi pesa affatto: la curiosità mi divora.

« E adesso, mie piccole e rintronate specializzande, mettiamoci al lavoro » afferma infine Claudio.

« Perché ti rivolgi sempre e solo alle colleghe? Ti ricordo che esistiamo anche noi » fa presente Massimiliano Benni, parlando anche a nome del nuovo acquisto del primo anno, uno specializzando brillante come un batterio intestinale.

« E me lo devi anche chiedere perché, Benni? Le tue colleghe sono molto più interessanti. »

« Claudio, la centrifuga non parte » lo informa Ambra.

« Merda. Nardelli, è colpa tua. »

« Che c'entro io? »

« Quando qualcosa va storto tu c'entri sempre. »

Seguono risate in un'atmosfera di serena giovialità alla quale io mi sento del tutto estranea. Inizio a lavorare di buona lena, sforzandomi di ignorare Claudio e i suoi occhi puntati sul mio operato, in attesa di cogliere un errore per rinfacciarmelo davanti a tutti.

«I guanti, Allevi, o assieme al DNA di Gabriele Crescenti troveremo anche il tuo» mi rimprovera non appena, con la mia solita distrazione, gliene fornisco il pretesto.

Con l'eccezione di una striminzita pausa concessa per il pranzo, lavoriamo fino al tardo pomeriggio. Attraverso la finestra, vedo il cielo oscurarsi con i colori del crepuscolo. Claudio non intende però mollare fino a quando non avremo i risultati. Per principio, al puro scopo di apparire il genio instancabile che non è, Ambra non dà segni di cedimento. Iperattiva come una formica all'inizio del giorno, si profonde in consigli e incitamenti. È tardi quando ottengo il mio risultato, quello della traccia di Gabriele. Un risultato non troppo sorprendente, in fin dei conti.

Nessuno dei due profili maschili gli appartiene. Non è stato lui a tenere in mano quella siringa, e malgrado le allusioni, non è stato lui l'ultimo uomo di Giulia.

* * *

«L'esito dell'esame non mi sconvolge affatto» spiego a Lara mentre percorriamo insieme il tragitto fino alla fermata della metro. «Anche se Gabriele ha lasciato intendere che tra loro c'era qualcosa di più che una semplice amicizia, lui non era proprio il suo tipo.»

Lara mi guarda con quella forma di sconcerto tutto suo che non dà mai l'impressione di essere del tutto sincero.

«Mi chiedo a chi appartenesse il DNA delle tracce ginecologiche. Se non era di Gabriele Crescenti, chi era il suo fidanzato?»

«Forse non era fidanzata» obietta Lara.

«Fidanzato, amante, amico... Insomma, con chi ha avuto dei rapporti poco prima di morire? Com'è possibile che questa persona non sia stata identificata, anche attraverso i tabulati telefonici, per esempio?»

«Alice, non è che questo sia molto importante...» ribatte timidamente. «Del resto, il DNA sulla siringa non coincide con quello vaginale. Quindi, uno è il compagno di merende e l'altro è l'amante. E in questo caso non credo che avere notizie sulla vita privata della Valenti sia rilevante.»

«Forse hai ragione.»

«Se anche venisse identificato, sapere con chi è andata a letto prima di morire influirebbe poco e niente. Questo è un caso che non verrà mai risolto. Vedrai. Vedrai. E forse, alla fine, non c'è proprio nulla da risolvere: si gira attorno a un presunto delitto e magari si scoprirà che è tutt'altro.»

Una cena particolare in un bistrot di Villa Pamphili

Sono da poco rientrata a casa, quando ricevo una chiamata di Bianca Valenti.

È cortese e formale come al solito, ma un po' più naturale.

« Sono diventata il tuo incubo » commenta in tono scherzoso.

Nego cordialmente, per poi domandare in cosa posso esserle utile.

« Potremmo incontrarci, più tardi? Per cena, se ti va. »

Sono quasi sicura che voglia parlarmi per avere informazioni sugli esami. Mi sento sfinita, perché in questi ultimi giorni abbiamo lavorato sodo per ottenere rapidamente i risultati, e tuttavia mi ritrovo ad accettare il suo invito senza neppure un'esitazione.

Mi dà appuntamento in un bistrot dentro Villa Pamphili, che ricrea con ottimi risultati l'atmosfera provenzale.

Bianca è puntualissima. La trovo già seduta a un tavolino, assorta nella lettura di un libro di Maupassant. Si alza e mi porge la mano. Indossa una camicia di seta color melanzana con un fiocco annodato al collo sotto un maglioncino in cashmere grigio modello anni Cinquanta. I capelli scuri sono raccolti in una coda bassa e il trucco è talmente sofisticato da essere quasi invisibile.

« Alice, hai l'aria stanca. Mi dispiace, ti sto coinvolgendo in questa storia e forse ti sto forzando un po' la mano... »

È straordinaria la sua voce da contralto; senza dubbio la sua dote di maggior fascino, assieme a uno sguardo che dopo averlo incrociato è impossibile dimenticare.

«Non ti preoccupare. In realtà mi sento già piuttosto coinvolta per conto mio. Credo dipenda dal fatto di aver conosciuto Giulia» le spiego, poggiando la borsa su uno sgabello e rispondendo al suo sorriso, spero almeno con metà della sua grazia.

«Vedi, ho qualche difficoltà a parlare con l'ispettore Calligaris. Sembra gentile, ma ho il sospetto che filtri le informazioni, perché non è mai in grado di rispondere con precisione alle mie domande.»

«Non aspettarti chissà che da me» ribatto distrattamente, osservando ammirata i dettagli che la rendono così elegante da sembrare uscita da un catalogo di Vuitton.

«Tu stai *vivendo* le indagini. Non immagino nessuno più informato di te.»

Leggiamo il menu con scarso interesse. Dopo tutto, è soltanto un pretesto.

«Adoro questo locale» commenta. «Ci sono già stata, perché, sai, la casa editrice per cui lavoro si trova qui vicino. Fanno un'insalata *niçoise* divina.»

«Vada per l'insalata, allora. E così, lavori per una casa editrice» dico, poggiando il menu di lato.

«Sì, sono un'editor. Dall'anno scorso. Ho studiato a New York, e quando ho deciso di tornare in Italia ho iniziato a inviare curriculum. Non è stato facile trovare la giusta opportunità, ma alla fine sono contenta. È un lavoro che mi piace molto.»

«Perché sei tornata a Roma?» le chiedo, bevendo un sorso d'acqua.

Bianca abbassa lo sguardo. «Per Giulia, principalmente.

Zia Olga non ce la faceva più a gestirla da sola, creava sempre più problemi. Sono stata indecisa a lungo sul da farsi: la mia vita era a New York, ormai. Avevo trovato un lavoro, avevo delle buone amicizie. Eppure, il senso di responsabilità verso mia sorella ha prevalso. Non credere che non mi sia pesato. »

« Se come dici Giulia aveva un carattere difficile, la tossicodipendenza di certo non ha migliorato le cose. »

« No, infatti. La zia ha iniziato a sospettare qualcosa perché Giulia chiedeva sempre più denaro ed era sempre più sballata. Una volta, quando era ancora al liceo, durante una gita ha preso una pasticca di ecstasy ed è finita in ospedale. La zia stava per morire dalla vergogna, perché l'hanno chiamata ed è dovuta partire per raggiungerla a Praga. Al ritorno, mi ha implorato di aiutarla. Non poteva fare più affidamento su Jacopo, perché lui è molto preso dal suo lavoro, non ha orari. Si dedicava a Giulia quanto poteva, ed era relativamente molto tempo, ma non abbastanza. E così, da brava sorella maggiore, ho fatto le valigie e sono tornata in Italia. »

Il suo tono è neutro mentre racconta una scelta di vita che ha evidentemente percepito come una forzatura. Non si abbandona a recriminazioni, perché in fondo in lei prevale sempre la compostezza, ma intuisco che non è serena.

« Quindi, in casa sapevate dei suoi problemi con la droga. »

« Già. La zia pagava profumatamente uno psichiatra, ma senza grossi risultati. Per un certo periodo Giulia è stata anche in una clinica privata a Montreux, ma considerato quello che è successo, credo che sia stato un trattamento completamente inutile. Giulia è sempre stata problematica, non aveva equilibrio né senso della misura. Forse cercava nella droga tutto quello che non trovava nella vita. Chissà. Certo, le persone che frequentava non le erano d'aiuto. Una combriccola di nullafacenti privi di qualunque contenuto. Sofia Morandini de Clés su tutti. »

« Bianca... » Taccio, indecisa se parlare o no. Ma tanto, prima o poi lo saprà. « Le tracce sulla siringa non appartengono a nessuno degli indagati. Né a Sofia, né a Damiano, né a Gabriele. »

Bianca accoglie la notizia corrugando le folte sopracciglia scure. « Che Gabriele sia innocente l'ho sempre creduto anch'io. È troppo perbene. Non c'entra niente in questa storia, sarei pronta a giurarlo. Ma... » Si interrompe, rifiuta una chiamata al cellulare, che ripone nella borsa, e torna a guardarmi negli occhi, con un'intensità unica. Quant'è bella. Di una bellezza che non si coglie al primo sguardo. « Scusami. Stavo per dirti che... se avessi dovuto puntare il dito contro qualcuno... probabilmente l'avrei puntato contro Sofia. Tutti siamo convinti che Giulia abbia iniziato con lei. È una ragazza senza morale, che disprezzo profondamente. Sarebbe stata capace di abbandonare Giulia e di fare anche di peggio. Anche perché negli ultimi tempi non andavano per niente d'accordo. Giulia mi ha raccontato che era diventata insopportabile, era gelosa di Gabriele, di cui era innamorata da una vita. Strano, strano davvero. »

« Cosa? »

Bianca incrocia le mani sul grembo, pensosa. « Strano che non si sia fatta con lei e con qualcuno dei suoi amici. Ci sono anche le tracce di un uomo, giusto? Non riesco allora a immaginare con chi. Posso farti una domanda? »

« Prego. »

« Questi risultati... sono attendibili? Sono certi? »

« Be', sì, lo sono. C'è chi ritiene che la traccia femminile rinvenuta sul cilindro sia una contaminazione, e che quindi non c'entri niente con la morte di Giulia. Ma questo, ovviamente, non esclude che quella sera lei fosse con qualcuno. Ancora, è possibile che la traccia appartenga a qualcuno che quella sera era con Giulia, ma non immaginiamo chi sia. »

L'espressione degli immensi occhi di Bianca tradisce un moto di stizza. « È mai possibile tanta incertezza? Ho il sospetto che questa storia sia seguita con troppa superficialità. »

« No, no. Nessuna superficialità. Il dottor Conforti ha ripetuto le indagini più di una volta, proprio per scrupolo. Purtroppo l'incertezza fa parte del gioco. In medicina nulla è certo. E lo stesso vale per la Medicina legale. Esiste solo l'elevata probabilità. Quasi mai la certezza. »

Bianca assume un'aria ancora più interessata. « Parliamo allora in termini di probabilità. Cos'è più probabile? Che quella femminile sia una contaminazione o che sia una traccia vera? »

« Posso soltanto dirti che il dottor Conforti ritiene più probabile l'ipotesi di una contaminazione. »

Tace perplessa, come se stesse riflettendo. « Quindi questo risultato scagiona definitivamente Sofia? »

« Mancano i risultati dell'esame tossicologico. Chissà, potrebbe rivelare qualche sorpresa. »

« Ah. »

« E in fin dei conti, si potrebbe giungere alla conclusione che non esistono profili di reato, in questa storia. Non lo preferiresti? »

« In che senso? » replica Bianca, trasalendo.

« Nel senso che per quanto ugualmente tragico, forse è preferibile pensare che la sua morte sia stata un incidente e che non si poteva fare nulla per evitarlo, piuttosto che il contrario.»

«Be', alla fine, non c'è niente di preferibile» ribatte Bianca, abbastanza freddamente.

Va bene, potevo risparmiarmela, ma volevo solo prospettarle un'evenienza più accettabile. Però ha ragione lei: in questo caso, non esistono evenienze accettabili.

Abbasso il capo, intristita. Mi sembra tuttavia l'occasione giusta per rivolgerle una domanda che la volta scorsa mi è sfuggita.

«Bianca... posso chiederti che rapporti c'erano tra Giulia e Doriana?» domando a bruciapelo.

Sembra perplessa. «Perché lo vuoi sapere?»

«Curiosità, solo curiosità. Considerati i problemi che Giulia creava alla famiglia e il fatto che Jacopo era per lei come un fratello maggiore, mi domandavo perché tua zia non facesse più affidamento anche sulla futura nuora.»

«Doriana è una ragazza molto debole e introversa. Non si è mai davvero inserita nella nostra famiglia, nonostante lei e Jacopo siano fidanzati da molto tempo. Era affezionata a Giulia, a modo suo, ma anche infastidita dalle sue continue ingerenze nella vita di mio cugino.»

«Infastidita?»

«Sì... mi è sembrato di percepire qualcosa, a volte... come degli scatti di insofferenza... Ma niente di eclatante. Piccoli dissidi, come in tutte le famiglie. Tra l'altro, ora che ci penso probabilmente lo ignori... È con lei che Giulia ha avuto la discussione telefonica che tu hai ascoltato quel pomeriggio. Calligaris ha verificato. Ma devo ammettere che non era un evento straordinario. Io stessa discutevo di continuo con Giulia. Aveva un carattere litigioso e bisognava tenerla sotto controllo perché combinava una marea di guai. »

Il piatto di Bianca è ancora quasi pieno. Tuttavia, lascia che la giovane cameriera lo porti via. Ovvio che abbia perso l'appetito: mi sembra ogni giorno un po' più magra. Rifiuta i dolci che vengono proposti, e benché io avrei assaggiato volentieri il brownie di cioccolato con panna, rifiuto a mia volta.

Chiede il conto, che insiste per pagare.

« Mi ha fatto bene parlare con te. Hai un effetto rasserenante » afferma mentre ripone nella borsa il portafoglio. « Dovremmo vederci più spesso, e non solo per parlare di Giulia. Abbiamo molte cose in comune, penso » afferma con un'espressione di simpatia. « Qui a Roma ho poche amicizie; le ho perse negli anni, vivendo a New York, e sto cercando di crearmene di nuove. »

« Mi farebbe molto piacere » rispondo con sincerità.

Cordelia

Mentre guardo il mondo oltre la finestra della mia Guantanamo, qualche stizzoso giorno di marzo dopo, non riesco a non pensare all'incontro con Bianca. Alla sua genuina gentilezza nel chiarirmi dei punti oscuri: ha dimostrato quella stessa fiduciosa apertura verso il mondo che tanto mi aveva colpita in Giulia, il giorno del nostro primo incontro.

Lo squillo del cellulare interrompe i miei pensieri.

È Arthur Malcomess, probabilmente di ritorno da Creta.

«Ciao, bentornato!» Sono proprio felice di sentirlo.

«Grazie! Ascolta, non posso trattenermi al telefono. Sarò rapido. Hai da fare stasera?»

«Non mi sembra.»

«Ti va di accompagnarmi a una cena informale? Solo una piccola riunione tra colleghi della redazione.» C'è caos in sottofondo, sento anche una voce femminile che lo chiama con fastidiosa insistenza.

«Mi piacerebbe. Molto» ribatto con un tono che esprime con decisione quanto mi senta onorata della proposta. Non si tratta di una semplice cenetta finalizzata subliminalmente alla copula, bensì di un invito formale a una cena in cui verrò identificata ufficialmente come sua accompagnatrice. E tutto questo dopo due soli appuntamenti. Le cose stanno andando davvero bene.

In serata, sulla sua jeep, Arthur emana un buon odore misto di shampoo appena fatto e di bucato fresco, e ha l'aria un po' sbattuta.

«Da quando sono rientrato da Creta ho dovuto lavorare giorno e notte. Ho una scadenza che incombe per una traduzione, ma a causa dei viaggi ero rimasto molto indietro» mi spiega. «In realtà per etica del lavoro sarei dovuto rimanere a casa a finire il capitolo, ma è la festa di commiato di Riccardo, un collega della redazione in partenza per Khartoum; conta di tornare tra un mese, ma visto che generalmente viene inviato in zone critiche, ironizza sul fatto che non è detto che tornerà e per questo vuole salutarci tutti in grande.»

«È un po' lugubre come prassi» commento, colpita.

«Pensa, io trovo che sia l'esatto contrario.»

«Ho la sensazione che vorresti essere al suo posto.»

Arthur sorride con amarezza.

«Dovrò accontentarmi di Istanbul.»

«Chiamalo accontentarsi! Ho sempre desiderato andarci, ma non ho mai trovato la compagnia adatta.»

Prima che mi renda conto di avergli indirettamente chiesto di portarmi con lui, Arthur batte in velocità le mie sinapsi e fa la proposta. «Accompagnami. Mancano più o meno due settimane, riesci a organizzarti?»

«Forse ti ho indotto a chiedermelo. Scusami, non volevo. Non sentirti obbligato» ribatto, paonazza.

«Non mi conosci ancora bene. Se te l'ho chiesto è perché mi fa piacere.»

«Sei sicuro?»

«Sì. E poi non è una proposta indecente. Se lo scopo fosse portarti a letto, potrei farmi avanti anche qui e ora, stanne certa.»

«Arthur» mormoro allibita.

Lui sembra perfettamente a suo agio. «Mi sembra una proposta interessante e utile per entrambi. Staremo via soltanto cinque giorni. Così tu vedrai Istanbul e a me non mancherà la buona compagnia» conclude con semplicità, quasi mi avesse fatto una proposta d'affari.

«È molto carino da parte tua chiedermelo. Grazie» rispondo cercando di ricalcare la sua noncuranza. «Ci penserò.»

Lui non insiste, non parla d'altro; si limita a cercare alla radio qualcosa che gli piaccia. Il silenzio viene rotto soltanto dal rumore di protesta del motore a un suo inserimento di marcia piuttosto sportivo.

«Prego» dice infine. Le note di *Cayman Islands* dei Kings of Convenience riempiono il nostro silenzio.

Parcheggia di fronte a un palazzo moderno sulla Tiburtina.

Con i miei tacchi vertiginosi gli arrivo alle spalle e ho un passo malfermo. Indosso un abito di seta di un bel verde cupo, un po' appariscente e dalla scollatura piuttosto azzardata, che ho comprato perché somiglia a quello di Keira Knightley in *Espiazione*.

Mi porge la mano e mi sorride. Lui è bello come un principe e io mi sento come Cenerentola al ballo.

Appena entrati nell'appartamento – ci apre una ragazza che Arthur saluta affettuosamente – un maledetto tappeto tende un agguato ai miei tacchi a stiletto e prendo uno scivolone che mi fa finire spiaccicata a quattro di bastoni sul pavimento. «Oddio!» esclama la ragazza che ha appena aperto.

Altro che Cenerentola al ballo.

Arthur si sforza gentilmente di non ridere, ma ha un'espressione divertita sul volto che risulta ugualmente umiliante. «Stai bene?» mi domanda premurosa la ragazza, che in seguito scopro essere una redattrice della sezione Spettacoli. Mi vergogno da morire. Me ne voglio tornare subito a casa mia.

«Sì... non è niente» rispondo con l'autostima tutta ammaccata.

Ci raggiunge il padrone di casa, portando due drink. Per fortuna, almeno lui sembra non essersi accorto del mio numero da trapezista.

«Il nostro globe trotter!» esclama andando incontro ad Arthur.

Riccardo Gherardi è un tipo frizzante sui trentacinque anni, piuttosto aitante e gradevole malgrado non sia bello in modo convenzionale. Ha un bel sorriso e una conversazione molto spigliata.

Non sembra affatto scosso all'idea di essere in partenza per un posto pericoloso e selvaggio quale io reputo Khartoum. Sono egoisticamente contenta di non dover essere lì a festeggiare che una cosa del genere tocchi ad Arthur, malgrado questo attualmente rappresenti la sua più forte ambizione professionale.

Non è leale pensarlo. Tanto più che lui è così gentile. Ma è più forte di me.

Nel frattempo, veniamo investiti dall'accoglienza spumeggiante di altri vari colleghi.

Poi, eccola.

Non c'è, in tutta la sala, una ragazza più appariscente.

Nient'affatto bella. Anzi, guardandola con attenzione, è bruttina, pure. Ma intensamente e spudoratamente chic. Altissima e asciutta, indossa una tunica celeste di Chanel e porta i capelli chiari alzati in un'acconciatura scarmigliata che su chiunque altro sarebbe sembrata trasandata ma su di lei appare di classe. Si avvicina con la grazia impalpabile delle persone sensuali in maniera innata e saluta Arthur abbracciandolo come se non lo vedesse da secoli. Ha gli occhi lucidi.

Che sia una ex? Chiunque sia, sembra non vedermi, ma non è un atteggiamento studiatamente scortese. Ha piuttosto l'aria di essere presa da pensieri tutti suoi che vuole condividere soltanto con lui.

Mi sento fuori posto e mi allontano, tornando a chiacchierare con Simona, la redattrice che ci ha accolti, la quale si premura ancora di chiedermi se sto bene.

Recupero Arthur poco dopo e sembra che nulla sia successo. Non mi azzardo a domandargli chi sia quella ragazza, e lui, a sua volta, non ne fa menzione: è già preso da altro. Continua a chiacchierare qui e là, a presentarmi a questo e a quell'altro tizio, a portarmi drink e spiedini con fiori e frutti così carini che è un peccato mangiarli. «Scusami un attimo» dice a metà serata e lo perdo di vista. Resto seduta su di un divano di pelle nera, a sorseggiare il mio drink e a guardarmi attorno un po' meno spaesata che all'inizio.

In tutti i momenti in cui non è con me, Arthur è con la ragazza misteriosa, che ha con lui una complicità evidente. Lo noto dai sorrisi che si scambiano, dal fatto che lui le accarezza una guancia e lei risponde a questo gesto con una smorfia infantile, dalla gioia che leggo negli occhi di lei nei momenti in cui lui le parla con evidente confidenza, escludendo il mondo dai loro giochi.

È estremamente spiacevole per me assistere a questo siparietto e giuro che non avrei mai creduto Arthur capace di tanta indelicatezza nei miei riguardi.

Mentre lui sta parlando con Riccardo, la sconosciuta si

siede vicino a me, e io mi sento invasa dall'ansia di prestazione. La studio meglio e mi convinco che c'è qualcosa in
lei di molto conturbante. Appartiene a quella categoria di
ragazze di cui desideri subito diventare amica.

«Dov'è Arthur?» mi chiede con aria distratta. Sono infastidita.

«Si è allontanato per qualche istante» rispondo gelida.
Lei sospira come se si trovasse nel pieno di un melodram-
ma. A occhio e croce è più giovane di me. Faccio per alzarmi, ma vedo finalmente Arthur tornare verso di noi. «Arthur, questa ragazza... ti cerca disperatamente» comunico
con sufficienza. La guardo con sdegno come per indicargliela.
la. Lei risponde al mio sguardo corrugando la fronte, come
se si sentisse ferita dalla mia scortesia. Arthur fissa lei, poi
me. Solleva il sopracciglio e con lui la cicatrice. Sul bel volto
si dipinge un sorriso divertito.

«Che sbadato. Alice, ti presento Cordelia, mia sorella.
Cordelia, Alice.»

Cordelia mi porge la manina e noto al suo polso un bracciale di perle che è la fine del mondo. Anche lei, adesso, ha
un'espressione piuttosto divertita sul volto, come se avesse
finalmente capito la situazione.

«Molto lieta» dico con voce garrula. Che sollievo!

«È un piacere conoscerti, Alice» risponde lei con tono
educato. Poteva degnarsi di presentarsi prima.

Ma poco conta, perché nei minuti seguenti mi fa un ra-
pidissimo e vagamente isterico riassunto della sua vita.

Cordelia Malcomess è la secondogenita del Capo e della
sua terza moglie. Quest'ultima è l'erede di una famiglia di
antica tradizione nobiliare e ha il rango di contessa. La contessina Cordelia, di professione attrice – o se non altro ci
prova – è la dannazione della madre e del padre, coi quali

è in rotta da quando ha intrapreso quella che da entrambi è ritenuta una carriera disdicevole. Vive da sola in un piccolo appartamento concesso dalla madre e va d'accordo soltanto con Arthur. A suo dire, è l'unico che non l'abbia mai giudicata. Si trova alla festa di Riccardo Gherardi perché è stata legittimamente invitata dal padrone di casa, il quale, come ho modo di sapere dall'interessata, ha perso la testa per lei, senza alcuna speranza di essere contraccambiato. A sua volta, la contessina ha l'aria distrutta a seguito di una tragica delusione d'amore. È stata scaricata dal suo convivente, un attore di origine polacca povero in canna e senza troppa voglia di darsi da fare e lavorare seriamente – questi ultimi dettagli me li spiffera Arthur mentre lei è alla toilette.

Prima di salutarci, Cordelia vuole il mio numero di cellulare e mi promette di farsi sentire al più presto per uscire assieme. Ha un'aria irresistibilmente vacua.

«Ammettilo, eri gelosa di Cordelia.»

«Gelosa? E perché?» rispondo con sdegnata superiorità.

«Bugiarda.» Continuo a scuotere il capo, ma mi scappa da ridere. «È lusinghiero, puoi ammetterlo» incalza lui, guidando così veloce da farmi venire il vomito.

«Lo ammetto ma te ne prego, rallenta.»

Arthur sembra mortificato. «Scusami» dice decelerando subito. «Si lamentano tutti della mia guida.» Chissà come mai. «Va meglio così?»

«Non poteva andare peggio» rispondo, gli occhi fuori dalle orbite.

Imperterrito, Arthur torna alla faccenda che gli sta a cuore. «Sospetto che era tutta una scusa per cambiare discorso. Eri gelosa» dice pieno di soddisfazione.

«Sono stata scortese?» gli domando un po' preoccupata. Lui scuote il capo con decisione. «No, non scortese. In ogni caso, lei è talmente svagata che non se ne sarebbe nemmeno accorta. E poi avrei dovuto presentarvi subito, per evitare malintesi.»

Direi!

«Hai progetti anche per la seconda serata?» domanda poi, ma con tono naturale, senza apparenti secondi fini.

«È davvero molto tardi. E domani mi aspetta una giornata molto faticosa» spiego con rammarico. Il che poi è anche vero e non lo faccio solo per tirarmela. Voglio lavorare un po' sul caso di Giulia, per approfondire alcuni elementi di fisiopatologia, anzi in realtà mi piacerebbe anche parlargliene... magari la prossima volta. Non vorrei che mi prendesse per una fanatica, anche se non avrebbe torto.

Arthur annuisce con l'aria di chi la sa lunga.

«Ti porto a casa.»

Nell'atmosfera tenebrosa di questo cielo plumbeo, le luci della città brillano con insistenza. Io fumo una sigaretta e resto in silenzio, adagiata sul comodo sedile dell'auto. Avverto la sensazione di non essere padrona di me, o comunque non del tutto.

Di quando in quando io e Arthur ci guardiamo, ci sorridiamo.

Ah, la levità dell'innamorarsi. È terribile che l'avessi quasi dimenticata.

Giunti sotto casa, sorridendomi appena, Arthur si avvicina improvvisamente al mio sedile. Sgrano gli occhi per la sorpresa: com'è irruente! Ma in realtà non mi sfiora nemmeno: apre lo sportellino del cruscotto e prende un pacchettino.

«Il tuo regalo» spiega con semplicità.

Oh, il regalo che gli avevo chiesto. Lo stringo beata tra le mani.

«Non credevo te ne saresti ricordato.»

«Grazie per la fiducia» commenta sarcastico.

Accenno un sorriso. «Grazie a te, Arthur» mormoro.

«Su, aprilo.»

È un piccolo fermaglio di legno, una minuscola farfalla che sembra intagliata a mano.

«Arthur... è molto bello.» Lui non commenta e si limita a prenderlo dalle mie mani.

«Lo proviamo?» domanda. Annuisco e avvicino il capo. Lui mi sfiora lentamente le tempie – con una delicatezza insospettabile – poi passa le dita tra i miei capelli. È un gesto semplice, innocuo, ma al contempo carico di sensualità.

«Ho sempre pensato che la cosa più bella che si possa portare da un viaggio è un bracciale. È come se quel luogo ti trattenesse per il polso. Un'idea assurda, lo so» s'interrompe per un attimo. «Ma non ho trovato niente di abbastanza bello per te.»

«Ecco il perché di quel meraviglioso bracciale d'ebano che porti spesso» dico, riprendendo maldestramente le fila del discorso. Forse non ne è consapevole, ma ha appena detto qualcosa che alle mie orecchie è sembrato molto romantico. E forse è così, non ha detto niente di impressionante. È lui, impressionante. È il suo modo di parlare, così limpido, così accattivante, a impressionarmi. «Mi piace molto. Ha tutto il fascino degli oggetti che possiedono una lunga storia.»

«Viene dalla Tanzania. L'indigeno che lo vendeva me lo ha dato in cambio di un cd. Una vita fa.»

«Un cd?»

« Sì: lo incantavano tutti i colori che si producevano sulla superficie al riflesso della luce. Gli sembrava un oggetto magico. »

Restiamo in silenzio. Inclino il capo sulla sua spalla da rugbista.

Lui si paralizza, come fosse sorpreso.

Gli sorrido e lo abbraccio.

E quest'abbraccio che dura a lungo, in un silenzio che non contiene alcuna nota di disagio ma che al contrario è molto intenso, è per me insolito e incantevole.

Gli insospettabili limiti della patologia forense

Mentre tutto al lavoro sembra andare storto, senza che io faccia niente per impedire alla marea di portarmi con sé, mentre le indagini sulla morte di Giulia sprofondano sempre più in una melmosa palude di confusione, mentre la mia mente fluttua tra estasi e paura, c'è chi, in Istituto, sta vivendo il suo momento di gloria inarrestabile.

Fatta fuori me, Ambra gode delle attenzioni di Claudio che, bello e pessimo come soltanto lui sa essere, gioca con lei come una cavalletta prima dell'accoppiamento. Cosa che, peraltro, prima o poi finiranno col realizzare, ammesso che non sia già successo. Pur provandoci gioiosamente con tutte, Claudio non ha mai osato mischiare lavoro e sentimenti (di cui, peraltro, ho il sospetto sia privo). Il che, in passato, nei momenti in cui sentivo qualcosa per lui che andava lievemente oltre la venerazione professionale, afflosciava le mie speranze e le riconduceva all'ordine. Al contempo, quando lo vedevo amoreggiare con Ambra, la stessa idea mi era di conforto, conferendo all'intera situazione, e alla sua figura in particolare, la certezza di un assoluto e inattaccabile equilibrio. Adesso, vedere che con la più squallida delle creature sta mettendo da parte l'apparente buonsenso con cui ha sempre gestito il ruolo della faina nel pollaio ferisce al cuore il mio inconscio e mi ricorda che è esistito un tempo, lontano, in cui per quanto lo negassi a me stessa ho identificato in Claudio l'archetipo dei miei desideri. Quel che resta è lo sgomento di riconoscere che l'archetipo dei suoi era una ragazza come Ambra.

Non sono soltanto le spudoratezze di Claudio, tuttavia, a ipertrofizzare l'ego già smisurato dell'Ape Regina. Ci si mette anche la Wally, di cui è diventata l'oggetto del desiderio. Ambra ha perfettamente colto la chiave per sfondare nel mondo del lavoro: rendersi indispensabile per attività di alto spessore intellettuale quali andare a comprare i croccantini per il chihuaua della Wally o a prendere Anceschi in aeroporto. Trainata da un'irriducibile autoreferenzialità in virtù della quale si è autoproclamata esperta in questo o in quello, sembra l'ombelico del mondo dell'Istituto di medicina legale. La sua esaltazione è molesta come un ascesso sulla natica, specie se si pensa che nel momento della sua apoteosi io, in maniera del tutto speculare, rischio la retrocessione. Tutto ciò dovrebbe indurre alla riflessione, se non altro. A chiedersi perché lei vince mentre io perdo. Non si deve commettere l'errore di cedere alle recriminazioni e dire che è tutto profondamente ingiusto. Io credo che l'uomo sia artefice del proprio destino. Ambra è una grande artefice; il punto è perché non riesca a esserlo anch'io. Ambra possiede qualche tratto da stereotipo della collega stronza, ma non lo è in maniera completa e questo rende difficile credere che riesca in tutto quello che fa grazie alla Legge di Murphy. Dopo tutto, a volte è anche simpatica. E paradossalmente, questo mi irrita ancora di più.

Come in questo momento, in cui piena di risentimento la osservo china sulla sua scrivania. C'è qualcosa di profondamente iniquo nel fatto che Claudio le abbia proposto di scrivere il verbale dell'autopsia di Giulia. La vedo alle prese con appunti e foto e sento che devo imprimere una svolta a questa vita lavorativa di cacca. I suoi lunghi capelli chiari sono accarezzati dal sole tiepido che filtra tenue dalla finestra sporca della pioggia di qualche giorno fa. I suoi appariscenti orecchini somigliano a dei lampadari da cui pendono pietre multicolori. È molto assorta e concentrata, sembra che tutto il mondo del lavoro ruoti attorno a lei.

«Lara» chiama un attimo dopo, interrompendo i miei pensieri. «Ascolta, dimmi se fila» le chiede, interpellando soltanto Lara perché è ovvio che l'opinione della qui presente specializzanda-ameba per lei non ha alcun valore.

«Sulla base dei dati della documentazione in atti e dello stadio dei fenomeni cadaverici riscontrati all'atto dell'esame necroscopico, della costituzione del soggetto, delle modalità della morte e delle condizioni ambientali e stagionali, si può affermare che la morte è avvenuta intorno alle ore 22.00 del 12 febbraio 2010» recita con la sua voce impostata, lentamente, le vocali chiuse.

«Perfetto» ribatte Lara un po' distratta.

Io sollevo le antenne, perplessa.

«Scusa, Ambra, ma io ricordo perfettamente che noi eravamo lì intorno a mezzanotte. E Giulia aveva già qualche ipostasi, anche se era ancora calda. Io credo che fosse morta da almeno tre ore.»

Ambra mi guarda con noia. «Tesoro, non credo che l'ora della morte sia in discussione. Claudio ha stabilito che è avvenuta intorno alle 22, lo ha già comunicato agli inquirenti, peraltro, e ne è abbastanza certo. Ora, se tu vuoi polemizzare...»

«No, non voglio polemizzare. È solo che mi sembra un dato importante» rispondo con una certa convinzione. Lara mi osserva incuriosita.

«C'ero anch'io quella sera, ti ricordo. Riguardo ai dati

del sopralluogo, concordo con Claudio» insiste Ambra, tutta boria e supponenza.

Annuisco con naturalezza ma non riesco a nascondere di essere un filo alterata. «Ovvio, che io possa avere ragione è un'ipotesi surreale.»

«Be', non prenderla sul personale» ribatte l'Ape con distacco, come a voler dire che non mi considera abbastanza da dirmi qualcosa sul piano personale.

Con piglio deciso mi alzo dalla mia postazione e raggiungo Claudio nella sua stanza. Mi presento al suo cospetto con aria combattiva, perché a ben pensarci non ho nulla da perdere e mostrandomi piena di deferenza come ho fatto fino a ora, non mi sembra di aver ottenuto buoni risultati. È ora di tirar fuori gli attributi, sempre che lui me lo permetta.

«Ti disturbo, Claudio?» Lui solleva gli occhi dal Mac cromato. «Sarò rapida» preciso, sedendomi davanti alla sua scrivania.

«Chi non muore si rivede, è il caso di dirlo. Hai deciso di rivolgermi di nuovo la parola, quale onore.»

«Non ho mai smesso di farlo, mi sembra.»

«Oh, sì che l'hai fatto. È bastato che ti facessi una lavata di capo, prima, e che facessi valere la mia autorità, dopo, per inimicarti a vita.»

«Non definirei una lavata di capo il tuo assalto alla mia autostima. Quanto al far valere la tua autorità, il tentativo di tenermi lontano da un lavoro cui tenevo mi è sembrato un abuso, più che altro.»

«Ho il sospetto che in quei giorni tu avessi le tue cose. Quest'ipersensibilità mi giunge nuova, Allevi. Ti ho detto di peggio, e come risultato mi amavi più di prima.»

«Non avevo rispetto per me stessa» rispondo con amarezza. Esagerando un po', forse, ma è giusto fare autocritica ogni tanto, e sono davvero convinta di aver commesso gravi errori.

«Ah. E così, arrivare a una rottura con me per presunte offese sancisce la nascita del rispetto per te stessa. Buon per te» ribatte con un sarcasmo che trovo odioso.

«Non è mai troppo tardi per liberarsi della sudditanza psicologica, trovo.»

«Sudditanza. Psicologica. Bene, era questo.» Mi guarda con uno sguardo pieno di sottintesi. Come del resto è sua abitudine. Con chiunque. «E nient'altro?» aggiunge.

«No.»

Sembra prenderne atto. «Perché mi cerchi, allora?»

«Perché ho qualche perplessità sull'ora della morte di Giulia Valenti.»

«Ancora?» domanda con tono annoiato ma confidenziale. «Davvero non capisco dove vuoi arrivare.»

«Be', ascoltami. Hai fissato l'ora alle ventidue, giusto? Senza tener conto, però, che noi eravamo lì intorno a mezzanotte, più o meno. Non può essere morta alle ventidue, aveva già le ipostasi, anche se molto tenui. La mandibola stava iniziando a irrigidirsi, anche se ammetto che era ancora calda. Era morta da ben più di due ore.»

A questo punto e con queste semplici riflessioni di ordine meramente tecnico ho trasformato Claudio Conforti, il ricercatore con manie di grandezza, in una furia umana.

«Sono davvero stufo. Non ti basta essere andata come una stronzetta qualunque da Anceschi a far presente la mia presunta superficialità. Cosa che tra l'altro ti ho perdonato. Adesso vuoi insegnarmi come si determina l'epoca di morte? Quando tu facevi salti mortali per prendere diciotto in Fisiologia umana» continua, sempre più colmo di disprezzo, «io ero già uno studente interno in Medicina legale. Da anni. Le uniche persone che possono *ancora* insegnarmi qualcosa hanno qualche capello bianco più di te.»

«Non c'è bisogno di essere così aggressivo, dovresti iscriverti a uno di quei corsi per controllare la rabbia.»

Gli occhi verdi e cupi sembrano uscirgli fuori dalle orbite. «Allora, Alice. Parliamo dei fenomeni cadaverici e dei range per stabilire l'ora esatta di morte» ribatte con sufficienza.

«Non sono io a essere sotto esame» rispondo con un sorriso sfacciato sulle labbra. Ammetto che mi sto divertendo un mondo nel farlo agitare. Un tempo avevo paura di sbagliare in sua presenza perché sapevo che mi avrebbe preso in giro per settimane. Adesso non me ne importa più nulla. Mi sento finalmente libera, ora che mi sto lasciando alle spalle la soggezione psicologica che lui m'incuteva. È bizzarro che la stia superando proprio quando sto per perdere tutto. Di fatto, rimpiango ogni lacrima che ho speso e mi dico che forse tutto quello che ho realmente perso, in questi anni, è solo il mio tempo.

«Se è per questo, nemmeno io» ribatte con freddezza.

«Sì che lo sei, perché se hai sbagliato, non ci sarò solo io a puntarti il dito contro, ma anche mezza Italia.»

Lui mi fissa sbalordito. «Io non ho sbagliato nulla» proclama.

«Ne sei proprio sicuro? Perché le ventidue?»

«Perché ci sono due dati circostanziali. Alle 20 la Valenti ha chiamato la sorella e alle 21.17 ha chiamato dal suo cellulare il cugino, Jacopo De Andreis. È emerso dai tabulati telefonici. Ergo, era viva e vegeta, ancora. A questo punto, se tu sei capace di dire che è morta alle 21.30, piuttosto che alle 21.45 o alle 22.00 solo dallo stato dei fenomeni cadaverici e in assenza di altri dati circostanziali, m'inchino davanti a cotanta scienza. »

Per un attimo mi assento. Mentre Claudio non vede l'ora di liberarsi di me, io rifletto e sento il cervello in uno stato di esaltazione scientifica.

« Secondo me è morta prima delle ventuno. »

« Ed è stato il suo fantasma a chiamare il cugino? » mi domanda lui con un ghigno sul bel viso.

« Il cadavere che io ho visto quella sera non era morto da solo due ore. »

« Dimentichi che era scheletrica. In un soggetto in scarse condizioni di nutrizione i fenomeni cadaverici s'istaurano più velocemente. »

« In questo caso, mi sembra un po' troppo velocemente. »

« Non ti fermi nemmeno davanti all'evidenza. Comincio davvero a pensare che la Wally abbia ragione e per dirla tutta non dovrebbe limitarsi a farti perdere l'anno, ma dovrebbe impedirti di specializzarti, perché combinerai una valanga di guai. »

Lo fisso piena di rancore. Trovo profondamente scorretto che qualunque cosa io osi dirgli, lui non faccia che ribattere colpendo proprio il mio punto debole, che conosce perfettamente, tra l'altro. « Pensa ai guai che stai combinando *tu*, Claudio » gli rispondo solennemente e lascio la sua stanza senza essere affatto minata nelle mie certezze.

Questo vento agita anche me

Io e Arthur siamo sulla spiaggia di Ostia. È una domenica di fine marzo; una domenica che alterna il sole alle nuvole, una di quelle che potrebbe rivelarsi noiosissima o memorabile, dipendendo il tutto dalla metereopatia o, in alternativa, dalla compagnia.

La scarsa luce del sole accarezza i suoi ricci biondi; le sue labbra hanno il colore di un frutto estivo. L'umidità sta per incresparmi i capelli, eppure non ha importanza. Niente mi dispiace davvero, in sua compagnia, qui, seduti sulla sabbia, come nel deserto.

Mi sento così bene che quasi dimentico tutti i miei problemi e mi sembra che niente abbia davvero importanza se non l'essere felice *adesso*. Annodo meglio al collo la sciarpa di lana color melanzana e con un ramo secco scarabocchio insensatezze sulla sabbia.

«Mi sembri assente» dice guardando verso la schiuma bianca delle minute onde che increspano il mare.

«Sono sempre un po' assente.»

«Ma oggi più del solito.»

«Perché sono rilassata. Dovrebbe lusingarti. È domenica, sono in pace, sento che niente può riuscire ad angosciarmi, almeno oggi. È un tipo di benessere che negli ultimi tempi ho provato poche volte. Non è un buon momento, per me.» Ed è vero. Non mi sento così bene da quando, qualche mese fa, ho sognato di nuotare da sola nella piscina del

Park Hyatt di Tokyo, in piena notte. Al ricordo delle sensazioni di quel sogno sono stata bene per settimane.

«Problemi?»

Di parlare del fatto che sono alla base della catena alimentare dell'Istituto, non mi sembra il caso. «No, nessun problema. È che...» m'interrompo, con tutta l'incertezza del dire o non dire.

«Che?» incalza lui, incoraggiante.

«Che... sono molto coinvolta da un caso. Non mi era mai successo prima, o almeno non così. E più ci penso, più i conti non tornano, e non riesco a rilassarmi.»

Arthur cruccia le sopracciglia, incuriosito. «Parliamone» propone semplicemente.

Abbasso gli occhi. «No... non voglio annoiarti» rispondo timidamente.

«Non sei un tipo che annoia, *Elis*.» Dal tono che ha usato, non sono sicura che sia un complimento.

Abbasso lo sguardo. Forse... se gli parlassi di Giulia, attraverso altri occhi riuscirei a vedere la realtà con maggiore lucidità. «Si tratta di una ragazza... si chiamava Giulia.» Arthur, le lunghe gambe stese fino quasi al bagnasciuga, mi ascolta con attenzione. «Il caso, ovviamente, non è mio. È di un collega. Giulia è morta per uno shock anafilattico dovuto al paracetamolo con cui era tagliata l'eroina che si era iniettata in vena. Aveva ventun anni ed era bella come una principessa delle fiabe.»

«Giulia Valenti?»

«Esatto.»

«Ne ho sentito parlare anche in redazione.»

«Se ne sta parlando molto sui giornali, in effetti.»

«Cosa rende diverso questo caso dagli altri?» mi domanda con interesse.

«Innanzitutto, ha avuto sin da subito la capacità di coinvolgermi. Immagino che dipenda dal fatto che per puro caso ho conosciuto Giulia il giorno prima che morisse. Ero in un negozio, stavo scegliendo un vestito» inizio a raccontargli, la voce un po' rotta dall'emozione, perché dubito che esisterà un momento della mia vita in cui ricordare quel momento e tutto ciò che è successo subito dopo riuscirà a lasciarmi indifferente. «Lei mi ha consigliato quale comprare. Un ottimo acquisto, in verità. È stato un vero shock trovarla morta, l'indomani. Qualcosa che non dimenticherò mai, una sensazione di smarrimento, di paura, di impotenza. Ti sembrerà stupido, ma irrazionalmente ho desiderato di poter tornare indietro, nel tempo, per dirle: 'ti prego, fa' attenzione'.»

«Forse è proprio questa coincidenza a renderti tutto più difficile.»

«Sì, ma non soltanto. C'è tutta una serie di particolari che non mi quadrano.»

«Che genere di particolari?»

Non dovrei parlargliene, questo è sicuro, perché molte delle informazioni in mio possesso sono segreti d'ufficio, che è vietato rivelare. Al contempo, sento fortissimo il desiderio di farlo. Credo che sia per istinto, come se sentissi di poter essere capita fino in fondo. È qualcosa d'insensato, considerato quanto poco so di lui. Eppure, c'è qualcosa tra noi che va oltre tutto quel che ci diciamo e soprattutto oltre tutto quello che *non* ci diciamo. È come se ci fosse un'affinità intellettuale e caratteriale che prescinde dalla concreta conoscenza reciproca. Forse è vero che riesce più semplice aprirsi con gli estranei; è altrettanto vero che non ho la percezione di Arthur come di un *estraneo*. È come se nell'iperuranio in cui vivono i miei sogni, lo conoscessi già da tutta la vita. Come se istintivamente sentissi che lui viaggia, come me, sugli stessi binari di un universo parallelo.

«Giurami che non ne parlerai con anima viva.»

«Ti do la mia parola.»

«Mmm. La parola di un giornalista...»

«È la parola di un gentiluomo. O credi che venderò lo scoop al miglior offerente?»

«No, non lo faresti. Non sei così male come ti piace far credere.»

«Lo sono e preferisco essere chiaro, ma non venderei mai un segreto, è una questione di etica.»

«Mi sembra onesto» commento con calma. «Comunque, non credo che venderesti le mie confidenze.»

«Te ne sono grato» replica con una nota di sarcasmo appena percettibile. «Credi quindi di potermi mettere a parte delle tue confidenze?» domanda proseguendo con lo stesso registro.

«Hai già sentito che la vicenda non è chiara, forse.»

«Devo ammettere di non essere un fan della cronaca nera.»

«Cercherò di essere breve. La siringa usata da Giulia è stata trovata in un cassonetto dei rifiuti vicino a casa sua. Sulla siringa non è stato ritrovato solo il suo DNA, ma anche quello di qualcun altro. Di una persona di sesso femminile e di una di sesso maschile, per la precisione.»

«Significa che non era da sola.»

«Già, ed è possibile che chi era con lei abbia gettato la siringa, lasciandola morire di shock anafilattico.»

«Non è morta di overdose?»

«No.»

«Forse però chi era con lei non si è nemmeno reso conto che stava morendo. Era pur sempre sotto l'effetto di eroina, giusto? Quando si è ripreso dal trip l'ha trovata morta e non sapeva che fare.»

«È vero, anche questa è un'ipotesi plausibile. Infatti non è detto che qualcuno sia responsabile della sua morte. Il punto è che non può essere escluso, e in tal senso io ho delle idee tutte mie che divergono da quelle del medico legale incaricato delle indagini: tanto per cominciare, non concordo sull'ora di morte che lui ha stabilito. Il che non è un dato da poco, perché cambierebbe l'assetto degli alibi di tutti i soggetti che sono stati interrogati, sempre nell'ipotesi di un'omissione di soccorso.»

«Com'è possibile che non riusciate a stabilire con certezza l'ora della morte? Credevo che fosse una scienza» mi domanda incuriosito.

«Vedi, stabilire l'ora della morte di una persona non è facile e aritmetico come sembra» gli spiego con fervore.

«No?» domanda lui, sorpreso.

«No. È necessario tener conto di tutta una serie di variabili che possono influenzare moltissimo la determinazione dell'orario. Dati ambientali ma anche circostanziali. La temperatura, per esempio, o la costituzione del soggetto, se robusta o magra. Credimi, trovarsi in disaccordo non è poi tanto infrequente.»

«Dunque?» incalza lui, che vorrebbe evidentemente capirne di più.

«Ho la sensazione che sia stato commesso un errore, ma mi sento le mani legate, capisci? Io non sono nessuno per dire la mia opinione.»

«No, sbagli. È un concetto profondamente errato.»

«Tu vivi nel mondo degli ideali. Io in un mondo in cui la mia opinione vale zero.»

«Anche per mio padre?»

«Tuo padre non si occupa molto degli specializzandi, in realtà. Ha di meglio da fare.»

«Mio padre non riesce ad avere rapporti decenti con i figli, figurati con gli allievi. Però è fermamente contrario a qualunque forma di abuso, di questo sono certo. Il mio consiglio, Alice, è di parlare delle tue idee e dei tuoi sospetti con qualcuno che possa sul serio far qualcosa. Dico davvero. Potresti avere ragione. L'eventualità non può essere esclusa solo perché sei ancora inesperta.» Arthur si alza, porgendomi la mano per aiutarmi ad alzarmi a mia volta.

«Vuoi già andare via?» gli chiedo delusa, mentre lui abbottona il suo Belstaff blu. Sono in piedi anch'io, adesso, barcollante sulle mie scarpe rivelatesi inadatte all'occasione. Lo guardo dal basso verso l'alto, piuttosto inferiore di statura, specie sulla sabbia in cui mi sembra di affondare.

«Guarda le nuvole che si stanno avvicinando. Al massimo venti minuti e inizierà a piovere. Ti accompagno a casa.»

Mentre attraversiamo la spiaggia per raggiungere la sua auto, avvolti dall'umidità appiccicosa che è quasi tangibile e che crea una coltre biancastra, respirando aria intrisa di sale e di tutti gli odori del mare e della sabbia, un pensiero martellante mi dice che nella mia nebulosa vita ho chiare poche cose, ma una lo riguarda da vicino.

Piano piano, dolcemente, profondamente, io mi sto innamorando, come non mi accadeva da tanto, tantissimo tempo.

* * *

L'aria, in auto, è elettrica. Inizia a piovere, come lui aveva previsto. Piccole gocce cadono incessanti, senza trasformarsi in un acquazzone. Nemmeno un raggio di sole riesce più a filtrare dalle nubi, che hanno assunto una fiabesca tonalità glicine. Ogni tanto, Arthur si volta, mi strizza l'occhio e mi sorride.

Chi se ne frega di progredire. Chi se ne frega delle regole. Arriva un momento in cui la vita ti travolge e tu devi abbandonarti agli eventi.

Un momento in cui ragionare non ha alcuna utilità.

«Perché non andiamo a casa tua?» gli domando.

Lui inarca le sopracciglia. L'istante che mi separa dalla sua risposta è molto lungo. «Volentieri» ribatte, e sterza di colpo.

Parcheggia in un garage e raggiungiamo il suo palazzo a piedi, senza ombrello, bagnandoci un po', e la dimensione conturbante e tenera al contempo in cui mi sto muovendo rimanda a situazioni adolescenziali. Fruga nella tasca, cerca le chiavi con cui apre il portone, poi un cancelletto, poi la porta dell'ascensore e infine il portoncino di casa. Io mi sento intimidita, come una debuttante.

Dentro casa sua, non accende le luci e rimaniamo al buio, l'uno al cospetto dell'altra.

Non dice niente e lo apprezzo per questo.

Le parole rovinano tutto.

Lascia che siano i gesti a parlare. Il garbo con cui sfila la mia sciarpa e poi il mio montgomery grigio. La delicatezza con cui sfiora i miei capelli.

«*I like you so much*» mormora in inglese, e la cosa mi sorprende e mi incuriosisce. Mi domando se pensa in inglese o in italiano. Chissà. Ma, in fin dei conti, che importanza ha?

«*Maybe, I'm falling in love with you. Maybe.*» Mi guarda

con tenerezza – e forse è ciò che più mi colpisce, in lui. La tenerezza di cui è capace.

«*Maybe, I'm too.*»

Non sono le parole, tuttavia, a rovinare tutto.

È il forte scampanellio, tenace e insistente, che ci fa trasalire.

Dapprima lui lo ignora, e io seguo il suo esempio. L'insistenza del trillo, tuttavia, spezza la magia e una volta sciupata, è inutile far finta di nulla.

«Mi dispiace» mormora prima di avviarsi verso l'ingresso e aprire la porta.

«Arthur!» miagola una voce piagnucolosa che riconosco subito.

Cordelia, attrezzata di borsone da viaggio LV che lascia cadere a terra non appena si trova al cospetto del fratello, gli getta le braccia al collo, singhiozzando disperatamente. Quando mi accorgo del borsone e dei suoi occhi grigi gonfi di pianto, vedo sfumare le mie aspettative per la serata.

«Ciao Cordelia» saluto con un lieve cenno della mano, sentendomi di troppo.

Cordelia rivolge al fratello uno sguardo a mo' di scusa, poi abbraccia anche me.

«Oh, Alice! Che piacere rivederti!» esclama, senza smettere di piangere.

I bei capelli biondi inanellati in lunghe onde, una gonna zingaresca con una blusa turchese e ai piedi delle ballerine dorate, Cordelia è più deliziosa che mai. Scambio con Arthur un'occhiata di tenerezza. Lui cinge le spalle della sorella.

«Che facevate, al buio?» chiede lei singhiozzando.

Io e Arthur ci guardiamo per un lungo attimo negli occhi, e sorridiamo con un misto di premura e rimpianto. «Eravamo appena rientrati.»

«Sì, da qualche istante» aggiungo.

«Ah. Capisco. Posso restare?»

«Certo» risponde lui, e appare del tutto sincero. La conduce verso il salotto, le cui pareti sono dipinte di color ocra rossa, ma in realtà è poco visibile poiché quadri, poster, fotografie occupano tutto lo spazio.

«Che succede?» le chiede col tono che avrebbe usato con una bambina.

Le lacrime di Cordelia sembrano inarrestabili. La contessina non esita ad accettare i kleenex che le porgo e a impregnarli di muco e lacrime.

«Sebastian!» esclama, come se il nome da solo fosse sufficiente a chiarire la ragione di tutta la sua sofferenza.

«Ancora?» chiede Arthur corrugando le folte sopracciglia cinerine. «Sono passate settimane ormai da quando ti ha piantata.» Cordelia ha un sussulto e riprende a piangere dando pieno sfogo alla sua disperazione. Soffia sonoramente il nasino e poi guarda il fratello con aria truce. «Infatti la novità non è che mi ha piantata» si lamenta, un po' spazientita.

«Allora?» chiedo.

Cordelia, per nulla infastidita dalla mia ingerenza, inizia a raccontarmi, e stavolta nei minimi dettagli, la storia tra lei e Sebastian, l'attore di origine polacca cui Arthur mi aveva accennato. Occupazione che la impegna per ore. E ore. E ore. Interrotte solo dal tempo per mangiare le pizze che Arthur ha ordinato, ma che subito dopo ricominciano senza segnali di una fine prossima. Il momento peggiore è quello in cui si dilunga nel racconto della novità che l'ha ridotta uno straccio: il predetto Sebastian ha una nuova fiamma.

Sto quasi per soccombere quando la contessina, esausta, inizia a dare i primi segni di cedimento.

Finalmente ammette di essere pronta a dormire. « Posso restare qui, Arthur? Non voglio tornare a casa. Non voglio restare da sola. » Il suo è un tono cui è impossibile negare qualcosa.

Arthur incrocia il mio sguardo. Ci capiamo all'istante.

Codici di geometria esistenziale

L'indomani, un lunedì che si porta sul groppone la pesantezza del ritorno alla vita di tutti i giorni dopo una domenica particolarmente esaltante, capto che Claudio si recherà in Procura in tarda mattinata per depositare la perizia sulle indagini genetiche e tossicologiche che ha svolto insieme a un altro giovane tossicologo forense. Su queste ultime indagini non ho notizie, e la cosa mi rode. Non sono una tossicologa, ma non credo che possano rivelare qualcosa sulla dinamica della morte di Giulia. In ogni caso, soltanto Claudio conosce la risposta definitiva del tossicologo. Aver perso la libertà di chiedergli quello che voglio è un prezzo molto alto da pagare in cambio della soddisfazione di avergliene dette quattro.

Lungo il corridoio dal pavimento in linoleum usurato che ospita entrambe le nostre stanze, due figure camminano in direzione contraria. Una, quella minuta che dovrebbe stare con la schiena un po' più dritta, sono io. Ho lo sguardo basso che più basso potrebbe arrivare solo all'inferno. L'altra, che tiene invece lo sguardo dritto davanti a sé come i vincenti per natura, è Claudio. Un tempo, ormai lontano, mi avrebbe fatto una battuta, o per lo meno mi avrebbe sorriso. Un tempo in cui i nostri rapporti erano distesi e amichevoli. Adesso, tutto sembra cambiato. È successo in maniera inesorabile e forse io ho le mie colpe. Quel che so, è che mi manca profondamente.

Le nostre spalle urtano l'una contro l'altra. È un urto che ha qualcosa di non casuale. I nostri camici bianchi strusciano appena; sollevo lo sguardo e faccio quasi per scusarmi, d'istinto, ma lui mi ha già superato. Lo guardo con la coda dell'occhio, il capo voltato appena. Cammina, impettito e col culo stretto, le mani nelle tasche del camice. Solo quando sto per girarmi anch'io, inspirando la scia di *Declaration* di Cartier che ha lasciato dietro di sé, noto che ha finalmente voltato lo sguardo. L'incrocio è rapido, quasi indifferente. Ed è quell'indifferenza che mi ferisce a morte.

Io credevo in Claudio. Mi sentivo meno sola in questo lugubre e tetro Istituto. Mi guidava e mi correggeva. Buona parte del poco che so l'ho appresa da lui. Buona parte delle delusioni le ha consolate lui con qualche battuta cretina.

Tutto cambia e bisogna adattarsi per non morire. È anche in questo che, per definizione, si concretizza l'intelligenza: nello spirito di adattamento, oltre che nella capacità di trovare soluzioni. Forse, la mia soluzione è lasciarmi tutto alle spalle.

Bisogna imparare l'arte di dire addio alle cose e alle persone.

Imparare l'arte.

Domani, magari.

«Claudio.» Lui si volta, un po' sorpreso. «Claudio» ripeto con un tono che appare struggente alle mie stesse orecchie.

Lui si guarda attorno, poi si avvicina. «Sì?»

«Perché?»

«Cosa?» domanda lui con indifferenza. «Ti avviso che se vuoi rompere di nuovo con la storia Valenti, non voglio saperne.»

Resto in silenzio. Ne vale sul serio la pena?

« Be', era soltanto una curiosità. Non importa » farfuglio. Claudio sospira. « Ho capito cosa vuoi. I risultati degli esami tossicologici. »

No. Per una volta, Giulia non è in primo piano. Come dirgli, però, che volevo soltanto... Non so nemmeno io cosa volevo. Chiarire? Non c'è niente da chiarire.

« Sì, quelli. »

Lui ne prende atto con una vaga noia. « Ti avviso, però, che non ho molto tempo. »

« Non fa niente. Mi basta poco. »

« Vieni con me » conclude frettolosamente superandomi e aspettandosi che io lo segua. Mi porta in laboratorio, chiudendo la porta.

« Sono notizie ancora non ufficiali, quindi cerca almeno di tenerle per te. » Mi porge la copia di un esame. Mi ci vuole un minimo di concentrazione, la tossicologia forense non è il mio forte.

« Ho capito. Lascia che ti spieghi » mi dice prendendo uno sgabello e indicandomelo perché mi ci sieda. E per un attimo, con lui che da ottimo didatta qual è mi spiega tutto quello che non capisco, respirando quel profumo tutto suo, incrociando i suoi occhi imperfetti, mi sembra di essere tornata indietro nel tempo.

Come'era prevedibile, il tossicologo non è in grado di stabilire l'ora di assunzione in base ai metaboliti reperiti nel sangue: e questo perché, mi spiega Claudio, la farmacocinetica individuale è molto variabile e non esistono parametri attendibili in tal senso. Quindi è totalmente da escludere che attraverso il dosaggio della droga assunta da Giulia si possa risalire al tempo intercorso tra quel momento e la morte. Di particolare interesse, però, sono gli esami tossicologici degli amici di Giulia.

L'unica a essere risultata positiva è Sofia Morandini de Clés, il che renderebbe ragione delle ipotesi di Bianca Valenti. I metaboliti rintracciati nel sangue sono gli stessi ritrovati in Giulia. Una sola è l'eccezione: il paracetamolo.

«Non possono aver utilizzato la stessa partita di droga» commento, cercando conferma in Claudio.

«Pensaci bene. Ci sono due possibilità: o che la droga non fosse la stessa, oppure che il paracetamolo sia stato assunto dalla Valenti separatamente dall'eroina.»

«Ma Giulia non avrebbe mai assunto deliberatamente il paracetamolo. Sapeva di essere allergica e di rischiare lo shock. Lo hanno confermato i suoi parenti. Claudio, non lasciarti confondere dall'ovvio. Dammi retta, è una brutta storia. Soprattutto se la droga consumata dalle due ragazze è la stessa. L'eroina, quella siringa gettata, il paracetamolo... Non c'è niente che quadri.»

«Il materiale genetico trovato sulla siringa non apparteneva a Sofia. Detto ciò, la sua posizione diventa comunque quanto meno un po' scomoda. In ogni caso, come ho cercato più volte di spiegarti, le tracce femminili sulla siringa hanno un significato molto controverso e poco attendibile.»

«Vuoi dire che, secondo te, nonostante tutto è stata Sofia a drogarsi con lei, quella sera?»

«È possibile. Magari con una siringa diversa, certo non con la stessa di Giulia. Sarà problematico dimostrarlo, ma dopo tutto, a noi non importa. Hai capito, Alice? A *noi* non deve importare. Il nostro compito finisce qui. Finirà oggi, nel momento in cui spiegheremo al magistrato che: primo, non siamo in grado di risalire cronologicamente al momento in cui la Valenti si è drogata; secondo, riteniamo probabile che la droga assunta dalla Morandini sia la stessa; terzo, che quel paracetamolo può essere sia una sostanza di taglio dell'eroina sia una sostanza assunta dalla Valenti in un altro momento. »

« E se Sofia dichiarasse che la droga era la stessa... come la mettiamo con il paracetamolo? »

« In quel caso la storia assumerebbe contorni decisamente equivoci » ribatte Claudio. « E potrei a quel punto giustificare l'interesse che sin dall'inizio hai nutrito verso una storia di droga come tante. »

« E c'è modo di conoscere la versione dei fatti di Sofia? »

« Non so, seguendo il telegiornale, per esempio. »

« Dai, Claudio. Sono seria. »

« L'ho capito. Cosa vuoi che ti dica? Vai a chiedere informazioni a Calligaris, se ne hai il coraggio » ribatte spazientito. Perché lo annoio ineluttabilmente? Non mi ritengo una persona petulante o pesante. Eppure è una realtà: mi sopporta al massimo per dieci minuti, poi non ce la fa più.

« E perché non dovrei averlo, il coraggio? Cosa c'è di male? » ribatto con aria di sfida.

Claudio scuote il capo, come se stesse parlando con una scolaretta. « Stavo scherzando, ovviamente. »

« Io no » ribatto impudente.

« Fuori dal laboratorio, Alice. Vai a lavorare. Ti ricordo che hai una scadenza, sulla testa, e che se non ottemperi ai tuoi doveri farai una gran brutta fine; a questo dovresti pensare! Altro che caso Valenti. »

« Ah sì? Tu che fai tanto il maestro di vita... Be', tu avresti potuto aiutarmi » gli dico, senza nascondere tutta la delusione che provo.

« Non ti hanno mai detto che la vita non è facile, e che non sempre troviamo qualcuno pronto a toglierci le castagne dal fuoco? Devi farcela da sola. E puoi farcela, nonostante tutto. »

Dopo aver snocciolato una perla di tale ovvietà, con una spinta leggera che non è sgarbata né scortese, ma nella sostanza è l'equivalente di un gentile calcio nel didietro, tocca le mie spalle e mi indirizza fuori dal laboratorio, fumante per lo scorno.

È proprio in questo momento di stizza che Arthur mi chiama per propormi di andare a vedere Cordelia a teatro mercoledì. Accetto, naturalmente.

* * *

La compagnia di Cordelia mette in scena uno spettacolo d'avanguardia al Teatro dell'Orologio, in una traversa di via Vittorio Emanuele; il suo ruolo le è stato assegnato all'ultimo momento, come sostituta di un'altra ragazza che improvvisamente ha dato forfait. Per quanto dello spettacolo in sé non stia capendo un bel niente – è questo problema della *concettualità* a tutti i costi, credo – ho modo di costatare che sul palco se la cava abbastanza bene: ha una bella presenza scenica e la voce impostata in maniera piuttosto professionale. Arthur e io ci scambiamo qualche sorriso e qualche sguardo complice; lui è evidentemente orgoglioso della piccola peste.

Fine secondo atto.

Se fossimo in un film, ci sarebbe la musica dello *Squalo* in sottofondo.

È il Supremo.

È stato sciocco da parte mia non prepararmi all'idea di incontrarlo, per quanto mi risultava che i rapporti tra padre e figlia fossero piuttosto precari.

L'espressione del suo sguardo quando capisce che io e suo figlio Arthur siamo assieme è inintelligibile. Non è esattamente delusa; è più precisamente un'espressione di assoluta incredulità. Come se non solo non rientrassi fra tutte le donne che avrebbe potuto immaginare per il figlio, ma come se proprio non rientrassi nella categoria delle donne in generale. A ogni buon conto, da ottimo dissimulatore qual è, mi saluta come si conviene. Mi sento fuori posto, come tirata a forza in una riunione di famiglia nella quale sono indesiderata. Non ho nulla di cui vergognarmi, eppure mi sento in imbarazzo.

Gli porgo la manina sudata con una stretta debole in modo mortificante.

« Papà, conosci già Alice » dice Arthur con tono normale, ma riconosco sul suo volto un'espressione ironica. Evidentemente la situazione lo diverte.

« Ho già questa fortuna » risponde il Boss, glaciale. Poi, lui e Arthur chiacchierano come due estranei della performance di Cordelia.

Il Supremo è accompagnato dalla famosa candidata al ruolo di quarta moglie, un tipo insipido con la puzza sotto il naso. A togliermi le castagne dal fuoco è l'arrivo della contessa di Saglimbeni, che con la sua sola minacciosa presenza mette in fuga Capo e consorte; pare che i rapporti tra loro siano incandescenti.

La contessa di Saglimbeni ha i capelli color platino, acconciati in un elaborato chignon. Cordelia le somiglia in maniera impressionante, sembra essere stata concepita senza l'intervento del Supremo. Senza ostentare affettazione, mostra un sincero affetto nei riguardi di Arthur.

« Sono la sola a pensa*v*e che questo spettacolo sia o*vv*ibile? » chiede poi con accento aristocratico.

« È orribile *a dir poco*. Ma lei è felice » risponde Arthur con impercettibile tenerezza.

«Vo*vv*ei che qualcuno *v*iuscisse a dissuade*v*la. Sta pe*v*-dendo il suo tempo. A*v*thu*v*, tu sei l'unico cui dia ascolto... Ti p*v*ego, p*v*ovaci.»

«Prometto» risponde lui con un sorriso.

Non appena la contessa si allontana, mi rivolgo ad Arthur. «Che cosa avrà pensato di noi?»

«Chi, Anna? Perché t'interessa?» Sospetto stia bleffando.

«Ma no, non lei! Tuo padre!»

«Ah, mio padre!» ripete lui facendomi il verso in falsetto.

«Dai! Tu lo conosci bene... Dico sul serio.»

«Non è esatto dire che lo conosco bene. Comunque, non sono certo che gli abbia fatto piacere vederci assieme. Nulla di personale, cerca di capire. È l'idea, forse, che tu possa vederlo come qualcosa di diverso dal tuo capo.»

«Non potrei mai vederlo come niente di diverso» commento asciutta.

«Io stesso ho qualche difficoltà a vederlo come padre. Comunque, chi se ne frega.»

«A me... A me importa» balbetto.

«Vigliacca» dice scuotendo il capo, evidentemente divertito.

* * *

In auto, diretti verso un locale per cenare, ascolto con interesse un programma alla radio. È uno speciale sulla vicenda Giulia Valenti.

Sofia Morandini de Clés è stata messa sotto torchio e Calligaris sta cercando di spremerla come un limone. Il risultato dell'esame tossicologico evidentemente non quadra neanche a lui. Credo proprio che domani andrò a fargli visita. Ho qualcosa da dirgli.

« Ci sei ancora dentro fino al collo, ammettilo » commenta Arthur, probabilmente per la mia faccia da baccalà.

Arrossisco. « Be'... sì. Sì, è vero. Però non mi va di parlarne. »

« Ti va di cenare? »

« Sì, ma da te » rispondo con audacia.

Lui distoglie lo sguardo dalla strada e mi rivolge un rapido sguardo di sorpresa.

« *Be my guest.* »

A casa, davanti ai ravioli al vapore appena comprati al ristorante cinese all'angolo, improvvisamente i nostri sguardi si incrociano.

« Io non lo so se voglio cenare » afferma.

Il silenzio ci inonda e la stanza sembra diventare un'isola.

Mi avvicino timidamente e sfioro le sue guance con le dita.

Non parliamo più.

Non ceniamo più.

È una notte molto speciale.

La fine di un noto latin lover

Stanotte non sono rientrata a casa.

Mi sono svegliata accanto a un uomo che quando si è accorto dell'ora tarda, si è limitato a sorridere con grazia e a dirmi: «Che t'importa? Adesso ti fai il figlio del capo».

«Mostro. Posso fare una doccia?»

«*Sure*» dice mettendosi in piedi, scalzo, infilando una camicia che raccatta da terra.

Si ravvia i capelli, ruota il collo come per sgranchirlo e scompare dal mio orizzonte. Infilo gli slip e la camicetta, in attesa di poter accedere al bagno. Guardo l'ora. Rumori oscuri provengono dal mio pancino digiuno.

«Arthur... è davvero tardi, ti prego, sbrigati!» La Wally colleziona con accuratezza i miei ritardi e tutte le mie inadempienze, non vorrei regalarle pezzi nuovi.

Lui esce dal bagno con calma olimpica e fa un rapido inchino davanti alla porta.

«È tutto tuo. Ti ho lasciato degli asciugamani puliti sulla cesta di vimini. Vuoi fare colazione? La casa offre... Vediamo» prosegue andando verso la cucina. «Offre... Un bel niente, meglio andare al bar.»

«Faccio in un attimo!» gli urlo dal box doccia.

Sotto il getto di acqua calda sento *Lovers in Japan* dei Coldplay che proviene dalla radio che lui ha acceso in cucina, a volume altissimo. Mi vesto in fretta e furia, mi trucco appena con quel poco che porto di solito in borsa e sono pronta a uscire.

«Ti posso accompagnare?» domanda, prendendo le chiavi dell'auto.

«Non vorrei disturbarti» rispondo infilando il cappotto.

Lui fa un'espressione spazientita e apre la porta di casa. «Andiamo. Ma prima passiamo dal bar, non puoi andare al lavoro senza mangiare.»

Facciamo colazione in un piccolo bar vicino all'università. Lui ordina un espresso e un croissant alla nutella. Sfila dal collo la sciarpa di cashmere blu e scioglie lo zucchero nella tazzina. Ha gli occhi lievemente cerchiati.

«Adesso sono proprio in ritardo» dico sbirciando senza speranza il suo orologio e poi mettendo le mani alla fronte.

«Dovresti prendere la vita con più calma. *Take it easy.*»

«Parli proprio tu? Come se non conoscessi tuo padre. E c'è la Wally, che è anche peggio.»

Muovo convulsamente il piedino sotto il tavolo. Quando le lancette del suo orologio segnano le otto e trenta, mi alzo di scatto e gli do un bacio a fior di labbra sulla guancia ispida.

«Mi lasci così?» domanda senza aver ancora finito il croissant.

«Non posso più restare, mi spiace.»

Lui, con tutta calma, si asciuga le labbra con un tovagliolo e si alza. «Aspetta, fammi pagare e ti porto in Istituto.»

«No, no, faccio prima a piedi, basta che mi metta a correre.»

Lui sembra cedere per forza d'inerzia. «Ti chiamo più tardi.»

Gli strizzo l'occhio e fuggo.

Tutto il buon umore derivante dalla magnifica nottata appena trascorsa è destinato all'evaporazione nell'apprendere una notizia ferale. Quanto è vero che l'uomo è una creatura incontentabile.

Non so cosa avrei dato per la beatitudine di una notte con Arthur. Eppure oggi, quella stessa beatitudine che non è inferiore alle aspettative, riesce a sciuparsi nel volgere di qualche istante.

Siamo in tre nella stanza.

Ambra sta studiando la copiosa documentazione inerente un caso di responsabilità professionale medica; io ho la testa persa in certi dettagli non proprio casti di queste ultime ore; Lara cerca il mio sguardo con insistenza, indicando maldestramente l'uscita. Non mi è ben chiaro dove voglia arrivare, fino a quando non si conclama con la più classica delle scuse – «Vado in bagno!» – accompagnando le parole con un chiaro invito a seguirla. Ambra ci ignora, come è solita fare.

«Che ti è preso?» le chiedo, non appena ci troviamo a distanza di sicurezza dal nemico.

«Dovevo parlarti con urgenza. Ho un gossip favoloso» ribatte con fierezza. Siccome l'ultima volta che esordì in questo modo si trattava alla fine di una notizia insignificante come poche, non mi aspetto nulla di promettente.

Ci chiudiamo nel bagno per i disabili, meno frequentato, per parlare senza interruzioni.

«Indovina chi sta con chi?» esordisce.

«Lara, non lo so. Niente suspense, te ne prego.»

«Claudio...»

Nel sentirla pronunciare il suo nome sento un fremito, un cattivo presentimento, una brutta sensazione che mi investe violentemente. «Claudio? Con chi sta?» mi ritrovo a incalzare mio malgrado.

«Con Ambra, è ufficiale.»

Un attimo.

«In che senso ufficiale? Lara, che dici? Claudio non lo farebbe mai.»

«Senti, so soltanto che oggi sono arrivati in Istituto insieme e si sono stampati un bacio che nemmeno nel *Tempo delle mele.*»

«Non vuol dire niente. Sarà soltanto sesso.»

«Non credo. Ho sentito dire che va avanti già da un po'.»

Me lo aspettavo, in qualche modo, che prima o poi sarebbe successo, perché erano predestinati. La tensione sessuale tra loro è sempre stata così forte da diventare spesso tangibile.

Non mi aspettavo, però, che potesse farmi tanto male.

* * *

È primo pomeriggio quando ricevo una chiamata di Silvia che mi propone una seratina sushi in un ristorante giapponese nella zona dei Musei Vaticani, a qualche centinaio di metri da casa sua. Accetto con entusiasmo, anche perché desidero ragguagliarla sugli ultimi sviluppi con Arthur.

Abbiamo appuntamento davanti al locale, dove lei mi raggiunge col suo ritardo costituzionale, appariscente come al solito. Ogni volta che la vedo finisco sempre col chiedermi: è vera o è finta? È una statua del museo delle cere di Madame Tussauds o è semplicemente un po' siliconata qui e lì?

«Perdona il ritardo, *ma chère.*»

183

«Ci sono abituata. Entriamo, ti sei risparmiata venti minuti di fila.»

Emana un profumo delizioso e intenso. Prende posto, sfila la giacca con nonchalance e resta con una maglia a maniche corte, grigia, un po' arricciata al collo. I polsi sono pieni di braccali che quando muove le mani tintinnano allegramente. I corposi capelli rossi, lunghi e selvaggi le ricadono sulle spalle; ha nel complesso un'aria molto provocante.

Dopo le ordinazioni, affrontiamo una serie di argomenti. Precisamente: lo stato delle mie tragedie professionali; il mio rapporto ambiguo/patologico con Claudio Conforti; gli sviluppi con Malcomess Jr. Ci stiamo appena addentrando nel territorio delle sue evoluzioni sentimentali, quando una voce non del tutto estranea distoglie la nostra attenzione.

«Silvia.»

Alziamo gli occhi, pressoché contemporaneamente.

Con assoluta sorpresa, mi accorgo di trovarmi davanti Jacopo De Andreis. Indossa un ascot – come sempre – e il suo aspetto impeccabile è tinto stasera di una nota nuova. O forse, semplicemente, sta metabolizzando suo malgrado il lutto. Di fatto, il suo volto è molto più luminoso, e benché non mi senta di definirlo un uomo convenzionalmente bello, ammetto che il suo splendido sorriso gli conferisce un discreto fascino.

Silvia replica al richiamo con charme, alzandosi per salutarlo con affetto e confidenza.

Questa è proprio bella.

Distrattamente, e con sorprendente cortesia, Jacopo sembra ricordarsi di me.

«Allevi, se non erro» chiede stringendo gli occhi, come nello sforzo di essere preciso.

«Sì, Alice.»

«Vi conoscete?» domanda Silvia con calore.

«Sì, purtroppo» ribatte Jacopo. Accorgendosi subito dopo dell'uscita infelice, si affretta a correggere il tiro. «Nel senso che l'occasione in cui ci siamo conosciuti...» Tronca la frase a metà, come se non riuscisse a concluderla. Il volto si oscura e Silvia, sorpresa e rapace, connette gli eventi. «Ho saputo di tua cugina. Mi dispiace davvero. Avrei voluto chiamarti, ma... in queste circostanze, credo che le attenzioni possano stancare, più che confortare.»

«È così infatti» ribatte lui, asciutto ma con grazia, senza rinunciare al sorriso con cui evidentemente è solito condire i suoi interludi. «Come sta, dottoressa?» si rivolge infine a me.

«Bene, grazie» ribatto sentendomi davvero molto piccola. Jacopo De Andreis ha la capacità di soverchiarmi psicoemotivamente.

Jacopo e Silvia intraprendono poi una breve conversazione su fatti prettamente legali di cui colgo meno della metà. Resto in attesa, prima o poi si saluteranno.

E questo accade all'arrivo di Bianca.

Esce dalla toilette, molto dimagrita, e la magrezza enfatizza alcuni tratti della sua figura, rendendola più somigliante a Giulia – i capelli un po' più corti, delle occhiaie che, nonostante l'evidente sforzo per camuffarle, improntano i suoi strabilianti occhi, che mi appaiono stasera cupi più che mai. Si avvicina al nostro tavolo, un po' disorientata. Mi rivolge un sorriso leggero, sbattendo le sue lunghe ciglia, gli occhi da gatta illuminati per un breve istante.

Sembra a disagio con se stessa. Tiene gli occhi bassi, la schiena un po' curva. Come se desiderasse sparire o, in alternativa, trovarsi in tutt'altro luogo.

«Tutto bene, Bianca?» le domando. Lei mi guarda confusa.

«Sì. Sì» ripete infine. «È soltanto che ho un gran mal di testa. Jacopo» si rivolge infine al cugino, «andiamo, vuoi?»

Lui annuisce e saluta Silvia con molta partecipazione. E me amabilmente. Dal canto suo, quello che sembra il fantasma di Bianca Valenti saluta apaticamente entrambe.

«Come lo conosci?» domando subito a Silvia, ben contenta del nuovo argomento di conversazione.

«*Shhh*, idiota. Ci stanno ancora guardando» replica a denti stretti, un sorriso lezioso sul viso. Paziento finché non decide che è giunto il momento di spiegarmi. Immerge un *maki* in un intingolo mischiato col wasabi e finalmente inizia a raccontare.

«Jacopo De Andreis, se non lo sapessi, è un avvocato. E questo ti spiega come e perché lo conosco.»

«Quanto alla natura dei rapporti reciproci?» le domando con tono da interrogatorio.

«Non troppo approfonditi. Ma siamo stati a letto insieme, una volta.»

Il sushi mi va di traverso, e non è colpa del wasabi.

«Silvia!»

«Che c'è?»

«Non l'avrei mai immaginato.»

«E perché?» Silvia sembra irritata dalla mia convenzionalità. «Eravamo a un convegno ad Asti, due anni fa più o meno. Sai come vanno queste cose. Si va a bere qualcosa dopo cena, un'allusione, uno sguardo, si torna nello stesso albergo. E infine anche nella stessa stanza.»

«Non me l'avevi mai raccontato.»

«Se dovessi raccontarti di tutti gli uomini con cui vado a letto...» è l'elusiva risposta.

Effettivamente Silvia è un po' anarchica, in ambito sentimentale. Le sue avventure hanno impressa la data di scadenza sin dall'inizio. Ha l'istinto del predatore, è fatta così.

«Parlami di lui» le domando, molto incuriosita. E, devo ammetterlo, non per la sua relazione occasionale con Silvia.

«Non è fidanzato, scusa?»

«Sì, e lo era anche due anni fa. Sta da almeno dieci anni con quell'ebete di Doriana Fortis, ma la tradisce di continuo, lo sanno tutti. Anche quella con cui l'abbiamo visto stasera... sarà la sua nuova sciacquetta.»

«Sei fuori strada, è sua cugina. La sorella di quella che è morta.»

«Ah. E tu come le sai queste cose?»

«Claudio ha fatto l'autopsia e io ho seguito con attenzione la vicenda.» Ometto i dettagli della storia. Non sono importanti, dopo tutto, e io voglio saperne di più su quel tipo che non ho mai capito davvero. È uno stronzo camuffato da persona gentile o è il contrario?

«È molto bella, anche se trascurata.»

«Stasera era strana. Quando l'ho conosciuta era bella tanto da sembrare un'attrice degli anni Quaranta, e tutt'altro che trascurata. Ci siamo viste, qualche volta. Aveva bisogno di alcuni chiarimenti medici sulla morte della sorella. Stiamo facendo amicizia, mi piace molto.»

«Che tenere! Fare amicizia, come le bambine alle elementari! Tu faresti amicizia anche con le pietre» sentenzia Silvia.

«E tu sei gelosa, lo sei sempre stata. Sei possessiva. Sei gelosa persino di Yukino.»

«Di Yukino più di tutti.»

«Tornando a Jacopo e Doriana?»

«Credo che sia un rapporto di comodo. Jacopo è un palato fino. La tradisce ma sempre con selettività. E, credimi, interessargli è stato gratificante.»

«A cosa gli servirebbe un rapporto di comodo, scusa? Proviene da una famiglia nota e celebrata.»

«Sì, ma non ricca quanto ama far credere. E Doriana è l'unica erede di Giovanni Fortis. Ovvero, il proprietario della ForTek. Ha talmente tanti soldi che se vincesse il Superenalotto non le farebbe nessuna differenza.»

«E secondo te, lui la usa?»

«Magari no. Ma secondo me, sì.» Date le elevate capacità intuitive di Silvia, trovo l'ipotesi probabile.

«Conosci Doriana?»

«Alice, mi sembra un interrogatorio. Basta! Ma, se vuoi, posso raccontarti la sua performance. Eccellente. Davvero.»

«Buon per lui. Ma a me interessano altri aspetti.»

Silvia sorride, scuotendo il capo con rassegnazione. «Doriana la conosco appena, ma posso dirti che non è una ragazza particolarmente brillante.»

«E... quella sera? Lui come si è comportato con te?»

«È un uomo di classe. Un po' su di giri, ma credo che fosse perché si era fatto una pista di coca.»

Mi si drizzano le antenne. «Come lo sai?»

«Me ne ha offerta un po'. Io ho rifiutato.»

«Lo fa abitualmente?» La situazione si fa interessante.

«Non lo so. Non se ne parla in giro, e comunque quella sera non è entrato nello specifico. Si è limitato a offrire. È un uomo gentile. L'indomani abbiamo fatto colazione insieme e poi siamo ripartiti. Io per Roma, lui per Londra, dove lo aspettava Doriana.»

«E poi? Non vi siete più sentiti?»

Silvia si prende un attimo per riflettere. «Sì» risponde infine. «Per gli auguri di buon anno nuovo, ma solo l'anno scorso. Quest'anno no. Possiamo cambiare argomento, adesso?»

«No... dai. Almeno è interessante. Sai niente delle sue cugine?»

«La piccola, quella che è morta, posava spesso come modella. Era bella, bella sul serio. La sera che abbiamo trascorso insieme lei l'ha chiamato; si chiamava Giulia, giusto? È stato molto affettuoso con lei. Direi fraterno. L'ho invidiata, per un attimo. Pensa a tuo fratello, poi al mio, e poi pensa ad avere un fratello come Jacopo De Andreis.»

Roma è peggio di Sacrofano; sembra grande, ma si finisce sempre col sapere tutto di tutti; in un certo ambiente, quanto meno. E quante sorprese può riservare una serata sushi con Silvia!

Un'audace visita presso l'ufficio dell'ispettore Calligaris

«Chi devo annunciare?» mi domanda una ragazza in divisa, bruna, riccia e dall'espressione simpatica.

«La dottoressa Allevi.»

Trascorro l'attesa leggendo *After Dark* di Haruki Murakami. Sono le tre, sono appena uscita dall'Istituto e la voglia di comunicare con qualcuno i miei pensieri sul caso Valenti ha deviato i miei passi dalla consueta strada verso casa a quella che conduce verso il commissariato di Polizia.

L'ispettore Calligaris mi accoglie con gentilezza, aprendo le imposte dell'unica finestra del suo ufficio per cambiare l'aria che, come l'altra volta, è intrisa di fumo.

«Mia cara Alice, è un piacere vederla. In cosa posso esserle d'aiuto?»

«Nessun aiuto, in realtà, ispettore. Ho bisogno di parlare con lei del caso Valenti.»

Lui strabuzza gli occhi e tossicchia.

«Dottoressa, ho verificato la sua segnalazione. Stia tranquilla» mi spiega a bassa voce, con sussiego.

«Non desideravo parlarle di questo.»

«Ah no?» replica con perplessità.

«Desideravo parlarle dei risultati degli esami tossicologici.»

Calligaris sorride. «Li conosco, mia cara. E posso garantirle che il dottor Conforti, come sempre, è stato molto esaustivo.»

È un modo gentile per dirmi che non sente l'esigenza di parlare con me di alcunché, e posso capirlo. Io, però, ho bisogno di insistere.

«Vede, mi riferisco all'assenza del paracetamolo nel sangue di Sofia Morandini de Clés.»

«Ebbene, cara, cosa non le quadra?» mi chiede, una mano sul mento, un tono che esprime, se non altro, curiosità.

«Ecco... voglio farle presente che nel caso in cui la Morandini confermi di aver utilizzato la stessa droga di Giulia, allora quel paracetamolo si può spiegare solo in un modo: qualcuno glielo ha dato per ucciderla.»

L'ispettore Calligaris, segaligno nell'aspetto e sudaticcio più o meno come al solito, assume un contegno pensoso. Mi guarda con sincero interesse, e fa segno a un attendente affacciatosi alla porta di tornare in un secondo momento.

«Dottoressa, desidero farle presente che ipoteticamente la droga consumata dalle due ragazze proviene dalla stessa partita, ma non è escluso che fossero due dosi indipendenti, e questo spiegherebbe l'assenza, in una delle due, del paracetamolo.»

Lo guardo seccata. «Che coincidenza! Il paracetamolo è proprio nella dose di Giulia, notoriamente allergica! Che tragica fatalità. E poi, ispettore, i metaboliti rintracciati nel sangue di entrambe sono identici... a eccezione del paracetamolo. Non posso credere che un dato del genere non la insospettisca.»

Calligaris sorride, ed è un sorriso accompagnato da uno sguardo sorprendentemente acuto. «Ottima obiezione. È preparata! Prosegua, le sue opinioni mi affascinano.»

«È così, vero? Sofia ha dichiarato che la droga utilizzata era la stessa.»

«Dottoressa, non approfitti della mia pazienza!» ribatte con un sorriso bonario. «Lei mi parli delle sue teorie, e lasci a me il compito di elaborarle a mio uso e consumo.»

«D'accordo. Mi spiego, meglio che posso. Se la droga è la stessa, è evidente che il paracetamolo Giulia lo ha assunto in un altro momento, e che non era una sostanza da taglio dell'eroina. Perché? Le possibilità sono tre. Per sbaglio? Per suicidarsi? O forse qualcuno glielo ha somministrato? Ma se è così, a che scopo, se non per ucciderla?»

«Esaminiamo una per una le ipotesi» propone Calligaris accendendosi una Pall Mall Manhattan.

«Per sbaglio... E come? Confondendo una pasticca con un'altra? È strano, in genere chi sa di essere allergico è molto attento a quello che assume. Suicidio... Sì, è possibile, ma in questo caso, oltre alle obiezioni che già le ho detto, perché non avete trovato nessun segno? Nessuna confezione in giro, nessun biglietto. Pensi invece all'omicidio, adesso. Quale modo migliore per ucciderla? Rapido, con risultato praticamente certo, niente sangue. L'arma ideale: lo stesso sistema immunitario di Giulia.»

Calligaris annuisce. «Giuste considerazioni, Alice. È ovvio che abbiamo già pensato a tutto, ma sono colpito dal suo entusiasmo, davvero.»

Il suo telefono squilla e lui non può fare a meno di rispondere. Guardo distrattamente la sua scrivania e provo tenerezza davanti alla foto di due bambini, probabilmente gemelli, che somigliano all'ispettore in maniera incredibile. Non è una somiglianza a loro vantaggio, ma la loro bellezza è proprio nell'irregolarità dei tratti e in quella qualità di gioia disincantata che solo i bambini sono in grado di esprimere.

«Alice, sono spiacente ma devo andare, e di corsa, anche» mi spiega dopo aver riattaccato, iniziando a prendere dalla scrivania sigarette, accendino, un portafoglio consunto, un portachiavi di peluche a forma di balena.

Raccolgo il messaggio e mi avvicino alla porta. Calligaris mi saluta gentilmente con una calorosa stretta di mano.

«A risentirci, mia cara.»

Paradossi

E nel frattempo – del tutto presa, nell'ordine, da Arthur, dalla vicenda Valenti e dagli attriti con Claudio – ho distolto la mente dall'inevitabilità che la mia personale scadenza volge al termine senza che io abbia concluso niente per impedire la mia rovina. Sono infatti trascorsi quasi due mesi dal terribile ultimatum della Wally. Sono tentata di andare da Anceschi a elemosinare una buona parola: basterebbe che lui spiegasse alla Wally quanto mi sono impegnata sul caso Valenti, per esempio. Ma a voler essere del tutto sinceri, ho fatto altro?

No, no, no. Sono un'indecenza. Ho quel che mi merito.

Stanca di logorarmi, decido di scoprire le mie carte con la diretta interessata, e cercare di intuire cosa abbia deciso sul mio destino.

Les jeux sont fais.

Toc toc.

«Avanti!» risponde la Boschi con la sua voce da rospo, che mi ricorda sempre quanto male faccia il fumo alle corde vocali. «Ah, è lei» mi dice dopo avermi riservato una rapida occhiataccia.

«La disturbo?»

«Si accomodi» dice con tono sbrigativo. Non sembra propensa al dialogo.

«Professoressa Boschi... Forse non è il momento giusto per parlarle...»

Si toglie gli orribili occhiali da ipermetrope e si porta le mani violacee alla fronte.

«Cara dottoressa Allevi, tra tutte le sue numerose mancanze ho sempre incluso un curioso deficit del senso dell'opportunità. Naturalmente, quindi, non ne sono sorpresa. Vuole parlarmi della sua situazione, vero? Vuole sapere se ho preso una decisione al riguardo, giusto?»

«Sì» affermo annuendo freneticamente.

Il Grande Rospo ha l'aria meditabonda e solenne, mentre mi spiega che: «Negli ultimi tempi sono rimasta in silenzio a osservare. Non sarei sincera se non ammettessi un leggero e vago miglioramento. Il dottor Anceschi mi ha detto delle intuizioni che ha avuto sul caso Valenti... Ma sa come si dice, una rondine non fa primavera. Continuo a ritenerla troppo svogliata, ma per lo meno ha segnato qualche punto a suo favore. Sono ancora in attesa di quel qualcosa di più che fa la differenza. Si ritiene in grado di potermelo dimostrare?» domanda rimettendo gli occhiali.

«Vorrei sapere con più precisione verso cosa indirizzarmi. Avrei voluto darmi da fare con maggiore zelo, ma la verità è che... non ho avuto idee.»

Il Grande Rospo apprezza la sincerità, una volta tanto, e replica con tono quasi gentile: «Potrebbe lavorare assieme al dottor Conforti al progetto virtopsy. Ah, dimenticavo, lei non crede nelle possibilità della virtopsy».

Io non credo in niente, forse neanche in Dio, figuriamoci se credo nella virtopsy. Ma se può salvarmi il didietro, imparerò a crederci. Ma lavorare con Claudio... Oh, no. Tutto ma non questo. Tornare alle solite dinamiche di paraculaggine e poi fare da spettatrice ai siparietti tra lui e l'Ape... Non posso farcela.

«Credevo che l'unità di ricerca per quel lavoro fosse al completo.»

«C'è sempre spazio per chi ha davvero voglia di lavorare sodo.» *Okay, ho capito.* «Facciamo così: le offro la soluzione dei suoi guai su un piatto d'argento. Il dottor Conforti è molto obiettivo: sa riconoscere perfettamente chi vale.» Figurarsi se alla fine della fiera la morale della parabola non doveva essere una sviolinata del Jude Law de noartri.

«Completi il progetto da sola e lo consegni al dottor Conforti.»

«E se non dovesse piacergli?»

«Ripetere un anno non le farà male.»

È inammissibile. Il mio futuro nelle mani di Claudio? Che solo per compiacere Ambra mi lascerebbe marcire nella mia condizione di specializzanda ripetente?

La Wally compone febbrilmente un numero al telefono con le sue dita tozze devastate dall'onicofagia.

«Claudio? Raggiungimi nella mia stanza, grazie.»

Oh, no. Per l'amor di Dio, no.

Il tempo di un battito di ciglia, e quel lecchino di Claudio è subito al suo servizio. Mi rivolge uno sguardo perplesso e accigliato, per poi chiedere al Grande Rospo, tutto servile, in cosa possa esserle utile.

«So che il progetto virtopsy è in fase di stallo. O sbaglio?»

Claudio corruga la fronte. «Professoressa, non direi in fase di stallo. In linea di massima, procede. Non ne sono particolarmente soddisfatto, questo è vero. Ci sono dei problemi nella raccolta della casistica e nella gestione della collaborazione con quelli della Radiodiagnostica.»

«Bene. Ho trovato la soluzione a tutti i problemi del tuo progetto» gli dice con un sorrisino maligno sulle labbra, guardando dritta verso di me. Come in una scena al rallentatore, Claudio si volta e mi scruta con genuino stupore.

«Lei?» domanda con un tono che la mia anima un po' permalosa giudica offensivo.

«Esattamente. La dottoressa è molto motivata e mi ha richiesto di potersi unire al vostro programma di lavoro.»

Bugiarda! Adesso Sua Stronzaggine penserà che abbia agito solo per stargli attaccata al didietro.

«Bene» ribatte Claudio senza tradire alcuna emozione.

«Claudio, ho bisogno che alla consegna tu mi faccia un resoconto del suo lavoro. È come se fosse sotto esame. D'accordo?»

«Sicuro» risponde lui con una smorfia di abuso di potere sul bel volto. Poi rivolge il suo sguardo lievemente strabico su di me. «Dottoressa, mi segua nella mia stanza, così le illustro di cosa dovrà occuparsi.»

La Wally mi sorride convinta di essersi comportata con grande magnanimità. Io rispondo mio malgrado al sorriso e seguo Claudio. Nel corridoio, non mi guarda e non mi rivolge neanche una parola. Entrati nella sua stanza, chiude accuratamente la porta e mi squadra con irritazione.

«E così hai chiesto di entrare nel mio gruppo di lavoro. Me ne domando la ragione, dato che ultimamente hai avuto da ridire sul mio operato. Non credevo che ci tenessi tanto a lavorare con me.» Il suo sarcasmo non è del tutto immotivato, dati i recenti trascorsi, ma non so come spiegargli la verità.

«Infatti, non è andata come credi tu. Avevo solo chiesto alla Wally di inserirmi in un progetto... uno qualunque.» Abbasso il viso, accorgendomi che non mi piace dargli spiegazioni su qualcosa che non ho nemmeno voluto. «Claudio, tu lo sai meglio di chiunque altro, la Wally ha qualche dubbio sulle mie capacità. Lei ha pensato a te e alla tua ricerca sulla virtopsy. Potendo scegliere, non avrei mai chiesto di essere inserita nel tuo gruppo. Puoi starne certo.»

«Mi disprezzi a tal punto?» domanda lui, e sembra – anche se con lui è sempre meglio diffidare delle apparenze – quasi dispiaciuto.

«Non ti disprezzo affatto.» Malgrado tutto, è vero. «Ma per come si sono messe ormai le cose tra noi, per i problemi che hanno segnato il nostro rapporto negli ultimi tempi... diciamo che non mi sembra opportuno lavorare assieme. E ancora meno opportuno, per non dire paradossale, è che tu debba dare un giudizio alla Wally sulle mie capacità da medico legale, visto che mi reputi veramente scarsa.»

Lui resta in silenzio per un po', mettendo ordine sulla sua scrivania ma solo per ingannare l'imbarazzo. «Comunque sia, è inutile parlarne. Gli ordini degli alti vertici non si discutono. Bisogna lavorare, e lavoreremo. Ti garantisco che cercherò di essere obiettivo nel mio giudizio su di te. E ti prometto che ti aiuterò il più possibile» conclude infine con il suo sorriso più seducente. Quanto mi era mancato. Era doloroso vederlo rivolgersi a tutti fuorché a me. «Prendi quella sedia e siediti qui vicino a me. Ti spiego cosa devi fare.»

*Tutti abbiamo un prezzo. Il tuo peggior nemico
è chi può permettersi di pagarlo*

«Allora, ricapitolando, hai capito cosa devi fare?»

Fisso Claudio con sdegno. Non ha tardato a trovarmi un compito all'altezza della sua perfidia, e fortuna che aveva promesso di comportarsi correttamente.

«Questo è un lavoro da portantini» ho il coraggio di obiettare.

«Fossi in te, non farei la schizzinosa» ribatte con malizia, sollevando il sopracciglio. Ambra cerca di camuffare una risatina ignobile. «E poi, che sarà mai. Non svilisce la tua laurea con lode in Medicina e chirurgia andare a recuperare un cadavere in obitorio per portarlo in Radiologia, dove faremo la virtopsy. Tanto più che, come da prassi, sarai accompagnata da una guardia giurata, il signor Capoccello. In genere fa tutto lui, perché è una persona molto disponibile. Devi solo percorrere il tunnel che collega le due strutture con lui e il cadavere. Insomma, Allevi, facciamola breve eh?»

«Ma perché io?» insisto, non particolarmente entusiasta dell'idea di dover andare in giro con salma in barella a seguito. «È un compito da maschi!» sbotto fissando quel verme di Massimiliano Benni, che fa finta di non sentire. Ed è anche sotto di me, per anzianità.

«Se vuoi la mia opinione, l'intera Medicina legale è *da maschi*» risponde Claudio, non senza un filo di sottile ironia. «Ma avete voluto intrufolarvi anche voi donne e ora

non potete tirarvi indietro quando vi fa comodo» conclude
con un'irriducibile faccia da schiaffi. Questo perché voleva
aiutarmi. Avesse voluto accopparmi cos'avrebbe fatto?

«Tesoro, non essere sessista» gli intima Ambra, piccata.
Mi sorride con complicità, ma ha comunque l'aria di essere
la reginetta di una festa cui io non sono nemmeno stata invitata.

«Se proprio devo...» farfuglio con rancore malcelato. Ha
in mano la mia salvezza e, se vuole umiliarmi fino alla fine,
lo faccia pure. Se penso a tutti i sensi di colpa che ho provato, quando ho messo in discussione le sue decisioni.
Quanta nobiltà d'animo sprecata.

«Perfetto» risponde con tono lezioso e mani ai fianchi.
«Ti aspettiamo in Radiologia alle 14.30. Alice, è importante. Non tardare, per l'amor di Dio» sottolinea sillabando,
quasi si stesse rivolgendo a un'ebete, quella che evidentemente crede io sia. «Ci sono già troppi problemi logistici
e non possiamo aggiungerne di inutili: l'apparecchio serve
per le indagini sui vivi e quelli di Radiologia non possono
permettersi di perdere tempo.»

«Certo non posso volare, no? Sono già le 14.06, perché
non me l'hai detto prima?»

«Ah ah, Allevi. Noto un'inflessione polemica nella tua
voce» ribatte gongolando, le braccia conserte. «E soprattutto non colgo un atteggiamento collaborativo.»

Gli occhi degli altri colleghi sono fissi su di me e il tempo sta passando. Inutile perderne altro.

Mi lancio alla volta dell'impresa; sento i tacchi degli sti-
vali sul pavimento del tunnel sotterraneo che collega l'Istituto con l'obitorio, un tragitto che in media richiede tra i
cinque e i dieci minuti. Giunta in obitorio, trovo la guardia
giurata accasciata su una sedia, un colorito allarmante, un

fazzolettino a quadretti di cotone con cui si tampona la stempiatura.

« Tutto bene? »

Il poveruomo, transitato in un istante dal pallore cadaverico al verde bile, scuote mestamente il capo, rispondendo con un forte accento pugliese che il bis di zuppa di cozze alla tarantina della sera prima è risultato di digestione laboriosa. Si alza dalla sedia sopprimendo un conato di vomito. « Avanti, dottoressa. Facciamo presto » mi esorta con sofferenza.

Per quanto preoccupata dall'idea di dover mobilizzare il cadavere da sola e di violare la procedura, sento la parte più altruista di me dirgli: « Senta, si vede benissimo che non si regge in piedi. Perché non se ne torna a casa? »

Strizzando gli occhi per il sopraggiungere di una colica, il signor Capoccello si accascia ancora sulla sedia e mi guarda con l'aria di chi è lì lì per accettare una proposta indecente. « E chi l'accompagna a lei? »

« Posso andare anche da sola. È solo un piccolo tragitto. »

« Ci inguaiamo! » biascica, ma senza troppa convinzione.

« Ma che guaio e guaio! Non lo saprà nessuno. Si riguardi, però, mi raccomando. »

Così, ricoperta di gratitudine e benedizioni, alle 14.19 riparto dall'obitorio in direzione Radiologia con salma a seguito, tenendo ben saldi con le mani guantate i manici della barella. Alle 14.27 sono quasi arrivata a destinazione, quando il cellulare squilla, ed è già di per sé un miracolo, poiché qui nel regno dell'Ade in genere non prende mai. È un numero che non conosco.

« Sì? »

« *schshchshchshc ... Alice ... cshcshscshcshcsh...* »

Era troppo sperare che si sentisse anche bene. Mollo la

salma e mi allontano verso una finestra dove spero ci sia campo.

«Alice?»

È Arthur, da Istanbul. «Ciao! Scusami ma ora non posso proprio stare al telefono!» gli dico, controllando l'ora: 14.29.

«Scusami tu, non volevo disturbarti. Volevo solo dirti che qui è tutto okay.» Non voglio essere tanto scortese da liquidarlo subito e senza appello. Che saranno mai due, tre minuti di ritardo? Tanto sono praticamente arrivata.

«Difatti non disturbi... È solo un momento un po' critico. Poi ti spiego meglio. A che ora hai il volo?»

«Stasera alle nove e dieci.»

«Vengo a prenderti all'arrivo?»

«Non preoccuparti, prendo un taxi. Domani però ci vediamo. Hai fatto una stronzata a non venire con me; Istanbul è una città...»

Effettivamente, è un'opportunità che ho scartato in un impeto di coscienza professionale. Come facevo a partire in un periodo così cruciale, anche se per poco tempo e con Arthur?

Arthur si lascia andare alle sue impressioni, ma quando poi controllo l'ora e vedo che sono già le 14.35 penso che sia il caso di chiudere.

«Devo proprio andare... ci sentiamo dopo?» dico poi, pregustando già che domani lo rivedrò.

Sono in estasi. Sento che io e lui stiamo facendo dei passi avanti.

Ripongo il cellulare nella tasca del camice e torno a recuperare la salma.

Ma dov'è?

Se è uno scherzo, è di pessimo gusto.

Insomma, mi sarò allontanata al massimo di un centinaio di metri.

Non possono avermi trafugato la salma sotto il naso!

Oddio.

Il cellulare squilla, e stavolta nessuno mi chiama con gentilezza.

«Alice, *dove cazzo sei*?» Ovviamente, è Claudio.

«Sto arrivando» lo liquido chiudendo subito la comunicazione.

Mi guardo attorno spaesata e incredula. Non c'è traccia della mia salma ma nemmeno di anima viva.

Merda. Merda. Merda.

Percorro il tunnel a ritroso nella speranza di incrociare chi ha avuto la malaugurata idea di spostare la barella, ma senza risultato.

Sto per avere un attacco di panico. È stata una pessima idea non farmi scortare da Capoccello, anche a costo di una colica in pieno tunnel sotterraneo. Inutile barare, devo andare in Radiologia e affrontare Claudio. E Ambra. E la Wally.

Perché sono così sfigata? Perché? Cos'ho fatto di male?

In fondo sono una brava persona. Ho adottato un bambino a distanza. Finanzio Emergency. Okay, ogni tanto spendo un po' troppo quando faccio shopping, ma è un peccato veniale.

Quando si aprono le porte azzurrine scorrevoli della Radiologia sento di non potercela fare. Claudio e Ambra mi vengono incontro piuttosto agitati. Sono le 14.48.

«Dov'è il cadavere?» grugnisce Claudio, guardandomi come se fossi un'unghia incarnita.

«Claudio, io... io non lo so» confesso tutto d'un fiato.

Gli sta per venire un'apoplessia. «Che vuol dire non lo so?»

«Che non so dov'è finito.»

Claudio adotta a questo punto la modalità *sono un genio ma devo confrontarmi anche con gli ebeti, a volte.* «Alice. Fammi capire bene. Non hai trovato il cadavere in obitorio?»

«Sì, c'era. L'ho preso. Ero già nel tunnel e... mi sono distratta per un attimo. Ma proprio un attimo, non di più. E poi...»

«E poi il cadavere non c'era più!» esclama Claudio con un sarcasmo che è l'anticamera dell'esplosione. «E Capoccello? Dov'era? Non sarai partita dall'obitorio da sola?»

Abbasso lo sguardo. «Non stava bene e gli ho detto che... potevo far tutto da sola, insomma. Non è così grave, in fondo.»

Mentre il suo occhio strabico si rimette a posto per rivolgermi con più precisione uno sguardo colmo di disprezzo e una giugulare sta per esplodergli per la congestione, lui si lascia andare alle recriminazioni. «Brava, brava! Non solo non rispetti la procedura – ah, Capoccello mi sente, eccome se mi sente! – ma poi ti perdi la salma! Una cosa soltanto ti avevo raccomandato. Lo sapevo che era una pessima idea farti entrare nel progetto. Di tutte le incapaci...»

«Calmati» gli dice Ambra, non so se per pietà o solidarietà o entrambe. Forse a turbarla è il fatto che i miei occhi producono lacrime senza alcun freno.

«Puoi spiegarci meglio quello che è successo?» mi domanda l'Ape Regina con un tono cheto che quasi non riconosco.

Le riepilogo in sintesi la dinamica dei fatti. Lei e Claudio si guardano interrogativamente negli occhi.

« Secondo te, cosa dovrei dire alla Wally? » mi chiede Sua Stronzaggine, battendo convulsamente il piede firmato Tod's sul pavimento.

Sai che ti dico? Dille quello che vuoi. Persino la mia dignità ha un prezzo. Non mi metterò a implorarti di non fare la spia.

« Prima di tutto cerchiamo di ritrovare il cadavere » s'intromette Ambra con calma, strizzandomi l'occhio.

Non so se la odio di più quando si manifesta come la carogna che è o quando si sforza di fare la magnanima.

* * *

« Sapevo già che lei è distratta. Un po' dormiente. Ha commesso errori irripetibili. Ha sbagliato a compilare documenti, ha letteralmente frantumato dei reperti, si è tirata indietro di fronte a esumazioni. Ma che fosse capace di smarrire una salma, non l'avrei mai creduto possibile. Lei è riuscita in qualcosa di unico, Allevi: nessuno che io conosca, anzi, forse nessuno al mondo ha mai raggiunto tali vette di inettitudine. Perdere un cadavere... »

La Boschi sembra terribilmente delusa.

Spero che la terra m'inghiotta all'istante.

« Si rende conto dei disguidi che ha provocato? »

Dovrei essere più ebete di quello che sono, per non rendermene conto.

« Fortuna che gli infermieri di Gastroenterologia hanno recuperato il cadavere. »

Inutile ripeterle che è proprio perché non si sono fatti gli affaracci loro che è successo tutto questo casino.

« Mi ero allontanata un attimo per rispondere a una telefonata... » mi sento mormorare esanime.

«E la chiama serietà? È incaricata di un compito d-e-l-i-c-a-t-i-s-s-i-m-o e lascia incustodito un cadavere nel bel mezzo di un passaggio ospedaliero comune per rispondere a una telefonata? E si aspettava che degli operatori sanitari, accorgendosene, non prendessero immediatamente provvedimenti?»

«Non ho perso più di cinque minuti» dico con lo sguardo basso.

«Che sono stati sufficienti a combinare un mare di guai!»

Abbasso di nuovo il capo, che avevo avuto per un attimo il coraggio di sollevare.

«Sono fuori dall'unità di ricerca?» domando con voce malferma.

«Non so cosa dirle. Ne parli con Conforti.»

Per l'amor di Dio.

Torno a casa con un taxi; una pioggerellina bagna il finestrino oltre cui guardo senza essere presente a me stessa. Raramente mi sono sentita più idiota.

Sono una fallita. Un'inconcludente. Ho distrutto miseramente l'unica chance di salvezza che avevo.

Pago l'autista e raggiungo il portone senza nemmeno aprire l'ombrello; Yukino non è in casa e ne sono quasi contenta: spiegarle tutto quello che è successo mi annichilirebbe.

Mi ficco immediatamente sotto la doccia, buttando gli abiti a casaccio sul pavimento. Le lacrime si confondono con l'acqua calda che scende copiosa, sbava il rimmel e con lui tutto il trucco, ma non riesce a sciacquare via i brutti pensieri.

Meno male che stanotte torna Arthur.

Non riesco a leggere né a seguire un programma alla tv. Non riesco a parlare e per questo chiudo precipitosamente la conversazione telefonica con mia madre.

Sono le dieci. Uno solo è il modo per rasserenarmi.

Mi vesto con le prime cose che trovo e prendo la metro fino a Termini per salire sulla navetta che mi porta a Fiumicino. In un momento come questo, mi dico che dovrei comprare un rottame d'auto: potrebbe tornare sempre utile.

All'ora prevista per l'atterraggio, vago in aeroporto senza sonno, né pazienza, né speranza.

Mi deposito su una poltroncina devastata da una macchia amorfa, ingannando l'attesa ascoltando *Why* di Annie Lennox all'iPod e leggendo stancamente qualche pagina di un meraviglioso libro di Nadine Gordimer.

Quando il monitor annuncia l'arrivo dell'Istanbul-Roma delle 21.10 sento che finalmente la giornata sta volgendo al termine.

Venti minuti dopo agli arrivi, tenendo in una mano un borsone North Face color carta da zucchero e nell'altra un'inconfondibile Marlboro morbida pronta a essere accesa, Arthur mi fissa non senza un certo sgomento.

«*What a surprise*» mormora dandomi un bacio sulla fronte. Mi avvinghio a lui e inizio a piangere tutte le lacrime che non avevo ancora esaurito. Arthur poggia per terra il borsone e infila la sigaretta dietro l'orecchio. «Che succede?» domanda un po' allarmato. Scuoto il capo tenacemente. Risponde all'abbraccio sfiorandomi la nuca. «Alice? Cos'è successo?» insiste.

«Niente che valga la pena di essere raccontato» rispondo sollevando il capo dal suo giubbotto su cui adesso spicca una chiazza di lacrime e rimmel. «Mi basta soltanto che stasera tu sia qui. Mi ospiti per questa notte?» chiedo tirando su rumorosamente col naso.

Mi guarda un po' crucciato e mi cinge le spalle con un braccio, mentre con l'altro recupera il borsone e mi guida verso l'uscita.

«Sicura di non volermi raccontare cos'è successo?» domanda mentre ci infiliamo infreddoliti nel suo letto.

«Domani. È tardi... Basta. Non voglio pensare.»

«Vai al lavoro, domattina?»

«No. Non so se ci tornerò più.» E con queste ultime catastrofiche parole, chiudo gli occhi su questo giorno nefasto.

Storia di una specializzanda mediocre

La reazione di Arthur davanti alla mia disavventura le conferisce, in un certo senso, la giusta misura. Scoppia a ridere senza ritegno. «Giura che è vero» mi chiede. È sdraiato sul letto e giocherella con una ciocca di capelli.

«Certo che è vero, idiota.»

«E tutte queste tragedie per una sciocchezza simile?»

«Sciocchezza? Forse non ti rendi conto di quello che ho fatto» ribatto scuotendo il capo, e mi alzo dal letto per andare a prendere un bicchiere d'acqua.

Sono le dieci del mattino e non sono al lavoro: provo un bizzarro senso di colpa per aver preso questo giorno di ferie in un momento così precario. A quest'ora in Istituto avranno fatto di me una barzelletta.

Al contempo però provo anche un senso di liberazione: non ce l'avrei mai fatta a presentarmi stamattina e a guardare tutti in faccia. Di tutte le figuracce che ho mai fatto – e da quando ho iniziato ne ho fatte parecchie, non ultima quella di quando ho distrutto un vecchio cranio che il Supremo voleva mostrare agli studenti di Medicina lasciandolo cadere inavvertitamente sul pavimento – questa è senza dubbio la peggiore. Sarà tramandata di anno in anno come un'antica leggenda.

«In fondo non mi sembra così drammatico! Il cadavere è stato ritrovato venti minuti dopo. Non vedo tutti questi inceppi, a essere sincero. È tutta colpa di Conforti, che ne ha fatto un affare di Stato. Poteva anche evitare di dirlo alla Boschi.»

«Non oso immaginare cosa penserà di me tuo padre.»

«Mio padre darà il giusto peso alla cosa. È severo, ma almeno è obiettivo. Non preoccuparti.» Quanto vorrei che avesse ragione. «E comunque, domani tu tornerai al lavoro.»

«Oh, no, ti prego. Ho bisogno di disintossicarmi. Non voglio più uscire da questa stanza. Anzi, da questo letto.»

«Non risolvi niente non presentandoti: più tempo lasci passare, più ingrandirai la faccenda» ribatte con fare da professorino.

«Arthur... c'è qualcosa che tu non sai» esordisco, con le mani sugli occhi. È giunto il momento di svelare le mie carte: solo che, al contrario della scala reale che si aspetta, non ho tra le mani nemmeno una doppia coppia.

«Cos'altro hai combinato?» domanda, ma naturalmente non immagina tutto quello che sto per dirgli.

E così, gli racconto tutto. Proprio tutto, senza censure.

Arthur è sbalordito. «Ti portavi dentro tutto questo e non me ne hai mai parlato?»

«Ti prego, non iniziare a recriminare. Non è facile per me affrontare l'argomento.»

Adesso che l'ho messo a parte di tutti i miei problemi, mi sento come se fossi nuda e inerme di fronte a lui. Ma in realtà è una sensazione ben peggiore, perché sento di aver in qualche modo incrinato l'immagine che lui ha di me. Sono quasi pentita di avergli raccontato tutto.

«Alice, mi dispiace sul serio.» *Oh, no, ti prego, non voglio la tua pena. Non la sopporto.* «Vuoi... vuoi che ne parli con mio padre?»

Sgrano gli occhi. È completamente impazzito. Mi metto

a sedere al centro del letto e porto i capelli dietro le orecchie. «Farò finta di non aver sentito.»

«Non c'è niente di insultante» si giustifica lui, un'ombra sul suo volto abbronzato. «Non voglio dirgli niente che non sia vero. Ti sei messa nei pasticci, e al di là di tutto ciò che pensiamo di lui, non posso negare che crede nella meritocrazia.»

«Qual è la verità? Che ne sai, tu? Se tutti mi reputano una mediocre, ci sarà anche una ragione.»

«Sì, c'è» risponde, annuendo con vigore. «E vuoi sapere qual è? Non sai venderti. Non credi minimamente in te stessa; come pretendi che lo facciano gli altri?»

«A ogni modo, non voglio che ne parli con tuo padre.»

Arthur abbassa il capo dorato e porta alle labbra la mano, rosicchiandosi le unghie. «Vorrei soltanto aiutarti.»

«Parlando con lui non mi aiuteresti, tutt'altro. Mi faresti sentire una perfetta idiota, che non sa cavarsela da sola. E poi lui penserebbe che ti ho chiesto io di farlo, e non potrei sopportarlo.»

Arthur scuote il capo senza guardarmi. «Questa, con tutto il rispetto, è una mentalità tutta italiana. Non è nepotismo. Non voglio raccomandarti. Le raccomandazioni mi fanno schifo.»

«Mi riesce difficile vederla diversamente.»

«Su, non prendertela. Hai la possibilità di risolvere un problema e non ne approfitti.»

«Tu lo faresti? Rifletti bene. Se io fossi la figlia del tuo capo, e volessi convincerlo che sei sprecato come reporter di viaggi e che dovrebbe assegnarti una mansione di maggior rilievo e prestigio, mandandoti come corrispondente in qualche zona di crisi internazionale... Non sentiresti di non avercela fatta da solo? Non penseresti di aver perso un po' di dignità?»

«No, perché è la verità.»

«Non ci credo. Dici così perché non ci sei tu in questa situazione.»

«Sei libera di credere quello che vuoi. E di decidere quel che vuoi. Non parlerò con mio padre se non sarai tu a chiedermelo, okay? Adesso vado a fare una doccia» conclude, e prima che io possa ribattere è già sparito.

Le pareti dell'Istituto non mi sono mai sembrate tanto ostili quanto oggi, un meraviglioso e promettente giorno di sole primaverile che mi vede ieratica alla mia postazione, indifferente alle manifestazioni di pubblico ludibrio che la mia disavventura ha scatenato anche nel più serio dei miei colleghi e persino nelle segretarie. Ma forse è meglio che ne ridano piuttosto che considerarlo un fatto terribilmente grave.

A dispetto di quanto mi aspettassi, Ambra non fa alcun accenno alla vicenda e Lara ne segue l'esempio; entrambe si rivolgono a me solo per parlare di lavoro e con tono amichevole.

Quanto a Claudio: al momento, non pervenuto. È stato chiuso per tutta la mattina nella stanza della Wally, e non ho avuto l'onore di rivederlo. Dopo tutto, non ne provo alcun desiderio; fra tutte, la sua reazione è stata quella che non soltanto mi ha più indisposta e delusa, ma anche indignata.

Sento che ogni momento che trascorro qui fa parte di un conto alla rovescia che mi condurrà dritto al mio spauracchio; mi chiedo se esista davvero qualcosa che io possa fare per salvare in extremis la situazione. Ripenso a Giulia e mi viene in mente un'idea di scarsa pregnanza, ma che almeno mi tiene viva e impegnata; scrivo un articolo scientifico sullo shock anafilattico come complicanza dell'abuso di sostanze stupefacenti. Il lavoro mi impegna fino a sera, ma il risultato non mi soddisfa per niente, e di presentarlo al Grande Rospo tanto per farmi prendere per il culo non se ne parla nemmeno. Con un cd del Buddha Bar in sottofondo, sgranocchio patatine e passo a dedicarmi a un caso che Anceschi mi ha magnanimamente elargito, quando sento il mio cellulare squillare con insistenza.

«Hai da fare stasera?»

È Arthur. Meno male che esiste.

«No. Anzi, mi sento un po' sola. Perché non vieni da me?» gli propongo controllando l'ora e scoprendo con meraviglia che nel frattempo si sono fatte le otto.

«Perfetto; ci vediamo più tardi.»

Quando gli apro la porta di casa sono già le dieci passate; come con molti altri aspetti della disciplina, Arthur ha un rapporto un po' conflittuale con la puntualità.

«Ti ho portato il tuo piatto preferito: take away di Burger King.»

«Un toccasana per il fegato. Grazie per il pensiero.»

Nel frattempo poggia distrattamente sul divano il menabò della sua rivista. «Come mai te lo sei portato dietro?» gli domando.

«C'è un articolo sul caso Valenti, l'ho portato per te.»

«Che carino. Grazie.» Inizio a sfogliarlo sgranocchiando una patatina. «*Mmm... Il mare di Mikonos* di Arthur Paul Malcomess. Posso leggerlo?»

«Uno dei pezzi peggiori che abbia scritto. Peraltro è anche vecchio.»

«Esageri, come al solito.»

«No, la verità è che dovrei smetterla di fare un lavoro che non mi dà più nulla» ribatte con durezza.

«Arthur...» mormoro intristita.

«Lasciamo perdere. L'articolo che t'interessa è a pagina diciannove.»

«Arthur, può aspettare. Parliamone.»

«Ti direi cose che non ti piacerebbero. Come per esempio che vorrei lasciare la redazione.»

«Non dire idiozie. Non puoi lasciare la redazione.»

Una strana luce illumina gli occhi turchesi di Arthur mentre mi risponde: «E perché no? Certo che posso farlo. Ma non intendo parlarne ora. Non è un problema attuale» conclude, perfettamente in linea con quella che – mi sembra ormai evidente – è la sua filosofia di vita.

«Arthur, il fatto che certi problemi non siano *attuali*, non significa che non valga la pena affrontarli.»

«Punti di vista» si limita a rispondere, sgranocchiando una patatina al volo.

Abbasso mestamente gli occhi sul menabò e vado a pagina diciannove.

C'è una bellissima foto di Giulia, un intenso primo piano in cui il suo sguardo sembra così puro da non sembrare rivolto a nulla che si trovi in questo mondo. Divoro letteralmente l'articolo, che è effettivamente abbastanza sapido.

È un riassunto ragionato della storia di Giulia: dalla perdita dei genitori alla vita con i De Andreis, allo strettissimo rapporto con Jacopo e Doriana. Sono inseriti alcuni stralci di interviste rilasciate da Jacopo, che mi dà l'impressione della classica persona che puoi frequentare per anni, senza riuscire mai a conoscerla davvero. Ci sono i racconti di Bianca e di Abigail Button, che descrivono Giulia come una ragazza speciale. La seconda parte dell'articolo parla interamente di Sofia Morandini de Clés. L'autore la ribattezza «la principessina», certo non in tono di encomio, e la strumentalizza per colpire il padre, che è un sottosegretario al ministero dell'Interno. Leggo velocemente la parte che non mi interessa per poi concentrarmi sui dettagli del caso.

Sofia ha confessato di aver fatto uso di droga, poco prima di pranzo, il dodici febbraio, giorno della morte di Giulia. L'eroina, da lei sniffata e non assunta per iniezione, le era stata fornita dalla stessa Giulia. È impossibile stabilire se si trattasse della stessa partita di droga: le dosi, spiega, erano separate. Peraltro la giovane lamenta la stranezza della situazione, perché non le risultava che Giulia assumesse eroina endovena, ma che la sniffasse, proprio come lei. Sofia ignora la provenienza, ma ha chiaro chi possa essere stato a rifornire l'amica. Si tratta di uno studente di Architettura, lontanamente imparentato con la stessa Sofia, fiorentino di nascita ma romano d'adozione, di nome Saverio Galanti. Giulia e Sofia condividevano il vizio e si drogavano prevalentemente insieme, ma non quel giorno.

«Le ho chiesto se voleva farlo con me, ma lei mi ha risposto di no perché doveva studiare per un esame che avrebbe dovuto sostenere l'indomani. Poi sono uscita, subito dopo pranzo, e lei era ancora in casa. Mi ha detto di avere mal di testa e che sarebbe andata a letto presto» avrebbe dichiarato secondo il giornalista. Il resto è storia: Sofia rincasa intorno alle 22.30 e trova Giulia in una pozza di sangue.

Riguardo a Saverio Galanti, Sofia spiega che negli ultimi

tempi lui e Giulia erano diventati molto amici; in realtà, Sofia sospetta che tra i due potesse esserci qualcosa di più che un'amicizia.

A questo punto mi sembra inevitabile che vedrò quanto prima passare per i corridoi dell'Istituto Saverio Galanti, che verrà sottoposto alle indagini genetiche e tossicologiche.

«L'autore di questo articolo è molto bravo. Dovrebbe dedicarsi alla narrativa; sarebbe un grande giallista» commento, restituendogli il menabò.

«Glielo riferirò. Finirà anche lui con il lasciare quella merda di giornale.»

«Arthur, io non definirei una delle migliori testate del Paese 'quella merda di giornale'.»

«È tutto molto relativo» ribatte con tono lievemente irritato.

Sbuffando, mi alzo per recuperare una Merit nella borsa. «Arthur, ho paura che tu possa fare qualcosa d'irragionevole. E che tu te ne vada via.»

«Ti ricordo che viaggio per vivere. È anche vero che vivo per viaggiare. Si può definirmi ragionevolmente un vagabondo. Devi abituarti al fatto che io possa andarmene.»

«Be', ma sono periodi delimitati nel tempo» azzardo a replicare.

«E chi può dirlo?» ribatte facendo spallucce. «Alice, sta' attenta all'idea che ti stai facendo di me. Io sono un incostante. Non sono un uomo con cui progettare un futuro stabile. Non è una questione di impegno, ma di priorità.»

Lo osservo di sottecchi. La naturalezza con cui sorride. Quella lievissima trasandatezza che solo le persone innatamente eleganti possono permettersi senza sembrare sciatte. Il suo profilo statuario, l'espressione insondabile dei suoi occhi quando mi guarda. I suoi pensieri, così sfuggenti, così lontani dal pragmatismo della mia quotidianità.

Mi sento folgorata.

È trascorso davvero poco tempo, ma io non posso più tornare indietro.

Bianca ha in mano un poker

L'indomani Claudio, scortato da Ambra che gli sta attaccata come una protesi, fa il suo ingresso in Istituto con l'incarico ufficiale di ricostruire il profilo genetico di Saverio Galanti e di eseguire sullo stesso un'indagine tossicologica. «E stavolta a porte chiuse» sottolinea in biblioteca, durante una pausa caffè, indirizzando l'affermazione dritta alla mia persona.

«Cercate di capire, ragazzi, è una situazione delicata e non posso perdere tempo.»

«D'accordo, Claudio, ma dopo potresti condividere i risultati?» gli domanda audacemente Lara.

Lui solleva un sopracciglio. «Sì, certo» ribatte con freddezza, sapendo di non potersi tirare indietro.

Verso mezzogiorno, un individuo che incarna perfettamente l'idea che mi sono fatta di Saverio Galanti fa il suo ingresso in Istituto.

È alto, discreto e longilineo. I capelli rasati quasi a zero, un paio di occhiali da sole Rayban a goccia che non sfila nemmeno adesso che è al buio, un anello nell'indice della mano sinistra, un giubbotto di pelle di ottima manifattura, un jeans scuro e un paio di scarpe sportive e, a guardarle bene, molto costose.

Saverio Galanti non saluta nessuno, non parla con nessuno, segue Claudio in laboratorio e le porte si chiudono alle loro spalle.

Quanto rosico, perché ovviamente il tutto avviene alla presenza della sua specializzanda del cuore, e tutto questo è profondamente iniquo. Ma di cosa mi meraviglio?

Senza alcuna dignità, orbito finto-casualmente intorno ai locali dei laboratori in attesa di cogliere un segno, un'impressione.

E tutto sommato vengo ricompensata.

«Allevi» esordisce Claudio senza nemmeno guardarmi in faccia. «Indicagli la strada per il bagno.»

Galanti – finalmente senza occhiali – mi rivolge un'occhiata imperturbabile.

Sembra molto impaziente. Lo guido in un silenzio pesante fino al bagno.

È un contatto che dura pochi minuti e che è insufficiente a fornirmi qualunque tipo di dettaglio che intimamente bramerei.

«Arrivederci» gli dico, poco prima che apra la porta per lasciare l'Istituto, cosa che evidentemente non vede l'ora di fare. Lui non risponde nemmeno.

Incrocio Claudio nei pressi della sua stanza e malgrado mi roda rivolgergli la parola, non riesco a impedirmi di chiedergli: «Quando avrai i risultati?»

«Non sono affari tuoi. Quando saranno pronti... li conoscerai.»

Maledetto, quant'è cattivo.

Nella mia stanza, mentre sto mangiando delle Fonzies sforzandomi di lavorare con profitto, l'acuto trillo del mio cellulare mi scuote dal torpore.

«Sì?»

«Alice? Scusa se ti disturbo. Sono Bianca.»

Le Fonzies quasi mi vanno di traverso. «Nessun disturbo!» rispondo con un tono fin troppo entusiasta. Già, perché sono entusiasta, poi?

«Forse questa chiamata ti sorprenderà, ma vorrei incontrarti.»

Assieme alla sua voce molto profonda sento anche tutto il caos del suo ufficio, con telefoni urlanti, concitazione, risa. «Volentieri. Puoi anticiparmi qualcosa?» le domando, divorata dalla curiosità.

«Solo che riguarda mia sorella. Ma forse questo lo immaginavi già.»

Piena di fermento, mi avvicino al luogo convenuto, un bar discretamente sofisticato vicino alla casa di Arthur.

Lì, mi tocca aspettare Bianca per almeno mezz'ora. Sono indecisa se chiamarla, ma non voglio sembrare assillante e così aspetto, con lieve impazienza. Poi la vedo arrivare, trafelata, costernata.

«Non sai quanto mi dispiace» esordisce, ed è sul serio il ritratto della mortificazione. «Sono stata trattenuta in ufficio e non ho potuto chiamarti perché avevo il cellulare scarico, e in quel trambusto non sono riuscita a rintracciare il tuo numero, insomma non sapevo come fare» cerca di spiegare, vittima dell'imbarazzo. Credo che per i tipi come lei un ritardo ingiustificato corrisponda a un gravissimo segnale di maleducazione. Ma siccome il ritardo cronico sta diventando un po' una mia regola di vita, questo me la rende ancor più vicina.

«Oh, non scusarti, non fa niente.»

Lei posa il suo *Sac Plat* LV su una sedia e si accomoda.

Ordina uno scotch liscio – caspita – e sfila con semplicità gli occhiali, massaggiandosi le tempie con i polpastrelli.

«Non so da dove cominciare» esordisce, ed effettivamente ha un'aria tra l'imbarazzato e l'intrepido.

Io mi sento abbastanza stranita, come tutte le volte in cui per un motivo o un altro mi ritrovo a parlare con lei. La sua personalità è dirompente, e sebbene ne sia per lo più conquistata, è altrettanto vero che il suo incalzare, a volte, mi fa sentire a disagio.

«So di essere stata invadente e di averti messa spesso in difficoltà con domande cui non eri tenuta a rispondere, ma... Davvero, io provo un grande conforto nel parlare con te e, soprattutto, tu riesci a chiarirmi le idee come quel Calligaris non è in grado di fare. Tu mi fai sembrare la verità semplice, mentre lui... sembra non essere capace di rispondere nemmeno alle richieste più elementari. Sono molto amareggiata che le indagini sulla morte di Giulia siano affidate a uno come lui, così *mediocre*.»

Povero Calligaris! Non sarà una volpe, e certo non è la punta di diamante della Polizia italiana, ma è un uomo perbene e non credo neppure che sia superficiale e inefficiente come lo descrive ogni volta Bianca.

«Eppure non mi sembra così male» replico sentendomi intimamente solidale.

Bianca stronca il mio timido accenno buonista. «Perché non hai a che fare con lui, è evidente.»

Resto in silenzio aspettando una sua mossa. Oggi porta un golfino color champagne che le dona molto e se possibile rende i suoi lineamenti ancora più eterei.

«Forse è meglio che vada al sodo» aggiunge con la voce calda e sensuale che è la chiave del suo charme. «Devo parlarti di un sospetto. Un sospetto che non ho il coraggio di confidare a nessuno, e tanto meno a Calligaris. »

Corrugando la fronte, avverto il cuore accelerare i battiti. Sento che la sto seguendo in un mondo parallelo, in cui Giulia è ancora viva. Un mondo che un po' mi spaventa.

« Credi sul serio che sia il caso? » la anticipo prima che le sue parole diventino irreversibili. « Se è qualcosa di grave e soprattutto di fondato, forse io non sono la persona più giusta cui raccontarlo. »

« Al contrario. Sei proprio la persona giusta » ribatte lei con grande convinzione. « Si tratta di un sospetto che tocca molto, troppo da vicino la mia famiglia, e non posso denunciare la mia idea a Calligaris, perché nel caso in cui si rivelasse infondata, rischierei di creare degli attriti familiari insanabili. »

« Non vedo allora come potrei aiutarti, in ogni caso. Non faccio parte della squadra investigativa. Ho a cuore questa storia, lo sai, ma purtroppo non rivesto un ruolo ufficiale e... »

« Ascoltami e capirai » mi interrompe.

Non so bene come comportarmi: la verità è che Bianca Valenti mi mette molta soggezione. È come se avessi voglia di piacerle, ma attraverso i suoi occhi mi vedessi goffa.

« Ho sempre pensato di conoscere Giulia. Di sapere tutto di lei » esordisce, lo sguardo un po' vacuo, un'aura di dolore che la avvolge e che potrei toccare, se avesse una consistenza solida. « La sua morte, però, mi ha messa davanti a un fatto compiuto: conoscevo solo quello che appariva in superficie. »

« Come mai? » Col sottofondo di una musica lounge che fa tanto *Montecarlo nights*, questa conversazione mi sembra sempre più surreale.

Bianca emana un profumo che sa un po' di talco, un profumo evidentemente importante, ma che ha qualcosa di antiquato.

«Giulia era una ragazza difficile. Non le piaceva sentirsi giudicata e soprattutto da me. Detestava i giudizi, i consigli, qualunque intromissione nella sua vita. Troppe discussioni sono degenerate in liti, lei sapeva che disapprovavo molte sue scelte e si guardava bene dal parlarmene.»

«Immagino che questo ti addolorasse.» La osservo e c'è qualcosa di diverso in lei, rispetto alla prima volta in cui l'ho vista. Uno stato di turbamento differente da un lutto.

Bianca finisce il suo scotch. «Mi addolorava moltissimo» risponde semplicemente, senza guardarmi negli occhi. «E sono divorata dai rimorsi. Avrei dovuto tenerla d'occhio, badare di più a lei. Era come una bambina, terribilmente sprovveduta. Mi faceva comodo pensare che si occupasse Jacopo, di lei.»

«Ma dopo tutto aveva vent'anni. Non potevate starle addosso e conoscerla intimamente. Né tu, né Jacopo.»

«O forse non lo facevamo abbastanza. Quante volte mi sono riproposta di parlarle chiaramente! Forse, se l'avessi fatto, sarebbe ancora tra di noi. Quanto a Jacopo...»

«Jacopo?» mi ritrovo a domandare, mio malgrado.

«Jacopo se ne occupava, a modo suo. Un modo... molto, molto discutibile.»

«Che vuoi dire?» le domando.

Bianca tentenna qualche istante. «È terribile. Non riesco nemmeno a dirlo.»

Sputa il rospo, Bianca!

E sebbene volessi mantenere un certo distacco, mi ritrovo a pendere dalle sue labbra. «Bianca, l'hai detto tu che sono l'unica con cui puoi parlarne.» Alla fine mi ha portata esattamente dove voleva. Dapprima ero quasi intimidita e riluttante a saperne di più su una storia che mi attrae con la forza di una calamita e con quella stessa forza mi inquieta. Adesso, sono io a pregarla di andare avanti. Ah, l'incauta curiosità. Il mio peggior difetto.

«È sempre così. Si finisce col parlare meglio, di tutto, con gli estranei. Del resto, una cosa simile, a chi potrei dirla?» considera con delicatezza, e mi ritrovo a darle ragione.

«D'accordo. Ecco quello che penso. Con chi è andata a letto Giulia prima di morire? Certo non con Gabriele Crescenti, a quanto ne so. Giusto?»

«Giusto» confermo pacatamente, cercando di capire dove voglia andare a parare.

«Ebbene, mia sorella non ha mai, dico mai, avuto un fidanzato. Non ti sembra strano per una ragazza tanto bella e interessante? E nemmeno avventure. O non era interessata agli uomini – cosa che non credo – o era interessata a un solo uomo, che non poteva avere. Chi può mai essere quest'amante fantasma di cui nessuno parla? Forse qualcuno che non dà nell'occhio, con cui è più che normale che abbia rapporti assidui. Un amante insospettabile, insomma.»

Non mi occorre troppo tempo per capire.

«Vostro cugino Jacopo?» balbetto.

«Esattamente» conferma con gravità. «È stato come comporre un puzzle. Mettendo ogni pezzo al posto giusto tutto mi è sembrato chiarissimo.»

«Bianca, tu certamente saprai di Saverio Galanti...»

«Non ci credo» afferma con risolutezza. «È assolutamente inverosimile che stessero insieme; credo che lui fosse con lei al momento della morte, che si drogassero insieme – del resto, da un amico di Sofia cos'altro vuoi aspettarti? – ma non che stessero insieme.»

«Sofia lo ha dato per certo.»

«Mi è del tutto indifferente. A Saverio Galanti non interessano le ragazze, me l'aveva confidato proprio Giulia.»

Resto interdetta. «Bianca, in ogni caso questo non ha poi molta importanza. Voglio dire, il DNA dell'ultimo uomo con cui Giulia è stata e quello rilevato sulla siringa non coincidono. Quindi sapere chi fosse il suo fidanzato non ha poi molto significato» le spiego, e mi ritrovo a pensare che sono le stesse parole che a suo tempo mi disse Lara.

«Aspetta. Non correre, dammi il tempo di spiegarti dove voglio arrivare.» Bianca assume quell'aria confidenziale che elargisce solo di quando in quando e a piccole dosi. «Jacopo e Giulia sono sempre stati molto vicini. Ho sempre pensato che fosse un rapporto fraterno. Lui era il suo punto di riferimento e lei non muoveva un passo senza consultarlo. Desiderava studiare Lingue orientali a Venezia, ma dopo la maturità proclamò di voler studiare Giurisprudenza – come Jacopo – qui a Roma. Giocavano a tennis insieme e ho notato che spesso tardavano a rientrare a casa. E ho sempre pensato che lui fosse incredibilmente paziente nel dedicare a Giulia pomeriggi interi, sere intere, notti intere per preparare esami universitari che poi lei raramente affrontava, e comunque con magri risultati. Trascorreva molto più tempo con lei che con Doriana. Forse troppo, tempo. E dal canto suo, Giulia lo adorava.»

«E Jacopo... come si comportava nei riguardi di Giulia?» non riesco a fare a meno di chiederle.

Bianca replica lievemente accigliata. «Giulia era senz'altro in cima alle sue priorità. Sin da quando eravamo bambini il loro rapporto è stato sempre intenso e sfaccettato. Me ne sono sentita spesso esclusa. Jacopo trattava mia sorella con ogni riguardo, come se fosse una piccola principessa:

non l'ho mai visto trattarla bruscamente. Era molto protettivo.»

Mi schiarisco la voce. «Bianca, il DNA del liquido seminale campionato è stato comunque analizzato. Giulia e Jacopo sono cugini per parte materna; la consanguineità, per intenderci, sarebbe stata evidenziata.»

Bianca fa segno di no con l'indice. «Non siamo consanguinei. Jacopo è figlio di Corrado De Andreis, ma non di mia zia Olga, che è la sorella di mia madre; è nato da un precedente matrimonio, ma la madre è morta quando lui aveva un anno e per questo lui ha sempre considerato la zia Olga come sua madre.»

Allibisco. «Non lo sapevo.»

«Sì, l'ho capito.»

«Hai parlato con lui dei tuoi sospetti?»

Bianca si irrigidisce e sembra riluttante a rispondere.

«Jacopo non lo ammetterebbe mai. Credo che se ne vergognerebbe. E poi, io e lui non abbiamo mai avuto un rapporto tale da poterci scambiare confidenze tanto intime. Jacopo è di carattere molto riservato, tra l'altro» aggiunge frettolosa. «Come hai opportunamente notato, comunque, non è questo il punto.»

Del resto, non si spiegherebbe altrimenti una confidenza così scottante. Bianca ha un obiettivo e lo sta perseguendo con grande precisione. «Il punto è che questo rapporto, così ambiguo, troppo stretto e intenso, potrebbe aver attirato su di sé delle gelosie.»

«Da parte di Doriana» aggiungo subito, giungendo alla conclusione più ovvia.

«Già» ribadisce Bianca. Nel silenzio che segue, il suono del ghiaccio sul vetro del bicchiere che lei sta facendo ondeggiare mi pare assordante. «Ho paura che lei c'entri qualcosa» prosegue poi Bianca. «E più ci penso, più tutto mi quadra. L'amante misterioso di Giulia, che non viene identificato e che, vedrai, non è Saverio Galanti... può essere solo Jacopo. E se la droga con cui Giulia e Sofia si sono drogate è la stessa, quel paracetamolo... potrebbe averglielo dato lei. Doriana conosceva i problemi di allergia di Giulia. E soprattutto, se ci pensi, quei graffi sul braccio di Giulia... la telefonata che tu stessa hai ascoltato... e quel DNA sotto le sue unghie... appartenenti a una donna, che però non è Sofia... Alice, capisci cosa intendo?»

Non posso darle torto. I suoi sospetti sono quanto meno fondati, se non verosimili. «Bianca, continuo a pensare che dovresti parlarne con Calligaris. Non è un incompetente come credi, davvero.»

Bianca solleva il suo sguardo d'opale e lo punta su di me. Mi sento rimpicciolire. «Prova a immaginare la reazione di Jacopo, o di Doriana. E quanto tutto questo addolorerebbe mia zia Olga. Pensa alle conseguenze, nel caso in cui io avessi torto. Se tuttavia il mio sospetto trovasse conferma, mi assumerei le mie responsabilità, e andrei avanti. Ma per questo ho bisogno di te.» Si ferma e mi studia attentamente. «Mi sembri distratta» aggiunge poi, i lineamenti alterati dalla tensione.

«Sto pensando» ribatto con tono cauto.

«A cosa, se posso chiedertelo?»

«Al fatto che il risultato dell'indagine sul DNA del materiale rinvenuto sotto le unghie mi è ancora accessibile. E sto pensando che se avessi il DNA di Doriana potrei fare io stessa l'analisi genetica e sapere se il materiale appartiene a lei.»

Ho parlato tutto d'un fiato. Adesso che le ho manifestate, le mie intenzioni mi spaventano.

Bianca mi fissa con evidente ammirazione. «Volevo arrivare proprio a questo, ma non osavo chiedertelo direttamente.» La fisso sbalordita. «So che può sembrarti una richiesta assurda, e molto audace. Ma...»

Ho paura. La interrompo: «Bianca, è una cosa totalmente illegale».

«Sarai ben ricompensata.»

«Oh, no. Non intendo avere un soldo.»

«Sono abituata a pagare il lavoro altrui» replica lei con una certa alterigia.

«È un lavoro illecito, essere pagata mi farebbe sentire una delinquente. Lo farei solo per Giulia» ammetto, in un impeto di incoscienza.

Bianca incalza. «Lo farai, allora?»

Adesso che la sorte mi offre la complicità di Bianca, come posso tirarmi indietro?

«Sì» ribatto, e subito dopo averlo pronunciato mi accorgo che è forse il sì più grave che abbia mai detto.

Bianca ha un'aria trionfante. «Sapevo di poter contare su di te. Tu hai a cuore Giulia e la sua storia, ero certa che non ti saresti tirata indietro.»

«Però mi serve un campione del DNA di Doriana con cui comparare quello già campionato» spiego, sentendomi attraversata da brividi di ansia.

«Non saprei come fare.»

«Fregarle una spazzola?» propongo. In questo frangente straordinario mi sento quasi immune alla razionalità.

«Dobbiamo andare a casa sua.»

«Dobbiamo?» trasecolo.

«Chiaro. Tu mi aspetterai in auto, mentre io farò in modo di trovare qualcosa di utile. Dici che devo prenderle una spazzola?»

La situazione sarebbe comica se non fosse ai limiti del surreale.

«A pensarci bene, lo spazzolino da denti sarebbe più comodo.»

Bianca si mette in piedi e fruga nella borsa per trovare le chiavi dell'auto.

«Andiamo, su.»

«Adesso?»

«Perché perdere tempo?»

E nei suoi occhi brilla una luce di eccitazione del tutto inedita, per me.

È l'ora del crepuscolo. Il cielo ha assunto una tonalità cupa che osservo dal finestrino della Lancia Y rossa di Bianca Valenti, parcheggiata sotto casa di Doriana Fortis. Avverto quella sensazione incontrollabile di impazienza che provo quando esagero con i caffè. Non riesco a tenere ferme le gambe, mi tormento le dita e mentre aspetto che Bianca torni con qualcosa di utile sento tutta l'entità dell'immane stronzata che sto facendo. La mia percezione del tempo si è alterata e sessanta secondi mi sembrano durare il triplo.

Dopo circa mezz'ora, Bianca emerge dalla palazzina fine Ottocento stretta nel suo trench color cammello.

Si siede al posto di guida e ha talmente tanta adrenalina in circolo da riuscire a contagiarmi.

«Fatto?» le domando.

Lei sorride, svelando denti non proprio perfettamente allineati ma che su di lei non riescono a sfigurare. Infila la mano nella borsa e mi mostra un mozzicone di sigaretta avvolto con cura in un kleenex. Mi inquieta un po', Bianca: travolta dallo spirito di ricerca della verità, ma al contempo subdola al punto di presentarsi a casa di una persona al solo scopo di sottrarle consapevolmente qualcosa che potrebbe incastrarla.

«Non ho potuto fare di meglio» ribatte a mo' di giustificazione davanti al mio sguardo perplesso.

«Che Dio ce la mandi buona. Presto, bisogna conservarlo in frigo» concludo, per niente tranquilla. Sollevo gli occhi verso l'edificio per l'istinto di rispondere a uno sguardo insistente.

Mi sento folgorata dal panico quando mi accorgo che a guardarmi truce è Jacopo De Andreis, la sua sagoma inconfondibile dietro i vetri di una finestra del terzo piano.

* * *

Dopo una notte pressoché insonne, durante la quale non ho fatto altro che rigirarmi nel letto mentre il mozzicone di sigaretta di Doriana Fortis giaceva nel freezer della mia cucina, all'alba sono già pronta a recarmi al lavoro. In Istituto, mi muovo con circospezione per non dare troppo nell'occhio, ma la mia agitazione è alle stelle. Mi chiudo in laboratorio, che per fortuna stamattina è libero, e do inizio al procedimento.

Mentre sono all'opera, entra inaspettatamente Anceschi. «Dottoressa Allevi?» pronuncia con un'inflessione interrogativa.

«Oh! Buongiorno dottor Anceschi» saluto sforzandomi di dissimulare l'imbarazzo.

«Posso chiederle cosa sta facendo?» dice, senza usare un tono inquisitorio: la sua è davvero semplice curiosità.

«Un'esercitazione» rispondo con prontezza. «Perfezionamento della tecnica di estrazione di DNA da tracce di saliva.»

«La fonte sarebbe quella?» chiede indicando il mozzicone di sigaretta che non ho ancora gettato via.

«Sì: la saliva è mia. Mi esercito a estrarre in situazioni difficili, e non da campioni raccolti adeguatamente.»

Lui corruga le sopracciglia e aggrotta la fronte. «Bene. Brava» ribatte poi, genuinamente meravigliato e ammirato, mentre prende da una mensola un reattivo. «Ho sempre pensato che a dispetto delle apparenze lei fosse la *pasionaria* dell'Istituto. Buon lavoro, allora» aggiunge mentre va via, ritratto della bonomia. Se non fossi travolta dal panico riuscirei a godermi il complimento: uno, una volta tanto.

Sono quasi le otto quando ho completato l'estrazione. Sono ben lontana dall'aver finito, ma non posso mettere le tende qui. Faccio pulizia, conservo le provette in uno scatolino che passi inosservato e, quando ormai il cielo è buio e l'Istituto è vuoto, torno alla vita.

Lost

L'indomani, alle otto meno un quarto sono ancora in Istituto, già barricata in laboratorio.

Sento dentro un misto di eccitazione e di agitazione, mentre lavoro senza sosta. In un attimo di lucidità – o dovrei dire di follia? – vorrei che la Wally mi vedesse all'opera, perché non sono messa poi così male se riesco a fare da sola un lavoro come questo.

Fortuna vuole che il nostro laboratorio, col supporto di finanziamenti europei, abbia da poco acquisito le apparecchiature più all'avanguardia presenti sul mercato della genetica forense. Sono macchinari complessi il cui utilizzo abitualmente mi è precluso, ma non mi manca lo spirito di osservazione: ripeto meccanicamente tutte le operazioni che in genere espleta Claudio e tutto funziona come dovrebbe. Dapprima amplifico il DNA estratto ieri per averne a disposizione un numero di copie di molto superiore rispetto a quello originario, e infine effettuo il sequenziamento del DNA con un macchinario che al Supremo è costato manovre politiche accademiche di portata faraonica.

Ed eccolo, il profilo genetico di Doriana Fortis, ricostruito a regola d'arte. A questo punto non mi resta che confrontarlo con il DNA rinvenuto sotto le unghie di Giulia e, per scrupolo, con quello rinvenuto sulla siringa.

Armata di *A rush of blood to the head* dei Coldplay e di tanta buona volontà, mi metto all'opera.

Ho finito da qualche istante, e non ho ancora metabolizzato quello che ho appena fatto, quando ricevo una chiamata da parte di Alessandra, evidentemente in vena di chiacchiere che mio malgrado non riesco ad arginare. E così, mi lascio travolgere dal fiume in piena delle sue concitate confidenze, limitandomi a mugugnare qualche assenso quando mi pare che la conversazione lo richieda: è un giochino che non mi è mai riuscito bene, però. Infatti lei a un certo punto si azzittisce per poi sbottare: « Ti sto disturbando? Mi sembri assente ».

In effetti non so nemmeno di cosa stia parlando. Ho captato solo qualche stralcio di un monologo inarrestabile che in altre circostanze avrei trovato piacevole. Non adesso però, sono presa da tutt'altro. « Ti prego, Alice, concentrati. Ho bisogno di parlarti e mi dispiace se non è il momento ma... devo proprio farlo. Lui voleva dirtelo di persona, ma non resisto. »

« Ale, cosa? Non ho capito nulla. »

« È ovvio, non mi hai ascoltata! » replica lei spazientita. « Ripeto. È iniziato tutto quel giorno, alla mostra... Abbiamo cominciato a sentirci e da quel momento siamo diventati inseparabili, e ieri... finalmente, è successo! È stato bellissimo! Oh, Alice, che fratello meraviglioso che hai! »

Soltanto ora la mia mente destabilizzata riesce a centrare il nocciolo della questione.

« Mi stai dicendo che tu e Marco... »

« Sì! » esclama lei, e anche se non la vedo, sono certa che

sta sprizzando gioia da ogni poro. «E ti garantisco che è tutt'altro che gay.»

«Buon per lui» ribatto sorpresa. «Che dire, sono proprio felice, anche se non l'avrei mai creduto possibile.»

«Perché sei una pessimista. Oh, Alice, sono così contenta! E anche lui, mi ha detto di essere coinvolto come mai prima. È un ragazzo meraviglioso.»

«Lo hai già detto» le faccio notare, e adesso che ho recepito il gossip torno a fremere.

«Sei senza pietà. Frequentando Silvia sei diventata una disillusa. E ti facevo più romantica.»

«No, Ale, sono davvero entusiasta della notizia. Non riesco a dimostrartelo come vorrei perché sono presa da un... lavoro.»

«Sei ancora in Istituto?» domanda un po' preoccupata.

«In realtà, sì.»

«Come mai? Non è da te. Ti è venuto un attacco di amore per il tuo lavoro?»

«Qualcosa del genere» ribatto, sorridendo del suo stupore. «Adesso perdonami ma devo proprio...»

«Sì, ho capito. Devi chiudere. Puoi richiamarmi più tardi o domani, quando sarai più ricettiva?»

La rassicuro come meglio posso e chiudo la telefonata promettendole di farmi viva presto.

Mi dispiace essere stata così scostante nei suoi confronti. Tanto più che era così ansiosa di comunicarmi una notizia che in sé è magnifica, e che in un altro momento avrei accolto con grande gioia.

Il turbamento che provo è però troppo grande per consentire alla mia mente di percepire altre sensazioni che non siano di inquietudine e perplessità.

Chiedi consiglio quando non sai cosa fare

«Silvia? Ho bisogno di vederti. È una cosa davvero urgente e importante. E delicata.»

«Sei incinta?» mi domanda.

«No» rispondo seccamente. «Sei a casa, posso raggiungerti?»

«Veramente avevo appena iniziato a vedere *Colazione da Tiffany* sul satellite. Ma se vuoi, puoi unirti per un pigiama party.» Non capisco se stia scherzando o dicendo sul serio.

«Potrei portare un barattolo di Häagen Dasz...» propongo.

«Macadamia, per me.»

Essendo a corto di soldi – e in previsione della sempre più plausibile retrocessione, con conseguente cessazione di ogni mio emolumento – rinuncio al taxi e prendo la metro che mi porta ai Musei Vaticani, zona in cui Silvia abita ormai da quasi cinque anni. Prima ancora di comunicare a Bianca Valenti il risultato dell'esame, preferisco consultarmi con lei.

Mi accoglie con le mani impiastricciate di maionese.

«Cena a base di tramezzini con insalata di pollo» spiega con semplicità.

«Preparati da te?» chiedo mentre mi spoglio dell'impermeabile e lancio un'occhiata a Audrey Hepburn che suona e canta *Moon River*.

«Ti sorprenderò.»

«Abbiamo molte cose di cui parlare» esordisco sedendomi su una sedia in plexiglas trasparente in cucina.

«Allora cominciamo» ribatte servendomi il tramezzino.

Le spiego tutto, dall'inizio alla fine. Lei mi lascia parlare senza intervenire, ma le molteplici espressioni che si alternano sul suo volto tradiscono ogni suo pensiero. Alla fine, non riesce nemmeno a parlare per quanto è sconcertata.

«Chiamo subito tuo padre» dice infine, afferrando il cellulare.

«Sei pazza?»

«No, sei tu ad aver perso la bussola, Alice. Credo che tu non ti renda conto di quello che hai fatto. È un reato penale, lo capisci?»

«Certo che me ne rendo conto. E ho paura di me stessa. Ma non vedo cosa possa farci mio padre.»

«Hai bisogno di qualcuno che ti richiami all'ordine. A me non dai retta, ai tuoi capi nemmeno. Hai rotto con Claudio solo perché non avallava le tue insubordinazioni. Spero che tuo padre possa riuscirci.»

«Lascialo fuori da questa storia. Ormai è fatta.»

«Puoi sempre riferire a Bianca Valenti che vuoi fare un passo indietro, e non dirle nemmeno il risultato. E uscirne.»

«Non voglio uscirne.»

«Lo vedi che sragioni?»

«Non ti rendi conto che, con questo risultato, tutto quadra? Quelle lesioni sospette, che ho visto in Doriana subito dopo l'autopsia di Giulia; la telefonata che ho ascoltato per caso; il paracetamolo assente nel sangue di Sofia Morandini; l'amante di Giulia che non è mai stato identificato. Doriana aveva delle valide motivazioni per sbarazzarsi di lei.»

«Quadra, è vero, ma il modo in cui sei pervenuta a questo risultato... non è soltanto censurabile. È perseguibile penalmente.» Silvia sospira stancamente. Sfiora le mie mani e mi osserva con sguardo supplichevole, molto inconsueto in lei. «Alice, per l'amor del cielo, sta' fuori da questa storia. Anche nel caso tu avessi ragione, ne uscirai a pezzi.»

«Io comunicherò a Bianca il risultato, sulla scorta del quale lei prenderà la strada che vorrà. Ma i patti sono chiari, non deve mettermi in mezzo.»

«Di' a Bianca Valenti che non è stato possibile eseguire l'esame e tiratene fuori; infranta la legge una volta ti esponi a recidive.»

«Io comunicherò a Bianca il risultato; non posso tenerlo per me, è troppo importante; devo assumermi la responsabilità di quello che ho fatto.»

Silvia scuote il capo, pensosa. «Alice, non mettermi in condizione di dirti 'te l'avevo detto'.»

Raccomandazione inutile. Lo farò, lo so già, e mi tuffo nell'incertezza del pericolo quasi con rassegnazione.

Per il momento, però, annego l'agitazione in quasi mezzo chilo di Häagen Dasz.

Uscita da casa di Silvia, stanca ma non per questo indebolita, chiamo Arthur.

Una delle cose che più mi piace di lui è che puoi chiamarlo a qualunque ora per chiedergli di uscire senza che lui risponda: «A quest'ora?»

«Grazie per essere venuto» gli dico, aprendogli la porta di casa a mezzanotte in punto.

«Sono venuto per restare» esordisce, lasciando cadere a terra un borsone e dandomi un bacio distratto sulla guancia. «Hai due occhiaie profondissime» commenta indirizzandosi verso la cucina per prendersi una merendina dalla dispensa.

«Sono esausta. E spaventata.»

Lui corruga la fronte. «Ancora problemi in Istituto?»

«Non esattamente. Mi sono messa in un guaio ma stavolta dipende soltanto da me.»

«Hai perso qualcos'altro?» Arthur azzarda un sorriso.

«Arthur, ti garantisco che non c'è niente da ridere.»

«Esageri» ribatte sbadigliando.

Per un attimo, mi attraversa la tentazione di raccontargli ogni cosa, ma adesso che sono con lui mi sembra quasi che tutto vada bene; la fase dell'innamoramento comporta tra le altre queste sensazioni simil-ansiolitiche, questo calore che come uno scudo mi fa sentire che non tutto è perduto, in fondo.

«Ci sono novità su Giulia Valenti?» mi chiede d'un tratto.

Sobbalzo. «Novità?» balbetto stordita come quando esagero con il Cointreau.

«Già, novità. Allora?»

«Non proprio. È qualcosa che ho fatto.»

Arthur mi fissa con sguardo interrogativo. Più brevemente che posso, e facendo in modo che tutto possa apparire meno grave di quel che è – cosa in verità alquanto difficile – gli spiego la recente svolta dei miei rapporti con Bianca Valenti nonché l'edificante lavoro da me svolto indifferente a tutta la serie di reati penali che stavo commettendo.

Se è sconvolto quanto Silvia, Arthur non lo dà a vedere.

«Forse hai commesso una mossa un po' rischiosa» si limita a dire con una pacatezza molto *british*.

«Dici?» ribatto con lieve sarcasmo.

Lui assume un'espressione venata di inquietudine. «Non esageravi» conclude infine con un sospiro.

«Arthur. Cosa devo fare? Sono ancora in tempo, posso fermarmi. Posso dire che le prove non mi sono riuscite. Mi sento angosciata, vorrei uscirne, ma al contempo so che potrei aiutare Bianca Valenti con quest'informazione e non me la sento di tenerla per me.»

«Voglio essere sicuro di cosa consigliarti, e al momento non lo sono.»

«Capisco, ma io non posso permettermi di temporeggiare, è inutile.»

«È inutile anche andare a ficcarsi nei guai, non credi? Ne hai già abbastanza.»

«Tu mi hai sempre incoraggiata ad andare avanti in questa storia.»

«E non sono sicuro di aver fatto bene, infatti. Cos'è questo?» domanda infine e mi sembra tanto un modo per cambiare discorso.

Do un'occhiata ai fogli che ha preso tra le mani. «Oh, niente» ribatto delusa. «È un articolo che ho scritto qualche giorno fa, traendo spunto dal caso Valenti. Avevo pensato di presentarlo alla Boschi, come segnale di buona volontà. Ma è obbrobrioso, e non è il caso» dico prendendolo dalle sue mani e strappandolo in due per poi gettarlo nel cestino. Lui segue i miei gesti con aria assente. «Come ti comporteresti, al posto mio?»

Lui mi bacia dolcemente sul capo. «Conosci già la risposta.»

«Daresti i risultati a Bianca, vero?»

Annuisce. «Non è detto che sia la cosa giusta, Alice, io non ci giurerei. Forse dovresti parlarne con qualcuno che possa darti un consiglio più sensato.»

Controllo l'ora: è tardissimo. «Ma basta pensarci adesso. Lo farò domani.»

Dire o non dire?

Sono con Bianca. Attorno a noi, le pareti lattee del suo salotto minimalista e le vetrate a giorno che affacciano sulla città, immobile nell'indaco del cielo. Evito il suo sguardo come se farlo potesse aiutarmi a trovare una soluzione.

Ma non c'è soluzione. C'è soltanto da scegliere.

E io scelgo la verità.

Bianca attende la risposta alla sua domanda. Risposta che accoglie senza alcuna trepidazione.

«Ne ero sicura» mormora. «Vedi, Alice, riguardo la morte di mia sorella ho due ipotesi principali. Una che ritengo più fondata e credibile. L'altra è solo un'alternativa che non posso escludere.»

«Quale?» domando incuriosita. Precedentemente non mi aveva accennato ad alcuna alternativa.

«La più fondata, come immagini, è che sia stata Doriana. E credo che il tuo risultato ne sia la prova. L'altra è che Giulia possa essersi suicidata» conclude storcendo il naso. «Non che ne sia convinta, sia chiaro. Però... chi può dirlo? Dopo tutto, era una persona autodistruttiva.»

«Non so, Bianca. Mi sembra improbabile. Dov'era il blister della compressa? E poi i suicidi lasciano spesso un messaggio, mentre Giulia non ha lasciato nulla. Forse è solo una sensazione ma... io non credo che si sia suicidata.»

Bianca riflette. «Nemmeno io, ma ripeto, non mi sento

di escluderlo: nel senso che tutto sommato sarebbe stata una fine coerente con la personalità di Giulia.»

«Cosa farai, adesso?» le domando, con sincera curiosità.

Bianca scuote il capo. Poi si alza e guarda fuori dalla finestra.

«Credo che per prima cosa affronterò Jacopo.»

«Tu sei proprio sicura che loro avessero una relazione?» le chiedo.

«Assolutamente sì» ribatte senza voltarsi, continuando a perdersi nella vista della città. «Sono giunta alla conclusione che era impossibile amarsi come si amavano loro senza che ci fosse quel qualcosa in più... che fa la differenza.» Torna a sedersi sul divano, intristita. L'aria è intrisa di angoscia.

«Alice, non so davvero come ringraziarti» aggiunge con grazia, ma il tono è mogio. «E puoi star tranquilla che quello che hai fatto per Giulia resterà un segreto tra te e me. Ti sono grata, anche da parte sua» conclude con un sorriso che vorrebbe sdrammatizzare l'aria tesa che respiriamo entrambe, ma non ci riesce.

Se una mattina io mi accorgessi
che con l'alba sei partito...

Dopo una giornata in Istituto che definirei avvelenante più o meno come al solito, Arthur e io siamo in auto. È una sera particolarmente fredda e secca, considerando che è uno degli ultimi giorni di aprile, il che peggiora la sensazione di mestizia ingiustificata che mi prende di quando in quando. Certo non aiuta che Arthur non abbia spiccicato una parola da quando siamo saliti a bordo, se non per rispondere seccamente a qualche mia domanda.

Arrivati a casa sua, mi decido a chiedergli se gli sia successo qualcosa.

«Dopo» è la risposta. Poi si chiude in bagno senza rivolgermi più la parola.

Tamburello con le dita sul tavolo di legno, infine mi decido ad apparecchiare e a ordinare due pizze. Esce dalla stanza da bagno con i capelli bagnati, la camicia fradicia e una faccia inferocita.

«Si è rotto il sifone del rubinetto» annuncia. Vedendolo in quello stato, mi viene da ridere.

«Che ridi?» chiede, aggressivo. Non è mai stato così irriguardoso nei miei confronti.

«Calmati.»

Lui ruggisce qualcosa di impreciso, si asciuga i capelli con un asciugamano e si siede a tavola con la chiara volontà di starsene sulle sue.

Non so bene come comportarmi.

Forse dovrei andar via.

Ci pensa lui a rompere gli indugi. L'annuncio è minimalista nello stile, come nel suo genere.

«Ho lasciato il giornale. Raggiungo Riccardo per Khartoum.»

Resto pietrificata. E anche lui non sembra per niente contento: eppure, più volte lui stesso mi ha detto che questa scelta sarebbe stata l'unica soluzione per la sua insoddisfazione, divenuta ormai cronica.

«Sei stato licenziato?»

Per tutta risposta, lui mi guarda come se avessi pronunciato un'eresia.

«Te ne sei andato tu? L'hai fatto, alla fine» aggiungo a voce bassa, scuotendo il capo.

«Era ora che lo facessi» risponde prendendo una Tuborg dal frigo.

«Sei impazzito?» Allo stato attuale, è disoccupato. Come non sapesse che c'è una crisi economica mondiale.

«Al contrario, sono rinsavito» mi corregge, bevendo la birra direttamente dalla bottiglia.

«Chiami essere rinsavito licenziarsi dalla redazione di uno dei più importanti giornali del Paese e lasciare un lavoro che tutti a questo mondo vorrebbero fare?»

«Proprio non capisci. Ho trentatré anni, non sessanta. Non voglio accontentarmi. Sono anni che studio e lavoro per fare il reporter. Ho perso fin troppo tempo con quei servizi di merda.»

«Non c'era bisogno di licenziarsi. Potevi cercare qualcos'altro anziché partire come un pazzo disperato, senza fondi, per un postaccio come Khartoum.»

«Non mi risulta che esista qualcuno cui io sia tenuto a

dar spiegazioni sulle mie scelte» afferma con una tale solidità e franchezza da stordirmi per un istante.

Ignoro la frecciatina e non demordo. «Sì che esiste. Sono io.»

«*I beg you*, non mettermi di fronte a scelte. Niente ricatti morali, *please*.»

Gli vado incontro puntandogli l'indice addosso, fremente di rabbia. «Troppo comodo, Arthur, far appello alla propria libertà di scelta.»

«Spesso, fino a essere ripetitivo, ti ho messa in guardia su chi sono. Vedo che non è servito a nulla.»

«Arthur, ragiona. Sei brillante, caparbio. Non c'è motivo per cui tu non possa realizzarti. Ma non così.»

«In questo lavoro è l'incoscienza a essere premiata. Lo spirito di sacrificio, le rinunce pagano, non l'andare in giro a scrivere banalità sui posti che vedo.»

«Li ho letti i tuoi articoli, non scrivi banalità. Sono sincera.»

«Non ne dubito, ma non sei obiettiva» ribatte con un sorriso amaro. «E in ogni caso, non è la mia strada» replica con fermezza.

«Per quanto tempo starai via?» chiedo infine, stremata, attendendo solo il colpo di grazia.

«*Elis*...» Dice il mio nome con un tono misto di rabbia e compassione. «Io non so nemmeno se tornerò, in Italia.»

Mi sento venir meno. Provo quello stesso smarrimento paralizzante ma ancora incredulo di quando si perdono cose importanti, come le chiavi di casa. «Perché?» mormoro.

«Ho preso contatti con Michel Beauregarde, il direttore della cronaca estera dell'AFP. L'articolo che scriverò con Riccardo è destinato a lui.»

«AFP?» ripeto con aria scoraggiata.

«Agence France Presse. Agenzia di stampa francese. Ho deciso di tornare a vivere a Parigi.»

Dietro tutto questo tempo, in cui ci siamo amati con l'abbandono di due adolescenti, si nascondeva una decisione che non può non cambiare il corso degli eventi. Mentre io resto qui, imprigionata nel mio ruolo di specializzanda macchietta, Arthur vuole spiccare il volo, lontano dall'Italia, lontano da me.

E dopo tutto, non me la sento di dire che sia giusto aspettarmi qualcosa di più: non è la storia di una vita. Non ci uniscono anni, e nemmeno lunghi mesi. Tanto meno esperienze, quotidianità e tutto ciò che rende importante una storia. Che io sia innamorata di lui, forse, è qualcosa di sproporzionato rispetto agli eventi reali, e quando ti lanci senza paracadute, devi pur aspettarti di romperti qualche osso.

Non ha mai nascosto la sua vera natura. È vero. Sono io ad aver sognato, come troppe volte mi accade, un rapporto ideale. Sono io ad aver assegnato ad Arthur il ruolo di principe azzurro, ruolo che è ben lontano dall'appartenergli realmente.

«Arthur, ascoltami. Tu hai qualcosa, dentro, che ti divora» gli dico cercando di balzare oltre l'abisso che ora avverto tra di noi. «Vorrei avere anch'io la tua stessa forza interiore che ti spinge verso l'alto, a cercare la tua strada. Purtroppo non sono fatta come te. E se tu andrai via... non so davvero che piega potranno prendere le cose tra di noi.»

Lui sposta lo sguardo altrove. «Non intendo rinunciare. Nemmeno per te» ribatte guardandomi in tralice, ma con un tono molto naturale. Mi sento indicibilmente ferita.

«Non te l'ho mai chiesto» sussurro trasecolando. Sento che sto per piangere.

«Lo capisci... devo andare» aggiunge con un tono spiazzante.

«Ti rendi conto della gravità di quello che mi hai appena detto? O meglio, di come me lo hai detto?»

«Volevo soprattutto essere chiaro e non sono riuscito a essere gentile. Mi dispiace.»

«Se dovessi scegliere tra partire e inseguire questo lavoro senza di me e restare qui con me a cercare qualcos'altro, tu sceglieresti senza dubbio la prima.» Il suo silenzio è più terribile e spaventoso di una risposta affermativa. «Evidentemente, non siamo adatti a stare insieme» proseguo, offesa.

Lui ancora non risponde. Mi sfiora appena la mano, come se avesse paura di rompermi.

Afferro le mie cose per andarmene via, preferisco leccarmi le ferite in privato.

Sono quasi alla porta quando una timida e inconsapevole preghiera mi colpisce dritta al cuore.

«Non andartene.»

«Mi fai paura» mormoro poggiando la mano sul pomello della porta.

«Vorrei dirti che ti sbagli e vorrei dirti che cambierò. Ma sarebbero tutte bugie» dice infine. «Bugie che forse ci riconcilierebbero, stanotte. Ma solo per stanotte, e domani saremmo punto e daccapo. Se siamo così distanti su una visione della vita che è talmente fondamentale come la volontà di realizzarsi... come può esserci un futuro?»

«Sei uno stronzo, io ho ambizione tanto quanto te.»

«Bene, devi andarlo a dire a mio padre.»

Sento un tuffo al cuore. Anzi, non è propriamente un tuffo. È una frattura scomposta del cuore. Mi sento inondata dal mio stesso sangue che adesso impoverisce tutti i miei tessuti e mi lascia senza forze.

Sbattendo lentamente le palpebre, chino il capo.

Mi basterebbe un gesto e malgrado tutto ricadrei ai suoi piedi, anche se forse niente sarà più come prima. Il treno che trasporta la nostra storia ha cambiato binario o forse è arrivato al capolinea.

Ma lui non parla, non si muove.

«Ti riaccompagno a casa» riesce soltanto a dire. Non ho parole per esprimere la mia delusione. Dal paradiso all'inferno nel giro di due ore. Sono talmente ferita e derelitta da non riuscire a reggere ulteriormente la sua presenza. Ho paura di incrociare il suo sguardo e di finire con l'implorarlo di ricominciare.

«Preferisco di no» gli rispondo.

«Per favore.»

«Non sono in vena di farti alcun favore. Torno a casa in taxi, non preoccuparti. Non mi succederà niente di male.» E come potrebbe? Sono già morta.

«Io...»

«Ti prego. N-o-n a-g-g-i-u-n-g-e-r-e a-l-t-r-o.»

Arthur abbassa gli occhi. Sembra quasi tentato di far qualcosa – chissà, di fermarmi?

La porta si chiude alle mie spalle e io non so dove trovo la forza per andare via.

Non prendo alcun taxi; preferisco lasciar decantare il turbamento camminando.

E camminando.

E camminando ancora.

Finché non mi ritrovo a casa, esausta.

Con la coda dell'occhio, mentre inserisco la chiave nella toppa, vedo la sua macchina appostata all'angolo della strada. Volto dolorosamente lo sguardo e lascio che la porta si apra.

Usque ad finem

Non è facile dire addio a quella che si reputa la storia più bella della propria vita.

Un addio può anche ammazzare.

La notte dormo con inquietudine, alternando sonno e veglia. Non faccio sogni.

Mi abbandono al torpore come a qualunque altra cosa non mi richieda sforzo.

Mi sento profondamente, insostenibilmente, di merda.

Vorrei smettere di andare al lavoro, per qualche giorno almeno, ma l'inattività mi terrorizza più dell'aria pesante che si respira in Istituto e così continuo ad andarci per forza d'inerzia, con due occhiaie che sembrano due abissi, tenuta in vita soltanto dal pensiero che all'ora di pranzo uscirò e tornerò a casa. Lì trascorrerò le ore che dovrei impiegare per costruirmi un futuro aspettando un segnale di attaccamento – una mail, una chiamata, qualunque cosa – che puntualmente non arriverà.

Ma, almeno di mattina, sono vincolata a una distrazione coatta dai miei pensieri principali ed è così che, un giorno, facendo un rapido riepilogo del programma settimanale, mi accorgo di essere oberata dal lavoro arretrato. Devo lasciare che mi sommerga, dato che presto tutto cambierà comunque, e in peggio, o devo portare tutto a termine con un ultimo sussulto? Poggio il mento sulla mano, mentre dalla finestra osservo il mondo avvolto da una cappa di umidità.

Poi gli occhi ricadono sulle cartellette accatastate e su tutto il lavoro che mi sta aspettando. Lara, che probabilmente ha seguito la scena e come spesso accade alle persone penalizzate dalla sorte con un aspetto ingrato è una straordinaria osservatrice, interviene per tranquillizzarmi.

«Non preoccuparti per tutto il lavoro che c'è da fare. Non c'è fretta. Il Boss e la Wally sono a Glasgow per un summit e non torneranno prima della prossima settimana» mi spiega dolcemente.

«Meno male, un po' d'aria» ribatto consolata in parte dalla notizia. Una settimana in più di limbo.

«C'è qualcosa che non va?» domanda poi, timidamente. La osservo con attenzione e mi ritrovo a pensare che cambiando la montatura degli occhiali o sostituendoli con le lenti a contatto, il suo sguardo rassicurante e intenso potrebbe uscirne rivalutato.

«Non è un buon momento» rispondo evasiva.

«Posso aiutarti in qualche modo?»

Non riesco nemmeno a rispondere: mugolo. E Lara desiste.

C'è una sola verità: non c'è nessuno che possa aiutarmi, non esiste il modo di farlo.

Devo tirarmi fuori da questo empasse da sola.

Tornata a casa, prepararmi un panino per pranzare alle quattro di pomeriggio mi costa una fatica titanica. Finisco per stramazzare sul divano ingurgitando grassi saturi. Dopo un numero indefinibile di ore, mi sveglio disturbata dal suono del mio cellulare, che cessa prima che io riesca a raggiungerlo, atassica come un'ubriaca.

Era una chiamata di Arthur. Mi sento smarrita e prima di poter decidere se richiamarlo o no, il cellulare ricomincia a squillare, ed è lui.

«Arthur!» dico con tono un po' troppo esaltato.

«Ciao, *Elis*.» La sua voce è incerta.

«Come stai?» domando banalmente, ma mi trovo a corto di idee e spero di non avere la voce roca e impastata di chi si è appena svegliato.

«Me la cavo. E tu?»

«Sto di merda, in effetti, ma a ogni buon conto non importa. Malgrado tutto sono contenta di sentirti.»

Silvia mi fustigherebbe a sangue e pubblicamente per gli errori che ho commesso nel giro di pochi secondi.

Arthur resta in silenzio qualche istante, al punto che temo si sia interrotta la comunicazione.

«Ci sei ancora?» chiedo.

«Sì. Non avrei voluto che finisse così. Non avrei voluto che finisse» si corregge, infine.

«Nemmeno io, ma non mi sembra ci fossero altre soluzioni. Ci siamo buttati a capofitto in una storia che non aveva futuro, sin dal principio. Fortuna che è durata poco.»

Alice, per l'amor di Dio taci. Stai scivolando su una buccia di banana dopo l'altra.

«Fortuna?» ripete lui, come se non avesse capito bene, un po' perplesso.

«Nel senso che... lascia perdere. È meglio.»

Lui non commenta. «Sì. È meglio. Volevo salutarti, parto oggi» dice poi, recuperando una certa saldezza.

«E non sai se tornerai» ripeto ricordando le sue parole di quella serata nefasta.

«Se tornerò, non sarà per restare. *Anyway, I'm sorry*» aggiunge infine, insensatamente.

«Dispiace anche a me.»

Silenzio infinito e insopportabile, che sono io a spezzare, incapace di subirlo ulteriormente.

«Possiamo tenerci in contatto, magari» propongo.

«Se non perdo le tue tracce ho paura di non riuscire ad arrivare fino in fondo e ho paura di tornare. Se tu mi metti davanti a una scelta... Io ho scelto. Decidere di andarmene non è stato facile, e non voglio tornare indietro.»

«Non ti chiedo di farlo. Quanto allo smettere di sentirci... me lo aspettavo, da te» aggiungo con tono velenoso.

«*Let's grow up, Elis. Stop it.* Non sei la sola a vivere un momento difficile» ribatte, evidentemente irritato.

Che conversazione di merda.

«La differenza è che non ho scelto nulla, io.»

«Non sempre lo si può fare, e bisogna avere l'intelligenza di adattarsi ai cambiamenti. Se non esiste un compromesso... Non mi sembri interessata al compromesso, o sbaglio? Non vorrei perderti, ma se per averti devo rinunciare a partire, allora... è meglio così. Ma adesso devo andare» conclude cambiando improvvisamente tono. Sento delle voci di sottofondo, è evidente che non può più proseguire la conversazione.

Amore non è amore
che muta quando scopre mutamenti
o a separarsi è incline quando altri si separano.
È un faro irremovibile che mira la tempesta
E mai ne viene scosso.

Questo vorrei dirti, quando mi parli di compromessi.

«Certo. Ti auguro buon viaggio.»

Asciugo una lacrima sulla guancia, mentre lo sento salutarmi.

«Grazie. Arrivederci, *Elis.*»

E proprio al termine della conversazione, dalla stanza di

Yukino giungono con straordinario tempismo le note di una canzone in giapponese, *Kataomoi fighter*, che significa – mi spiega poi lei – «guerriera dell'amore non corrisposto». Lei canta stonando senza pietà. Entra nella mia stanza interpretandola con grande pathos, fingendo di tenere in mano un microfono.

«Stasera karaoke? Ti pecoro» chiede speranzosa al termine dell'esibizione.

«Non è il momento, Yuki.»

«Proprio perché tu sei triste, è il momento. E beviamo, pure» afferma con decisione, prendendomi per mano.

«Nooo.»

«Sono giorni che ti osservo. Tu mi sembri Miki di *Mamaredo boi*. Solo che lei ha sedici anni e tu ne hai dieci di più. Quando si soffre per amore, si piange uno o due giorni interi. Non si fa più nient'altro, non si mangia e non si studia. Si piange e basta. E però poi si ricomincia, e non ci si pensa più.»

«Che perla, Yuki.»

«Grazie, lo so!» ribatte con sicurezza, convinta che l'abbia detto sul serio. «Tu ora esci da questa stanza e la smetti di mangiare Nutella perché ti sono anche venuti tanti tanti brufoli.»

«No, la Nutella è l'unica cosa che mi resta.»

«No, no l'unica. Ci sono io, pure, e tanto altro ma tu ora non lo vedi perché vuoi solo Arthur *kun*.»

Quanto ha ragione!

Ogni cosa a tempo debito

In una condizione psicofisica del tutto precaria vago in Istituto con aria inconcludente fino a quando Lara non mi coinvolge in una riunione in biblioteca. Solo all'arrivo di Claudio mi rendo conto che si tratta di una esercitazione di genetica forense.

A grandi passi si avvicina al tavolo dalla superficie di vetro, si siede come un re sul trono, ci osserva con noia, tamburella le dita con impazienza, probabilmente facendo mente locale sugli impegni della giornata. «Sbrighiamoci, sottospecie di puffi. Ho poco tempo. Ambra, fa' girare i fogli.»

L'Ape mi porge una copia, che visiono con rinnovato interesse. Intanto, Claudio impartisce le istruzioni del caso: «Comparate i profili, avete quindici minuti al massimo, e sinceramente se avete bisogno di così tanto tempo siete schifosamente scarsi».

È una provocazione, ovvio. Solo Lara ha finito allo scadere del quarto d'ora; io ho tentato di copiare, ma ho dovuto desistere quando l'ho visto fulminarmi con lo sguardo.

«Come volevasi dimostrare, siete scarsi in maniera abominevole. Nardelli, illustra i risultati.»

Lara inizia a esporre, ma io la seguo con scarsa attenzione. Non ho la forza, sono troppo depressa per concentrarmi su questioni di genetica forense. Ho già troppi problemi. E pensare che poi avrei anche saputo farlo, l'esame, solo con un po' più di tempo. Tra uno sbadiglio e l'altro aspetto il termine della tortura. Claudio ci congeda infine con un incoraggiante aggettivo ai limiti del turpiloquio, e poco prima che io varchi la soglia della porta mi richiama con voce stentorea. « Allevi. »

Mi volto stancamente. « Sì? »

« Hai fatto male a non seguire la spiegazione di Lara. »

« Ho seguito » mento spudoratamente.

« Bugiarda. Allevi, il profilo che vi ho dato da analizzare è quello di Saverio Galanti. »

Sgrano gli occhi per la sorpresa. « Coincide con il profilo ritrovato sulla siringa? » chiedo istintivamente.

« Ti meriteresti di non saperlo. »

Non farmi dire cosa meriteresti tu.

« Non tirartela. Per quanto possa sembrarti strano sono capace di elaborare il risultato da me. » E di recente, se per questo, ne ho avuto piena conferma.

« Che ti prende, Allevi? Stai male? » chiede improvvisamente, ignorando la mia proclamazione.

« No, perché? »

« Sei pallida. E sei sciupata. »

« No, no. Tutto okay. »

Non troppo convinto, Claudio sospira. « Per i risultati, chiedi a Lara. E buon divertimento » conclude.

E se prima mi sentivo uno schifo, adesso mi sento decisamente peggio.

Forse perché finalmente impiego la giusta attenzione, il risultato non tarda ad arrivare.

Le tracce sulla siringa appartengono a Saverio Galanti, il che proverebbe che i due si sono drogati insieme, esattamente come ha ventilato Sofia Morandini de Clés. Tra l'al-

tro, non coincidendo la traccia sulla siringa con quella re-
pertata durante l'esame ginecologico, l'identità dell'ultimo
uomo di Giulia continua a rimanere un'incognita, almeno
ufficialmente.

Mi chiedo a questo punto quale sia l'esito dell'esame tossicologico, ma per saperlo dovrei chiedere esplicitamente a
Claudio e non vorrei mai dargli la soddisfazione di potermi
dire, per l'ennesima volta: «Sei molesta con questa storia
della Valenti».

Non torno a casa, sentendomi insofferente e pedante. Niente mi calma. Sono da sola, in Istituto. Mi trovo quindi nella
condizione ideale per muovermi massimamente nell'illecito
senza rotture di varia natura.

E il mio obiettivo illecito, al momento, è recuperare il
risultato dell'esame tossicologico su Saverio Galanti. Non
credo che abbia molto valore: sono trascorsi quasi tre mesi
dalla morte di Giulia ed è ovvio che la sostanza assunta
quella sera è stata abbondantemente smaltita da Saverio.
Certamente non sarebbe reperibile nel sangue o nelle urine,
ma solo nei capelli e quelli di Saverio sono troppo corti per
poterli prendere in esame: non rendono contezza di un uso
pregresso. L'esame tossicologico, a questo punto, darebbe
evidenza di una tossicodipendenza recente – da considerarsi
eventualmente indicativa di una tossicodipendenza cronica
– che ugualmente, nella nebbia di questo caso, è un'isolata
conferma.

L'unico modo è accedere al computer di Claudio, nella
speranza che ne abbia conservata una copia.

La porta della sua stanza ovviamente è chiusa a chiave,

ma questo non è un problema: le chiavi di tutte le stanze sono disponibili in segreteria.

Ed eccomi così nel suo regno, sola e indisturbata.

Le foto appese alle pareti che lo ritraggono abbronzatissimo durante un viaggio a Sharm – meta del tutto adatta a lui –, un portapenne stracolmo di evidenziatori, il profumo un po' acre di lavanda che emana dal diffusore elettrico inserito nella presa accanto all'interruttore della luce, il libro *Note di un anatomopatologo* sulla scrivania (ne approfitto per sfogliarlo e trovo la stucchevole dedica di una certa Chiara, con una grafia disordinata che si sforza di non esserlo), un paio di occhiali da lieve miopia distrattamente abbandonati accanto alla tastiera. Mi sento a disagio invadendo la sua privacy, ma di chiederglielo direttamente non se ne parla nemmeno. Pigio il pulsante che avvia il suo computer e con sommo disappunto mi rendo conto che per l'accesso è richiesta una password, che ovviamente non conosco. Sto per spegnerlo quando sento dei passi in lontananza.

Merda!

Il mio finissimo udito li riconosce, o meglio, riconosce i tacchi. E subito dopo riconosce la voce.

« Sì, amore, sono appena arrivata. No, non preoccuparti, nessun disturbo, mi veniva di strada. Tesoro? Hai dimenticato aperta la porta della tua stanza? Come, no? È aperta, ti dico. Mah, strano. Dove sono, hai detto? Sulla scrivania? Sono due cartellette, una verde e una gialla. Okay. Ci vediamo dopo. Stasera ceniamo con Marta e Pierre. Sì, tranquillo, la chiudo la porta. »

Il cuore batteva talmente forte che credevo sinceramente che Ambra potesse udirlo. Che vergogna! Nascosta sotto la sua scrivania, come una macchietta nelle comiche.

Sono chiusa a chiave nella stanza di Claudio, e non ce la faccio nemmeno a muovermi. Le lancette del mio orologio scandiscono i secondi, martellanti. Mi metto a sedere sul pavimento e mi dico che Silvia ha ragione.

Per una banale informazione che comunque avrò modo di scoprire a tempo debito, ho rischiato di essere colta in flagrante da Ambra, con conseguenze inimmaginabili.

Io ho veramente perso il senno.

Renaissance

«Alice? Hai finito il lavoro? La Wally e il Boss tornano oggi e non possiamo farci trovare impreparate, visto che mancano da una settimana.» Lara è allarmata, il che non mi stupisce, perché è un tipo apprensivo. A sconcertarmi è la notizia in sé.

«Oggi? Tornano oggi?» domando sbalordita.

«Purtroppo sì.»

Si stava così bene senza il Supremo e la Wally. Mi sentivo in uno stato di ibernazione. I miei problemi personali mi avevano quasi fatto dimenticare gli enormi e annichilenti conti in sospeso in Istituto.

Quando il telefono trilla e la segretaria annuncia la mia convocazione da parte del Supremo, non posso trattenermi dallo sbottare in un poco elegante: «Merda».

Lara mi rivolge uno sguardo interrogativo; esco dalla stanza per raggiungere la Direzione con un'incrollabile sensazione di inesorabilità.

È giunto il momento.

C'era da aspettarselo, del resto. Dopo dieci giorni trascorsi gomito a gomito – Supremo e Wally, Wally e Supremo – avranno avuto occasione di consultarsi e, alla fine, di prendere una decisione che in sé è anche ovvia.

Il Supremo è seduto alla scrivania. Non mi guarda neppure in faccia quando annuncia: «Ho bisogno di parlarle». La sua voce è diversa da quella di Arthur, che è sporcata dal fumo, ma il timbro è lo stesso, nonostante gli anni di differenza. È un uomo duro e piuttosto indifferente. Adesso, nella veste del padre di Arthur, mi sembra anche peggio.

«Di cosa si tratta?» domando con aria calma e lucida.

Solleva la testa e per un attimo – pura suggestione – mi sembra identico ad Arthur. In realtà non potrebbero essere più diversi: la verità è un'altra.

La verità è che io vedo Arthur ovunque.

«Si sieda» dice il Supremo con tono poco incoraggiante e sbrigativo. «Ha consegnato alla dottoressa Boschi il lavoro sulle lesioni uretrali da incidente stradale?»

No che non l'ho fatto. Suo figlio mi ha piantata e mi sento di merda. Non può fregarmene di meno delle lesioni uretrali.

«È quasi finito, professore. Lo sto riesaminando.»

«Cosa significa, riesaminare?»

«Ho fatto un primo abbozzo e ora lo sto rendendo più tecnico.» Navigo in pessime acque e il Supremo ha tutta l'aria di volermi colpire e affondare.

«Deve imparare a parlare come scrive e viceversa» dice freddamente.

«Va bene» rispondo con un filo di voce.

«Ma non è per questo che ho voluto parlarle. È il momento di affrontare un argomento un po' delicato.»

Eccolo, ci siamo. Inizia il processo. Strano che non ci sia la Wally nella parte della pubblica accusa.

«Professore, sono pronta ad accettare qualunque cosa avrà da dirmi» annuncio, piena di dolorosa dignità.

Lui corruga le sopracciglia. Accenna uno sfumatissimo, impercettibile sorriso, prima di estrapolare da una marea di scartoffie un sottile blocco di fogli che credo di riconoscere.

«Qualcuno mi ha fatto avere questo suo lavoro» inizia a

spiegare; prende dalla tasca un paio di occhialini da presbite, li indossa, e legge il titolo.

È l'articolo che avevo scritto tempo fa e che avevo strappato, quella sera con Arthur.

Qualcuno.

Chi se non lui.

« So che aveva delle perplessità su quest'articolo... perplessità invero piuttosto infondate. È un buon lavoro, dottoressa. Molto buono. » Sento il cuore battere all'impazzata. Il Supremo ripone i fogli sulla scrivania e mi guarda con i suoi occhi grigi. « Sono venuto a conoscenza dei problemi che ha avuto con la dottoressa Boschi. »

Abbasso gli occhi, mortificata. « Mi dispiace moltissimo, Professore. Io ci provo... io vorrei tanto essere all'altezza dei miei colleghi e dello standard della sua équipe, ma non riesco proprio a fare di più. »

« Valeria non crede in lei e ritiene che non sia all'altezza della media; si lamenta soprattutto della sua mancanza di determinazione. Lei è d'accordo con la sua opinione? »

Alzo lo sguardo e lo fisso attentamente negli occhi di ghiaccio.

« Non del tutto. »

Non ci giurerei – è un uomo imperscrutabile – ma mi sembra che abbia un'espressione compiaciuta. « Penso che bisogna sempre conservare una certa sicurezza dei propri mezzi, anche quando tutto il resto del mondo cerca di imporci il contrario. » Lo guardo stranita: non avevo mai considerato il Supremo un vero essere umano, ma solo una creatura aleggiante in questo Istituto come una divinità incorporea; non lo ritenevo capace di empatia.

Il Supremo si alza, prendendo una foto incorniciata dalla sua scrivania. Me la porge e la ricevo dalle sue mani con una certa solennità. Ci sono tutti i suoi figli. Riconosco Arthur in un ragazzino ossuto dai capelli biondi e l'aria incazzata, e Cordelia in una bambinetta insignificante con due code ai lati del capo appuntate con nastri rosa.

«Professore...»

«Mi lasci finire. Lei è una ragazza molto dotata, a dispetto delle apparenze. Ma ha bisogno di stabilità e di continui stimoli per produrre. Non è una critica, non la prenda come tale. È una semplice constatazione. Arthur è... molto diverso da lei. Più è sotto pressione, meno rende. È come se non si sentisse mai appagato e rifiutasse ostinatamente di perdere. C'è qualcosa di insoluto in lui. Ero convinto che fosse colpa della giovinezza. Ma adesso è uomo fatto. Non è un atteggiamento ammissibile da un uomo di trent'anni passati lasciare il lavoro per fare il free lance. È completamente disorientato.» Sto quasi per ribattere quando lui frena ogni mio tentativo. «Sto divagando e ci allontaniamo da quel che desideravo dirle. Il punto è che la dottoressa Boschi non ha sbagliato a farle del terrorismo psicologico. Con un tipo come Arthur non avrebbe funzionato, ma con lei sì. Così facendo, la dottoressa Boschi ha contribuito a darle uno slancio che forse, altrimenti, le sarebbe mancato.»

Ha anche contribuito a uccidere una piccola parte di me, se per questo.

Il Supremo si schiarisce la voce prima di continuare. «Ho incontrato mio figlio prima della sua partenza per Khartoum. Mi ha dato questo lavoro che lei aveva sbagliato a sottovalutare, e mi ha anche raccontato di certe sue imprese...» Divento paonazza e sento i padiglioni auricolari bruciare. «... imprese di cui ho poi chiesto conferma al dottor Conforti.»

«La verità è che il caso Valenti mi aveva coinvolto emotivamente. Non so cos'avesse più degli altri. Ma mi ha completamente travolta.»

«Il che, si ricordi per le prossime volte, è sbagliato.»

«È stato solo un caso.»

«Ciò non toglie che lei abbia fatto un buon lavoro.» Il Supremo mi accompagna fino alla porta. Atto di riguardo senza precedenti. «Valeria la aspetta per parlarle di un progetto di ricerca in cui lei era inserita. La raggiunga.»

«Sì, Professore.»

Sto per varcare la soglia della porta quando lo sento nuovamente parlare. «Alice. Desidero tranquillizzarla. Lei non sarà l'elemento più brillante o affidabile, in questo Istituto. Ma personalmente non posso dirmi così insoddisfatto del suo profitto da compromettere il suo futuro bocciandola adesso. È salva. E i meriti sono tutti suoi.»

Nei miei panni, una come Ambra avrebbe reagito con classe e sicurezza.

Lara, con compostezza e gratitudine.

Io, reagendo a modo mio, mi sciolgo in lacrime e singhiozzi. È come se avessi di colpo aperto i rubinetti di un boiler strapieno. Il Supremo è a corto di parole e soprattutto in grossa difficoltà.

«Dottoressa, la prego. Un po' di contegno» dice irrigidendosi. Mi porge un fazzoletto di puro cotone, cifrato con le sue iniziali. Soffio il naso rumorosamente e sono talmente sconvolta – una volta tanto per una buona notizia – che non riesco a parlare in modo compiuto.

«Ho accumulato... talmente tanta... tensione, in questi mesi... e adesso sapere... che è tutto finito, che sono salva... Ecco, non riesco a trattenere l'emozione» spiego con un sorriso, pasticciando il suo fazzoletto tra le mani.

Il Boss è impaziente di liquidarmi. «Sono lieto di averle

dato questa buona notizia, allora. Adesso torni a lavorare, prima che me ne penta» conclude con aria burbera.

Ma io sono troppo aggrappata alle mie lacrime per andarmene. Il sollievo mi riempie a tal punto che non riesco a impedirmi di uscirmene con un «Grazie, Supremo».

Silenzio.

Poi: «Come mi ha chiamato?»

«Io...»

«Supremo? Supremo... Sì, mi rappresenta, in effetti. Adesso però vada. Su. Vada.»

Uscita dalla sua stanza, il rimmel sbavato e un'espressione inebetita sul volto, passo davanti alla porta della stanza della Wally e soffoco la tentazione di affacciarmi e di farle una fatale e liberatoria pernacchia. Invece, busso e la affronto, ringalluzzita dalla riacquistata serenità.

«Il professor Malcomess mi ha detto che desidera parlarmi.»

La Wally mi fissa inarcando un sopracciglio incolto. «Si accomodi.» Obbedisco e la guardo con una tranquillità che al suo cospetto non ho mai provato. «Le consiglio di sciacquarsi il viso, uscita da qui. Sembra una maschera.»

«Ho perso il controllo» ammetto.

«Non è la prima volta» commenta acida. «Dottoressa, non ho molto tempo da dedicarle. Ma poiché oggi il professor Malcomess ha deciso di tirare le somme sulla sua situazione, non mi resta che adeguarmi.»

«La ringrazio, professoressa» rispondo, mio malgrado sottomessa.

«Sappiamo entrambe che lei ha combinato una marea di guai nell'ambito del progetto virtopsy.» La solita esagerata. Una marea. Uno, semmai. «Eppure, nel momento in cui ha dovuto presentare il rendiconto del suo operato, il dottor

Conforti si è espresso in termini positivi, lusinghieri, addirittura. Immagino di dovergli credere, fino a prova contraria. »

«Immagino di sì» rispondo cercando di camuffare la sorpresa.

Una doppia sorpresa: oggi, i due uomini che più mi hanno ferita in tutta la mia vita, in un modo o in un altro, che sono stati capaci di farmi sentire meno di niente, mi hanno salvata dal baratro in cui stavo precipitando.

È ovvio che la Wally non gli ha creduto. Ma Claudio ha un suo spessore e confutarlo non è cosa semplice, persino per la Wally che peraltro – come tutte le creature di sesso femminile – ne subisce pericolosamente il fascino. Averle mentito è stato un gesto di gentilezza che non mi sarei mai attesa.

«Ho l'abitudine di mantenere la parola data. Le avevo promesso che sarebbe stata salva, in caso di riscontri positivi nel progetto virtopsy. Così è stato, quindi lei è salva.»

La perfida omette scientemente di parlare delle opinioni di Malcomess.

Ma chi se ne frega.

Sono salva.

Ringraziare Claudio mi sembra il minimo. Busso alla porta della sua stanza.

«Avanti.»

Dischiudo l'uscio con cautela. I giorni che mi vedevano estatica al suo cospetto sono quanto mai lontani.

È seduto alla sua scrivania e sembra molto concentrato. Il sole che filtra dalla finestra mette in evidenza qualche filo d'argento sulle tempie tra i lucidi ricci bruni. Solleva gli occhi verdi, scuri e scaltri.

«Ah, sei tu.»

«Claudio» mormoro timidamente. Non capisco perché, ma ringraziarlo m'imbarazza. «È tutto sistemato. Grazie per aver parlato bene di me alla Wally.»

Claudio mi guarda dritto negli occhi. Nessuno mi ha mai osservata con tanta intensità. Sento una sensazione di calore alle guance, mentre con un filo di voce gli chiedo: «Perché mi guardi così?»

Lui sbatte le palpebre e un rapido sorriso illumina per un attimo il suo volto. Scuote il capo, come distratto. «Niente. Niente» ripete. Si alza dalla sedia e si avvicina con naturalezza.

«Con questo rimmel sbavato hai qualcosa di gotico. Ma a ben pensarci, tu *sei* gotica» commenta, senza interloquire realmente con me. Sembra più che altro che stia parlando con se stesso. «A ogni modo, mia piccola Alice, è stato un piacere aiutarti.»

È a un passo da me. Sento il cuore pulsare febbrilmente.

«Ti sembrerebbe vile se ti chiedessi qualcosa in cambio?» domanda con una voce che non mi è mai sembrata tanto spiazzante.

«Dipende da cosa vuoi chiedere» ribatto con una prontezza che mi sorprende.

«Questo» risponde, abbassando il capo per baciarmi.

Mi sento tremare e non trovo il coraggio di respingerlo. È un bacio breve ma di una sensualità che mi mette in subbuglio. Si allontana subito, lanciando un veloce sguardo alla porta, per sua fortuna perfettamente chiusa.

Lo fisso con incredulità. Non riesco a credere che sia successo davvero.

«È stato molto vile, in effetti» balbetto sfiorandomi con le dita le labbra.

Claudio sembra compiaciuto di avermi sconvolta. «Lo so» ammette con candore. «Tu però non ti sei tirata indietro.»

È una verità, e rispondergli implicherebbe ammettere che una parte di me era curiosa di quel bacio. «Me ne vado» dico indietreggiando verso la porta. Mi sento malferma sulle gambe.

«Non preoccuparti. Non lo farò più» conclude sospirando.

«Lo preferirei» riconosco, e fatico anche a parlare perché provo un imbarazzo mortale.

Claudio mi riserva di nuovo uno sguardo penetrante. Sorride con tolleranza.

«Davvero, lo preferiresti, Alice? Ne sei così sicura?»

Sicura... Che parolone. È vero, è esistito un tempo in cui una scena del genere l'ho sognata. Ma quel tempo è lontano.

Completamente destabilizzata e vittima ancora di una totale incredulità, festeggio con Silvia e alle sei di pomeriggio sono quasi ubriaca.

Mi riporta a casa un taxi e mi reggo maldestramente in piedi.

Appena rientrata in camera accendo il PC e mi sforzo di concentrarmi usando la scarsa lucidità che mi resta per scrivere qualcosa di decente.

Grazie.
Tu sai già per cosa.
A.

Sono appena le nove quando scivolo nel sonno. Ho un debito cronico, ecco perché crollo così. Mi porto dietro troppa stanchezza. Adesso, è come se mi avessero somministrato un rimedio assoluto per tutti i mali.

L'indomani trovo la risposta di Arthur.

Non te ne avevo parlato prima perché credevo che fosse più giusto che a dirti tutto fosse mio padre. Del resto, è stato lui a giudicare correttamente; pertanto, non hai niente di cui ringraziarmi. Anzi, ti chiedo scusa per aver tradito le tue confidenze.

Arthur

Arthur.

Questa gioia non è gioia con te lontano.

Non ce l'ho con te per niente, nemmeno per i tuoi passati torti.

Vorrei soltanto che tu tornassi. All'istante.

* * *

Avergli scritto una volta, anche se con una motivazione valida, ha aperto una maglia.

È vero, lo scopo di non sentirsi più è perdersi, e continuando a scrivergli vado decisamente contro la sua volontà.

Ma mi manca troppo per riuscire a mantenere la promessa fatta a me stessa, e così, nella migliore delle tradizioni la infrango senza rimorsi.

Vorrei tanto sapere cosa fai, dove vivi.

Perché svanire come se fossimo morti l'uno per l'altra? Tu per me sei tutt'altro che morto. Mi pesa moltissimo non sapere più niente di te. Come se non fossimo stati nulla più che meteore l'una nella vita dell'altro. In qua-

lunque modo siano andate le cose tra noi, non importa.
Non voglio sparire. Mi farai leggere il tuo articolo?
  Tua,

                                                              A.

P.S. non è stata una fortuna che sia durata poco.

Invio e mi riprometto di non controllare Outlook di continuo né di riporre troppe speranze in una sua risposta. Ma anche questa promessa mi risulta particolarmente difficile da mantenere.

Quanto è bello, due ore dopo, trovare il suo nome nella Posta in arrivo.

Hai detto bene, meteore. È molto triste, ma ho la tua
stessa impressione. Riguardo al perderci, credo di essere
stato troppo drastico. Non avrei dovuto, ti prego di scu-
sarmi.
  Qui a Khartoum alloggio all'Acropole Hotel.
  Non ho mai sentito tanto caldo, ha qualcosa di infer-
nale. Il clima non è l'unico problema, ma forse è il più
grosso.
  Trascorro i giorni raccogliendo materiale, chiedendo,
ascoltando, camminando. Di sera lo rielaboro e spesso fi-
nisco col lavorare fino a tarda notte.
  Dopo tutto è quello che sognavo di fare e sto bene.
  Avrei molto da raccontarti. Spero di poterlo fare pre-
sto, adesso devo andare: tra qualche ora partirò per il
Darfur.
  È stato bello trovare la tua mail.
  A presto,

                                                         Arthur

Come procede il lavoro sui fondi umanitari? Tu e Riccardo avete trovato qualcosa di interessante?

Fa' sempre attenzione lì, Arthur. Non vorrei sembrarti patetica, ma sono un po' in apprensione.

A.

La risposta è immediata, vuol dire che è on line. Rimpiango di non avere Messenger.

Sono abbastanza soddisfatto. Cercherò di spiegarti meglio, non appena potrò.

Arthur

Sviluppi

I risultati dell'esame tossicologico su Saverio Galanti vengono resi noti qualche giorno dopo il mio tentativo di furto nella stanza di Claudio.

Mentre sono comodamente bivaccata sul divano di casa, intenta nella lettura di un articolo scientifico sull'anafilassi ascoltando una raccolta dei successi di Janis Joplin, Yukino si avvicina tenendo tra le manine dallo smalto fucsia un quotidiano di oggi.

«C'è un pazzo interessante per te» mi spiega.

«Un pazzo? Un pezzo, intendi. Yuki, da quando in qua tu leggi i quotidiani?»

«È esercizio per università. Leggi, leggi» incalza, sedendosi accanto a me sul divano e prendendo da sotto un cuscino un manga pronto per l'uso.

Come prevedevo, l'esame ha semplicemente dimostrato un utilizzo recente di droghe, nella fattispecie cannabinoidi. In sé non è un dato interessante, se non fosse accompagnato dalle dichiarazioni di Saverio a proposito del giorno della morte di Giulia, rilasciate evidentemente sulla scorta dell'esame genetico che lo inchioda.

L'eroina l'aveva acquistata lui il giorno prima, erano dosi apparentemente identiche e il suo pusher gli aveva assicurato che provenivano tutte dalla stessa partita. Saverio si era recato a casa di Giulia e Sofia e, per liberarsene, gliel'aveva lasciata in custodia. Il giorno dopo, intorno alle tre, Giulia lo aveva chiamato e gli aveva chiesto di raggiungerla a casa. Era sofferente, aveva mal di testa. Generalmente l'eroina la sniffavano, solo molto di rado se la iniettavano; quel giorno però Giulia aveva insistito per assumerla per via endovenosa, perché era convinta che l'effetto fosse più intenso e più duraturo. Era incapace di farlo da sola, e così lui l'aveva aiutata. Per conto suo, Saverio aveva preferito inalarla.

A suo dire, Giulia non ha avuto alcuna reazione allergica in seguito all'iniezione. Si è addormentata, come faceva sempre. E lui con lei. Quando si sono risvegliati erano già le diciassette, più o meno. Giulia stava bene, era euforica e le era anche passato il mal di testa. Lui ha lasciato casa Valenti intorno alle diciotto, e da quel momento in poi ha un alibi inconfutabile fino alle 23. Quindi, l'intero range dell'epoca di morte di Giulia è coperto, anche perché la morte non può essersi verificata prima delle otto, ora in cui Giulia ha telefonato alla sorella, evento riferito da Bianca e accertato dai tabulati telefonici. Anche nell'ipotesi di un errore da parte di Claudio nello stabilire l'epoca di morte alle ventidue, Saverio in quel momento era comunque altrove.

«E se il paracetamolo glielo avesse somministrato lui, rimanendo in attesa della reazione allergica che poi è stata tardiva?» chiedo a Claudio, che ho subito contattato telefonicamente. Mi è pesato farlo, mi sento ancora in imbarazzo. Se lo conosco, però, quel bacio per lui non ha avuto alcun significato. Inutile dargli peso.

Lui resta qualche minuto in silenzio, immerso nella riflessione. «Certo, è possibile. Lui potrebbe aver adulterato la dose, con lo scopo di ucciderla. Si aspettava forse una reazione allergica immediata che però non è avvenuta. È possibile che Giulia si sia sentita male in seguito. La reazione allergica, però, è tanto più pericolosa quanto più è immediata. Se è stata tardiva, quindi più lieve e progressiva, Giulia avrebbe avuto il tempo di assumere farmaci o di chiamare aiuto o di recarsi all'ospedale... Non pensi, Alice? E poi quando è tardiva si accompagna spesso a edema diffuso del volto, mentre Giulia non presentava segni di questo tipo. In definitiva mi sembra poco probabile.»

«Sì, certo, poco probabile: io ho la sensazione di una reazione immediata, quasi fulminante. Però non è del tutto impossibile.»

Claudio sembra di fretta e quasi insicuro. «Allevi, ho appuntamento con Calligaris. Vuole parlarmi proprio di questa faccenda. Vuoi venire con me?»

Sono davvero stupita. Claudio è lo stesso che ha fatto di tutto per tenermi al di fuori da questo caso. Che stia iniziando a credere nella genuinità delle mie intenzioni? Forse si sta ricredendo a proposito di quelle opinioni che si era fatto sul mio eccessivo coinvolgimento in questa storia. In ogni caso, l'occasione è troppo ghiotta per lasciarsela scappare inseguendo le ragioni criptiche di un uomo ellittico.

«Certo!» rispondo quindi, fin troppo entusiasta.

Lui sospira. «D'accordo, allora passo a prenderti tra venti minuti.»

Claudio e la sua Mercedes SLK sono perfettamente puntuali e siamo in auto, diretti verso l'ufficio di Calligaris, in un clima di difficoltà reciproca che sfocia in un silenzio impacciato, finché non è lui a rompere il ghiaccio.

«Credo che l'ispettore voglia rivolgermi le tue stesse domande» osserva.

«È legittimo» commento.

«Sì, certo. Al momento le indagini brancolano un po'
nel buio, credo che Galanti sia l'unico sospettato.»

Bianca dunque non ha ancora utilizzato le informazioni
che le ho dato.

Timidamente, avanzo una mia personale obiezione. «Il
DNA femminile, quello trovato sotto le unghie, comunque
colliderebbe con l'ipotesi di un ruolo attivo di Galanti nella
morte di Giulia.»

«E chi può dirlo? Può darsi che fossero in tre, quel pomeriggio.»

Io potrei dirlo, in realtà. Non vedo come Doriana e Saverio possano essere corresponsabili, ma dovrò tenere per
me le mie ipotesi, sino a che Bianca non sbloccherà la situazione.

Sull'onda dei miei pensieri, non mi accorgo che abbiamo
raggiunto l'edificio ormai a me noto.

Calligaris ci accoglie con la consueta affabilità. In un tor-
rente di parole amabili, si abbandona a una poderosa gaffe.

«Dottor Conforti, che bravo, ha portato la cara Alice.
Mi era giunta voce di un amore nato tra le pareti del vostro
Istituto... Splendido! Coppia sul lavoro, e anche nella vita!
Anch'io e mia moglie abbiamo lavorato a lungo assieme.»

Claudio e io ci guardiamo negli occhi e lo sguardo di entrambi è pervaso da un tenue imbarazzo.

«Prego, accomodatevi» conclude indicando le poltron-
cine.

Claudio, con l'aria schifiltosa che lo contraddistingue, lo
invita a rivolgergli tutte le domande che desidera. Il buon
Calligaris esprime le stesse lecite curiosità che hanno attra-
versato la mia mente non appena ho letto l'articolo su Sa-

verio, e Claudio replica con l'incrollabile sicurezza che l'ha reso il medico legale più rampante dell'ambiente.

È un incontro che in sé si esaurirebbe nell'arco di una ventina di minuti, ma che finisce col protrarsi più a lungo, perché l'ispettore è in vena di elargizioni. Ed è l'ultima rivelazione che ci fa prima di congedarci a colpirmi in modo particolare. Calligaris ci fa intendere che le indagini si sono di recente arricchite di una nuova pista, una svolta abbastanza imprevedibile. Poi, guardando Claudio fisso negli occhi, come a sfidarlo, aggiunge: «Al più presto ci sarà altro lavoro per lei, dottor Conforti».

È il suo modo di congedarci.

Claudio lo saluta con un sorriso tirato e mi prende per il braccio, praticamente costringendomi ad alzarmi e uscire con lui. Non ho nemmeno il tempo di salutare Calligaris.

Una volta fuori dall'edificio, prima di salire in auto, calpesto una cacchina di cane molto maleodorante.

«Puoi tornartene in metro» osserva lui con la sua solita solidarietà.

«Non puoi dire sul serio» ribatto, cercando di pulire la suola sul marciapiede.

«Ho appena portato la bambina all'autolavaggio. In quelle condizioni, tu non ci metti piede.»

«Sei un cafone» gli dico con un sorriso incredulo.

«La metro è a un passo» è la sua risposta, sganciata mentre sale in auto. Mi affaccio al finestrino e lo guardo attraverso gli occhiali da sole che ho indossato nel frattempo.

«Peggio per te. Avrei potuto spiegarti una mia teoria.»

«Che perdita» commenta lui mettendo in moto.

«Il tempo mi darà ragione. Calligaris alludeva a Doriana Fortis. Le farai l'esame genetico, prima o poi, e quel giorno, dottor Conforti, riceverò le tue scuse.»

Lui scuote il capo, trattenendo un sorriso. Riparte e io, con la mia cacchina sotto le scarpe, m'incammino verso la fermata della metro godendomi il sole tiepido di questi giorni crudeli di maggio.

Mai fidarsi

Con quest'umore astratto ed esitante, da sola in casa, la nostalgia e lo sconforto mi giocano un brutto scherzo e tutti i buoni propositi di temporeggiare nell'attesa di ricontattare Arthur soccombono quando, in maniera definitiva, la parte irrazionale di me prende il sopravvento su quella razionale, della cui esistenza spesso dubito.

Ciao Arthur,
Come stai? Sei arrivato in Darfur?
Sai che qualche giorno fa ho visto Cordelia in tv? È bravissima. Sembra una vera principessa.
Avrei molto da raccontarti... un po' su tutto. E ho tanta voglia di ascoltarti.
Magari quando avrai il tempo ci faremo una bella chiacchierata.
                                                                                    A.

Nessuna risposta, almeno fino a due giorni dopo l'invio.

«Magari gli è successo qualcosa» osa timidamente Alessandra, che stringe la mano di mio fratello Marco.

Siamo a cena in una trattoria a Trastevere.

«È quello che temo di più, ma mi rifiuto di crederlo. Preferisco pensare che sia uno stronzo.»

«Chiamalo» dice mio fratello, pragmatico. È strano vederlo così, come un ragazzo qualunque, come il fidanzato di una delle mie più care amiche, senza smalto nero sulle unghie.

Io giocherello con l'orlo della tovaglia. « Non voglio forzarlo » rispondo mogia.

« Marco ha ragione, devi chiamarlo. Visto dove si trova, potrebbe essergli successo qualcosa. Povero Arthur, non sopporto il pensiero di saperlo in quel luogo dimenticato da Dio. »

Alessandra adora Arthur. « È il tipo migliore con cui tu sia stata » mi ha detto dopo averlo conosciuto. Quel che è peggio è che sono d'accordo, ed è per questo che sto tanto male. « Ti avrebbe risposto, stanne certa » insiste lei, lasciando la mano di Marco. « Prendi il telefono e chiamalo. Adesso » sbotta, infine. Marco la guarda ammirato, annuendo strenuamente.

« Non me la sento » rispondo.

« Ma come? Non muori dalla voglia di sentirlo? » trasecola lei.

« Ovviamente. »

« Forza, chiama. L'orgoglio non ti porterà da nessuna parte. Se io avessi dato retta all'orgoglio, con tuo fratello... » allude terminando la frase nel nulla e facendo gli occhi dolci a Marco, il quale replica con un sorriso così tenero da ricordarmi mio padre, ed è un effetto stranissimo.

« Magari lì il suo cellulare non funziona » cerco di prendere tempo, tornando ai miei guai.

« Suvvia Alice, non ti riconosco. Non è sulla Luna. Prova! » sbuffa Alessandra.

« Ho la batteria del cellulare scarica. »

« Usa il mio » ribatte mio fratello, porgendomi l'apparecchio.

Quattro occhi mi fissano come se aspettassero il finale di un film d'amore.

Che fare? Non voglio metterlo in imbarazzo. Non voglio sapere che c'è qualcosa che non va. Non voglio sapere che non mi ha risposto perché non ha avuto tempo o modo. È lo stesso principio per cui non controllo l'estratto conto per mesi: ho paura delle evidenze.

Accetto il cellulare di mio fratello, un modello fuori commercio probabilmente da almeno dieci anni, e lo chiamo. So già che me ne pentirò all'istante e che questa telefonata mi avvelenerà ma, presa la linea, non posso più tornare indietro.

Squilla a lungo. Sto già per demordere, la tensione si è smaltita. Infine, lui risponde.

«Sì?» dice con tono scocciato.

«Arthur?»

«*Elis!*» esclama lui, cambiando completamente tono.

Il mio nome pronunciato dalla sua voce è una scossa di rimpianto talmente forte che sono sinceramente pentita di essermi messa nelle condizioni di provarla.

«Arthur...» Che gli dico adesso? «Come stai? Ti ho scritto... ero un po' preoccupata per te» spiego con un tono che esprime tutta la fragilità che caratterizza la mia vita in questo momento storico.

«Scusami. Hai ragione, avevo intenzione di risponderti, al più presto. Non sai che casino c'è qui.»

«Per favore fai attenzione.»

«Sì, sì.» Sono un po' in imbarazzo. Non ha trovato il tempo per scrivermi una riga. Ma d'altra parte, cosa mi aspettavo? Non si comportava con attenzione quando stavamo assieme, figuriamoci adesso.

«Be', se è tutto okay... allora, ciao» balbetto.

«Aspetta! Va tutto bene, lì, *Elis?*» La sua voce esprime sincero interesse.

«Sì, grazie.»

«In Istituto?»

Forse è l'unico mio problema ad aver trovato soluzione, quello in Istituto. «Sì, davvero.»

«Mio padre ti apprezza più di quanto sembri.»

«Bene, è confortante.»

Segue un silenzio terribile, di quelli che non sono dettati dalla carenza di argomenti ma dall'assoluta incapacità di trovare il modo di affrontarli.

«Ti scrivo presto, promesso» conclude infine lui.

«Allora aspetto» rispondo, ma non ci credo veramente.

Torno al tavolo dai miei commensali, che pendono dalle mie labbra.

«Gli hai parlato?» incalza Alessandra. Annuisco, mentre assaggio il tortino di patate che ho ordinato. «E cosa ti ha detto?»

«Niente. È stata una telefonata assolutamente inutile. Ah, no. Mi ha detto che suo padre mi apprezza.»

Alessandra e Marco si guardano negli occhi, lievemente mortificati.

«È stato carino da parte sua. Certo, sarebbe stato meglio se avesse detto che è *lui* ad apprezzarti, più che suo padre» commenta Alessandra.

Io scuoto il capo mestamente e non rispondo perché, per quanto possa essere banale, preferisco sul serio non parlarne.

«Forse non dovevamo forzarti» osa dire mio fratello, mortificato.

Alessandra non è dello stesso avviso. «Deve guardare in faccia la realtà, qualunque sia il suo aspetto.»

Sospirando, affogo infine tutti i miei dispiaceri nei carboidrati.

L'indomani, tornata a casa dal lavoro, decido di dare un'occhiata alle lettere ammonticchiate sulla scrivania. Si tratta degli estratti conto di tutte le mie carte di credito e controllarli è tutto fuorché divertente, per questo mi trascino per settimane senza farlo.

Tra le varie buste, ce n'è una anche da parte dell'Ordine dei medici.

Dunque. Per quest'anno ho pagato la quota d'iscrizione. E ho votato per eleggere il presidente. Quindi non capisco di cosa possa trattarsi.

Gentile collega Alice Allevi,
    è con rammarico che siamo costretti ad annunciarle l'avvio di un'indagine interna allo scopo di accertare la veridicità di una segnalazione di comportamenti non del tutto consoni all'etica professionale.
    Per meglio chiarire la questione, la preghiamo di presentarsi il giorno 19 maggio, alle 18.00, presso la sede dell'Ordine. Non occorre la presenza di un avvocato.
    Distinti saluti.

« Silvia? »

« Alice. Non sei morta annegata nella tua stessa bava, devo desumere. »

« Silvia, non c'è niente da ridere. Sono in un guaio grossissimo. »

« Ma pensa! Chi se lo sarebbe mai aspettato. Che succede? »

Le leggo la lettera.

«Balle che non ci vuole un avvocato. Ti accompagno io, domani. E stai tranquilla, non possono farti niente.»

«Silvia. Io lo so, e lo sai anche tu che cosa...»

«Non parlare per telefono. Vengo a prenderti alle cinque.»

Sono una povera disgraziata. Mi radieranno dall'Ordine, già lo so. Tornerò a casa a Sacrofano e mi chiuderò nella mia stanza per non uscirne più, come Emily Dickinson.

Sono sicura che dietro questa gentile letterina c'è lo zampino di quel nazista di Jacopo De Andreis.

Puntuali come le piogge durante il periodo dei monsoni, Silvia e io ci troviamo presso la sede dell'Ordine dei medici. Siamo tese come corde di violino.

Anche se lei si sforza di mantenere un certo aplomb per non agitarmi, è evidente che è preoccupata che le cose possano mettersi male, come e più di me.

«Dottoressa Allevi» mi chiama un segretario, indicandomi poi la porta dove alcuni esponenti del Consiglio dell'Ordine mi stanno già aspettando.

Mi sembra di entrare nell'arena dei leoni.

«Stai tranquilla. Alla fine non hanno radiato nemmeno quella che è andata al Grande Fratello» mi dice Silvia, credendo di essermi di conforto.

«Silvia, ho fatto qualcosa di molto più grave.»

«È opinabile. Via, non farti vedere preoccupata. Ricorda, tu sei qui per tacere o, al massimo, negare tutto. Chiaro?»

Ho le vertigini. Mi manca il controllo sulla mia angoscia.

Sento che sta per succedermi qualcosa di terribile.
Sento che non posso farcela.

Apparentemente sono gentili. I toni sono pacati, nessuno mi accusa di alcunché. Mi spiegano con sobrietà e moderatezza che le accuse provengono dall'avvocato De Andreis, il quale ha rappresentato i fatti non con atteggiamento di rivalsa, bensì con l'esclusivo desiderio di vederci chiaro.

Perché, dottoressa, ha partecipato all'autopsia di Giulia Valenti?
Perché, dottoressa, ha fatto visita a casa De Andreis?
Di che natura sono, dottoressa, i suoi rapporti con Bianca Valenti?
E infine, dottoressa, ha davvero eseguito un esame comparativo del DNA *rinvenuto nel cadavere di Giulia Valenti con quello di Doriana Fortis?*

Se alle prime domande riesco a rispondere con calma e come qualcuno che non ha niente da nascondere, di fronte all'ultima non riesco a contenere lo stravolgimento.
« Su che base l'avvocato De Andreis mi rivolge quest'accusa? »
Silvia mi pesta il piede e riformula la domanda con calma.
L'esponente dell'Ordine ribatte con assoluta naturalezza. « L'avvocato De Andreis lo ha saputo dalla signorina Bianca Valenti. È vero, dottoressa? » incalza.
Ma io non sono già più qui.
Mi ha sputtanata con Jacopo De Andreis pur sapendo che rischio la carriera.

Mio Dio, che stronza.

«Ovviamente, è falso» risponde Silvia al posto mio. «Bianca Valenti aveva chiesto alla dottoressa Allevi di espletare questo servizio, anche dietro compenso. Sarebbe lei, da denunciare! Ma la dottoressa Allevi ha rifiutato, ovviamente, ben sapendo che in caso contrario avrebbe commesso un reato. Peraltro, la dottoressa non è ancora in grado di svolgere un'indagine genetica da sola. Non ha ancora ultimato il suo percorso formativo, non è una specialista. È sufficiente parlarne con i suoi tutor. Ve ne daranno conferma. Ritengo che l'avvocato De Andreis abbia dato credito alle parole di qualcuno che voleva strumentalizzare la faccenda. Probabilmente la signorina Valenti aveva degli interessi personali e per questa ragione ha tirato in ballo la mia assistita. Non ci sono prove, del resto.»

«No, nessuna prova. Difatti l'avvocato ha chiesto soltanto un chiarimento. Non ha niente in mano, altrimenti, probabilmente, avrebbe già denunciato penalmente la dottoressa.»

Fortuna che non ho lasciato tracce delle mie malefatte.

«Ne uscirai solo con un bello spavento, vedrai» mi dice Silvia una volta uscite dalla sede dell'Ordine, mentre raggiungiamo la sua inguardabile Smart. «E che ti sia di lezione, almeno.»

Il Consiglio si è riservato di formalizzare in seguito i risultati dell'indagine, così adesso sono sull'orlo di un altro nuovo baratro. Eppure non direi che mi sto abituando alla sensazione: anzi, mi sento stremata.

«L'hai capito, spero, che è stato un atto di intimidazione» mi dice, guardandomi dritto negli occhi.

«In che senso?»

«In che senso, Alice? Nel senso che Jacopo ha voluto farti tremare il culo per farti capire che devi rimanere fuori da questa storia. Anzi, mi meraviglia che non ti abbia inviato una diffida.»

«Però, se ci pensi, il fatto che si sia mosso così dimostra che ha qualcosa da nascondere.»

«No, dimostra che tu sei pazza da legare. Ti avevo avvertita che con la tua presunta buona fede saresti finita nei guai. Ti avevo implorata di non dire niente a Bianca Valenti. Non ci si deve mai fidare di nessuno, figurati di un'estranea.»

«Non credevo, davvero... Non capisco come possa essermi sbagliata in questo modo sul suo conto.»

«È ovvio. Non la conosci. Non sai niente di lei. Ti ha chiesto di infrangere la legge e tu lo hai fatto senza remore.»

«Non banalizzare. Non l'ho fatto per Bianca. Io l'ho fatto per Giulia.»

«Alice, la tua è un'ossessione, te ne rendi conto?»

Infastidita dal termine in sé, che non mi sembra congruo, la guardo con insofferenza. «Ossessione. Perché questi stereotipi? È ricerca. È tenacia. Posso far qualcosa di buono, nella mia vita, senza che venga considerato patologico?»

«È qui che ti sbagli. Non stai facendo niente di buono. Se alla fine non hai ripetuto l'anno lo devi a Claudio e a Malcomess Jr. Sei stata convocata dal tuo Ordine professionale per motivi disciplinari. Sei alla frutta con i tuoi docenti. Ti sembrano dei buoni risultati?»

Ahi, che male! Quanto è cruda e brutale, la verità. «No. E infatti mi sento tremendamente disorientata e confusa. Ma passerà!»

«Alice, torna in te. Non la passerai liscia in eterno. Stavolta è il caso Valenti. La prossima ti fisserai con qualcos'altro. E se non ti decidi a cambiare radicalmente il tuo modo di fare, finirai col trovarti sommersa da una valanga di guai.»

«Lo so che parli per il mio bene. Lo so» le concedo.

Silvia sospira e gira lo sterzo per prendere la strada che conduce verso casa mia. «Puoi lasciarmi in via Manzoni, per piacere?»

«E questo è il ringraziamento? Mi lasci qui così? Mi aspettavo come minimo che mi offrissi un Tía María.»

«Hai ragione. Stasera, promesso. Adesso devo andare. È importante.»

Silvia, stranamente tollerante, mi accontenta e mi lascia davanti al numero quindici di via Manzoni.

Suono al citofono.

«Sì?»

Riconosco subito la sua voce da contralto. Mi sento tachicardica e incoerente mentre le dico: «Bianca? Sono Alice. Soltanto una parola: stronza. Forse mi radieranno dall'Ordine. Grazie, grazie davvero».

«Ho dovuto farlo. E ti ho anche protetta come ho potuto» ribatte lei con prontezza, tanto che non ho neppure il tempo di allontanarmi subito, come invece avevo intenzione di fare. «Sali. Parliamone.»

Potrei salire. Potrei ascoltare le sue giustificazioni, che in ogni caso non varrebbero a rendere quel che ha fatto moralmente accettabile. Potrei andar su da lei e sono sicura che, con la sua grazia, mi riconquisterebbe. Potrei salire e magari mi ficcherei in un nuovo guaio, perché è chiaro, a questo punto, che non posso fidarmi di Bianca. Ma se non le parlerò non saprò mai perché mi ha venduta, e se ha rimorso per averlo fatto.

Potrei andare da lei, ma non lo farò.

Dopo tutto, non importa. Ci sono talmente tante cose poco chiare in questa mia vita. Bianca Valenti resterà tra queste.

«No, grazie. Ti ho detto tutto, e sto già meglio. Addio, Bianca.»

La risposta si fa attendere ed è espressa con tono asettico.

«Fa' attenzione, Alice.»

Occhi su Doriana

Mi sento un'entità ondeggiante tra lo schifo e il peggio dello schifo. Yukino tenta di distrarmi portandomi in giro a fare shopping, convinta che la radice di tutti i miei mali sia la rottura con Arthur. Non può sapere che in realtà il mio è un malessere più vasto, è una confusione che mi azzera, è la perdita di un centro di gravità.

Mi sto ammalando di debolezza. Le lacrime rigano le mie guance e finalmente, piangendo, trovo sollievo.

Arthur.

Solo lui potrebbe ascoltarmi, capire, consigliarmi.

Sono in Istituto, e sono le dieci del mattino. A Khartoum dovrebbe essere mezzogiorno, adesso. E questa non è cosa che si può spiegare per mail. Ho bisogno di parlargli, di ascoltare la sua voce, ho bisogno che sia lui a dirmi di non preoccuparmi. Inizio a chiamarlo ma alle tredici, ore italiane, non ho ancora ottenuto risposta, il cellulare sembra morto.

Non mi resta che scrivergli.

Arthur,

non ti sento da molto tempo ormai. Sono un po' preoccupata e vorrei tanto avere tue notizie.

Quanto a me, non so nemmeno da dove cominciare.

Forse mi conviene ammettere la realtà: ho bisogno di aiuto. Puoi darmelo?

Non so cosa fare. Consigliami, ti prego.
Si tratta di Giulia Valenti...

Proseguo, cercando di sintetizzare i fatti, e mi accorgo che è molto difficile esporre tutto con ordine e metodo, senza che il tutto sembri il farneticare di un'ossessa. Scrivo, cancello, riscrivo, salvo dieci bozze e alla fine invio una storia che sembra il riassunto di un giallo su *Tv Sorrisi e Canzoni*.

Rispondi.
Rispondimi, Arthur, ti prego.

La risposta arriva.
Ed è questa.

Scusa se non mi sono fatto vivo in questi giorni. Sì, qui tutto bene.
Non posso trattenermi al computer, perdonami.
A presto

Arthur

Risposta che, ovviamente, non commenterò.
Anche perché è così balorda che non saprei davvero come giustificarla.
Mi sto già sforzando di dimenticare.

È con questo umore che mi siedo a tavola intorno alle tre del pomeriggio, rientrata da poco a casa dal lavoro; per commensale, una Yukino che ha ormai perso il senso della misura.

«Ti aspettavo! Ho preparato sorpresa, pasta italiana per te.»

«Grazie Yuki» replico con aria assente.

«Tu oggi sei passiva più del solito.»

«Capita» ribatto, assaggiando le bavette al pesto che ha preparato, senza riuscire a capirne il reale sapore.

«Andiamo al cinema stasera?»

«Più tardi ne riparliamo, okay?»

«Tu non ridi da settimane. Non è normale.»

«Non ho motivi per ridere né per sorridere, Yuki.»

Yukino nega tenacemente, scuotendo il capo. «In Giappone si dice: non sorridiamo perché qualcosa di buono è successo, ma qualcosa di buono succederà perché sorridiamo.»

«Me ne ricorderò» replico distratta.

«È tuo cellulare che fa rumore?»

Effettivamente, una vibrazione soffocata, proveniente dalla borsa abbandonata sul divano, mi avvisa di una chiamata.

È Lara, che bisbiglia come se stesse chiamando di nascosto. «Alice, sbrigati e vieni in Istituto.»

«Sono appena tornata, sto pranzando e ho passato momenti pessimi. Non mi muovo da casa» ribatto con noia.

«Sbrigati, ti ho detto.»

«Guai con il Boss? Con la Wally?» domando, sentendomi gelare il sangue nelle vene.

«No. È per il caso Valenti. Devo chiudere, ma tu fa' presto.»

Yukino mi vede lasciare la tavola in men che non si dica;

indosso al volo la giacca e nemmeno le presto attenzione mentre mi urla dietro: « Hai qualcosa tra i denti, pulisciti! »

Arrivata in Istituto, cerco di capire che cosa è successo; vedo solo uomini in divisa, e nessuno dei nostri. Compongo il numero di Lara al volo, ma lei rifiuta la chiamata.

La mia stanza è deserta, idem la segreteria.

In lontananza vedo arrivare Claudio, che mi ignora del tutto.

« Claudio! » lo chiamo, finendo di abbottonare il camice.

Lui si volta con quella sua aria sofisticata e mi osserva incuriosito. « Allevi? Che tempismo. Sei sempre attiva quando si tratta del caso Valenti. »

« Coincidenze » ribatto facendo spallucce.

Senza crederci, mi aggiusta distrattamente il colletto del camice. La sua mano che si avvicina al mio collo mi fa sobbalzare.

« Il pm ha disposto l'esame genetico e tossicologico per Doriana Fortis. »

La notizia ha un effetto dirompente, ma dal suo sguardo emerge chiaramente la voglia di non approfondire l'argomento.

« Hai visto? » gli domando con sobrietà. « Mi aspetto le tue scuse. »

« Allevi, non iniziare a rompere, d'accordo? Non è il momento. »

Mumble mumble.

« Sai dov'è Lara? » gli chiedo con un ultimo slancio di intraprendenza.

Lui si volta e mi fissa con una ferocia tale da incenerirmi.

Nel frattempo ci viene incontro Ambra: esplosiva, professionale, tacchi alti e capelli freschi di mèche.

«Amore, sei in ritardo, la Fortis è già in sala prelievi.»

Lui risponde ruggendo qualcosa di simile a una bestemmia, ed entrambi si allontanano come se io non esistessi. Cosa fare se non seguirli immediatamente?

Fuori dalla sala prelievi orbitano Jacopo De Andreis e l'ispettore Calligaris, immersi rispettivamente nella voglia di lasciarsi tutto alle spalle l'uno e nella determinazione di trovare la soluzione l'altro. Jacopo saluta con freddezza e io seguo il suo esempio; rivederlo, essendo a conoscenza della denuncia che ha presentato all'Ordine, mi ha fatto trasalire. Sento le gambe che mi tremano ogni qualvolta, casualmente, incrocio il suo sguardo. Lui ha l'aria stravolta e intensamente addolorata, e mi fa quasi pena. L'ispettore Calligaris è invece bonario e amichevole come sempre.

All'interno della sala, Doriana, che si guarda attorno alternando un'aria sperduta a un senso di assoluta assenza, appare fragile e inerme proprio come la prima volta in cui l'ho vista.

Claudio mi sembra particolarmente teso; in realtà, il suo è un fremito impercettibile alla massa. Ma io lo conosco bene. E soprattutto, per esperienza, so riconoscere l'odore della paura. Dietro la cortina di professionista di chiara fama, imperturbabile e spietato che si è costruito chissà con quanta fatica, Claudio teme qualcosa.

Teme di aver sbagliato tutto, in questo caso.

Teme che si possa dire che ha gestito la vicenda con superficialità.

«Signorina Fortis, la prego di scoprirsi il braccio.»

Doriana emette un gemito, poi un singhiozzo.

«Signorina Fortis, sia gentile, mi lasci eseguire il prelievo.»

Doriana sembra catatonica. Infine rivolge lo sguardo vitreo a Claudio.

«Non volevo. Non volevo. Io non volevo, lo giuro. Oh, mio Dio. Giulia» singhiozza, portandosi le mani al volto, come una bambina che non trova pace.

Cosa non volevi, Doriana?

Il suo avvocato interviene con prontezza. «Signorina Fortis, si controlli. Le chiedo di sospendere qualche minuto le operazioni, dottor Conforti. Capisce da sé che la mia assistita non è in condizioni di collaborare.»

Claudio sbuffa, spazientito. «Se vuol sapere la mia opinione, avvocato, le *condizioni* non cambieranno certo tra dieci minuti.»

«Dottor Conforti, che diamine, un po' di pazienza.»

I lineamenti di Claudio si induriscono. «Avvocato, venti minuti esatti e poi eseguirò il prelievo, in qualunque *condizione* si trovi la signorina Fortis.»

Su sua indicazione lasciamo la stanza, e io colgo l'occasione per arpionare Lara.

«Adesso puoi parlare?»

«Grazie per avermi avvisata, Lara. A quest'ora sarei a casa mia a vegetare e mi sarei persa un'evoluzione così importante» ribatte lei, sarcastica.

«Lara, lo sai che ti sono grata, veramente.»

«*Mmm*» replica. «Comunque, il fatto è questo: pare che Doriana abbia confessato qualcosa su quella sera a un testimone chiave, che naturalmente ne ha parlato alla polizia, ed ecco il perché dell'indagine.»

«Potresti essere più precisa?»

«No, perché so solo questo, da Ambra peraltro, quindi

pensa con quanti sacrifici ho ottenuto questa informazione.»

Lara estrae dalla tasca del camice un pacchetto di Polo – esistono ancora? – e me ne offre una.

«Doriana mi sembra completamente fuori dalla realtà» afferma, il rumore della caramella frantumata dai denti.

«Be', sì. Oppure sa davvero qualcosa, che la sta schiacciando. Sfido chiunque a convivere con un rimorso come l'essere implicato nella morte di qualcuno.»

Lara annuisce, piena di comprensione. «Inizio ad avere mal di testa. Se non lo fermo per tempo mi metterà k.o. Hai una nimesulide?»

«Vado a prenderla nella nostra stanza» rispondo avviandomi.

Il tempo di recuperarla nella borsa e sto per far ritorno verso l'ala dell'Istituto in cui sono raccolti i laboratori, quando vengo attratta da una voce maschile.

Una voce che conosco bene, ormai.

È quella di Jacopo De Andreis, che ha cercato la riservatezza in una piccola stanza in disuso adiacente alla mia, e sta parlando al telefono col tono di voce più basso che può.

«Non voglio che mi chiami più. Ne ho abbastanza!»

Io lo so che non si fa, che non si dovrebbe origliare.

Eppure, non mi schiodo dalla mattonella, anzi, cerco la posizione più adatta per consentire al mio udito la miglior percezione.

«Vorrei che la vedessi. Veramente. È una larva umana. Non ti rimorde la coscienza?»

Pausa.

«Non puoi saperlo. Lei... è speciale. È la mia migliore amica.»

Altra pausa.

«È questo lo scopo?» prosegue poi, dopo qualche istante di silenzio. «Che errore» mormora con una voce che esprime un feroce rimpianto. «Un errore madornale! Esci dalla mia vita, non voglio più saperne.» E infine: «Io non ti ho promesso nulla. E la verità è che di te non me ne importa niente».

Non faccio in tempo a spostarmi che lui si precipita fuori dalla stanzetta con un diavolo per capello. Mi trapassa con uno sguardo che se potesse uccidere lo farebbe all'istante.

«Ancora lei!» esclama, furente.

«Questa è la mia stanza» provo a giustificarmi, indicando la porta con i nomi di Ambra e di Lara, insieme al mio.

«Certo, certo» ribatte, non meno inviperito. Mi lascia al centro del corridoio, camminando verso la sala prelievi. Sembra davvero fuori di sé. Quando lo rivedo, subito dopo, ha apparentemente recuperato la calma, ma il suo viso è stravolto dall'inquietudine.

Nel frattempo intercetto Claudio che si dirige verso la stanza in cui ha lasciato Doriana e mi accodo.

Al mio ingresso la ritrovo ancora più pallida, ma a parte questo le sue *condizioni* non sembrano affatto mutate.

«È la fine» mormora Doriana, crollando con il volto tra le mani.

Claudio rotea gli occhi e interrompe lo strazio col suo consueto savoir faire.

«Avanti, signorina Fortis. Il braccio.»

La prende per mano, stirando l'arto. Lei lo lascia fare, con indifferenza.

«Lo giuro. Non l'ho uccisa.»

«Signorina Fortis!» esclama il suo avvocato. «Dottor Conforti, proceda, la prego.»

«È quello che vorrei fare» ribatte lui inacidito.

E al brusco suono di quelle ultime parole, l'ago penetra la pelle candida e sottile di Doriana.

E tutto mi sembra compiuto, finalmente. Perché adesso, che dipenda da me o no, la verità, qualunque essa sia, è destinata a venire a galla.

Un nuovo piccolo grande problema

In uno stato tra il catatonico e l'avvilito, fisso il teleschermo senza concentrarmi su nessun programma in particolare.

Sono le dieci di sera quando ricevo una chiamata di Cordelia. È da un po' che non ci sentiamo. Da parte mia per evitare imbarazzi. Da parte sua, non saprei dirlo. Eppure mi dispiace, perché ho un debole per lei. È diversa.

«Alice, sono Cordelia.»

«Ciao! Sono davvero felice di sentirti» le dico con sincerità.

«*Ehm*. Anch'io. O meglio, io no. Nel senso che mi farebbe piacere in generale sentirti come quando stavi con Arthur – e credo sinceramente che tu sia stata la migliore ragazza che mi abbia mai presentato; non ce ne sono state molte, ma alcune erano terribili. Comunque sia, non mi fa piacere sentirti in una situazione come questa.»

Mi allarmo. «Che situazione?»

«Cerca di restare calma, okay?»

«Arthur?» domando istintivamente.

«È in ospedale, a Khartoum. Mi ha appena chiamata Riccardo.»

«Lo sapevo che gli sarebbe successo qualcosa. Lo sapevo. È ferito? Lo hanno catturato e lo hanno torturato? Cordelia, non nascondermi niente!»

«Be', qualcosa di meno pittoresco. Meno John le Carré e

più Rosamunde Pilcher. Si è ammalato di malaria; ma non preoccuparti, non è grave.»

«Sai che tipo di malaria?» domando. E se prima ero confusa per i fatti miei, adesso questa notizia mi ha dato il colpo di grazia.

«In che senso, che tipo di malaria?»

«Nel senso che esistono tipi più gravi, quasi sempre fatali, e altri invece risolvibili» rispondo spazientita.

«Alice... non so molto. Ma se sta meglio, vuol dire che non era fatale. O no? In ogni caso, Riccardo non si è dilungato. Mi ha soltanto detto che il peggio è passato, che adesso è in ospedale e che non c'è da preoccuparsi.»

«Tuo padre lo sa?»

Cordelia rimane un attimo in silenzio. «Sì, l'ho chiamato. Mi ha riempito la testa di cose che non ho nemmeno capito: profilassi, chinino e non so che altro. Ha chiamato il primario lì a Khartoum... Arthur sembrerebbe fuori pericolo, adesso, ma è stato malissimo.»

«Sei riuscita a parlargli personalmente?»

«No. È tutto recentissimo, Alice» sottolinea. «Roba di un'ora fa.»

«Voglio parlargli» dico a me stessa più che a lei.

«Ti lascio il numero di Riccardo e quello dell'ospedale» dice gentilmente lei.

«Cordelia, senti, grazie per avermi avvisata. Non era scontato, visto come si sono messe le cose tra me e tuo fratello.»

«È stato naturale pensare a te. Al di là di tutto, sapevo che avresti voluto essere messa al corrente, e l'ho fatto. Tanto più che le cose tra di voi mi sembrano irrisolte» aggiunge pensosa. «Ora ti devo lasciare. Chiama Riccardo e ci aggiorniamo per qualunque news.»

Senza pensarci due volte, telefono subito a Riccardo, che risponde al cellulare dopo tre tentativi di chiamata, con tono compassato e rassicurante.

«Alice, non c'è nulla da temere. È tutto sotto controllo. Tu sei un medico, sicuramente lo saprai. Il dottore mi ha spiegato che esistono quattro forme diverse di malaria. Lui non ha preso quella mortale» cerca di spiegarmi, ma percepisco la sua voce a tratti.

«Ne sei sicuro?» dico alzando istintivamente il tono della voce.

«Certo!»

«Puoi passarmelo?»

Silenzio. «Mi dispiace, Alice. Ma sta riposando e il medico ha detto di lasciarlo dormire. È stato così male... Eravamo appena tornati dal Darfur e inizialmente era convinto che non fosse niente di grave. Diceva di sentirsi solo un po' stanco. Poi ha iniziato a tremare e a vomitare... non sai come scottava. A quel punto ho dovuto portarlo in ospedale.»

«Perché hai chiamato Cordelia soltanto adesso? Sei un irresponsabile!» Non ho niente di meglio da fare che aggredirlo.

La voce malferma con cui risponde esprime chiaramente il suo disagio. «Non avrei dovuto dargli retta, *forse*, ma credimi, ha insistito fino all'ultimo. Mi ha chiesto di non farne parola con nessuno. Non avrei mai potuto andare contro la sua volontà» mi spiega con tono molto serio. «Era ossessionato dal pensiero che se i suoi l'avessero saputo l'avrebbero tormentato. Per questo mi ha chiesto di controllare la sua posta elettronica, e di rispondere a tutti per conto suo. Ho risposto anche a te, è giusto che tu lo sappia.»

Ho bisogno di qualche istante per metabolizzare i fatti.

«E tu gli hai dato retta? Lui delirava, ma tu? Riccardo, non posso crederci, davvero. Era una lettera importante, e sono stata malissimo per quella risposta.»

«Cos'altro potevo fare?» si schermisce.

«Non rispondere affatto, magari? Quanto meno sarei rimasta con il dubbio che lui non avesse saputo dei miei problemi, invece di credere che li avesse ignorati.»

«Alice, mi dispiace, davvero. Non avrei dovuto assecondarlo, va bene? Lui insisteva che ti tranquillizzassi... e io l'ho fatto. Per il resto, lasciatemi fuori.»

«Posso chiamare più tardi, per parlargli?» domando, gelida.

«Naturalmente» risponde e mi sembra un po' scocciato dalle mie invettive.

Chiusa la conversazione scoppio a piangere, ed è un pianto assoluto, che chiama a raccolta tutte le mie tensioni. Piango per Arthur, piango per me, piango per Bianca e per Giulia. E tutte le lacrime che spendo non riescono a darmi alcun sollievo.

Aspettare un'altra ora prima di richiamare Riccardo mi costa una gran fatica che risulta infine sprecata, perché Arthur dorme ancora.

«È normale?» domando.

«Dicono di sì. Alice, se la situazione fosse grave, te lo direi. Non a Cordelia forse» precisa, «ma a te sì. Puoi fidarti.»

Non posso fare altro che credergli. E aspettare, aspettare ancora.

Non ce la faccio a leggere, a dormire, a fare alcunché. Vittima dell'insonnia guardo la tv tutta la notte, senza pace. Prendo sonno verso le cinque, ma alle sette devo rimettermi in piedi e andare a lavorare. Ma lo faccio senza che la stanchezza mi pesi troppo: ho intenzione di parlare col Supremo, al bando il pudore.

Anche lui – me ne accorgo subito – ha l'aria tirata. Fuma il sigaro, in piedi davanti alla scrivania, immenso nel suo metro e ottantacinque.

«Professore...» esordisco titubante, dopo aver bussato timidamente alla porta.

«So già cosa vuol sapere. È una forma benigna. Se la caverà, per questa volta.»

«Gli ha parlato?»

«Sì. Dice di star bene.»

Conoscendolo, per non essere sommerso dalle recriminazioni Arthur giurerebbe di star bene anche in punto di morte.

«Sa se tornerà?»

«Lo domandi direttamente a lui. Ma adesso torni al lavoro, dottoressa Allevi. Ha una montagna di arretrato» conclude infine, trattandomi come una cosa di poca importanza.

Sto per uscire a testa bassa quando lui mi ferma. «Allevi, com'è che mi ha chiamato l'altra volta?»

Esito qualche secondo, ma so di non aver scelta. «Supremo.»

E se quello che vedo sul suo volto non mi inganna, questo soprannome basta per fargli ritrovare un'ombra di sorriso.

A metà mattinata provo a chiamare Riccardo: mi dice di non potermi passare Arthur perché in quel momento sta parlando con un tizio di una ditta farmaceutica per un'indagine che lui e Arthur avevano iniziato sullo stato delle vaccinazioni nella popolazione del Darfur. Decido di chiamarlo in ospedale, al numero che mi ha dato Cordelia.

Mi risponde un'infermiera che non parla inglese e che dopo un'interminabile attesa mi passa un medico del reparto, un italiano – che fortuna!

Si chiama Fragassi. È un po' restio a darmi informazioni per una questione di privacy; ma vinco le sue resistenze muovendolo a compassione con un tono implorante che fa pena alle mie stesse orecchie. Vengo così a sapere che Arthur ha trascorso bene la notte, che la prognosi è sostanzialmente buona, e che ha soltanto qualche problema renale che tuttavia è sotto controllo.

No, non può passarmelo perché sta facendo la dialisi.

Dialisi? Ma allora è gravissimo!

«No, non si preoccupi, collega. Lo svezzeremo dalla macchina al più presto. I reni non sono compromessi definitivamente. Ha avuto un'insufficienza renale acuta a causa dell'intensa emolisi.»

Questo breve resoconto non corrisponde affatto a una situazione sotto controllo. «Quando posso richiamare per parlargli?» domando con un filo di voce.

«Tra qualche ora, d'accordo?» risponde il dottor Fragassi.

Chiusa la conversazione mi predispongo all'attesa, ma resisto ben poco. In preda a una noia carica di angoscia opprimente chiamo Cordelia.

«Ho sentito Arthur, finalmente» mi annuncia lei. Perché soltanto io non ci riesco? «Per poco, poi è caduta la linea. Mi è sembrato tranquillo. Lui è coriaceo; una volta stava morendo per l'appendicite perché sua madre – che non è mai stata molto attenta nei suoi riguardi – trascurava i sintomi. Si è salvato per una specie di miracolo. Da quel momento ha resistito a tutto. Non ho mai sentito di Arthur ammalato, mai. E vedrai che anche questa cosa per lui sarà tipo un'influenza.»

La malaria *tipo* un'influenza: Cordelia ha idee tutte sue.

Dopo un po' provo ancora a chiamare Riccardo. Il suo cellulare è staccato. Chiamo in ospedale e domando direttamente di Fragassi, ma cade la linea e non riesco a parlare nemmeno stavolta.

Questa situazione comincia a spazientirmi. Mi sembra di esplodere dalla rabbia, per l'impotenza.

Nel pomeriggio, mentre rischio il collasso nervoso, una chiamata mi restituisce il raziocinio. O in alternativa, me lo fa perdere del tutto.

«*Elis.*» È *lui*. La sua voce inconfondibile ha un'inflessione di incertezza.

«Arthur!» esclamo senza controllo. «Sapessi quanto ti ho cercato.»

«Mi è stato detto. Devi restare tranquilla, d'accordo?» Il tono è affaticato.

«Arthur... come stai?» Ho un groppo alla gola e la mia voce suona strana alle mie stesse orecchie.

«Ho visto giorni migliori» risponde lui con calma.

«Lo credo. Ma non l'avevi fatta la profilassi?» Che domanda idiota. Cosa me ne importa della profilassi?

«Sì, l'avevo iniziata, ma poi... avrò dimenticato di prendere la pillola, qualche volta.»

Si avverte distintamente che fatica anche a parlare. Vorrei chiedergli tante cose, ma al contempo non voglio stancarlo.

«Arthur, mi dispiace tantissimo» è l'unica cosa che riesco a dire.

« Passerà. »

« Mi sembri molto stanco. Ti chiamo più tardi? »

« Non sono stanco. E tu puoi chiamarmi quando vuoi » risponde. Si sentono delle voci in sottofondo, non è da solo.

Tutto ciò che vorrei dirgli non riesce a emergere dalla confusione dei miei pensieri. Quello che predomina sugli altri tuttavia vince il caos e si manifesta senza controllo. « Arthur... Mio Dio, Arthur, mi manchi da morire. »

Sembra combattuto tra quello che sarebbe meglio dire e quello che sarebbe meglio tenere per sé. Abbassa infine il tono. « Fra tutto quello che mi manca qui e, credimi, mi manca anche l'aria, tu sei senza dubbio la mancanza più dura da sopportare. »

Mi lascio scivolare sul pavimento, poggiando la testa alla parete. « Torna a casa. Ti prego » mi sento mormorare con la vocina flebile spezzata dall'imminenza di un pianto.

« Non voglio » risponde come se la ragione fosse evidente. Sospiro e resto in silenzio. « In ogni caso, adesso non potrei nemmeno se lo volessi. Non posso ancora uscire da questa merda di ospedale. »

« In Italia ti curerebbero meglio. » Non so più a cosa appigliarmi.

« Ne dubito » risponde con fermezza. « Devo andare » dice infine e così, seccamente, senza appello, mette fine a una conversazione che per me avrebbe potuto durare per ore senza stancarmi.

Mi sento più frustrata di prima. Mi alzo in piedi, raggiungo il bagno per sciacquare il viso. Fisso la mia immagine allo specchio. Sembra il ritratto del furore impotente.

*Una collaborazione che fino a qualche tempo prima
sarebbe sembrata improponibile*

Qualche giorno dopo, trascorso essenzialmente nell'attesa di un contatto anche minimo con Arthur che sembra stabile, in Istituto vengo avvicinata dal dottor Conforti in persona, azzimato e profumato come solo lui sa essere.

Sembra più mansueto e trattabile del solito.

«Ho bisogno di parlarti. Hai un minuto?»

«Certo» ribatto con ovvietà. Ci avviciniamo alla sua stanza.

«Siediti» prosegue, indicando una poltroncina di fronte alla sua scrivania, su cui trionfa una foto che lo ritrae assieme ad Ambra. Dopo averla notata, arriccio le labbra per il disgusto.

«Che squallore» mi lascio scappare.

«Vuoi la verità? Lo penso anch'io. Avrei dovuto dirle che non era il caso. Ma mi sembrava scortese.»

«*Ehm.*» Tossicchio con un lieve imbarazzo, perché questa stanza mi ha appena ricordato il bacio più sconvolgente della mia vita. C'è come uno strano gelo tra di noi.

«Hai paura di me, Allevi?»

«Paura?»

«Ti tieni distante come se io potessi saltarti addosso da un momento all'altro. Non lo farò.»

«Bene.»

«Se in questo momento potessi farmi una domanda, quale sarebbe?»

«Claudio, sei ubriaco?»

«Ovviamente no. Mai in Istituto. Perderei in lustro. Rispondi. Cosa mi chiederesti? Non un altro bacio, è ormai chiaro. Cosa, quindi?»

Rifletto un istante e rispondo con sincerità. «Hai i risultati?»

«Hai visto? Ti conosco meglio delle mie tasche. Del resto, cos'altro potresti volere da me? Comunque, non ancora; ma è per questo che ti ho chiamata. Avevi ragione, dopo tutto, a sospettare di Doriana Fortis. Non so su quali basi, ma il tempo ti sta dando ragione, esattamente come avevi detto. I miei complimenti più sinceri.»

Non capisco se stia scherzando o meno. Non m'interessa.

«Io non so se sia stata davvero Doriana Fortis a uccidere Giulia. Se ci pensi potrebbe essere stato Saverio Galanti. O Sofia Morandini de Clés. O anche Jacopo De Andreis. Chiunque potrebbe averle somministrato il paracetamolo. Certo è che Doriana mi è sembrata ambigua dal primo momento in cui l'ho vista e se dovessi puntare il dito contro qualcuno... Sì, probabilmente lo punterei contro di lei.»

«Hai avuto intuito, non c'è altro da aggiungere.»

«Calligaris ti ha spiegato com'è arrivato a sospettare di Doriana?»

Claudio tamburella le dita sulla sua scrivania. «Mi ha parlato di un nuovo testimone che pare abbia ricevuto le confidenze della Fortis.»

«Sai chi è questo testimone?» chiedo d'istinto, prima di accorgermi della stupidità della mia domanda. È quanto mai ovvio che Claudio non può saperlo, e che di certo possiedo maggiori elementi io per riconoscerne l'identità, piuttosto che lui.

Il testimone è *una* testimone.

È Bianca.

«Allevi, per chi mi hai preso? Cosa vuoi che ne sappia. Stai divagando» afferma con impazienza. Claudio ha sempre l'aria di chi deve accontentarsi di giorni troppo brevi per tutto quello che ha da fare. «Torniamo a noi: ho soltanto i risultati dell'esame tossicologico, li ha già elaborato il tossicologo, con inusuale rapidità. È negativo. Ma non ha importanza, sono trascorsi mesi, e soprattutto nessuno ha mai creduto che Doriana Fortis fosse implicata nella storia come tossicomane.»

«Io mi sono fatta l'idea che i due eventi siano assolutamente indipendenti. Giulia si è drogata con Saverio nel primo pomeriggio. L'incontro con Doriana è successivo.»

«Io non so più cosa pensare e francamente non m'interessa neppure. Ti ho chiamata per un premio: mi aiuterai a ricostruire il profilo genetico di Doriana Fortis.»

«E se ti dicessi che io ho già il profilo?» domando con audacia.

«Come, scusa?» domanda Claudio, corrugando la fronte.

«Claudio, io...» Non so come dirglielo. Questo perché troppo spesso parlo senza aver prima azionato il cervello. «L'ho sviluppato personalmente.»

«Attendibile, dunque» commenta spietato.

«Che stronzo.»

«E come avresti fatto?»

«È una lunga storia. E non voglio raccontartela perché non intendo prestare il fianco alle tue spiritosaggini. Ce l'ho, e basta.»

«Allevi, tu sei a conoscenza del fatto che è illegale effettuare indagini genetiche senza consenso?» mi chiede titubante.

«Certo. Per chi mi hai presa?»

«Capisco. Allora come fai ad avere quel DNA?»

«Ti ho detto che non voglio parlarne.»

«Mi rifiuto di effettuare la comparazione se non mi spieghi come hai ottenuto il campione. Ho un'etica professionale, io.»

«Ti garantisco che il campione appartiene a Doriana. Dai, Claudio. Non essere pedante, non lo sei mai stato.»

Claudio distoglie con un lieve ritardo il suo sguardo dalla mia persona, per poi indirizzarlo verso il monitor del suo computer.

«Ecco, questo è il profilo del materiale epidermico ritrovato sotto le unghie di Giulia» dice ruotando il monitor verso di me, mostrandomi il file ottenuto dal software. L'immagine, a me ben nota, è costituita da una banda con allineati tanti picchi colorati. Ogni picco va confrontato con quelli presenti nel profilo di Doriana, che appunto Claudio mi sta chiedendo.

Nel giro di pochi minuti torno nella sua stanza con il file.

In assoluto silenzio, Claudio esegue la comparazione. Io osservo, e il risultato mi è chiaro sin da subito.

«Coincidono» sentenzia, guardandomi con stupore.

«Ti meraviglia?»

«Sì. Perché hai fatto un buon lavoro. Certo, ci sono degli artefatti. Vedi, questo per esempio è un fenomeno di *drop-in*, una contaminazione esterna» indica un picco con la punta della sua penna. «Comunque, per aver fatto tutto da sola, il profilo è buono. Ho fatto bene, tutto sommato, a mettere una buona parola per te con la Wally. Comunque, Allevi, è meglio che non mi spieghi come hai ottenuto la traccia di partenza.»

«Meglio, infatti. Tocchiamo un argomento interessante» propongo, accomodandomi meglio sulla poltroncina accanto a lui. «E non fingere di annoiarti. Un tempo trascorrevi ore rimuginando sui casi. All'epoca, però, non eri ancora un ricercatore. A volte mi chiedo dove sia finito quel Claudio, e chi sia questo individuo disamorato che ha preso il suo posto.»

Colpito, Claudio mi rivolge uno sguardo sorpreso. Il profumo di mentine che emana è così forte da essere pungente. «Io non noto nessun cambiamento» afferma con semplicità e senza presunzione.

«È un cambiamento sottile» spiego. «Sei sempre stato un po' carogna nel tuo approccio verso la professione. Quel che noto adesso, tuttavia, è un distacco... un disinteresse, che prima non avevi.»

Sul suo volto si dipinge una smorfia di amarezza. «Allora, Allevi. Tocchiamo un argomento interessante.» Immagino che aver ripreso le mie parole di poco fa rappresenti un modo più o meno cordiale per cambiare discorso.

«Ho recepito il messaggio. Okay. Secondo te, come si sono svolti i fatti? È evidente che Giulia ha graffiato Doriana. Per difendersi?»

Claudio sospira stancamente. «È possibile. Credo che Calligaris avrà il suo bel da fare per trovare la verità, anche perché, non riuscendo a stabilire a che ora Giulia ha assunto il paracetamolo, gli alibi di tutti gli indagati si incastrano creando una gran confusione.»

Mi viene poi in mente di rivolgergli una domanda cui non è scontato che lui possa rispondere. «Calligaris ti ha mai detto, per caso, qualche dettaglio sulla telefonata delle 21.17 di Giulia a Jacopo De Andreis?»

Claudio socchiude gli occhi, come per sforzarsi di ricordare. «Sì, tempo fa mi aveva accennato che De Andreis non ha risposto. E che, infatti, era tormentato dall'idea che lei potesse averlo chiamato per chiedergli aiuto e che lui, non rispondendo, l'avesse condannata a morte.»

«Perché non ha risposto?»

«Adesso chiedi un po' troppo» ribatte spegnendo il suo computer e alzandosi.

«Sai, Claudio, questo risultato è anche una conferma indiretta.»

«Di cosa?» domanda lui, pronto al peggio.

«Del fatto che Giulia e Jacopo De Andreis avevano una relazione.»

«Cosa? La tua immaginazione si è rimessa in movimento, vedo.»

«Se ci pensi, è così: perché Doriana avrebbe voluto far del male a Giulia? Mi sembra l'unico movente ipotizzabile, tanto più che l'ultimo amante di Giulia non è mai stato identificato. Chi altri poteva essere, se non Jacopo De Andreis?»

Claudio annuisce suo malgrado. «Non è incongruo. Credo che eseguiremo questo esame molto presto, se così stanno le cose. Su, Allevi, in marcia. Andiamo in laboratorio.»

«Perché?» domando perplessa.

«Realizziamo l'indagine sul prelievo che ho eseguito» ribatte con naturalezza, massaggiandosi la nuca.

È affascinante in un modo tutto suo.

«Perché? È uno spreco di tempo. C'è già il profilo, lo abbiamo appena comparato.»

Claudio mi fissa con rassegnazione. «Secondo te, potrei mai fidarmi di una traccia procurata *da te* in chissà che modo? Coincide, senza dubbio. Ma io, l'esame, lo ripeto. Anzi, lo ripetiamo insieme.»

Eziopatogenesi di un viaggio

Dopo una domenica di noia avvilente, la mattina mentre sono in Istituto ricevo una scoppiettante telefonata di Cordelia, che propone di pranzare insieme in una pizzeria di recente apertura situata nelle vicinanze di casa sua.

Cordelia mi aspetta fuori dal locale, con aria spazientita. Indossa una blusa color melanzana e dei jeans aderentissimi, con delle ballerine color pervinca che sono la fine del mondo.

« Sei in ritardo » osserva.

« Una volta tanto ho il diritto di esserlo anch'io! » rispondo piccata. Lei arriccia le labbra sottili; prende una mentina dall'enorme *tote bag* di Hermès che dev'essere costata al Supremo gli onorari di almeno dieci autopsie e mi fissa, scheletrica e fremente.

« Ho una fame da lupi » m'informa.

« Tu? »

« Forza, andiamo. Non c'è tempo da perdere. »

Col sottofondo radiofonico di *Tainted Love* dei Soft Cell, lei ordina una pizza mentre io la vesso di domande, ovviamente tutte su Arthur.

« L'hai sentito di recente? È migliorato? Fa ancora la dialisi? »

« Vietate, assolutamente vietate le olive » dice lei alla cameriera. « Sì, Alice, adesso ti spiego. »

Ultimate le ordinazioni, mi riprende con tono puntiglio-so. «Non hai un briciolo di pazienza.»

Vero. È il mio peggior difetto in assoluto.

«È che non riesco a resistere. Non riesco a controllarmi. Voglio che lui torni a casa, subito» dico, con il tono di una bambina capricciosa.

«Infatti neanch'io resisto» ribatte come se avessi detto qualcosa di scontato. «Voglio parlarti proprio di questo» annuncia, con fare cospiratorio.

«Cioè?»

«Voglio partire per Khartoum e vorrei che tu venissi con me» mi spiega con semplicità, versando la Ferrarelle nel suo bicchiere.

Caspita, che donna d'azione. L'idea aveva sfiorato anche me, lo ammetto, ma non avevo il coraggio di elaborarla. Resto interdetta qualche istante.

«Allora?» incalza.

Qui s'impone un'attenta analisi della faccenda.

Voglio andare a Khartoum con Cordelia?

Da morire.

È opportuno?

Sicuramente no.

Innanzitutto immagino che questo non rientri affatto nel concetto di *chiudere* di Arthur. Non so se gli farebbe davvero piacere sapermi lì a così breve distanza da lui. Ma questo è un caso di emergenza. E dopo tutto, gli manco. Nel ricordare quelle parole, che ha pronunciato con naturalezza e rimpianto, mi sento trasalire.

Devo andare a riprendermelo.

«Arthur lo sa?» È una domanda retorica, ma ineluttabile.

«Ovviamente no, me lo impedirebbe. Avanti, Alice! Pensa che meraviglia, tu e io a Khartoum...»

A poco serve spiegarle che Khartoum non è una località di villeggiatura, e che ho letto su Internet che il governo locale ha dovuto ristabilire il coprifuoco perché ci sono nuove guerriglie. Per non parlare del fatto che il Tribunale dell'Aia ha accusato il capo del governo di crimini contro l'umanità. Cordelia accoglie le mie remore con clemente superiorità. «Non ci succederà un bel niente, sei la solita esagerata. Sarà un'avventura incredibile» dice sognante. Tenera Cordelia, per lei è tutto un gioco. «Allora? Sì o no? Sappi che io partirò comunque. E che se non vuoi farlo per Arthur, dovresti farlo per me. Se pensi sia tanto rischioso, come puoi farmi andare da sola?» Mi fissa con i suoi grandi occhi grigi, talmente grandi da essere sproporzionati rispetto al resto del volto.

«E i tuoi?» le domando.

«Chi se ne fotte dei miei. Parto. Punto. Vieni o no?»

«Andiamo in agenzia» sospiro, ma in realtà sono piena di eccitazione.

«Andate a Khartoum per lavoro?» domanda l'impiegato dell'agenzia viaggi, sulla cui camicia bianca c'è una targhetta azzurra con il nome IGOR.

«Cosa te lo fa pensare?» domanda Cordelia.

«È andato per esclusione, Cordelia. Certo non si va in vacanza, in Sudan. Specialmente adesso» ribatto, dandomi il tono della persona seria, come se io fossi la madre e lei la figlia.

Igor ci guarda stranito.

«Non andiamo per lavoro, d'accordo?» puntualizza lei.

«Bisognerà richiedere il visto all'ambasciata» dice poi Igor, con noncuranza.

Cordelia e io ci fissiamo negli occhi strabiliate.

«Il visto?» trasecoliamo all'unisono.

Igor ci fissa con aria compassionevole. «Naturale, il visto. Quasi tutti gli Stati africani lo richiedono all'ingresso.»

«E quanto ci vuole per ottenerlo?» chiedo tutto d'un fiato.

«Minimo due settimane» risponde lui, continuando a fissarci come allibito all'idea che non prevedessimo un fatto simile.

«Che palle!» sbotta Cordelia.

«È un'emergenza, non si può ottenere in tempi più ristretti?» domando sforzandomi di essere ragionevole.

«Non mi risulta. No.»

«Ma come no?» esclama Cordelia, nervosissima.

«Aspettate un attimo. Faccio qualche telefonata.» Igor afferra la sua agendina e inizia a comporre febbrilmente numeri telefonici.

Alla fine, ci guarda negli occhi e parla con aria solenne.

«C'è una possibilità, tutta a vostro rischio e pericolo.»

«Parla» dice Cordelia, sentendosi nel mezzo di un film di Indiana Jones.

«Si può richiedere il visto all'ambasciata egiziana, al Cairo.»

«Ossia?» chiedo io, già confusa.

«Allora. Bisognerebbe arrivare al Cairo. Una volta lì, chiedere il visto per il Sudan. Costa caro, ma lo si ottiene in qualche ora.»

«Ma è sicuro?» domando, un po' sospettosa.

«Be', sicuro... È probabile. Ed è l'unica possibilità che avete. C'è molta gente che usa questo stratagemma. Se non vi va bene, pazientate e aspettate i tempi della procedura ordinaria.»

«Non possiamo aspettare» afferma Cordelia con tono deciso. «Faremo come dici tu.»

«Vi costerà un bel po'» specifica Igor.

«Non importa» prosegue lei imperterrita, con la spocchia che le deriva dal rango sociale cui appartiene

È un golpe al mio portafoglio malridotto, ma per Arthur questo e altro.

«E se la cosa non va in porto?» chiedo, sempre più confusa.

«Farete una bella vacanza in Egitto» risponde Igor sorridendo con tranquillità.

«Sta' tranquilla, Alice, andrà tutto bene, me lo sento» dice Cordelia vedendomi titubante. «Non vorrai rinunciare?»

No, non potrei mai rinunciare. «Non scherzare, Cordelia. Okay, proviamo.»

«Allora. C'è un Roma-Cairo con due posti liberi per giovedì, alle 11.55. È un diretto e arrivereste al Cairo alle 15.15» dice Igor.

«Non si può martedì? O mercoledì?» domanda Cordelia.

«Martedì sarebbe domani, Cordelia» la redarguisco io.

«Ah già. Io riuscirei comunque a organizzarmi in ventiquattro ore. Tu no?»

«Il problema non si pone. Non c'è posto» interviene Igor, ormai stremato.

«Ah. C'è l'Hilton, a Khartoum?» gli domanda poi Cordelia.

«Sì. Ma pensiamo prima al ritorno, e pensiamo al Cairo» risponde lui. «Trascorrerete la prima notte al Cairo, ovviamente; l'indomani, venerdì, vi recherete all'ambasciata per ottenere il visto per il Sudan e infine, se tutto va bene, partirete per Khartoum sabato alle 15.00 con arrivo previsto alle 18.35. Quanto contate di trattenervi poi a Khartoum? Dovete avere già il biglietto di ritorno pronto, quando arriverete lì. »

« E se poi non riusciamo a ottenere il visto? »

« Cercherò di spostare il volo ad altra data, per non perdere del tutto il biglietto. Potrei posticiparlo di due settimane, entro allora il visto sarà pronto. Vi ho avvisate, è tutto a vostro rischio. E soprattutto, è schifosamente costoso. Quindi, la data del rientro? »

« Almeno una settimana dopo. Su, sbrighiamoci » incalza Cordelia.

Igor ci fissa con espressione imperscrutabile.

« Allora, andiamo all'Hilton? » propone lei.

« No, meglio l'Acropole Hotel » rispondo.

« Perché? » chiede lei, sconcertata.

« Arthur alloggia lì. » Mi sembra ovvio.

« Per essere più precisi, Arthur alloggia in ospedale. » Igor, intanto, ci ascolta sempre più avvilito. « Io non prendo in considerazione altro che non sia l'Hilton. »

Quando fa così, la strozzerei.

« Acropole, o me ne torno subito a casa. » Sembriamo due bambine capricciose.

Cordelia sbatte il piedino firmato Gucci sul parquet, ma infine accetta suo malgrado.

Con i biglietti elettronici in borsa, mi sento destabilizzata. Una parte di me vorrebbe essere già lì. L'altra pensa a tutto quello che sta lasciando in sospeso.

A peggiorare le cose ci si mette Silvia.

« Devo ricordarti che all'Ordine non è ancora stata presa

una decisione ufficiale e che sei ancora sull'orlo del precipizio? Devo ricordarti che Arthur non è intenzionato a costruire con te niente che sia lontanamente stabile? Alice, lui non ti ama abbastanza. O forse non ti ama affatto. »

« Non vado da lui perché voglio tornarci insieme. Lui ha bisogno di me. »

« Ti piace pensarlo. »

« No, me lo ha detto. »

« Ha anche detto che non intende tornare. Quale futuro credi che sia possibile, tra di voi? »

« Chi può dirlo? »

« Te lo dico io. Nessuno. »

« Lasciami andare. »

« Non posso impedirtelo, anche se lo vorrei tanto. Posso solo augurarti buona fortuna. »

Wake up, it's a beautiful morning

Esattamente due giorni mi separano da un viaggio in Africa che potrebbe costarmi la salute e la faccia.

Eppure nessuna ansia mi disturba; anzi, mi sembra di camminare sulle nuvole, leggera come lo si può essere soltanto quando si raggiunge la massima risolutezza.

Ed è con questo stato d'animo ricco di serenità che mi presento al cospetto di Claudio, che mi ha mandata a chiamare da una segretaria e mi accoglie nella sua stanza con un sorriso quasi tenero.

«Ti ho convocata per aggiornarti sugli ultimi sviluppi del caso Valenti. Ti interessa?»

«Ovviamente.»

«Provengono da Calligaris in persona, e non sono ancora ufficiali; quindi, tieni per te. Doriana Fortis ha confessato la sua versione dei fatti. Sostiene che lei e Giulia hanno litigato alle sei del pomeriggio circa del 12 febbraio. Ultimamente i loro rapporti non erano idilliaci, e questo è stato confermato dalla tua testimonianza sulla telefonata.»

«Calligaris ti ha spiegato il motivo della lite?»

«Non è entrato nei dettagli, né ovviamente io li ho chiesti. Mi ha detto che la versione ufficiale è un'antipatia atavica e reciproca che le due non hanno mai superato.»

«Però... la conversazione che ho ascoltato, quel pomeriggio... indicava un astio più concreto. Non una vaga antipatia, ma un riferimento specifico. Doriana era gelosa di Giulia e Jacopo. È così evidente!»

«Non scaldarti. Verrà fuori, è solo questione di tempo. Tanto per cominciare andrebbe appurata l'eventuale *liaison* tra i due. Doriana non ne ha fatto menzione.»

«Credo di sapere il perché: per tutelare Jacopo.»

Claudio corruga la fronte. «Il nocciolo della questione è che, a ogni buon conto, Doriana ha un alibi tra le ventuno e le ventitré.»

«E il trambusto, i testimoni a che ora lo hanno sentito, di preciso?»

«Non lo so, in realtà, non me ne sono interessato.»

«Tu hai fissato l'ora di morte alle ventidue. Sai che io non sono d'accordo.»

Claudio assume un'aria conciliante. Stranamente non irritato, ribatte con inconsueta apertura mentale. «È quella telefonata alle 21.17 che non riesco a spiegarmi.»

«Quella chiamata potrebbe essere un tentativo di depistaggio da parte di Doriana, o dello stesso De Andreis. Rifletti: la presenza contemporanea del materiale genetico di Doriana sotto le unghie e di liquido seminale che al novantanove per cento è di De Andreis indica solo una cosa.»

«Che molto probabilmente, anzi, quasi sicuramente, i due erano insieme» conclude Claudio. «Non posso darti torto. Ed è per questo che andrà svolta quanto prima l'indagine sul materiale che abbiamo recuperato in Giulia. Sono sicuro che Calligaris sta battendo questa pista.»

«Se tu ammettessi che l'ora di morte può essere antecedente le ventuno, Doriana non avrebbe più un alibi» gli faccio presente con tono prudente, ma che non incide in generale sul contenuto della proposta, che ha su Claudio l'effetto di un mortaretto esploso in piena faccia.

«Ammettere cosa?» domanda, qualche segno di alterazione sul volto. «Resto convinto, sinceramente, che la morte sia stata successiva alle ventuno. Era ancora calda, e quelle che tu chiami ipostasi erano in realtà un'ombra appena accennata. Per non parlare del fatto che non c'era alcun segno di rigidità. Santo Dio, sembrava ancora viva!» esclama, teso a convincere più se stesso che me.

«Doriana e Jacopo sono spacciati, temo» mormoro, riflettendo sull'idea che qualcosa continua a non quadrarmi. «Non c'è altra spiegazione, Doriana le ha dato quel paracetamolo, e ritengo anche in maniera subdola, di proposito per scatenarle lo shock. Non immagino come, con che pretesto.»

«E infatti non devi essere tu a immaginarlo. Lascia che sia Calligaris a spremersi le meningi. In quest'ottica, io non scarterei del tutto l'ipotesi del suicidio.»

«Nel senso che Giulia potrebbe essersi suicidata dopo aver litigato con Doriana?»

«Perché no?» azzarda.

Già, perché no? Pur avendo parlato a lungo di lei, pur avendo incrociato la mia vita con la sua per qualche breve istante, io non posso dire di conoscere Giulia. E per quanto una parte di me si rifiuti di credere che sia stato un suicidio, devo ammettere che, per come stanno le cose, è un'ipotesi che non è possibile escludere. La stessa Bianca, che conosceva Giulia forse meglio di chiunque altro, la crede plausibile.

Continuo però a chiedermi perché non sia stato trovato il blister della compressa di paracetamolo che ha assunto. Se è stata lei stessa a prenderlo, dove ha messo lo scarto? Invece non mi risulta che a casa sua sia stato ritrovato nulla. Il che porterebbe a ritenere che il paracetamolo le sia stato dato da una terza persona. Temo tuttavia che sia giunto il momento

di porre fine alle elucubrazioni. Claudio sembra impaziente
e vuol rimettersi al lavoro. Non mi resta che fare lo stesso.

Sono a pranzo con Yukino, ci mangiamo una pizza. È stata
a Firenze a visitare gli Uffizi, in questi giorni, e si era persa
le ultime puntate della sua soap opera preferita. «Arthur
kun, ammalato? Ingiusto! Ingiusto!» esclama dopo che le
ho spiegato nel modo più adatto alle sue possibilità di com-
prendonio gli ultimi avvenimenti. «Perché non si è ammalato quel tizio perfido che ti fa tante cose cattive in Istituto?
Perché Arthur *kun* che è tanto buono?»

«Così è la vita, Yuki. In ogni caso si sta riprendendo.
Non dobbiamo essere preoccupate.»

«Tu oggi sei seguace di quella filosofia... Epi, epi?»

«Epicureismo?»

«Eh sì, troppo difficile per me! Ho seguito lezione ieri a
università. Bello! È come zen.»

«Sì, Yuki. Ma soprattutto, ho una bomba per te. Parto!
Lo raggiungo in Sudan» annuncio con tono trionfante. Sono veramente fiera di questa botta di coraggio. Yuki sgrana
gli occhi con entusiasmo.

Non riesce a formulare i suoi pensieri in italiano e si abbandona a uno sproloquio in lingua giapponese.

«Posso inviare con te piccolo regalo per Arthur *kun*?
Vorrei regalargli un libro, per compagnia in ospedale.»

«Certo, Yuki, gli farà piacere. Naturalmente, dopo che
avrà digerito la sorpresa di vedermi lì.»

«Non lo sa?»

Scuoto il capo. Effettivamente è la questione più spinosa.

E per la prima volta durante questo pranzo, Yukino tace
per qualche secondo, sgranando i suoi occhi oblunghi.

«Tu mio mito» afferma poi solennemente.

Le parlo delle speranze che ripongo in questo viaggio. Lei, incosciente e romantica, incoraggia caldamente i miei vaneggiamenti e sostiene che questo viaggio sarà risolutivo perché ci riconcilierà. Mi piace credere che lei abbia ragione.

Prima di partire, però, ho bisogno di un confronto con Calligaris. Perché c'è qualcosa che mi inquieta e soltanto parlandone con lui potrò togliermi ogni scrupolo.

La ragazza riccia e bruna che ormai ha imparato a conoscermi mi accoglie con cortesia e mi parcheggia in una sala d'attesa semideserta. Le pareti gialline dalla pittura scrostata sono quanto mai inospitali e si respira un leggero odore di muffa nonostante la finestra aperta. Durante l'attesa ricevo un numero improponibile di messaggi da parte di Cordelia, tra cui uno sull'opportunità o meno di acquistare una nuova borsa di Prada per il viaggio, un altro sull'urgenza di far scorta di barrette Kellogg's e gli altri più o meno di tenore affine. La sua eccitazione tuttavia mi contagia, e mi ritrovo a elencare una serie di acquisti da effettuare prima della partenza fino a quando la solita ragazza in divisa mi fa cenno di accomodarmi nell'ufficio stantio di Calligaris.

«Alice! È sempre un piacere rivederla.»

«Anche per me, ispettore.»

«Bene, bene. Si accomodi, prego!»

Obbedisco e, per la prima volta da quando ho iniziato a tempestarlo di affermazioni e richieste più o meno audaci, mi sento a disagio. Perché stavolta non posso far appello a nessun apporto da dare al corso delle indagini. Devo semplicemente essere sincera e chiedergli di dirimere tutti i dubbi che i giornali o Claudio non sono in grado di soddisfare.

«In cosa posso aiutarla?» domanda, le dita delle mani intrecciate, e un'espressione curiosa sul volto incolore.

«Ispettore, vorrei parlarle... Be', più precisamente, vorrei chiederle notizie sul caso Valenti» esordisco esitante.

«Alice, lei è davvero molto coinvolta...» afferma grattandosi uno zigomo.

«Lei capisce la mia situazione, vero? Ho un legame speciale con questa storia. Non mi è mai successo prima, e probabilmente non succederà mai più. Anzi, lo spero.»

«Cosa vuol sapere, in particolare?» taglia corto lui.

«Verso che strada siete indirizzati? Omicidio? Suicidio?»

«Ma come, Alice? Lei escludeva il suicidio.»

«Io sì. Ma io non sono lei.»

«Giusto. In realtà anch'io sono poco propenso a ritenerlo un suicidio. Per varie ragioni. L'assenza di dati circostanziali, prima di tutto. Nessuna traccia, dentro e fuori casa, della confezione di paracetamolo che ha utilizzato. In più, non abbiamo trovato nulla che indichi uno stato depressivo. La Valenti era tossicomane, ma tutte le persone che abbiamo interrogato escludono che potesse avere tendenze suicide. Tutte tranne la sorella, ma una delle amiche, Abigail Button, ha anzi riferito una conversazione avuta casualmente con la Valenti, a proposito del suicidio di qualcuno che conoscevano. In quella circostanza, la Valenti esternò una serie di motivazioni per cui non l'avrebbe fatto mai e poi mai. Potrà sembrarle da poco, ma non credo sia un elemento da trascurare. Le dico soltanto che reputo più plausibile un fatto accidentale piuttosto che un suicidio. E comunque, questa *non* è una morte accidentale.»

«Mi è chiaro il concetto. Si tratta di un omicidio.»

«Ne sono sicuro.»

«Ispettore, se posso... Come le è giunta la segnalazione su Doriana Fortis?»

«Andiamo! Non si aspetterà davvero che io glielo dica!» mi ammonisce. «Dopo tutto, perché le interessa? Comunque, posso dirle che si tratta di un testimone cui la Fortis ha confessato di aver avuto una lite piuttosto violenta con la Valenti nel pomeriggio della sua morte.»

«E cos'altro ha confidato?»

«Niente. In realtà la Fortis ha negato con forza di aver mai confidato alcunché al *mio* testimone. Ma negano sempre, quindi non c'è da fidarsi. Del resto, il testimone come avrebbe potuto conoscere, altrimenti, i dettagli di quella lite?»

È ovvio che Doriana non ha mai parlato con Bianca. Quest'ultima si è nascosta dietro la scusa della confidenza per riferire qualcosa di cui aveva già certezza. La povera Doriana non mente affatto.

Eppure, una strana idea mi solletica il cervello. Bianca era fin troppo certa delle sue ipotesi; nel pomeriggio in cui abbiamo parlato non esponeva le sue opinioni con tono ipotetico. Le esponeva come dati di fatto.

«Che dettagli?» chiedo.

«Conosceva i contenuti della lite, che la Fortis ha confermato.»

«In che senso?»

«Nel corso della lite, la Fortis ha rivolto alla Valenti delle accuse precise che il mio testimone è stato in grado di ripetere e che la Fortis non ha negato.»

Bianca non può in alcun modo conoscere i dettagli: la conversazione tra lei e Doriana non è mai avvenuta, ne sono convinta.

Delle due è l'una: o il testimone non è Bianca, o Bianca

ha ricevuto delle confidenze su quella lite da qualcuno che non è Doriana.

Una sola è la persona che avrebbe potuto spifferare a Bianca come si sono svolti i fatti quel pomeriggio: Jacopo De Andreis.

Mi chiedo, tuttavia: se Bianca era già a conoscenza della lite, per quale motivo mi ha chiesto di effettuare l'esame del DNA?

L'unica risposta che mi viene in mente è che i dettagli su quella lite lei li abbia avuti successivamente, e da Jacopo, appunto. In più, a ben pensarci, lei ha rivelato al cugino il nostro segreto.

Tutto questo lascia intendere che tra lei e Jacopo ci sia un rapporto ben più confidenziale di quello che lei sostiene.

«Adesso, Alice... se non le dispiace ho un appuntamento» mi spiega con gentilezza, guardando l'orologio.

Mi sarei fermata ancora a lungo. E se ne avessi avuto il coraggio gli avrei chiesto cosa aspetta il pm a richiedere l'esame genetico di Jacopo De Andreis, per dimostrare che lui era lì con Giulia quel pomeriggio. Ed è proprio per questo che Doriana e Giulia hanno litigato brutalmente, mi sembra così ovvio!

«Ci mancherebbe» ribatto mettendomi in piedi. «È stato molto gentile, ispettore. Gliene sono grata.»

Calligaris sorride. «Lei mi ispira molta simpatia, dottoressa. È appassionata, curiosa, attenta. Sono doti che riscontro di rado e che proprio per questo mi sembrano ammirevoli.»

A riprova del fatto che la fortuna premia sempre i meno meritevoli.

Ho perso ogni decoro eppure torno a casa mietendo complimenti.

Calligaris non mi accompagna verso l'uscita, ma mi saluta con un cenno della mano rimanendo comodamente seduto nella sua poltrona; ho appena varcato la soglia, ricambiando il saluto, quando mi scontro con una donna il cui profumo riconosco immediatamente.

«Bianca...»

Lei è seccata. Per colpa della mia goffaggine, la sua preziosa borsa è finita per terra e tutto il contenuto si è riversato sul pavimento. Mi abbasso istintivamente per aiutarla a porre tutto in ordine.

«Lascia stare» mormora, raccogliendo febbrilmente il portafoglio di pelle rossa, il portachiavi coordinato, il cellulare di ultima generazione, lo specchietto da borsa, un pacchetto di fazzolettini, un libro di Marguerite Duras, un gloss di Helena Rubinstein, un blister di compresse, un pacco di chewing gum, una pinza per capelli. Sembra così comune, Bianca. Eppure è tutt'altro, e sento di poterlo dire con certezza.

Evita il mio sguardo e mi lascia alle sue spalle come una cosa di poca importanza, in cui si è imbattuta per caso e che ha costituito solo una scocciatura.

Dal canto mio, mentre torno a casa in metro, non riesco a non pensare a lei senza rimpianto, senza quella sottile malinconia con cui si guarda a chi ci ha sedotti e poi abbandonati.

Un po' stranita salgo stancamente le scale di casa, che trovo deserta. Mi infilo sotto la doccia e mi godo tutto il suo potere ritemprante. Ed è proprio mentre sciacquo vigorosamente i capelli dopo lo shampoo che mi sento attraversata da una scossa di elettricità.

Mi avvolgo nell'accappatoio e accendo il mio lentissimo PC. Mi accorgo di tremare, mentre aspetto che si avvii Internet Explorer.

Digito « Panadol Extra » sul motore di ricerca.

Clicco sul primo link che mi fornisce una descrizione della composizione.

È un farmaco analgesico in commercio negli Stati Uniti, di recente importato anche in Italia.

È una preparazione farmaceutica del paracetamolo.

È il nome delle compresse che aveva Bianca nella sua borsa.

La caratteristica del Panadol Extra è di contenere anche della caffeina.

Chiamo subito Claudio.

« Potresti inviarmi il file con il risultato dell'esame tossicologico su Giulia Valenti? » domando a bruciapelo.

« Alice. Sono fuori a cena. »

« È già così tardi? Scusami. » Effettivamente sono le otto passate.

« Prego. »

« Be', allora... Se non puoi inviare il file, ed è ovvio che non puoi... ricordi per caso se nel sangue di Giulia c'era della caffeina? »

Claudio tossicchia. « Alice, mi è giunta voce che stai per partire. Perché non pensi a preparare le valigie? » Come in tutti i luoghi di lavoro del mondo, tenere un segreto è pressoché impossibile.

« Le ho già fatte, non preoccuparti. Dai, sforzati di ricordare. »

« Mi sembra di sì. Un dosaggio minimo. »

« Potrebbe aver assunto la caffeina assieme al paracetamolo? »

« Buon Dio, Allevi. Posso cenare senza pensare al caso Valenti? Sta' buona. Ne parliamo domani. »

Ultimi sussulti

Domani partirò per il Sudan e mi sento ipereccitata.

Ho il sospetto che il paracetamolo che ha ucciso Giulia provenga dalla borsa di Bianca e mi sento stravolta.

In Istituto c'è Jacopo De Andreis, che mi ha fissato con un astio sorprendente, e mi sento scombussolata.

Lo guardo di sottecchi, stamattina, mentre si aggira in Istituto, l'abituale aspetto curato, la gentilezza incolore che riserva a chiunque incontri. Sotto gli occhi di un'Ambra inviperita, Claudio gli domanda: «Avvocato, se per lei non è un problema, desidero che l'indagine sia eseguita da una mia collaboratrice, la dottoressa Allevi».

Jacopo si volta di scatto e mi fissa come se stesse studiando il modo di eliminarmi fisicamente.

Per qualche istante la curiosità di scoprire se acconsentirà o no mi leva il fiato. L'avvocato De Andreis, rivolgendosi a Claudio con magnificenza, risponde: «Perfetto! Anzi, sarà più piacevole».

«Bene. Alice, accompagna l'avvocato in sala prelievi.»

E così, attraverso il lungo corridoio in compagnia di Jacopo. Noi due da soli, in un silenzio irreale, che lui spezza subito dopo aver tolto la giacca di finissimo gabardine e preso posto su una sedia.

È davanti a me, in camicia azzurra e cravatta blu, apparentemente stanco ma pacato, e odora di un ottimo profumo da uomo. I capelli sono un po' più lunghi di quando l'ho conosciuto e ne addolciscono i lineamenti statuari. Ha una rasatura perfetta, un'aria impeccabile e un evidente desiderio di mettermi a disagio.

«Paradossale, questa situazione. Non crede, Alice?»

Sento le mie mani tremare mentre dispongo sul tavolo il materiale necessario per eseguire il prelievo.

«Perché, avvocato?» ribatto con nonchalance.

«Il paradosso sta nel fatto che proprio lei debba eseguire questo esame.»

«Ha detto che non era un problema, per lei.»

«Non lo è, difatti. Se non lo è per lei, dottoressa, perché dovrebbe esserlo per me?» replica con un tono ambiguo.

«Allora siamo tutti d'accordo» affermo, avvicinandomi con il tampone per spazzolare la mucosa orale e imbibirlo di saliva, da cui poi estrarre il DNA. In questo caso Claudio ha preferito questa tipologia di prelievo a quello ematico, ritenendo quest'ultimo non necessario. Precedentemente ha effettuato indagini sul sangue, sfruttando i campioni anche ai fini delle indagini tossicologiche. «Apra la bocca, avvocato» lo esorto.

Lui obbedisce, esponendo una dentatura bella e sana. Finché le labbra non si inarcano in un sorriso che non riesce a frenare. Quante volte Giulia si è persa in questo sorriso?

«Avvocato?» lo interrogo. Lui tiene il viso basso, con una mano copre gli occhi.

Mi aspettavo di tutto da quest'incontro. Del pathos, al limite. Certo, non che Jacopo De Andreis avesse un attacco di ridarella.

«Non ci posso pensare. Non ci posso pensare» ripete.

Ho sentito di gente che quando è nervosa ride. Che sia il suo caso?

«Avvocato De Andreis?» Jacopo alza lo sguardo, che, in

netto contrasto con il sorriso sul suo volto, ormai trasformatosi in un ghigno, esprime un'angoscia che non ho mai visto prima. L'angoscia di un condannato a morte. «Si sente bene?»

«Bene, mi chiede?» ribatte allibito. «Come crede che possa stare bene?» Mi fissa con un astio che evidentemente non è personale. È una rabbia assoluta.

«Mi scusi» ribatto timidamente.

«Scusarsi? Lei dovrebbe scusarsi prima di tutto per quello che ha fatto. Potrà anche uscirne pulita, ma dovrebbe vergognarsi.»

Mi sento scardinata. Lo fisso come una stupida, tremante, con il tampone in mano.

«Avvocato io...»

«Lei si è prestata alle richieste di una...» Si interrompe, lasciando troncata la frase.

«Avvocato. A prescindere dai miei torti e dai miei errori, quello che sta succedendo... si sarebbe verificato ugualmente. E lei sa benissimo perché.»

Lui mi osserva con interesse. «Cosa intende dire?»

Inghiotto il rospo e mi sbilancio. «Lei non è stato prudente raccontando di una lite a qualcuno che ne ha fatto parola con la polizia.»

Jacopo è esterrefatto. L'espressione sul suo volto, cui non segue alcuna risposta, è esattamente la conferma che mi aspettavo. Jacopo ha parlato con Bianca. Le ha raccontato quello che è successo quel pomeriggio. Le ha detto della lite fra Giulia e Doriana.

E l'ha fatto perché lui e Bianca ora sono molto più in intimità di quanto non si creda.

L'arrivo di Claudio pone fine ai miei tentativi di saperne di più.

«Ci sono problemi?» domanda, probabilmente stupito di fronte alle nostre facce scosse.

«No, va tutto bene» ribatto pronta.

«Non hai ancora effettuato il prelievo?» osserva.

«Abbiamo quasi finito» replico subito.

«Lo spero» è la sua risposta secca, prima di richiudere la porta.

«Procediamo?» domando a Jacopo, che è ancora basito.

«Come...» accenna, interrompendosi di nuovo.

«Come lo so? Intuito. Niente di più.»

Jacopo tace e lascia che esegua il prelievo. Prima di uscire dalla sala, dopo aver finito, Jacopo sembra esitare. Come se sentisse l'esigenza di dire qualcosa. O forse è soltanto una mia impressione.

Pare che sia stato abbastanza asciutto anche con Claudio, il quale mi ha mandata a chiamare per appurare che non avessi combinato qualche guaio.

«Cos'hai fatto a De Andreis? Se n'è andato incazzato come una biscia.»

«Io? Niente. Com'è arrivato l'incarico di fargli il test?»

«Calligaris ha ricevuto nuovi dettagli dal suo testimone chiave. E, dopo tutto, era solo una questione di tempo e ci sarebbe arrivato da solo.»

«Che dettagli?»

«Sul fatto che la Fortis non era da sola, quel pomeriggio, al momento della lite. Allevi, puoi spiegarmi meglio, mentre siamo in argomento, la tua telefonata di ieri sera?»

«Niente, niente. Pensieri vaganti.»

Claudio sembra pago della risposta. «Ci mettiamo all'opera?» propone, abbottonandosi il camice e specchiandosi nella cornice di un quadro appeso alla parete. «Come direbbe il capo, *a rolling stone gathers no moss.*»

E poco prima di uscire dalla stanza mi prende per mano, come se fosse un gesto di scontata affettuosità.

Verità (o una delle tante)

Nella luce grigiastra di questa sera umida riesco quasi a specchiarmi nelle pozzanghere rimaste a terra dopo che un acquazzone ha interrotto il lungo susseguirsi di giorni caldi dal cielo terso.

Mi trovo davanti al portone di casa di Bianca. Ho suonato al suo citofono senza ottenere risposta. Ho fatto un giro nei dintorni e mi accingo a riprovare, quando la vedo avvicinarsi lungo la strada, sotto un ombrello Burberry.

Perché questa stessa umidità che mi ha resa imprecisa nei contorni, come un acquerello, non abbia intaccato nulla della sua immagine inappuntabile, resta un mistero della fisica e della chimica. Stretta in un leggero trench blu di manifattura squisita, porta i capelli raccolti in uno chignon grande e morbido; le labbra non abbondanti sono dipinte di un rosso intenso. I suoi occhi sono ombrosi come sempre, le lunghe ciglia nere e corpose s'intrappolano tra di loro, ogni qualvolta sbatte le palpebre. Sembra la protagonista della pubblicità di Tresor di Lancôme.

Mi guarda con curiosità e sfumata ansia.

«Ciao» esordisce, la voce calda che ben conosco.

«Ciao, Bianca. Vorrei parlarti. Hai tempo per me?» Sembro calma, ma mi sento fibrillare.

Toglie dalla borsa le chiavi di casa, un po' incerta sul da farsi.

«D'accordo. Del resto, anch'io ti devo delle spiegazioni.» L'abisso che traspare e si affaccia con evidenza nei suoi occhi bruni ha l'effetto di una calamita.

Saliamo insieme le scale in silenzio e giunte in salotto mi offre qualcosa da bere, ma io declino.

«Allora, prego» mi esorta, quasi con un sorriso. «Cosa desideri dirmi?»

Non rispondo subito, anzi tutt'altro. Al punto che lei è quasi sbigottita dal silenzio.

Sono un po' indecisa su come introdurre l'argomento. Lascio fare alla mia capacità di improvvisazione e così mi concedo un esordio fulminante.

«Panadol» mormoro.

«Cosa?» ribatte lei. Non capisco se perché non ha sentito bene, o perché ha sentito fin troppo bene.

«Il Panadol, Bianca. Quello che tu hai somministrato a Giulia.»

Bianca impallidisce e per un istante temo stia per svenire.

«Alice, davvero, non capisco. Non vorrai insinuare che sono responsabile della morte di mia sorella?» replica visibilmente alterata, tra l'incredulo e il nervosamente divertito.

«Io non lo insinuo. Io ne sono sicura.»

Bianca prende il suo cellulare. «Chiamo la polizia.»

«E perché? Meglio di no. Del resto, hai architettato tutto così bene... La verità non verrà mai a galla. Non è da te fare clamore.»

Bianca è il ritratto della rabbia. «Tu sei pazza, Alice.»

«I pazzi spesso dicono la verità. In particolare, Bianca, la mia verità è molto semplice da spiegare. È sufficiente ricostruire la giornata di Giulia, quel 12 febbraio.»

Bianca è visibilmente spazientita e indecisa se azzittirmi o lasciarmi parlare. Per il momento, tuttavia, non mi interrompe.

E io, allora, proseguo.

«Subito dopo pranzo, Giulia s'incontra con Saverio e con lui consuma una dose di eroina. Poi Saverio se ne va. Sono le sei del pomeriggio, più o meno, quando lei riceve in casa sua Jacopo, con cui ha una storia da anni, ormai. Quello che Giulia non sa è che Jacopo fa gola anche a te. Probabilmente da sempre, da quando eravate ragazzini. Siete cresciuti insieme, tutti e tre; era bello e fraterno e ve ne siete innamorate entrambe. Lui, però, ha scelto Giulia. E tu questa cosa non la digerivi, non l'hai mai digerita. Così come non digerivi il peso di doverti occupare di lei, di aver dovuto lasciare New York per tornare qui a prenderti cura di lei. E non sopportavi che quella ragazzina, con la sua personalità difficile, ti oscurasse.»

Bianca mi fissa in silenzio, sconvolta. Il suo pallore è allarmante.

«Tornando a Giulia e a Jacopo... Si incontrano quando possono, nei ritagli di tempo. Lui è davvero innamorato di Giulia, ma non sa scegliere tra lei e Doriana. Dopo tutto, Jacopo è sinceramente affezionato a Doriana. Sono fidanzati da anni, e la considera la sua migliore amica. Tra l'altro, Doriana è ricca da far schifo, e non è dote che a Jacopo dispiaccia. Non riesco bene a immaginare come e perché Doriana li abbia colti pressoché in flagrante, quel pomeriggio, anche se non escludo che tu stessa possa averla indirizzata. Perché, Bianca, parlandoci chiaro... tu sapevi tutto. E lo sapevi perché Giulia ti aveva raccontato della loro storia, e tu morivi dentro per la gelosia.»

È strano, ma Bianca continua ad ascoltare senza interrompermi; così proseguo, e più esprimo i miei pensieri, più mi sembrano l'unica verità possibile.

«Doriana, dicevo, probabilmente nutriva dei sospetti nei

confronti di Giulia; e certo non provava simpatia verso quella cuginetta un po' troppo presente nella vita del suo fidanzato. Opportunamente aizzata, Doriana si presenta a casa di Giulia all'improvviso, e la scena le è subito chiara. Offende Giulia, le rivolge tutti gli insulti che ha trattenuto per anni. Giulia non è tipo che subisce senza reagire, e la aggredisce, graffiandola. Doriana lascia l'appartamento, ma quel che è peggio, quello che sconvolge Giulia nel profondo, è che Jacopo le va dietro. La lascia lì, da sola, la scarta per dedicarsi alla sua fidanzata ufficiale. Sono le otto, quasi. Giulia è disperata. E come sempre, quando tutto le va storto e non sa a chi rivolgersi, Giulia fa quello che ha sempre fatto.»

Mi fermo perché vorrei che fosse lei a completare la frase. Ma Bianca continua a fissarmi in silenzio.

«Giulia chiama l'unica persona che può aiutarla: sua sorella. Giulia ha chiamato te.»

Bianca tossisce, il suo respiro è alterato. Le pupille sono ristrette al massimo, l'adrenalina la rende quasi incandescente. «Continua» mi dice con un filo di voce, sorprendendomi.

«Ti chiede di raggiungerla subito e, come hai sempre fatto fin da quando è nata, non le neghi il tuo aiuto. E così ti ritrovi in casa sua. Una casa in cui si respira ancora l'odore di Jacopo. Giulia è triste e sbandata, più del solito. È visibilmente agitata. Ti racconta della lite che ha appena avuto con Doriana. È scossa ma al contempo è quasi contenta: adesso che li ha scoperti, Jacopo sarà costretto a prendere una decisione. Ti chiede qualcosa per calmarsi. Giulia ormai non è più in grado di tenere sotto controllo alcuna emozione senza l'aiuto delle droghe, lecite e non. Le dici di stare calma, la tieni a bada, e anziché porgerle un calmante, come lei si aspetta, le passi una compressa di Panadol, un farmaco che usi dai tempi in cui vivevi a New York. Giulia lo accetta senza remore. Non si sarebbe mai aspettata alcun male, da te. Ti sarai detta, naturalmente, che un'occasione del genere non ti sarebbe più capitata, e così hai colto l'attimo, nel senso letterale del termine. In quanto tempo è morta, Bianca? Dieci, quindici minuti? È morta in un attimo, Bianca? Tu l'hai guardata morire.»

Bianca ha un fremito appena percettibile. Sembra volermi interrompere, finalmente, ma mi ritrovo a essere più decisa di quanto avrei mai pensato di essere capace.

«Lasciami finire. Sono le nove e diciassette. Giulia è già morta e tu ti chiedi cosa sia meglio fare. Pensi di depistare le indagini in maniera abbastanza banale, e il bello è che finora ci sei riuscita. Utilizzi il telefono di Giulia per chiamare Jacopo, sai già che non ti risponderà. E lasci infine quell'appartamento, provando un senso di liberazione.

Nei giorni successivi, inizia la strategia di avvicinamento a Jacopo. Approfitti del suo dolore per essere sempre più presente. Sei comprensiva e amichevole e, soprattutto, gli ricordi Giulia. Lui cede e per te è il coronamento di un sogno. Jacopo è ferito, confuso, e solo tu puoi consolarlo. Arriva a raccontarti di quel pomeriggio, ti parla dei suoi sensi di colpa. Non ti rendi conto di essere solo un surrogato. Inizi a pensare che, fatta fuori Giulia, ti resta un solo ostacolo. È Doriana. Ma il caso vuole che sia un ostacolo facilmente eliminabile. È sufficiente convogliare su di lei i sospetti. Non hai però la certezza che il materiale sotto le unghie di Giulia appartenga a Doriana, e per ovviare all'inconveniente utilizzi una sciocca specializzanda credulona che hai circuito con belle parole.»

Al rievocare quello che io stessa ho sentito di provare nei riguardi di Bianca, mi sento arrossire per la stupidità.

«Ottieni il tuo scopo e incastri la fidanzata di Jacopo, convinta che sia arrivata la fine di questa storia. In realtà, commetti un gravissimo errore. Sottovaluti l'intensità dell'affetto che Jacopo nutre nei riguardi di Doriana. Lui è inorridito per quello che hai fatto. E ovviamente io ne ho pagato le spese, ritrovandomi una denuncia all'Ordine dei medici che reputo meritata, in tutta onestà. E, probabilmente, Jacopo è anche a disagio per le tue pressioni. L'affettuosa cugina con cui condivideva il dolore per la perdita di Giulia si è trasformata in un'amante opprimente, e soprattutto sgradita, per una ragione fondamentale: tu non sei lei, Bianca. Tu non sei Giulia.»

Bianca sussulta ma non apre bocca.

«Jacopo non ci pensa due volte e ti scarica. Proprio quando Doriana è alle strette ed è pronta a togliersi di mezzo, senza neppure danneggiare Jacopo. Le donne sanno essere davvero stupide. O meglio, alcune donne. Non tu. Tu reagisci alla rabbia a modo tuo, attraverso la vendetta, ed è per questo che ieri ti sei recata da Calligaris a denunciare tuo cugino. E poi, lo fai per salvare qualcuno a cui vuoi veramente bene, forse l'unica persona che ami davvero: te stessa.»

Il silenzio che pervade questa stanza è diventato assordante. Non riesco a credere di essere stata così chiara e audace. Ho risorse di cui io stessa non sospettavo l'esistenza.

Bianca si alza, barcollante. Si avvicina alla porta di casa sua, gli occhi bassi. La apre e mi rivolge uno sguardo pietrificante. «Esci fuori da casa mia, adesso. Ti ho ascoltata, ed è quanto ti dovevo. Spero solo di non doverti mai più rivedere in vita mia.»

Raccatto dal pavimento la mia borsa, e mi avvicino alla porta.

«Addio, Bianca.»

Ogni muscolo del mio corpo è teso e sento la testa girare. Credo di essere una persona diversa, da stamattina. E questo perché ho fatto i conti con me stessa e con tutti i rischi che corro.

Il rischio fa parte della vita. Per andare fino in fondo bisogna avere il coraggio di affrontarlo.

E così, parto.

Nell'incertezza di far bene o far male, parto.

Abbandonando la mia strada e saltando nel vuoto, mi lascio alle spalle il buon senso e salgo a bordo di un aereo che mi porta via da casa.

Dio solo sa cosa troverò al mio ritorno.

The sheltering sky

L'aeroporto del Cairo è una matassa inestricabile dell'umanità più disparata. Mi guardo attorno e mi sento confusa. Mi accorgo di non essere affatto portata per l'avventura. Fuori dall'aeroporto, la calura mi stordisce come una febbre improvvisa. L'idea di recarmi all'ambasciata per bypassare la procedura abituale mi sembra improvvisamente sciocca e azzardata. Igor ha assicurato che è legale, e anche Silvia mi ha detto di stare tranquilla. Male che vada, rimarrò in vacanza al Cairo. Con Cordelia. Per il bene dei miei nervi – che sorprendentemente reggono a meraviglia – m'impedisco di pensare alle conseguenze di tutto quello che ho fatto. Che non sia molto più superficiale di quanto io stessa creda?

Arrivate all'ambasciata del Cairo avviso Cordelia. «Lascia parlare me» le dico con tono ferreo.

«Perché?» risponde lei con aria offesa.

Perché sei capace di combinare grossi guai, Cordelia. «Perché a volte ti lasci prendere dalla foga e ti metti in posizioni scomode.»

«Non fare la saputella, Alice. E poi, non gliene importa un bel niente. A loro interessa che paghiamo, e basta. I soldi li abbiamo, giusto?» Annuisco. «E allora, non ci sarà nessun problema.»

Ed effettivamente, una volta tanto, Cordelia non ha torto. Paghiamo e otteniamo il visto il giorno successivo, dopo due notti passate a combattere contro le zanzare e l'ansia. Nel pomeriggio del sabato siamo di nuovo in aeroporto, e questa volta non c'è più niente che mi separi dalla meta.

Tutte le volte che ho viaggiato in aereo ho visto il mare. Enormi distese di azzurro e di blu.

Adesso il deserto ha preso il posto del mare: sotto di noi, l'intenso color ocra chiaro della sabbia, null'altro che sabbia.

« È la prima volta che visiti l'Africa? » mi chiede Cordelia distogliendomi dall'incanto di guardar fuori dall'oblò.

« Una volta, in crociera con i miei, siamo sbarcati per un pomeriggio a Tunisi. Credi che valga? »

Cordelia arriccia il nasino. « Direi di no. »

« E tu? »

« Oh, sì. Sono stata ad Algeri per un mese, una volta che ho partecipato a un film. Poi il mio ruolo è stato tagliato, ma è stata una bella esperienza. E quand'ero più piccola sono stata da Arthur e Kate molte volte. »

« Chi è Kate? »

« È la madre di Arthur. La seconda moglie di mio padre. »

« E come mai andavi a Johannesburg? » le chiedo incuriosita.

« Sin da bambini Arthur e io ci siamo frequentati molto. Il che è raro nella nostra famiglia. I miei fratelli più grandi – i figli della prima moglie – li conosco appena. Gli altri Malcomess, a essere sincera, sono un po' stronzi. Arthur e io siamo entrambi figli unici, a nostro modo, e siamo i più piccoli. Siamo abbastanza vicini come età e, per via del fatto che ci siamo sempre voluti un gran bene, i nostri genitori hanno incoraggiato la nostra vicinanza per darci un senso di unità familiare anche se, in realtà, è un concetto inapplicabile al nucleo Malcomess. Peraltro, ti sembrerà strano, mia madre e Kate sono sempre andate d'accordo. Arthur trascorreva le vacanze estive nella nostra villa ad Arezzo. E così, spesso, io andavo a Johannesburg da loro. Un anno io e mia madre abbiamo passato il Natale lì. È stato stranissimo: era estate. »

« Com'è Kate? »

« Presa dalla sua vita. È sempre stata così. Fu lei a lasciare mio padre: lui ne era innamoratissimo. Del resto, Kate era una donna splendida. Adesso ha messo su qualche chiletto, ma è sempre bella. Arthur le somiglia in maniera strabiliante. È Kate al maschile. Era una hostess e quindi trascorreva molto tempo lontana da casa. Credo che sia stata lei ad avergli trasmesso questa mania del viaggio. Da qualche anno si è trasferita in Florida con il secondo marito e pare che abbia messo radici. Ma io non ci credo: ce l'hanno nel sangue, sono due zingari. »

« E Arthur soffriva della situazione? »

« Chi può dirlo? Non è tipo da confidenze, lui. Se soffriva, non lo dava a vedere. Credo che tanta libertà gli facesse comodo: i vincoli gli stanno strettini. »

Quando il velivolo plana su Khartoum, sento il cuore balzarmi in petto.

« Arthur dice sempre che la prima volta che si mette piede in Africa è un momento sacro, che non si dimentica mai » mi spiega Cordelia.

« Per te è stato così? » le domando.

« No. A me l'Africa non piace. Lui la adora, ma del resto è casa sua, e non è obiettivo. »

Appena esco dall'aeroporto, dopo un interminabile controllo alla dogana, quasi mi squaglio per la calura terribile, più feroce di quella egiziana. Persino la camicia di lino che indosso mi è insopportabile. Il sole è abbacinante, dubito di averlo mai visto così nitido nell'azzurro violento del cielo. L'aria è sabbiosa e io mi sento in mezzo al niente. Anche Cordelia è spaesata, si guarda attorno attraverso i grandi occhiali da sole alla ricerca di Riccardo, l'unico a sapere del nostro arrivo. Ci siamo interrogate a lungo sull'opportunità di avvisare Arthur. Alla fine, convinte che lui non sarebbe mai stato d'accordo, abbiamo scelto di fargli una sorpresa, anche se chiamarla sorpresa è quanto meno azzardato, vista la situazione. La verità è che non volevo che lui mi demoralizzasse. Desideravo agire di testa mia e sbagliare, se necessario. Oggi saprò se è stato un errore e, nel caso, di che entità; ma grande o piccolo che sia, è un errore che voglio commettere con tutta l'anima.

Dopo venti minuti di interminabile attesa, finalmente Riccardo spunta a bordo di una vecchissima jeep.

«Spero che tu abbia l'aria condizionata» esordisce Cordelia senza nemmeno salutarlo.

Il povero Riccardo si spertica per sistemare i nostri bagagli mentre le risponde che no, l'auto non ne è dotata. Cordelia sbuffa e prende democraticamente posto sul sedile anteriore.

«Avete fatto buon viaggio?» domanda lui educatamente, così abbronzato che sembra un cioccolatino.

«Sì, grazie. Abbiamo chiacchierato tutto il tempo.»

«Andiamo subito in ospedale, sono curioso di vedere che faccia farà *lui*» dice poi Riccardo, mentre percorre vie sterrate e caotiche, in cui restiamo impantanati a più riprese. Le

strade sono popolate da tutti i mezzi di locomozione possibili, dal risciò alla Toyota Corolla.

«Mi sto liquefacendo. Quanti gradi ci sono?» domanda
Cordelia, che crea un minimo movimento d'aria torrida
ondeggiando la mano.

«Quattrocento?» rispondo boccheggiando.

«Niente ospedale! Per prima cosa, portaci all'Acropole,
devo fare una doccia.»

Sto per strozzarla, ma sarebbe inutile. Riccardo, che pende dalle sue labbra, la porterebbe comunque all'Acropole,
qualunque cosa io possa dire per oppormi.

«Alice, vuoi che lasci lei all'Acropole e che ti porti subito
in ospedale?»

«È di strada?»

«Non esattamente, ma lo faccio, non preoccuparti.»

Cordelia sbuffa. «Come siete stucchevoli. Okay, Riccardo, portaci direttamente in ospedale. Se per te va bene farti
vedere in questo stato...» aggiunge poi rivolgendosi a me.

Non ha tutti i torti, ma non resisto. E poi mi sono con-
trollata nella toilette dell'aereo, e non faccio troppo schifo.
Ho anche lavato i denti e spruzzato del tonico sui polsi.

Non è il mio aspetto a non essere pronto all'incontro.

Attraversiamo Khartoum e finalmente raggiungiamo l'o-
spedale, una struttura di recente costruzione; i reparti sono
in evidente esubero ma diversi da come li immaginavo,
piuttosto puliti e attrezzati. Riccardo ci fa strada, e io non
capisco come mi sento. Giunti al reparto, il dottor Fragassi
ci viene incontro entusiasta, dicendosi certo che la sorpresa
farà un gran bene ad Arthur.

Si vede proprio che non lo conosce.

«Diamogli un colpo alla volta, sarà più divertente» sussurra Cordelia, raccogliendo i lunghi capelli chiari in una sbrigativa coda. È un po' unta, il rimmel tutto sbavato. «Entro prima io.»

Le sorrido indulgente. E nel frattempo ne approfitto per ricontrollarmi rapidamente con lo specchietto che tengo sempre in borsa – un'enorme Longchamp beige, per l'occasione, in perfetta *attitude* coloniale. Il mio rimmel waterproof ha resistito alle lusinghe dell'afa; asciugo un po' di unto dalla zona T con un kleenex e applico un velo di gloss. Mi avvicino alla porta e sento già la *sua* voce, che rimbrotta Cordelia.

«Sei impazzita?» le dice, ma non sembra arrabbiato «Venire fin qui...»

«È un posto orribile, è vero, ma per il mio fratellone questo e altro» risponde Cordelia con dolcezza.

Avverto la sua risata. Dio quanto mi è mancata. È come udire una musica familiare.

«Non è orribile» la corregge pacatamente.

«Se non è orribile questa città misera e lercia, non so quale altro posto al mondo lo sia. E comunque, Arthur, le sorprese non sono finite» aggiunge lei, alzando la voce, ammiccando verso Riccardo.

Mi sembra così ridicola, adesso, questa sorpresa. È tutto in bilico tra noi.

Non posso nemmeno dire di conoscerlo davvero. Non sapevo niente di Kate. Delle sue estati ad Arezzo. Non conosco quasi niente del suo passato. Non conosco il suo colore preferito. Il suo film preferito. Sono banalità, ma una storia è fatta anche di piccole grandi banalità.

Che ci faccio qui? Irrompo nella sua dimensione, non richiesta. È più che un azzardo.

Non posso più scappare; posso soltanto affrontare i suoi occhi che mi fisseranno con iniziale meraviglia. Infine, forse, con compassione.

La stanza è affollata da letti e brande. C'è un certo olezzo: del resto, gli esseri umani sudano.

Arthur è in piedi, indossa una T-shirt blu messa a rovescio; ha perso parecchi chili e ha un colorito terreo sotto l'abbronzatura scolorita. Sorride ancora, mentre parla con Riccardo e Cordelia, sembra sereno, ma mi si stringe il cuore. È l'ombra di sé.

Quando alza lo sguardo, seguendo quello curioso di Cordelia, poggiandolo su di me, vi leggo il più assoluto sgomento.

Tra queste quattro mura stinte, i nostri sguardi s'incrociano.

La potenza dell'emozione che provo mi sbriciola.

« *You?* » mormora, inclinando lievemente il capo.

Abbasso lo sguardo, incapace di reggere il suo. « Io... non volevo... » Non so nemmeno cosa dire.

Apparentemente dimentico di tutto, Arthur lascia il centro della stanza e mi viene incontro.

Si blocca per qualche istante, studiandomi con cautela. Gli porgo maldestramente la mano e con qualche passettino mi avvicino finché non siamo uno di fronte all'altra. Sfiora con le sue le dita della mia mano, con una timidezza che non sapevo appartenergli. Infine sorride – il suo più bel sorriso, aperto e fiducioso – e mi prende tra le braccia. Come se fossimo da soli, ignorando gli spettatori, è un abbraccio quasi bisognoso.

Odora di sapone di pessima qualità, ma per me è un profumo irresistibile. La sua barba incolta irrita appena il mio collo nudo. Nonostante il disagio e l'incertezza, poterlo abbracciare è una sensazione di benessere assoluto.

Gli altri ammalati, nel frattempo, ci fissano come fossimo i protagonisti di una soap opera.

«Piccioncini... Non so voi, ma io sto soffocando! Chiediamo a quel medico se puoi uscire, Arthur?» interviene Cordelia.

Lui si ritrae immediatamente, quasi si fosse scottato. «Certo che posso. Non chiedo il permesso.»

«Perfetto, allora scappiamo» risponde precipitosamente lei, prendendolo sotto braccio. Ma lui – me ne accorgo – non riesce a togliermi gli occhi di dosso. Ed è una sensazione meravigliosa.

«Hai la maglietta a rovescio» osserva Cordelia.

«Non aspettavo visite» ribatte sorridendo, dando un'occhiata alle cuciture laterali della T-shirt. Io, che nel frattempo per l'emozione ho inghiottito la lingua, poggio istintivamente una mano sulla sua spalla, strizzandogli l'occhio. Lui sfiora la mia mano – il suo braccio è fasciato laddove immagino l'abbiano sottoposto a numerose flebo.

Ci avviamo verso una sorta di sala d'attesa, in un'atmosfera surreale.

«È stata tua l'idea, vero?» domanda Arthur alla sorella, accarezzandole il capo.

«Verissimo. Ma ho trovato subito un valido supporto: Alice non ha esitato un attimo ad accompagnarmi. Non è vero, Alice?»

Lui si volta istintivamente a guardarmi e io mi perdo nei suoi occhi. «S-sì» balbetto.

«A mia difesa, posso dirti che ho cercato di dissuaderle fino all'ultimo momento» interviene Riccardo.

Cordelia sbuffa. «La tua opinione non c'interessa granché» risponde acidamente. Non capirò mai perché lei lo bistratti tanto.

Sorrido solidale a Riccardo, che china lo sguardo un po' mortificato. Arthur dà un buffetto alla sorella. «Peste» le dice. Lei sorride felina, scusandosi decorosamente con la sua vittima.

«Vado a prendere qualcosa da bere» propone Riccardo pieno di dignità, senza risponderle.

«Io voglio una Coca Zero» pretende la contessina.

«Dubito ci sia» ribatte lui, dubbioso.

Arthur e io, nel frattempo, non smettiamo di cercarci e guardarci negli occhi. Il rimpianto che provo è immensamente bello.

«Arthur, sei ridotto proprio male. Quando ti faranno uscire da questo postaccio?» riprende inarrestabile Cordelia.

«Presto» risponde vagamente. «E voi, quanto vi tratterrete?» domanda poi, appianando la fronte, la cicatrice sul sopracciglio ancora più evidente di quanto la ricordassi.

«Per tutta la prossima settimana. E tu tornerai a casa con noi, ovviamente.»

Arthur si oscura in volto. Lo conoscerò anche poco, ma certi dettagli non mi sfuggono. «Cordelia, forse è troppo presto per Arthur» intervengo.

«Quando mi rimetterò» afferma lui con aria seria «riprenderò il lavoro con Riccardo. Non tornerò a Roma prima di aver finito» conclude con fermezza. Per un attimo quel suo atteggiamento mi ferisce, inspiegabilmente. Dopo tutto, è naturale. Cosa mi aspettavo, che preparasse i bagagli e se ne tornasse subito a casa, con me? Forse accorgendosi del mio silenzio mogio, mi sfiora la guancia – ha le mani gelide, e la cosa mi spiazza, visto che ci sono minimo quarantatré gradi Celsius di temperatura. «Non sono venuto fin qui solo per prendere la malaria.»

Riccardo torna brandendo una Pepsi Light, che Cordelia gli fa l'onore di accettare non senza qualche smorfia di disprezzo, una bottiglia d'acqua per Arthur e una specie di Gatorade per me. Siamo seduti, tutti e quattro, in una sala dalle pareti verdi, qui e lì scrostate dall'umidità, l'odore acre di sudore umano misto a quello di disinfettante diluito, su sedioline fatiscenti, in mezzo a una moltitudine di gente. Cordelia, con la sua aria snob, sembra finita qui per sbaglio; Arthur ha l'aspetto derelitto di un naufrago; Riccardo sembra un leone in gabbia e io sono del tutto disorientata.

E mentre gli occhi cadono fugacemente su bambini rachitici e non so quante persone dagli arti amputati – chi una gamba, chi l'altra, chi entrambe, per le mine – tutte le cose cui attribuisco un'importanza sostanziale mi sembrano vacue e lontane.

La competizione sul lavoro. Tutti i miei dispendiosissimi vizi.

Lontani, via, sciò. Mi sento come in debito con la vita.

A bordo della jeep di Riccardo, avvolta da una cappa d'afa, gocce di sudore mi imperlano la fronte, granelli di sabbia mi finiscono negli occhi asciutti, gonfi e stanchi. Eppure, sono certa che, per quanto mi senta strana qui, Khartoum in questo momento è di sicuro l'unico posto al mondo dove io voglia stare.

Stralci di una conversazione vagamente amorosa

L'Acropole è un albergo spartano e, dopo aver dato un'occhiata generale, Cordelia mi fissa rancorosa. La stanza vuota di Arthur è poco distante dalla nostra. Frattanto, Riccardo ci fa da badante.

« La faccio prima io, la doccia » s'impone Cordelia afferrando il beauty case e chiudendosi in bagno. Io accendo l'aria condizionata e mi sdraio sul letto, prendendo una rivista dalla borsa.

D'un tratto sento uno strillo provenire dal bagno. Immaginando scenari alla *Psycho*, entro atterrita in bagno e trovo Cordelia spiaccicata al muro, inerme davanti a un millepiedi gigantesco – o qualunque altra cosa sia – che gira indisturbato sul piatto della doccia. « Ammazzalo, ti prego, che schifo! » implora, terrorizzata.

« Va' fuori, forza. Chiama la reception. »

D'un tratto, Cordelia scoppia a ridere. E io la seguo, imprevedibilmente. Ridiamo come fossimo ubriache mentre cerca di spiegare all'altro capo del telefono cosa è successo. Può capitare, dicono, non è colpa di una mancanza di igiene. Cordelia, nel dubbio, fa la doccia con le infradito.

Più tardi, a letto, io leggo mentre lei guarda Al Jazeera.

« Capisci qualcosa? » le chiedo.

« No, ovviamente. Ma cos'altro ti aspettavi di trovare qui? Un film con James McAvoy? » risponde sospirando.

Dopo non più di dieci minuti dorme già profondamente

quando il mio cellulare vibra. Per un attimo sogno che sia Arthur, ma è mia madre che mi tempesta di domande su clima e guerriglieri.

Venti minuti e dieci pagine di *Vanity Fair* dopo, vibra di nuovo.

«*Elis.*» È la voce di Arthur. Non può vedermi, ma io sorrido beata. «Tutto okay in albergo?»

«Millepiedi giganti a parte... sì, è tutto okay.» Gli spiego rapidamente la disavventura. Lui sdrammatizza. «Non meravigliarti, guarda che succede anche al Grand Villa. E anche nei resort delle Maldive ci sono gli scarafaggi.»

«Come stai?» gli chiedo.

«Va tutto bene» risponde lui.

«Okay.»

«Okay.»

«Domani torno a trovarti, va bene?»

«Perfetto. Allora, buonanotte.»

«Buonanotte, Arthur.»

«Alice» riprende improvvisamente lui, dopo una pausa d'incertezza, «sono contento che tu sia qui.»

Non rispondo subito, c'è un istante di silenzio. «E io sono contenta di essere qui.»

«Grazie... per tutto.»

«Non c'è di che.»

Torno alla lettura, molto più contenta. Il buon umore purtroppo dura poco.

Qualche istante prima di abbandonarmi al sonno, ricevo un sms da parte di Silvia.

Jacopo De Andreis e Doriana Fortis sono in stato di fermo per l'omicidio di Giulia Valenti.

E gli alibi? Doriana era coperta dalle nove in poi. Evidentemente Jacopo no.

Che ingiustizia terribile.

Trascorro una notte tremendamente inquieta.

L'indomani, un assonnato Riccardo, che ha scritto per tutta la notte, mi accompagna in ospedale. Quando ho provato a svegliarla, Cordelia, dalle abitudini aristocratiche, ha risposto con voce impastata che non intende uscire dalla camera prima di mezzogiorno.

Il tragitto mi sembra lunghissimo, ma Riccardo è di compagnia.

«Allora, come vanno le vostre ricerche?»

Riccardo si schiarisce la voce. «Bene, direi. Non so però quanto del materiale che abbiamo raccolto sia veramente pubblicabile. Arthur insiste per andare fino in fondo, ma... lui non conosce ancora bene il mestiere. È un idealista, non capisce che bisogna filtrare le notizie. Lui vorrebbe dipingere la realtà con tutte le sfumature, senza abbellirla, senza fare attenzione a non pestare i piedi di chi potrebbe farcela pagare cara. Siamo solo giornalisti, vendiamo parole al miglior offerente, ma lui non vuole capirlo, crede di poter cambiare davvero qualcosa. Non è colpa sua, è un problema di ingenuità. Di inesperienza. Tu e Cordelia siete state molto carine a venire fin qui» dice poi, cambiando prudentemente argomento.

«Mi sembra il minimo. Se mi ammalassi lontana da casa... vorrei qualcuno su cui appoggiarmi. Non che tu non sia abbastanza, chiaro» balbetto poi, «ma hai il tuo da fare...»

«Sì, capisco cosa vuoi dire. Non lo dimostra, ma anche lui ne è contento. Veramente.»

Mi accompagna fino alla grande camerata di Arthur, per poi lasciarci soli con la scusa di dover andare a scattare delle foto in giro per il centro.

Mi siedo sul ciglio del letto su cui giace. Ha l'aria abbastanza sbattuta, ma c'è un guizzo nuovo e speranzoso nel suo sguardo stanco.

«*Elis*, secondo te... posso fumarmela una sigaretta?» mi domanda a voce bassa.

«Direi di no.»

«Perché?» insiste. «Non ho niente ai polmoni. Solo il sangue è malato. E i reni pure, okay. Ma non capisco come possa farmi male una sigaretta. Anzi. In questo stato non può farmi che bene.»

«Che ti ha detto Fragassi?» gli chiedo.

«Non gliel'ho chiesto. Gli verrebbe un colpo. È terribilmente ansioso. Che palle, Alice. Molla una sigaretta» dice mettendosi a sedere e infine alzandosi. Traballa, ma rifiuta tenacemente il supporto del mio braccio.

Camminiamo come due estranei per il corridoio; lo seguo senza proferire verbo.

«Come va al lavoro? Meglio?»

«Sì... sono molto più serena. Ma non voglio più parlarne. Ho la nausea. Per questa settimana, solo vacanza.» E men che meno intendo parlargli di Bianca, Jacopo e Giulia, di cui lui evidentemente non sa niente, dato che non ha mai letto quella mail. Ne ho abbastanza.

«La chiami vacanza assistere un malato?»

«Sì, se il malato sei tu.» Arthur mi fissa con i suoi occhi blu cerchiati da occhiaie spaventose.

«Non dovresti passare troppo tempo qui, questo è un luogo malsano. Dirò a Riccardo di portarti in giro. Khartoum è più bella di quanto si creda.»

È perché la bellezza è nei tuoi occhi, questa è la verità.

«Arthur, se avessi veramente desiderato andare in vacanza all'equatore avrei scelto i Caraibi. Non mi muovo di qui.»

«Stai facendo la profilassi per la malaria?» mi domanda, cambiando discorso.

«Certo. Anche se è pesante da morire. Ho le caviglie gonfie.»

«Sempre meglio che finire in questo schifo. Fa' attenzione. In farmacia vendono degli spray che tengono lontane le zanzare. Non servono a molto, ma è meglio di niente. Dirò a Riccardo di comprartene a sufficienza per una settimana. Per te e per quella peste, ovviamente. Alice, ti sei accorta che Cordelia è totalmente svagata?»

«L'hai scoperto adesso?»

«No, ma peggiora di giorno in giorno. Non dovremmo assecondarla.»

«Le passerà» dico per tranquillizzarlo, ma non ne sono per niente convinta.

Ormai fuori dal reparto, lui pretende la sua sigaretta, che gli nego in un impeto di coscienza professionale. Non si lamenta più di tanto.

«Non andare in giro da sola, e proibiscilo anche a Cordelia. Questo non è un posto sicuro. Esci solo con Riccardo e digli di portarti ad Al-Mogran. È la confluenza tra Nilo Bianco e Nilo Azzurro. È un luogo spettacolare.»

«Okay.»

«Non scattare fotografie, è vietato. Bisogna comprare il diritto di foto.»

«Sono pazzi?»

«Queste sono le regole. Ma non farti portare a cena al Gran Villa. Lì ti ci porto io, se mi rimetto in piedi.» Arthur dà un'occhiata alla vista oltre la finestra chiusa dai vetri chiazzati dalla pioggia di fango. «La vedi la terra, così rossa? È tipica delle zone equatoriali» spiega indicando delle rocce. «Quando ero bambino facevo la collezione delle terre dei luoghi che visitavo nelle bottiglie di vetro dei succhi di frutta. In realtà era mia madre a portarmene tantissime. Chissà dove sono finite adesso.» È triste vederlo così sciupato e debole. «Vorrei portarti in Sudafrica. Se ho delle radici, sono là.» Arthur volta gli occhi e poggia lo sguardo sui miei. Sorride debolmente.

«Come abbiamo potuto rovinare tutto?» gli domando, fissando il vuoto.

Arthur s'irrigidisce. Infila le mani nelle tasche del pantalone di cotone blu del pigiama e sposta lo sguardo da me al portantino che trascina il carrello con i vassoi del pranzo. Un odore di brodo e di carne lessa si diffonde tra noi. È terribilmente spiacevole. «Non lo so» mormora semplicemente, con la voce roca di un adulto e la perplessità incerta di un bambino. Il portantino dice qualcosa in arabo ad Arthur, per poi entrare in reparto.

«Che ti ha detto?» gli chiedo.

Arthur inspira profondamente. «Che sono un idiota.»

«Sul serio?»

Adesso sorride intenerito. «No, sciocchina. Ma è quello che penso io» conclude prendendomi la mano e riportandomi con sé nella sua stanza.

Notizie dall'Italia

Ho chiesto a Riccardo di lasciarmi usare il suo notebook per collegarmi a Internet. È sera, qui non c'è poi molto altro da fare, e mentre lui e Cordelia bevono un drink in terrazza con due inglesi che Riccardo ha conosciuto durante il soggiorno in hotel, io navigo sui siti dei quotidiani per cercare maggiori dettagli sulla vicenda Valenti. Vengo così a sapere che Jacopo De Andreis ha trascorso la sera della morte di Giulia a casa con la madre, e che questo costituisce il suo fragile alibi, su cui gli inquirenti stanno indagando; l'alibi di Doriana è stato confermato, ma è tenuta a rispondere di una serie di addebiti che le vengono contestati. Jacopo e Doriana si difendono a vicenda, facendo fronte comune. Ho il serio timore che la verità non verrà fuori e che si ritrovino a pagare per qualcosa di cui non sono responsabili.

Controllo anche la mia casella di posta elettronica, che contiene due interessantissime mail.

La prima.

Che si dice alle falde del Kilimangiaro? Come sta il vagabondo?

È arrivata la comunicazione ufficiale dell'Ordine dei medici. Ne sei uscita pulita, come prevedevamo, ma che non ci sia una prossima volta. Il fatto che Jacopo De An-

dreis sia preso da ben altre beghe ti ha salvato il didietro. Hanno interrogato anche Bianca Valenti, ovviamente, la quale ha ritirato ogni accusa, dicendo che lei e Jacopo non si erano capiti. Bah! Che gente.

Fatti sentire.

Silvia

Tutto è bene quel che finisce bene. Ho camminato sull'orlo di un precipizio e non sono caduta. Non lo farò una seconda volta, non preoccuparti.

Con Arthur nessuna news, a parte il fatto che sembra felice che io sia qui. E, sinceramente, lo sono molto anch'io.

Au revoir

A.

La seconda.

Sono a New York, lontana da una vicenda troppo dolorosa, che non riesco più a sopportare.

Riguardo quella storia che mi hai raccontato...

Sottovaluti il caso, Alice. Lo sottovaluti fin troppo. Certe cose accadono per puro caso. Eppure, mi hai accusato di aver avuto fortuna.

Forse l'ho creduto anch'io. Ma guardami ora: mi ritieni davvero fortunata?

Dimentichiamo tutto, Alice. Il tempo farà il suo dovere.

Bianca

Scelgo di non risponderle, e la sua mail mi lascia una nausea che perdura a lungo.

L'indomani condivido la mia verità con Arthur. Il confronto con il suo modo di vedere la realtà mi è mancato tremendamente, ne sento un bisogno urgente.

«Non ha lasciato alcuna prova, quindi?» domanda, mentre passeggiamo nel corridoio del reparto.

Fremo per vederlo fuori da questo posto orrendo.

Scuoto il capo. «Le mie sono solo intuizioni e, a modo suo, non so con quanta consapevolezza o incoscienza, Bianca me ne ha dato conferma.»

Arthur non sembra sconvolto dal mio racconto. Mi capita, a volte, di sentirmi anomala, e non è sempre una sensazione piacevole. Questo, però, non accade mai con Arthur, che ha come grande virtù quella di considerare la diversità un grosso pregio.

«Credo che in ogni caso tu ne debba parlare con Calligaris. Ormai lui ha imparato a conoscerti, vedrai che non ti chiuderà la porta in faccia. Non puoi non farlo. È possibile che Bianca non pagherà mai per la morte di sua sorella, ma tu non devi avere niente da rimproverare a te stessa.»

«Hai ragione. È anche un modo per dare un senso a tutto quel che ho fatto.»

«E non è poco» aggiunge lui sfiorandomi la punta del naso. «A modo tuo, sei una piccola eroina.»

Sorrido e probabilmente arrossisco. Non lo so. Sento il bisogno di abbracciarlo e non me lo nego.

Lui risponde alla stretta ed è un momento che in sé vale l'intera pazzia di questo viaggio sconsiderato.

Ho deciso di perdermi nel mondo.
Anche se sprofondo lascio che le cose mi portino
altrove. Non importa dove. Non importa dove.

La settimana trascorre densa e strana tra ospedale e brevi visite in città.

Arthur e io non abbiamo più toccato argomenti scottanti riguardanti il passato né tanto meno il futuro. Ci siamo limitati a vivere con serenità questo strambo presente fatto di incroci di sguardi e di sorrisi accennati, in questo posto in cui tutto sembra immobile, in quest'atmosfera afosa e soffocante che prosciuga le mie risorse ma in cui non riesco a sentirmi a disagio e in cui, perché no, potrei anche tornare.

Manca un giorno alla mia partenza.

In reparto, trovo Arthur preda dell'impazienza.

« Ne ho abbastanza. »

« Non puoi uscire, ancora. Sei in convalescenza » obietto, ma una segreta parte di me vorrebbe davvero vivere qualche ora con lui fuori dalle mura di un ospedale.

« Sto benissimo » risponde con tono deciso. « Oggi esco. *Please*, chiama un taxi. »

« Avviso Riccardo? »

« Sarà al lavoro, a quest'ora » risponde controllando l'ora sul suo Sea-Dweller.

« Preferisco chiamarlo » rispondo.

Firma una liberatoria per essere dimesso, nonostante i sanitari, e Fragassi su tutti, non siano d'accordo. Raccoglie in una sacca le sue poche cose, lega i capelli cresciuti in una piccola coda approssimativa, saluta in arabo i compagni di stanza e varca la soglia della porta come se stesse uscendo di prigione.

Riccardo è già fuori ad aspettarci, insieme a Cordelia. Arthur prende posto davanti e abbassa il finestrino.

Come prima cosa, chiede di fumare.

«Dottoressa, posso accontentarlo?» mi chiede Riccardo con i suoi modi affabili.

«Non potrà fargli troppo male. Direi di sì.»

«Ci mancava che me lo negassi ancora.»

Riccardo gli sgancia un pacchetto di Camel. Arthur abbassa il finestrino e fuma quella che definisce «la miglior sigaretta della mia vita». Poi chiede di essere portato in albergo per fare quella che, la stessa sera, definirà «la miglior doccia della mia vita».

In serata, Cordelia e io restiamo ad aspettarlo nella nostra stanza, approfittandone per metterci in tiro. Intorno alle otto, Arthur e Riccardo bussano alla porta. Finalmente ritrovo – almeno fisicamente – l'Arthur che ricordavo. Profuma di sandalo e ha il volto perfettamente rasato. I capelli sono puliti, con quelle onde che farebbero l'invidia di ogni donna. Indossa una camicia azzurra, di lino, che riprende lo stesso colore dei suoi begli occhi.

Mi saluta poggiandomi la mano sulla spalla, distrattamente. Non un bacio, non una carezza. Oltre che fisicamente, Arthur è tornato in sé anche nei modi.

«Stasera, il lusso fatto hotel» esordisce Riccardo, «ce lo meritiamo. Ma dobbiamo fare presto, prima che scatti il coprifuoco.»

Impieghiamo almeno un quarto d'ora pressando Cordelia affinché si sbrighi. Alla fine, emerge dalla stanza con un lungo caftano arancione e una lunga collana etnica in argento e corniola che fa molto Talitha Getty.

Alla fine arriviamo in un locale, che poi è albergo e ristorante, lussuoso al punto che Cordelia mi guarda torva pensando ancora a ciò di cui l'ho privata. Prendiamo posto e ordiniamo con un po' di fretta per il timore del coprifuoco.

Arthur ha recuperato tutto il suo smalto ed è irresistibile.

Mi costa uno sforzo sovraumano riuscire a non guardarlo di continuo.

È tutto molto intrigante. Non capita tutti i giorni di trovarsi in una città così poco convenzionale, a tavola con gente come i miei commensali. Ognuno di loro parla di qualcosa di interessante di cui non so nulla. Conoscono il mondo. Mi sento terribilmente ignorante quando parlano di politica estera, di crisi internazionali. Cordelia ne sa più di me, il che è tutto dire. Eppure è una serata straordinaria, di quelle indimenticabili. Un pianista alto e scuro come l'ebano, elegante come solo certi africani statuari sanno essere, interamente vestito di bianco, si esibisce al piano in pezzi jazz; l'atmosfera è rarefatta.

Questo è un luogo che può facilmente far perdere il senso della realtà.

Una sera così è unica nel novero di una vita.

Di ritorno all'Acropole, ci intratteniamo nella hall con altri ospiti dell'albergo fino all'una, in un clima cosmopolita e coinvolgente. Ci sono rappresentanti di aziende di vario tipo, c'è gente venuta per turismo, tutti tizi che avevo già incrociato durante la settimana, ma verso cui provo interesse soltanto adesso che Arthur è con me e posso condividere con lui le mie impressioni.

La sala inizia infine a svuotarsi e, quando Riccardo propone di ritirarci per la notte, Arthur e io ci scambiamo uno sguardo singolare, qualcosa di magnetico e privato come un messaggio in codice. Gli amici ci precedono, io e lui camminiamo vicini lungo il corridoio osservandoci con cautela. Riccardo si avvia verso la propria stanza, salutandoci. Cordelia traballa a piedi scalzi davanti a noi e canta *Like a virgin* tenendo i sandali in mano.

Cerco la mano di Arthur e stringerla mi dà i brividi. «Vieni nella mia stanza» sussurra lui, e non è certo un invito. Sono sicura di aver preso un bel colorito purpureo. «Non c'è stata occasione di parlare di certe questioni.»

«Okay» rispondo con naturalezza. E mentre lo seguo, Cordelia entra in camera strizzandomi l'occhio.

Arthur apre la porta, facendomi entrare. Lascia cadere le chiavi e il pacchetto di sigarette su un tavolino di vimini. La sua stanza non è molto diversa dalla nostra, solo più piccola. Ci sono numerosi fogli sparpagliati sulla scrivania: più che un articolo, lui e Riccardo hanno scritto una monografia.

Mentre sfioro le carte mi viene vicino senza che quasi me ne accorga. Mi volto, e lo trovo alle mie spalle. Restiamo immobili uno di fronte all'altra, in un lungo silenzio.

«È stato bello rivederti» prova a dire. La sua voce roca tradisce un filo di emozione. Annuisco con partecipazione. Lui continua a parlare, con tenerezza. «Era proprio necessario che prendessi la malaria per capire che dobbiamo parlare di tutto ciò che è rimasto in sospeso?»

«Avremmo dovuto farlo prima. Vorrei tanto poter tornare indietro» mormoro.

Alice, non cedere, non scoppiare in lacrime proprio adesso. Non fare la figura della piagnucolona.

«Io no.» Lo guardo negli occhi, delusa. «Non frainten-
dermi. Non vorrei tornare indietro perché saremmo punto
e a capo e ti farei di nuovo del male.»

«Me lo sono fatta da sola. Tu sei sempre stato molto
chiaro. Non hai mai mentito su quel che sei.»

Arthur annuisce, ma non sembra del tutto convinto.

E poi, senza dirci altro – perché dopo tutto non c'è altro
da dire – succede qualcosa che sognavo e speravo.

Il rumore ritmico di perdite che gocciolano dal lavandi-
no disturba appena il mio sonno. Una zanzara mi tormenta
col suo continuo ronzio, nonostante le zanzariere. La luce
brillante della luna piena mi costringe a cambiare posizione.

Eppure questa notte tra le braccia di Arthur è assolutamente perfetta.

* * *

Siamo sulla jeep a noleggio, la solita. Arthur alla guida, Cordelia seduta davanti, Riccardo e io sul sedile posteriore.
Cordelia è l'unica a parlare. Io e gli altri restiamo in silenzio
e le rispondiamo laconicamente. Il mio umore è ultrade-
presso.

Sbrighiamo tutto per l'imbarco e io mi sento sempre più
mogia. C'è un piccolo bar, in aeroporto, dove Arthur e io,
distaccandoci dagli altri, ci fermiamo a bere un caffè.

«Chiama appena arrivi» mi raccomanda.

«Okay.»

«Resterò qui un'altra decina di giorni e poi tornerò a
Roma, per organizzare il trasferimento a Parigi. Vedrai
che non sarà poi troppo difficile.»

«Okay.»

«Bada a Cordelia finché starò via, te ne prego. È sempre più instabile.»

«Okay.»

«La smetti di dire sempre 'okay'?»

«Okay» rispondo ridacchiando.

«Non scherzo. Non c'è ragione di essere così abbattuta.»

«Non riesco a essere allegra. Ho paura, un'infinita, terribile paura.»

«Di cosa?» domanda lui, ma con tono spazientito, portando i capelli indietro con la mano.

«Per te, per noi» rispondo con voce malferma. Il suo atteggiamento sostenuto non mi aiuta.

«Non ce n'è motivo» aggiunge dolcemente. «Ormai tra di noi è tutto a posto. E io sto bene.»

La fai facile.

A ogni modo, e per principio, basta lagne. «Hai ragione. Mi sono lasciata prendere un po' dal panico.» Non è del tutto vero, ma è necessario che lui lo creda.

«Posso capirlo.»

Con straordinario tempismo Cordelia ci raggiunge insieme a Riccardo. È giunta l'ora di salutarci, non c'è più tempo. Arthur annusa l'odore dei miei capelli. «Fa' buon viaggio, *Alice in Wonderland*» sussurra al riparo dalle orecchie curiose e pettegole di Cordelia, strizzandomi l'occhio. «Tornerò.»

«Presto» mormoro.

«Presto» annuisce pazientemente.

«Arthur. *I love you.*»

Non risponde. Mi accarezza dolcemente una guancia e mi saluta con un cenno della mano.

In preda a un greve sconforto, mi avvio verso l'imbarco. Mi sforzo di non guardare indietro. Non voglio fargli vedere che ho gli occhi pieni di lacrime, non adesso, non a lui, che è sempre così controllato nel manifestare le sue emozioni.

Mentre Cordelia mi offre una gomma, sento una ferma presa alle mie spalle.

Mi volto, ed è lui.

Mi parla a voce bassa. « *I'm sorry*. Non sono bravo a parlare di quello che provo. » Un sorriso increspa le sue labbra e un istante di imbarazzo attraversa il suo tono deciso. « Ma... *I love you too*. Come so farlo. » Annuisco, asciugando col dorso della mano la lacrima che mi riga la guancia.

Mi bacia sulla fronte mentre una voce annuncia l'imbarco immediato per il mio volo. Mi volto un attimo verso Cordelia. « Non importa, fate pure con calma; fatemi anche un bel nipotino lì, su quella panchina. »

Arthur sorride prima verso di lei, poi dritto al mio cuore.

We can be heroes, just for one day

«Ho un appuntamento con il dottor Calligaris.»

«La annuncio subito.»

Sono tornata da pochi giorni ed eccomi già qui al distretto di polizia. Ho fatto una promessa a me stessa e ho tutta l'intenzione di mantenerla.

Staziono in sala d'attesa, osservata con insistenza da un cingalese baffuto e da una *belle de jour*.

Calligaris si affaccia dalla sua stanza: il look da sfigato è lo stesso del primo giorno.

«Venga, dottoressa. Le faccio portare un caffè?»

«Sì, la ringrazio» replico con disinvoltura.

Calligaris si accende una sigaretta e si lascia cadere sulla sua poltroncina blu elettrico girevole.

«Complimenti per l'abbronzatura» esordisce. «Le sta bene.»

«Grazie, ispettore. Sono appena tornata da un viaggio in Africa.»

«Così mi spiego perché in questi giorni non si era fatta più sentire. Mi ero quasi abituato a ricevere sue visite o telefonate.»

«Come vede, prendere un appuntamento con lei è stato il mio primo pensiero non appena rientrata.»

«Ebbene, cara, che illuminazione l'ha colpita sulla via di Damasco, stavolta?»

Ridi, ridi. «Ispettore... lei ha mai pensato, anche solo come ipotesi, che Bianca Valenti possa avere a che fare con la morte della sorella? »

Lo sguardo gentile che tipicamente lo contraddistingue si trasforma in un'espressione di sconcerto.

« Dottoressa, con i suoi modi lei mi disorienta. Comunque la risposta è sì » ribatte asciutto. « Ho avuto alcune sensazioni e io... nel mio mestiere, mi lascio guidare molto, moltissimo, dalle mie sensazioni. »

« Ecco, bene » dico, sorpresa dalla sua risposta. « Io... ho messo in ordine alcune idee » esordisco titubante, non ancora convinta di quale sia il modo migliore di raccontargli la verità. Alla fine le parole acquisiscono vita propria e iniziano a fluire, fuori dal mio controllo. Lui alterna espressioni neutrali ad altre più eclatanti, ma tace, ascolta senza interrompermi.

Quando sono io a rimanere senza parole, svuotata dal peso di una storia che mi ha tolto il sonno, lui sembra per qualche istante stordito. « Lei è davvero un tipo bizzarro. Giorgio Anceschi, con i suoi racconti, non le rende giustizia. Lei oscilla tra il goffo e l'astuto con una nonchalance unica. Non capisco quanto ci è e quanto ci fa. »

« Tutto genuino, dottor Calligaris. Purtroppo. »

« No, non purtroppo. Deve essere fiera del suo talento... Nessuno le dava credito, eppure è andata dritta per la sua strada, mettendosi in gioco e lavorando con passione. »

« Dice sul serio? Forse non mi crede » mormoro intristita.

« Sì che le credo. Assolutamente e senza remore. »

Aggrotto la fronte. « Mi stupisce. Lei, che per molto meno mi ha presa per una mitomane. »

Calligaris sorride, forse per circostanza, con un sorriso un po' tirato.

« Vede, dottoressa... O posso darti del tu, Alice? Dopo

tutto, potresti essere mia figlia. O forse no. » Si interrompe come perso tra calcoli aritmetici troppo complessi per il suo cervello. «Magari una nipotina, ecco. »

«Certo, dottore. »

«Allora, Alice. Una, e soltanto una, è la qualità indispensabile in un detective. Tutto il resto si può apprendere e modificare. Ma questa o ce l'hai o sono dolori. »

«Ed è? »

Calligaris allarga le braccia rivelando chiazze di sudore sulla camicia, sotto le ascelle.

«La capacità di osservazione. La capacità di osservazione» ripete ancora, come per enfatizzare, con tono ancora più solenne. «Ebbene, io ti ho osservata. Non sei una mitomane. E non stai mentendo. Ancora non puoi saperlo, ma stiamo per prosciogliere Jacopo De Andreis. Non è stato lui a uccidere la cugina. Così come non è stata Doriana Fortis. Abbiamo verificato le loro posizioni e tutto coincide con la loro versione dei fatti. Bianca Valenti non mi ha convinto sin dal primo momento, ma al contrario di tutti gli altri soggetti coinvolti in questa storia, che in qualche modo avevano lasciato una traccia di qualunque tipo del loro passaggio nella vita di Giulia in quel giorno, Bianca no. Bianca è apparentemente al di sopra di ogni sospetto. E purtroppo ci resterà, perché non c'è niente che la inchiodi, al momento. Io stesso non saprei a cosa appigliarmi per motivare un'indagine sul suo conto. Di certo non posso utilizzare come scusa l'aver trovato il Panadol nella sua borsa; dopo tutto, anche altri farmaci contengono caffeina... È una storia labile, dal punto di vista delle prove, ma in effetti non esiste altra ricostruzione possibile. »

Calligaris è suo malgrado costernato nel rappresentarmi una realtà che in sé è terribile. L'unica mia consolazione è che almeno nessun innocente sta pagando le spese dei limiti invalicabili della giustizia.

«Sa che è partita per New York? Non credo che tornerà mai più» gli dico, per la cronaca.

«Be', lo credo anch'io. Qui si è fatta terra bruciata. Ha ucciso la sorella, benché nessuno lo sappia, e ha tentato di rovinare De Andreis e la Fortis. Nulla la tratteneva più qui; andrà a far danni in America» conclude con un'amarezza forte, che esprime tutta la sua disillusione. «Alice, penso che tu abbia un grande talento investigativo» afferma poi, sorprendendomi.

Accolgo il complimento con un sorriso sornione. «La ringrazio. »

«Hai rischiato grosso, lo sai? E non credere che mi sfuggano i tuoi problemini con l'Ordine dei medici, perché io so tutto! »

«È stata una fortuna uscirne pulita. »

«Ho dato anch'io una mano alla fortuna, mia cara. Quando De Andreis mi ha fatto presente i suoi sospetti sul tuo conto sono stato io a dissuaderlo dal presentare una querela dicendogli che, non avendo alcuna prova, avrebbe solo perso tempo e risorse. L'ho indirizzato verso la sanzione disciplinare sapendo che avresti preso soltanto un brutto spavento. Meritato, tra l'altro» aggiunge con tono di monito.

«Le sono riconoscente e debitrice, dottor Calligaris. »

«Sarebbe stato un peccato bruciarti» riconosce, spegnendo la sua sigaretta in un portacenere souvenir di Valencia e prendendo una mentina dopo avermene offerta una. «Tanto più che ho una proposta da farti. »

Drizzo le antenne e lo guardo con aria interrogativa. «Una proposta? »

«Sì. Un lavoro part-time. »

Gli occhi mi escono fuori dalle orbite. « Un lavoro? Vuole offrirmi un lavoro? »

Calligaris sembra stranito. « Chiaro. Un lavoro. »

« Ne è sicuro? »

« Certamente. »

« Non posso accettare. Non sono ancora una specialista. »

« Si tratta di un lavoro occasionale, non di un'assunzione. Da libera professionista, in un certo senso » precisa, sfiorandosi il mento. « Quando avrò bisogno di una consulenza personale, ti chiamerò. Questo ti consentirà di ficcanasare – lo so che ti piace – in piena libertà, senza rischiare di metterti nei guai. Credo sinceramente nelle tue capacità, e sarei contento di potermi avvalere del tuo contributo, in futuro. »

« In realtà mi ero ripromessa di non mettermi più nei pasticci. »

« Appunto. Ti offro il modo di fare quel che più ti piace. Ne ho parlato con Giorgio, se può esserti di conforto, e lui è d'accordo. »

« Non gli avrà raccontato questa storia, vero, dottor Calligaris? »

« Non nei dettagli, è ovvio. Coraggio, Alice. Voglio una risposta. Accetti, o no? »

Mi guardo attorno un po' frastornata. Mi domando: se nella totale illegalità e incoscienza mi muovevo già con la furbizia e l'audacia della Pantera Rosa, cosa combinerei nel caso in cui accettassi? Di quali altri guai sarei capace?

Ringraziamenti

Desidero ringraziare Rita Vivian, mia agente e guida, perché senza di lei questo libro non esisterebbe così com'è; la Longanesi, per la fiduciosa accoglienza; mia madre, per non aver smesso di crederci nemmeno per un attimo; i miei nonni, per aver fatto il tifo; Gaetano, Anna e Francesco Tirrito, per aver sognato con me; Chiara Tirrito, perché con il suo modo di essere ha ispirato la mia Giulia; la mia famiglia «acquisita», in ogni componente, per il calore e il grande entusiasmo dimostrati; i miei docenti per tutto quello che mi hanno insegnato e, in particolare, il professor Alessio Asmundo, per il tempo che mi ha dedicato, il professor Claudio Crinò, il vero Supremo, e il professor Vincenzo Bonavita per le delucidazioni; Laura Barresi, per il suo tenero voto; Amalia Piscopo, capace come pochi di gioire delle soddisfazioni altrui; Alessandra Roccato per la generosità intellettuale; Luisa Biasini, per le folgoranti battute che le ho rubato; in generale, tutti i miei colleghi di specializzazione per non essere come Ambra Negri Della Valle; le piccole Camilla e Lulù; il compianto Ryszard Kapuściński perché in Arthur c'è qualcosa di lui; i Coldplay, fonte di ispirazione insostituibile; i Queen, Franco Battiato, Enrico Ruggeri, David Bowie, Paul Bowles, The Drums e Morgan.

Non ultimo, ma su tutti, Stefano, il mio centro di gravità permanente.

Cara lettrice, caro lettore,

ora che sei alla fine di questo libro sono lieta di annunciarti che, se lo desideri, presto, molto presto, potrai vedere questa storia in tv, su Raiuno.

Noterai senz'altro delle differenze rispetto all'intreccio che hai appena letto e ai personaggi che hai appena conosciuto. E siccome prima ancora di essere una scrittrice sono una lettrice che, come tutti, credo, ama immaginarsi a proprio modo i personaggi che incontra nelle pagine di un romanzo, forse alcune cose saranno diverse da come le hai immaginate, ma sono fiduciosa che potrai solo amare questa serie tv.

Probabilmente ogni autore sogna di conoscere i propri personaggi in carne e ossa. E chi non lo sogna è ben strano, in realtà. Perché poi, se questo accade, è una gioia troppo grande per rinunciarci.

È stato infatti straordinario per me vedere come la produzione abbia abbracciato in pieno il *mood* delle mie storie e come ogni attore si sia cucito addosso il proprio personaggio alla perfezione. È anche capitato che gli sceneggiatori, il regista, gli attori abbiano fornito spunti di arricchimento della vicenda o della psicologia dei personaggi, cosa che mi ha riempito di entusiasmo. Quando infatti si lavora a un progetto collettivo, finiscono con l'emergere sensibilità e interpretazioni differenti che aggiungono qualcosa di nuovo e di inaspettato a una serie di romanzi di cui credevo di conoscere ormai ogni segreto.

Cara lettrice, caro lettore, il tuo giudizio è il più severo ed è e resta, per me, il più importante. È anche grazie a te se ho realizzato tanti miei desideri.

Per questo, e per tutto il resto, ti ringrazio.

A.G. febbraio 2016

Indice

376

ALESSIA GAZZOLA

SINDROME DA CUORE IN SOSPESO

Alice Allevi ha un grosso problema. Si è appena resa conto di non voler più diventare un medico, ma non ha il coraggio di confessarlo a nessuno, e non sa cosa fare del suo futuro. Ma siccome la vita è sorprendente, sarà l'omicidio di una persona vicina alla sua famiglia a far scoprire ad Alice la sua vocazione: la medicina legale. Forse c'entra il suo intuito, che la induce a ficcanasare dove non dovrebbe, mettendo a rischio le indagini. Una cosa è certa: Alice non lo ammetterebbe mai, ma se sceglierà quella specializzazione è soprattutto per rivedere Claudio Conforti, il giovane medico legale che ha conosciuto durante il sopralluogo. Vestito in maniera impeccabile, sorriso affilato come un bisturi, occhi travolgenti. Arrogante, sprezzante e... Irresistibile.

EDIZIONE SPECIALE – FEBBRAIO 2016

LONGANESI 🌹 TEA

ALESSIA GAZZOLA
UN SEGRETO NON È PER SEMPRE

Alice Allevi ha finalmente imparato a fare le
autopsie senza combinare troppi guai, anche se la
morte ha ancora tanti segreti per lei. Ma nessun
segreto dura per sempre. Tuttavia, il segreto che
nascondeva il grande scrittore Konrad Azais,
anziano ed eccentrico, è davvero impenetrabile.
E quella che doveva essere una semplice perizia su
di lui si è trasformata in un'indagine su un
suicidio sospetto. Non le resta che studiare le
prove, perché la soluzione è lì, da qualche parte.
Ma studiare è impossibile quando si ha
un cuore tormentato... Perché gli amori
non corrisposti, quasi più delle autopsie,
sono la vera specialità di Alice...

ALESSIA GAZZOLA

LE OSSA DELLA PRINCIPESSA

Benvenuti nel grande Santuario delle Umiliazioni. Ossia l'istituto di medicina legale dove Alice Allevi fa di tutto per rovinare la propria carriera di specializzanda. Sembrava quasi che la sua tormentata esistenza in Istituto le avesse concesso una tregua, quanto bastava per provare a mettere ordine nella sua sempre più disastrata vita amorosa, ma ovviamente non era così. Ambra Negri della Valle, la bellissima, brillante, insopportabile e perfetta Ape Regina, è scomparsa. Difficile immaginare una collega più carogna di lei, ma Alice non arriverebbe mai ad augurarle la morte. Così, quando dalla procura chiamano lei e Claudio Conforti chiedendo di andare a identificare un cadavere appena ritrovato in un campo, Alice teme il peggio. Non appena giunta sulla scena del ritrovamento, però, mille domande le si affollano in mente: a chi appartengono quelle povere ossa? E cosa ci fa una coroncina da principessa accanto al corpo?

  **LONGANESI** **TEA**

ALESSIA GAZZOLA

UNA LUNGA ESTATE CRUDELE

Alice Allevi ha ormai imparato a resistere a tutto.
O quasi a tutto. Da brava allieva,
resiste alle pressioni dei superiori, che le hanno
affidato la supervisione di una specializzanda...
ma soffre ancora della sindrome da cuore
in sospeso che la tiene in bilico
tra due uomini tanto affascinanti quanto
agli opposti: Arthur e Claudio.
Ma è difficile far fronte a tutto quando,
nell'estate più rovente da quando vive a Roma,
Alice incappa in un caso che minaccia
di coinvolgerla fin troppo. Il ritrovamento
dello scheletro di un giovane attore teatrale,
che si credeva fosse scomparso anni prima
e che invece è stato ucciso, è solo il primo atto
di un'indagine intricata e complessa...

  LONGANESI

Fotocomposizione Editype s.r.l.
Agrate Brianza (Milano)

Finito di stampare
nel mese di novembre 2016
per conto della Longanesi & C.
da 🦌 Grafica Veneta S.p.A. di Trebaseleghe (PD)
Printed in Italy